Hinter dem Sachregister befindet sich ein ausführliches Verzeichnis der

Guttentagschen Sammlung

Deutscher Reichs- und Preußischer Gesetze

— Textausgaben mit Anmerkungen; Taschenformat —

die alle wichtigeren Gesetze in unbedingt zuverlässigem Abdruck und mit mustergültiger Erläuterung wiedergibt.

Guttentagsche Sammlung
Nr. 157. Deutscher Reichsgesetze. Nr. 157.
Textausgaben mit Anmerkungen und Sachregister.

Die Dritte Steuernotverordnung

vom 14. Februar 1924

mit besonders ausführlicher Berücksichtigung der

Vorschriften über die

Aufwertung

und die öffentlichen Anleihen

Erläutert von

Richard Michaelis,

Reichsgerichtsrat.

Berlin und Leipzig 1924.

Walter de Gruyter & Co.

vormals G. J. Göschen'sche Verlagshandlung — J. Guttentag, Verlagsbuchhandlung — Georg Reimer — Karl J. Trübner — Veit & Comp.

Vorwort.

Durch zwei Ereignisse: das sie für rechtswirksam erklärende Urteil des Reichsgerichts vom 1. März 1924 und die Auflösung des Reichstages, ist die Dritte Steuernotverordnung einstweilen allen gegen sie gerichteten Anfechtungen entzogen und Wirklichkeit geworden, mit der gerechnet werden muß, wie man sich auch im Werturteile zu ihr stellen mag. Sie ist auch auf steuerlichem und finanzpolitischem Gebiete bereits in tatsächliche Wirksamkeit gesetzt worden, während für ihre Aufwertungsbestimmungen die zur Lebensbetätigung erforderlichen Organe noch fehlen. Eine Erläuterung ihrer zum Teil sehr schwer verständlichen und unklaren Bestimmungen erscheint deshalb zurzeit als ein dringendes Bedürfnis des praktischen Wirtschaftslebens. Zugleich aber kann und soll eine gründliche und objektive Untersuchung und Durchleuchtung ihres rechtlichen Inhalts ohne Verzicht auf kritische Stellungnahme, wie sie in der nachstehenden Arbeit versucht wird, dazu beitragen, für die bevorstehenden parlamentarischen und außerparlamentarischen Kämpfe um die Verordnung Klarheit darüber zu schaffen, ob und durch welche Abänderungen sie etwa derart gestaltet werden kann, daß sie ohne Schädigung der richtig verstandenen Staatsinteressen, die freilich auch in höchster Not den fiskalischen nicht unbedingt gleichgesetzt werden dürfen, für das deutsche Volk auf die Dauer ertragbar ist. In diesem Sinne will die nachstehende Arbeit dem Wohle des Vaterlandes dienen!

Leipzig, am Tage der Reichstagswahl (4. Mai) 1924.

Michaelis.

Inhaltsverzeichnis.

Anhänge.

Abkürzungen.

RMG. = Reichsmietengesetz.
RVO. = Reichsversicherungsordnung.
VO. = Dritte Steuernotverordnung.
Entw. = Entwurf der Dritten Steuernotverordnung.

Im übrigen nach den Vorschlägen des Deutschen Juristentages.

Einleitung.

I. Die Entwicklung der Währungsgesetzgebung in Deutschland.

Die Währung Deutschlands gehörte bis zum Weltkriege zu den Schöpfungen aus der ersten Zeit des wiedererstandenen Reiches, die dessen Ansehen in der ganzen Welt begründet haben und auf die der Deutsche alle Ursache hatte stolz zu sein. Auf die Währung des Reichs war die deutsche Wirtschaft (Landwirtschaft, Industrie und Handel) wie auf einen Felsen von Erz oder richtiger von Gold fest gegründet und dadurch zu den höchsten Leistungen befähigt. Das deutsche Geld wurde überall in der Welt zu den höchsten Kursen gern genommen, und der Deutsche, der es brachte, nahm infolgedessen eine geachtete Stellung im internationalen Geschäftsleben ein. Diese Währung, wie sie durch die Gesetzgebung des Reichs gestaltet war, hatte sich nicht ohne schwere Kämpfe, insbesondere zwischen den Anhängern der reinen Goldwährung und denjenigen der Doppelwährung, welche ein gesetzlich bestimmtes Wertverhältnis zwischen Gold und Silber zur Grundlage hat, durchgesetzt; auch noch nachdem die Goldwährung gesetzlich eingeführt worden, war sie längere Zeit hindurch heftigen Angriffen von bimetallistischer Seite ausgesetzt, namentlich aus agrarischen Kreisen, die geltend machten, daß die Produktionskosten der Landwirtschaft durch eine hochvalutarische Währung in nicht tragbarem Maße erhöht würden. Allmählich verstummten diese Angriffe, und die Goldwährung blieb seitdem eine kaum mehr angefochtene und allgemein anerkannte Errungenschaft.

Den Ausgangspunkt der ganzen Entwicklung bildet das Reichsgesetz, betreffend die Ausprägung von Reichsgoldmünzen, vom 4. Dezember 1871 (RGBl. S. 404). Dieses Gesetz enthielt bereits eine Begriffsbestimmung der „Mark“. Mark ist danach (§§ 1, 2) der zehnte Teil der auszuprägenden Reichsgoldmünze, von welcher aus einem Pfunde feinen Goldes 139½ Stück ausgebracht werden sollten, und die später „Krone“ genannt wurde (Erlaß vom 17. Februar 1875). Die auszuprägenden Reichsgoldmünzen (Zehn- und Zwanzigmarkstücke) traten nach diesem Gesetze neben die Münzen der bestehenden deutschen Landeswährungen als gesetzliche Zahlungsmittel, indem bestimmt wurde (§ 8), daß alle Zahlungen, die gesetzlich in einer der bestehenden Landeswährungen (Taler, süddeutsche Gulden, hamburgische und lübische Kurantwährung, Bremer Goldtaler) zu leisten waren, auch in Reichsgoldmünzen geleistet werden konnten. Die grundlegende Regelung brachte dann das Münzgesetz vom 9. Juli 1873 (RGBl. S. 233), das, ebenso wie das Gesetz vom 4. Dezember 1871, heute noch formelle Geltung hat. Es führte an Stelle des bunten Durcheinanders der Landeswährungen eine einzige Währung ein, die Reichsgoldwährung (Art. 1), ordnete die Ausprägung weiterer Reichsgoldmünzen (Fünfmarkstücke, Art. 2) sowie von Reichssilbermünzen in Markrechnung in beschränkten Beträgen (Art. 3, 4, 5) an, bestimmte aber, daß niemand verpflichtet sei, Reichssilbermünzen im Betrage von mehr als 20 Mark sowie Nickel- und Kupfermünzen im Betrage von mehr als einer Mark in Zahlung zu nehmen (Art. 9). Die Reichsgoldwährung trat mit dem durch Kaiserliche Verordnung vom 22. September 1875 (RGBl. S. 303) bestimmten Zeitpunkte, 1. Januar 1876, in Kraft. Sie blieb jedoch zunächst noch eine „hinkende“, insofern als noch gewisse Münzen der Talerwährung, insbesondere die Ein- und Zweitalerstücke deutschen Gepräges, bis zur Außerkurssetzung in Zahlung genommen werden mußten (Art. 15). Die Außerkurssetzung dieser Münzen ist dann mehrfach hinausgeschoben und schließlich mit Wirkung vom 1. Oktober 1907 erfolgt.

Damit war die Goldwährung in Deutschland vollständig durchgeführt. Geld in dem engeren Sinne eines gesetzlichen Zahlungsmittels (Währungsgeld) *) waren — abgesehen von den nur im Kleinverkehr als solches zugelassenen Silber- und Kupfer- (Scheide-) Münzen — lediglich die Reichsgoldmünzen. Papiergeld in diesem Sinne (als Währungsgeld) gab es überhaupt nicht; weder die Reichskassenscheine, zu deren Ausgabe der Reichskanzler zunächst durch das Gesetz vom 30. April 1874 (RGBl. S. 90) ermächtigt wurde, noch die Reichsbanknoten, welche die durch das Bankgesetz vom 14. März 1875 (RGBl. S. 177) gegründete Reichsbank auf Grund des Art. 16 dieses Gesetzes unter Einhaltung des vorgeschriebenen Deckungsverhältnisses ausgab, hatten die rechtliche Natur eines gesetzlichen Zahlungsmittels; ein Zwang zu ihrer Annahme bestand nicht. Die Einlösung beider Arten von Noten in Währungsgeld konnte aber jederzeit verlangt werden (RG. vom 30. April 1874, § 5; Bankgesetz § 18); sie erfüllten deshalb wirtschaftlich im Verkehr die Funktion eines Zahlungsmittels und konnten sonach in diesem weiteren Sinne als Geld (Verkehrsgeld, usuelles Geld) *) bezeichnet werden.

*) Die Frage, ob als Geld im Rechtssinne nur das gesetzliche Zahlungsmittel (Währungsgeld) bezeichnet werden darf (so Laband, Staatsrecht, 5. Aufl., III S. 170), ist sehr bestritten. In der neueren geldrechtlichen Literatur wird vorzugsweise der weitere Geldbegriff vertreten, der auch das umfaßt, was

Hinsichtlich der Reichsbanknoten trat in dieser Beziehung eine Änderung dadurch ein, daß das Gesetz, betreffend die Abänderung des Bankgesetzes, vom 6. Juni 1909 in Art. 3 sie zum gesetzlichen Zahlungsmittel erklärte. Diese Änderung ist in der Begründung zu dem Gesetze durch die Erwägung gerechtfertigt worden, daß Deutschland nunmehr einen reichlichen und jedem Bedürfnis des Verkehrs entsprechenden Umlauf von Hartgeld aufweise, andererseits aber auch die Banknoten im Verkehr regelmäßig als Zahlung angenommen und zu Zahlungen von großen Summen fast ausschließlich verwendet würden; daß es sich empfehle, sie mit der Eigenschaft eines gesetzlichen Zahlungsmittels auszustatten, um der Möglichkeit eines schikanösen Verhaltens einzelner Gläubiger entgegenzutreten; daß dadurch nur dem tatsächlich bestehenden Zustande eine sichere rechtliche Grundlage verliehen werde und daß, da die Deckungsvorschriften und die Einlösungspflicht der Reichsbank unangetastet blieben, irgendwelche Nachteile dem Zahlungswesen dadurch nicht erwachsen könnten. In der Tat ist durch diese Änderung der Charakter der Reichswährung als einer reinen Goldwährung nicht berührt worden. Denn Banknoten, deren jederzeitige Einlösung in Währungsmünzen gesichert ist, sind kein selbständiges Währungsgeld, sondern stellen nur das Währungsgeld vor, in das sie jederzeit ver-

---

im Verkehr tatsächlich als ordentliches Zahlungsmittel angesehen und ohne gesetzlichen Zwang angenommen zu werden pflegt; so bei Helfferich, Das Geld, 6. Aufl., S. 321 ff.; Knapp, Staatliche Theorie des Geldes, 3. Aufl., S. 85 (der nur die Annahmepflicht durch staatliche Kassen, nicht den allgemeinen Annahmezwang als wesentlich für den Geldbegriff ansieht); ferner bei Breit, Bankgesetz, S. 35, 66. Über den Geldbegriff im bürgerlichen Recht vergl. unten S. 8.

wandelt werden können (vergl. Lexis, Handbuch der Staatswissenschaften, unter „Papiergeld"; Walker, Internationales Privatrecht, S. 373); sie haben Legalkurs (legal tender), aber nicht Zwangskurs im technischen Sinne (vergl. Helfferich, Das Geld, 6. Aufl., S. 341 Anm. 2); dieser kommt nur dem „definitiven", nicht dem „provisorischen" Gelde zu (Breit, Bankgesetz S. 69; Knapp S. 91). Auch in England haben die Noten der Bank von England, in Frankreich diejenigen der Bank von Frankreich die Eigenschaft gesetzlicher Zahlungsmittel, ohne daß dadurch die Währung dieser Staaten angetastet wird. Die Reichsgoldwährung bestand vielmehr unberührt und vom vollen Vertrauen des In- und Auslandes getragen bis zum Beginne des Weltkrieges Anfang August 1914. Die aus diesem Anlasse erforderlich gewordene Vervollständigung auch der finanziellen Kriegsrüstung des Reichs brachte grundlegende Änderungen auch auf dem Gebiete der Währungsgesetzgebung mit sich. Unter dem 4. August 1914 erging das Gesetz, betreffend die Reichskassenscheine und die Banknoten, das in § 1 nunmehr auch die Reichskassenscheine „bis auf weiteres" als gesetzliches Zahlungsmittel erklärte und in § 2 bestimmte, daß „bis auf weiteres" die Reichshauptkasse zur Einlösung der Reichskassenscheine und die Reichsbank zur Einlösung ihrer Noten nicht verpflichtet seien, sowie in § 3, daß gleichfalls „bis auf weiteres" die Privatnotenbanken, die bisher zur Einlösung ihrer Noten in Gold verpflichtet waren, zu dieser Einlösung Reichsbanknoten zu verwenden berechtigt sein sollten; in § 4 wurde der Bundesrat ermächtigt, den Zeitpunkt zu bestimmen, zu welchem die Vorschriften der §§ 1 bis 3 außer Kraft treten sollten — eine Ermächtigung, von welcher bis jetzt noch kein Gebrauch gemacht worden ist.

In der Begründung (Schlegelberger, Kriegsbuch I S. 470) ist ausgeführt, daß die Aufrechterhaltung der Einlösungspflicht der Reichskassenscheine und der Reichsbanknoten im Kriegsfalle den ernstesten Bedenken unterliege; sie würde den Metallvorrat der Reichsbank der Gefahr einer Schwächung durch spekulative Goldentziehungen aussetzen, während das öffentliche Interesse gebiete, den Goldbestand tunlichst ungeschmälert zu erhalten, da er in Verbindung mit den gesetzlich als Deckungsmittel zugelassenen durchgängig soliden Anlagewerten der Bank die Grundlage des Notenkredits und in Verbindung mit der starken Goldzirkulation im freien Verkehr die Grundlage der Landeswährung bilde. Der als provisorisch gedachte Charakter der Bestimmungen des Notgesetzes hat noch besonderen Ausdruck gefunden in der Begründung zu § 4 durch die Ausführung, daß es in der Absicht liege, die Einlösungspflicht, sobald es die Verhältnisse irgend gestatten würden, wiederherzustellen.

In Wirklichkeit griffen diese aus der Not der Zeit hervorgegangenen Gesetze in einer (wie sich seitdem herausgestellt hat) nicht wieder rückgängig zu machenden Weise in die Grundlagen der Währung des Reiches ein und zerstörten sie vollständig. Durch die Nichteinlösbarkeit der Reichskassenscheine und Reichsbanknoten wurden diese echtes Papiergeld (Knapp a.a.O. S. 129; Helfferich, Das Geld, 6. Aufl., S. 66), besonders da gleichzeitig durch das Gesetz vom 4. August 1914, betreffend die Abänderung des Münzgesetzes (RGBl. S. 326), bestimmt wurde, daß die Reichs- und Staatskassen bei Umwechslung von Silber- und Kupfermünzen statt der Goldmünzen Reichskassenscheine und Reichsbanknoten verabfolgen konnten. Dazu kam, daß zu gleicher Zeit auch die bisher bestandene sog.

indirekte Kontingentierung der Notenausgabe der Reichsbank durch Besteuerung des ungedeckten Teiles ihres Notenumlaufes, soweit er das ihr zugewiesene Kontingent überstieg (Bankgesetz §§ 9, 10), durch das Gesetz vom 4. August 1914, betreffend Abänderung des Bankgesetzes (RGBl. S. 327), § 1, außer Kraft gesetzt und andererseits durch das gleiche Gesetz (§§ 2, 3) bestimmt wurde, daß zur Deckung des nicht bar gedeckten Betrages der Reichsbanknoten (§ 17 Bankgesetz) auch solche Wechsel des Reiches, aus denen ein zweiter Verpflichteter nicht hafte, sowie Schuldverschreibungen des Reichs von kürzerer als dreimonatlicher Verfallzeit (Reichsschatzwechsel) dienen können.

Damit war der unbegrenzten Vermehrung des Notenumlaufes der Reichsbank und zugleich der Deckung des vom Reiche für die Kriegsausgaben benötigten Geldbedarfes durch Inanspruchnahme der Reichsbank, also der Papiergeldwirtschaft und der später so verhängnisvoll gewordenen Inflation, Tür und Tor geöffnet. Freilich befand man sich hierüber zunächst noch in einer durch die patriotische Erregung und die Hoffnung auf einen günstigen Ausgang des Krieges erklärlichen Selbsttäuschung. Durch eine auf Grund des Ermächtigungsgesetzes vom 4. August 1914 (RGBl. S. 417) vom Bundesrat erlassene Verordnung (Bekanntmachung vom 28. September 1914, RGBl. S. 417) wurden die vor dem 31. Juli 1914 getroffenen Vereinbarungen, nach denen eine Zahlung in Gold zu erfolgen hatte (Goldklauseln), bis auf weiteres für nicht verbindlich erklärt. In der Begründung (Schlegelberger I S. 368) wurde noch unter Hinweis auf die seit Kriegsbeginn hervorgetretene Entwicklung der „unerschütterliche Kredit der Reichsbanknoten“ betont, der sich daraus ergebe, daß „in einer Zeit, in der die Reichsbank die Einlösung ihrer Noten in Gold sperre, der Verkehr nichtsdestoweniger die Vollwertigkeit der Noten unbeschränkt anerkenne", und es wurde, um den Schuldner gegen „schikanöse" Ausübung des Gläubigerrechts zu schützen, die „vorübergehende" Außerkraftsetzung derartiger Goldklauseln für erforderlich, aber auch für unbedenklich erklärt, „da sie den Gläubiger in keiner Weise benachteilige"!

Der durch diese als lediglich vorübergehendes Auskunftsmittel gedachte und bezeichnete Notgesetzgebung geschaffene rechtliche Stand der deutschen Währung ist im wesentlichen auch jetzt noch in Geltung; eine Änderung durch gesetzgeberischen Eingriff ist bisher, ungeachtet vielfachen Drängens, nicht einmal versucht worden. Auch heute noch, nach Einführung der Rentenmark, ist, da die Goldmünzen sowohl wie die mit beschränkter Zahlungskraft ausgestatteten Silber- und Kupfermünzen aus dem Verkehr verschwunden sind, die „Papiermark" in Gestalt der Reichsbanknoten und Reichskassenscheine tatsächlich das einzige „gesetzliche Zahlungsmittel".

II. Währung und Privatrecht.

In das Gebiet des bürgerlichen Rechts greift die Währungsfrage überall da ein, wo es sich um „Geld" oder „Geldschulden" handelt. Diesen Ausdrücken im BGB. und in den sonstigen privatrechtlichen Gesetzen liegt, soweit nicht die Annahmepflicht des Gläubigers in Frage steht, der weitere Begriff des Geldes im Rechtssinne (vergl. oben S. 4) zugrunde, der nicht nur das gesetzliche Zahlungsmittel (Währungsgeld), sondern auch das usuelle Verkehrsgeld umfaßt. Das ist ersichtlich der Fall in den §§ 244 und 245 BGB., die von in ausländischer Währung oder in einer nicht mehr im Umlauf befindlichen Münzsorte ausgedrückten „Geldschulden“ handeln; ebenso aber in § 935 BGB., wo die Vindikation von Geld ausgeschlossen wird; ferner in dem Ausdruck „Geldsummen“ in Art. 4 der Wechselordnung und § 1 des Scheckgesetzes, der auch auf ausländische Währung lautende Wechsel und Schecke umfaßt; ebenso in den Rechtssätzen über den Kauf insofern, als diese für den Begriff des Kaufs, im Gegensatze zum Tausche, einen Austausch von Ware und Geld voraussetzen, und in den Sonderbestimmungen der §§ 270, 301 und anderen. Demgemäß stellt sich auch die Erfüllung einer Geldverpflichtung durch Leistung von nicht währungsmäßigem Gelde (z. B. bis zum Jahre 1909 durch Reichsbanknoten), sofern der Gläubiger sie als solche annimmt, nicht etwa als Hingabe eines anderen Gegenstandes an Stelle des geschuldeten (datio in solutum), sondern als Leistung des geschuldeten Gegenstandes selbst, also als Zahlung dar (Komm. von RGRäten zum BGB. § 244 Anm. 1; Helfferich, Das Geld, 6. Aufl., S. 314/315). Sobald es sich aber um die Frage handelt, durch welche Leistung der Schuldner einer Geldschuld berechtigt ist, sich zu befreien, und welche Leistung als Erfüllung anzunehmen der Gläubiger verpflichtet ist, kommt der engere Begriff des Geldes im Sinne des gesetzlichen Zahlungsmittels in Betracht. Das BGB. selbst enthält Bestimmungen darüber, durch welche Zahlungsmittel eine Geldschuld erfüllt werden kann, nur für die Sonderfälle, in denen eine in ausländischer Währung oder in einer nicht mehr im Umlaufe befindlichen Münzsorte ausgedrückte Geldschuld zu erfüllen ist (§§ 244, 245). Ob, soweit nicht besondere gesetzliche Vorschriften bestehen, der Nennwert oder der Kurswert des Geldes maßgebend ist, war in der älteren Rechtslehre streitig. Savigny (Obligationenrecht § 47) vertritt die Auffassung, daß nach dem Willen der Parteien, wie er sich aus der Auslegung des Rechtsgeschäfts ergibt, grundsätzlich der Kurswert, nicht der Nennwert maßgebend sein soll, wobei er nicht verkennt, daß durch staatliches Gesetz die Maßgeblichkeit des Nominalwerts vorgeschrieben werden kann, wie das für Darlehensverpflichtungen durch die von ihm jedoch als bedenklich und ungerecht getadelte Vorschrift des Art. 1895 des französischen Code civil geschehen ist, der vorschreibt, daß die Verbindlichkeit, welche aus einem Gelddarlehen entstehe, stets nur die im Vertrage ausgedrückte Summe nach ihrem Nennwerte zum Gegenstande hat, und noch ausdrücklich hinzufügt, daß im Falle der vor der Rückzahlung eingetretenen Verschlechterung der Geldsorte, in der das Darlehen zurückzuzahlen ist, der Schuldner die Summe nur in denjenigen Geldsorten, die zur Zeit der Zahlung im Umlauf sind, zurückzuzahlen braucht, daß also der Gläubiger die Gefahr der Verschlechterung trägt, andererseits allerdings auch im Falle eingetretener Verbesserung der Geldsorte Zahlung der gleichen Summe in der besser gewordenen Geldsorte verlangen kann.

Entgegen der Savignyschen Auffassung hat sich aber in der neueren geldrechtlichen Lehre die Nennwertstheorie ziemlich allgemein durchgesetzt, derzufolge den Inhalt einer Geldschuld, sofern nicht besondere Vereinbarungen bestehen, die Leistung einer bestimmten Anzahl von Geldstücken bildet, die von der staatlichen Gesetzgebung mit Zahlkraft zu einem bestimmten Nennwerte ausgestattet sind, ohne Rücksicht auf die Wertbeziehung zu einem bestimmten Metall (Gold) oder auf die Kaufkraft dieser Stücke (Helfferich, Das Geld, 6. Aufl., S. 367). Diese Theorie konnte sich aber nur durchsetzen, weil überall, wo (wie es in Deutschland bis 1914 der Fall war) das staatliche Geldsystem die Forderung eines wertbeständigen, in seiner Kaufkraft nur geringen Schwankungen unterliegenden Geldes verwirklichte, die Streitfragen zwischen Kurs- und Nennwerttheorie nahezu bedeutungslos sind, während, sobald durch eine Erschütterung des Geldsystems dieses Verhältnis zerstört wird, auch die Grundlage wegfällt, auf der allein sich das allgemeine Rechtsgefühl mit der Durchführung der Nennwerttheorie abgefunden hat (Helfferich a. a. O.). Das BGB. enthält, wie gesagt, keine ausdrückliche Vorschrift über die Anwendung des Kurs- oder Nennwertes bei Geldschulden, insbesondere auch nicht, wie der Code civil, für das Darlehen; es trifft vielmehr gerade für das Darlehen die entgegengesetzte Vorschrift, indem es in Anlehnung an das preußische Recht (Pr. ALR. I 11 § 653) in § 607 bestimmt, daß auch das als Darlehen empfangene Geld „in Sachen von gleicher Art, Güte und Menge" zurückzuerstatten ist. Das entspricht auch allein der zu vermutenden Parteiabsicht; denn gerade beim Darlehen, das nur eine Gebrauchsleihe darstellt, soll die Substanz grundsätzlich dem Gläubiger erhalten bleiben. Durchaus abwegig ist die in der Literatur zur Aufwertungsfrage mehrfach hervorgetretene Meinung, unter „Güte" im Sinne des § 607 BGB. sei die Eigenschaft als gesetzliches Zahlungsmittel zu verstehen. Der Staat vermag zwar durch seinen Machtspruch einer Sache die Eigenschaft als Geld im Rechtssinne zu verleihen, aber die Eigenschaft eines guten Geldes vermag er dem von ihm geschaffenen Gelde nicht zu geben; diese bestimmt sich nach dem Maße der Anerkennung des Geldes in dem freien Verkehr als allgemeines Tauschmittel, die sich in seiner Kaufkraft ausdrückt. Was nützt es dem Gläubiger, daß er mit dem zurückempfangenen Gelde eine Schuld in gleichem Nennbetrage bezahlen kann, wenn er keine Schulden hat? Zur Annahme des entwerteten Geldes in Tausch gegen eine dem früheren Werte entsprechende Gütermenge kann er niemanden zwingen; vergl. in diesem Sinne Helfferich a. a. O. S. 336. Die Motive zum BGB. (II S. 12 bis 15) verweisen für Geldschulden allgemein auf das durch die Reichsmünzgesetzgebung eingeführte gesetzliche Währungssystem, demgegenüber für besondere Vorschriften nur in sehr beschränktem Maße Raum sei, und erklären, für im Inlande zahlbare Geldschulden folge schon aus dem eingeführten Währungssystem, daß der Wert einer in Reichswährung ausgedrückten Schuld der Nennwert sei und die Zahlung in Geld der Reichswährung zum Nennwerte genommen werden müsse; aus dem unbedingten Annahmezwange ergebe sich von selbst die Annahmepflicht zum Nennwerte. Es muß danach zugegeben werden, daß zwischen dem § 607 BGB. und den währungsgesetzlichen Bestimmungen, die einem Gelde die Eigenschaft als gesetzliches Zahlungsmittel verleihen, eine gewisse Antinomie besteht, und man könnte immerhin zweifelhaft sein, welcher Vorschrift nach den Grundsätzen der Gesetzesauslegung der Vorzug zu geben ist, wofür ja die Motive nicht unbedingt ausschlaggebend sind, zumal sie nur auf Geldschulden im allgemeinen sich beziehen und die besondere Vorschrift für das Darlehen außer acht lassen. In Frage könnte noch kommen, ob, soweit es sich um Zahlungen in „Papiermark" (Reichsbanknoten und Reichskassenscheinen) handelt, welche „Papiergeld" erst durch die Gesetzgebung von 1914 geworden sind, die Vorschriften dieser Gesetzgebung auf früher entstandene Geldschulden anzuwenden seien — vergl. darüber Dernburg, Bürg. Recht, 8. Aufl., II S. 599

Anm. 10 —, da eine Bestimmung darüber fehlt und ein Eingriff des Gesetzgebers in wohlerworbene Rechte nicht vermutet wird. Die Motive zum BGB. (II S. 15) verweisen für den Fall einer Änderung der Reichswährung in der Zeit zwischen der Begründung des Schuldverhältnisses und der Zahlung auf das betreffende künftige Reichsgesetz. Man wird aber wohl aus dem Zwecke der Gesetze, die zur Abhilfe der augenblicklichen Kriegsnot bestimmt waren, auch ohne besonderen Ausspruch entnehmen müssen, daß sie auch auf damals bereits begründete Verbindlichkeiten Anwendung finden sollten, weil sie andernfalls jenen Zweck schwerlich hätten erfüllen können. Andererseits wird nicht außer acht zu lassen sein, daß sie von der Voraussetzung der wirtschaftlichen Gleichwertigkeit des neueingeführten papiernen Währungsgeldes mit dem bisherigen Goldwährungsgelde ausgingen, also eine Rückzahlung in schlechterem Gelde nicht ins Auge faßten und sonach der grundsätzlichen Verpflichtung zur Rückzahlung von Gelddarlehen in Geld gleicher Güte nicht bewußt entgegentreten wollten. Immerhin wird anzunehmen sein, daß für den Regelfall die Bezeichnung als gesetzliches Zahlungsmittel nicht nur die Verpflichtung zur Annahme überhaupt, sondern auch zur Annahme zum Nennwerte in sich schließt. Keinesfalls aber kann dieser Gesetzgebung die Bedeutung beigelegt werden, daß sie einen „Zwangskurs" in dem Sinne einführen wollte, daß er auch gegen den Willen der Vertragsparteien maßgebend sein und demgemäß seine Abdingung durch ausdrückliche oder stillschweigende Vereinbarung ausgeschlossen sein sollte. Zwangskurse in diesem Sinne sind allerdings in der Geschichte des staatlichen Geldwesens schon vorgekommen; so bei den Assignaten der Französischen Revolution, bei denen die gewaltsamsten Mittel zur Durchführung des Zwangskurses (Verbote, Strafen, Konfiskation) nicht gescheut wurden, vergl. Savigny, Obligationenrecht, § 42, I S. 446; auch in England durch die im Jahre 1811 erlassenen Verbote der Annahme von Goldmünzen zu höherem Nennwerte in Noten oder von Noten zu niedrigerem Werte in Goldmünzen (Helfferich, Das Geld, 6. Aufl., S. 67/68). Solche Verbote hat aber die deutsche Währungsgesetzgebung von 1914 nicht aufgestellt. Sie waren auch nicht erforderlich zur Erreichung des ausgesprochenen Zweckes der Gesetze, der dahin ging, einen zu großen Abfluß von Gold aus den Beständen der Reichsbank zu verhüten. Solchem Zwecke stehen Vereinbarungen des Inhalts, daß unter Umständen zur Tilgung einer Geldschuld ein höherer als der Nennbetrag in Papiergeld gezahlt werden sollte, nicht entgegen, ebensowenig wie die nach wie vor zulässige Vereinbarung der Tilgung einer Geldschuld in ausländischer Währung. Es ist aber auch von den Vertretern der Nennwerttheorie von jeher anerkannt worden, daß, wo nicht besondere Verbotsbestimmungen bestehen, Vereinbarungen, welche die Erfüllung von Geldschulden in gesetzlichen Zahlungsmitteln nicht nach dem Nennwerte, sondern nach dem Kurswerte vorsehen, zulässig und rechtswirksam sind (vergl. Helfferich, Das Geld, 6. Aufl., S. 372). Solche Vereinbarungen können ebensowohl ausdrücklich wie stillschweigend erfolgen. Sie werden allerdings, soweit nur normale Schwankungen des Papiergeldkurses innerhalb mäßiger Grenzen in Frage stehen, nicht zu vermuten sein; vielmehr muß angenommen werden, daß Parteien, die eine Schuldverbindlichkeit in der Währung ihres Landes ausdrücken, dies im Vertrauen auf die Beständigkeit dieser Währung tun und derartige geringfügige Schwankungen innerhalb normaler Grenzen in den Kauf nehmen. Ganz anders liegt aber die Sache, wenn anormale und nicht vorauszusehende Veränderungen des Geldwertes eintreten. Für solche Fälle wird die Anwendung der allgemeinen Grundsätze des bürgerlichen Rechts durch die Währungsgesetzgebung keineswegs ausgeschlossen. Die Währungsgesetzgebung gehört allerdings insoweit dem öffentlichen Rechte an, als sie die Ordnung des Geld- und Münzwesens durch den Staat, insbesondere die Ausübung des ihm zustehenden Münzhoheitsrechts, die Form und den Gehalt der Münzen, die Befugnis zur Ausgabe von Banknoten usw. betrifft. Dagegen gehört sie zum Privatrechte insoweit, als sie die Beziehungen der einzelnen zueinander, insbesondere ihre vermögensrechtlichen Beziehungen ordnet.

III. Die Veränderung der bestehenden Verhältnisse und ihre Einwirkung auf Verträge.

Durch den Weltkrieg und seine Auswirkungen, zu denen auch die sich an ihn unmittelbar anschließende gewaltsame Änderung der bisherigen staatlichen Einrichtungen, die Revolution, gerechnet werden muß, ist eine ungeheure Umwälzung auch der wirtschaftlichen Verhältnisse für Deutschland eingetreten. Zunächst war für die Dauer des Krieges durch die Abschnürung Deutschlands von der Zufuhr von Rohstoffen und Waren, durch die Beschlagnahme vorhandener Rohstoffe und Waren für Zwecke der Kriegführung usw. eine Ausführung vorher abgeschlossener Verträge, die auf Lieferung von Waren gingen, deren Herstellung oder Beschaffung durch diese Umstände berührt wurde, vielfach u n m ö g l i c h geworden. Das hatte zweifellos für den zur Lieferung Verpflichteten die unmittelbar aus den §§ 276, 323 BGB. sich ergebende rechtliche Folge, daß er von seiner Lieferungspflicht für die Dauer der Unmöglichkeit frei wurde, andererseits aber auch den Anspruch auf die Gegenleistung verlor. Während aber in den ersten Kriegsjahren die Anschauung vorherrschte und begründet erschien, daß die entstandenen Schwierigkeiten keine dauernden seien, vielmehr nach Beendigung des Krieges wieder gleiche oder ähnliche Verhältnisse eintreten würden, wie sie in der Vorkriegszeit bestanden hatten, trat hierin infolge der langen Dauer des Krieges, seiner räumlichen Ausdehnung und der Art, wie er geführt wurde, ein vollständiger Umschwung ein. Es ergab sich deshalb die Frage, ob und inwieweit langfristige Lieferungsverträge, deren Erfüllung während des Krieges infolge der eingetretenen zeitweiligen Unmöglichkeit nicht hatte gefordert werden können, nach Beendigung des Krieges und nach Fortfall der unmittelbaren, eine tatsächliche Erfüllungsunmöglichkeit begründenden Behinderungen wieder erfüllt werden müßten. Es war das die Frage nach der Einwirkung der veränderten Umstände auf die Verpflichtung zur Erfüllung abgeschlossener Verträge, der sog. clausula rebus sic stantibus. Daß eine solche Klausel im BGB. nicht als allen Verträgen ohne weiteres zugrunde liegend anerkannt ist, die Erfüllung vielmehr grundsätzlich nicht unter Berufung darauf abgelehnt werden kann, daß Umstände, deren Bestehen und Bestehenbleiben lediglich die Voraussetzung des Vertragsabschlusses oder (um mit Oertmann zu reden) die Geschäftsgrundlage gebildet haben, sich geändert haben oder fortgefallen seien, war bisher, unter Ablehnung der weitergehenden Windscheidschen Voraussetzungslehre, von der Rechtslehre und Rechtsprechung, namentlich auch des Reichsgerichts, angenommen. Die Rechtsprechung des Reichsgerichts ist aber in stufenweiser Entwicklung, entsprechend dem immer stärkeren Hervortreten der durch die Einwirkungen des Weltkrieges hervorgerufenen ungeheuerlichen und alles Bisherige von Grund auf umstürzenden Veränderungen, dazu gelangt, daß die frühere Auffassung, soweit solche Veränderungen in Frage stehen, nicht aufrechterhalten werden kann, daß vielmehr auch nach Beendigung des Krieges der zur Leistung (Lieferung) Verpflichtete dann zur Verweigerung der Leistung berechtigt sein muß, wenn die Leistung infolge der Veränderung der Verhältnisse sich als eine wirtschaftlich durchaus andere darstellen würde, als sie sich zur Zeit des Vertragsabschlusses vor dem Kriege dargestellt hatte, indem sie namentlich nur mit verhältnismäßig höheren Aufwendungen herzustellen oder zu beschaffen sein würde. Diese Auffassung liegt namentlich den in RGZ. 92 87, 93 341, 94 46, 99 116, 100 130, 100 134 veröffentlichten Entscheidungen zugrunde. Sie ist wohl seitdem ein im Ergebnisse unbestrittenes Gemeingut der Rechtslehre und Rechtsprechung geworden. Ob der Rechtssatz, auf den sie sich gründet, unmittelbar aus dem Parteiwillen oder aus gesetzlichen Normen sich ergibt, und ob er demnach aus den Bestimmungen über die Auslegung der Verträge (§§ 133, 157) oder denjenigen über die Leistungspflicht des Schuldners (§ 242 BGB.) herzuleiten ist, die in gleicher Weise auf Treu und Glauben und die Verkehrssitte verweisen, ist von geringer praktischer Erheblichkeit. Daß nicht beide Gruppen von Bestimmungen nebeneinander herangezogen werden könnten, wie es das Reichsgericht mehrfach getan hat, wird Oertmann (Geschäftsgrundlage S. 130) nicht zugegeben werden können, da auch die Vorschrift des § 242 auf einer gesetzlichen Vermutung über den Parteiwillen beruht, dem eine nach Treu und Glauben und der Verkehrssitte sich bestimmende Leistungspflicht des Schuldners entspricht. Der oft mißbräuchlich zur Widerlegung herangezogene schlagwortähnliche Satz: „Pacta sunt servanda“ steht demgemäß auch weder der einen noch der anderen Art der Begründung entgegen, da es sich auf alle Fälle nur darum handelt, den wirklichen Sinn und Inhalt des Vertrages zu bestimmen, der durch die Ablehnung einer darüber hinausgehenden Leistungspflicht nicht verletzt, sondern gerade gewahrt wird. Die vom RG. ursprünglich gemachte und noch in RGZ. 100 134 festgehaltene Begründung mit einer „wirtschaftlichen Unmöglichkeit“ und die damit zusammenhängende Einschränkung, daß die Leistung für den Schuldner „ruinös“ sein müsse, ist in den späteren Entscheidungen des RG. aufgegeben worden. Im übrigen ist, wie nicht geleugnet werden kann, die neuere Auffassung, auch insofern sie sich mit Vorliebe auf die Oertmannsche Lehre von der „Geschäftsgrundlage“ beruft (so RGZ. 103 332), eine Annäherung an die früher verworfene Windscheidsche Lehre von der Voraussetzung, die mit Begrenzung auf den Eintritt ganz außergewöhnlicher Umstände dadurch nach dem Worte Cohens (JurWoch. 1916 S. 109) „rediviva“ geworden ist. Es werden ihr auch die gleichen Einwendungen entgegengesetzt wie der Windscheidschen Lehre, insbesondere die Rücksicht auf die Sicherheit des Rechtsverkehrs, die aber hinter der Vermeidung einer so fundamentalen Verletzung der Grundsätze von Treu und Glauben zurücktreten muß. — Die durch die früheren Urteile bereits festgelegte Auffassung des RG. hat eine — insbesondere auch für die uns hier beschäftigenden Fragen — bedeutsame Erweiterung erfahren durch das Urteil des 3. Zivilsenats vom 21. September 1920 (RGZ. 100 130). Es ist dort ausgesprochen, daß die grundstürzende Veränderung der Verhältnisse nicht nur ein Abgehen des aus einem langfristigen Vertrage (über Lieferung von Wasserdampf für gewerbliche Zwecke im Anschlusse an einen Mietvertrag) Verpflichteten von diesem Vertrage durch Verweigerung der Lieferung, sondern auch einen Anspruch desselben unter Festhalten an dem Vertrage auf eine Erhöhung der für die Lieferung zu machenden Gegenleistung in Geld (Aufwertung), und zwar auch durch Nachzahlungen für bereits erfolgte Lieferungen, rechtfertigen könne, freilich nur unter der Voraussetzung, daß beide Parteien an dem Vertrage festhalten wollen, und in der Weise, daß durch das vom Gericht zu erlassende „Gestaltungsurteil", das die Höhe der Gegenleistung festsetzt, ein Ausgleich der beiderseitigen Interessen geschaffen wird (also keine volle Aufwertung). Gegen eine solche Gestaltungsbefugnis des Gerichts hat sich freilich mehrfach Widerspruch erhoben, indem nicht ohne Berechtigung darauf hingewiesen wird, daß das Festhaltenwollen des zum Bezuge der Lieferung Berechtigten, das das Urteil voraussetzt, sich nur auf den Bezug zu dem bisherigen Vertragspreise, nicht aber zu einem erhöhten Preise bezogen habe. Es ist hier zum ersten Male die Frage von der Geldseite her behandelt, indem nicht die erschwerte Beschaffung der Sachleistung an sich, sondern die Nicht-Äquivalenz der dafür in Geld zu machenden Gegenleistung einen rechtfertigenden Grund für die anderweite Gestaltung des Vertrags durch eine Aufwertung der Geldleistung bildet. Der Äquivalenzgedanke fand aber zunächst noch kein volles Verständnis, und es lehnte namentlich der 5. Zivilsenat des Reichsgerichts in dem Urteile vom 16. April 1921 (RGZ. 102 98) seine Anwendung auf einen Fall, in welchem sich ein Grundstückseigentümer durch langfristiges Angebot zur Übertragung des Eigentums an einem Grundstücke verpflichtet hatte, als eine „im Interesse der Rechtssicherheit und der Vertragstreue zu beanstandende Erweiterung" der bisherigen Rechtsprechung ab; der Grundstückseigentümer wurde für verpflichtet erklärt, das Grundstück zu dem früher vereinbarten Preise in Papiermark zum Nennwerte herzugeben, ungeachtet der nach der Feststellung des Berufungsgerichts „im wesentlichen auf die Entwertung der Reichsmark als Folge der Papierwährung zurückzuführenden unerhörten Preissteigerung“. Das wurde damit begründet, daß die dem Grundstückseigentümer obliegende Leistung sich in keiner Weise verändert habe oder schwerer zu beschaffen geworden sei, und daß auch die Gegenleistung sich nicht verändert habe (Mark gleich Mark!), vielmehr nur das Wertverhältnis zwischen Leistung und Gegenleistung sich wesentlich verschoben habe, insofern, als der Geldwert erheblich gesunken, der Wert des Grundstücks aber fast um das Dreifache gestiegen sei; diese außerordentliche Änderung des Wertverhältnisses berechtige aber den Grundstückseigentümer nicht, sich von dem Vertrage loszusagen, seine Leistung sei nicht unmöglich geworden; auch vom Standpunkte der clausula rebus sic stantibus sei eine Lossagung nicht gerechtfertigt, weil der Gesichtspunkt nicht Platz greife, daß dem Grundstückseigentümer das Aushalten des Vertrags nicht zugemutet werden könne. Dieser Rechtsauffassung trat (allerdings ohne die unbedingt erforderliche Plenarentscheidung herbeizuführen) der 2. Zivilsenat in dem Urteile vom 3. Februar 1922 (RGZ. 103 329) entgegen, indem er ausführte, daß der Fortfall der „Geschäftsgrundlage“, auf den es ankomme, auch als Folge einer bloßen „Valutaverschiebung“ möglich sei, wenn die Fortdauer der Äquivalenz von Leistung und Gegenleistung bei Vertragsschluß vorausgesetzt worden sei, und daß dazu in der Regel (vorbehaltlich des Nachweises einer aleatorischen Natur des Vertrags) die Erwägung hinreichen werde, daß eine Geldentwertung, wie sie im Herbst 1919 eintrat, für die Geschäftswelt überraschend gekommen sei und von ihr nicht vorausgesehen werden konnte. Der 5. Zivilsenat hat sodann in dem Urteil vom 6. Januar 1923 (RGZ. 106 10) unter Bezugnahme auf die seit dem früheren Urteile in ungeahnter Weise fortgeschrittene Geldentwertung, infolge deren die Geldleistung nur noch einen geringen Bruchteil des Wertes darstelle, den sie bei ihrer Vereinbarung gehabt habe, und auf den Wegfall der Geschäftsgrundlage, die in der Vorstellung der beiderseitigen Leistungen als gleichwertig oder mindestens in einem bestimmten Wertverhältnisse zueinander stehend zu finden sei, seine frühere Ansicht aufgegeben und sich im wesentlichen den Gründen des Urteils des 2. Zivilsenats angeschlossen. Seitdem ist der Gesichtspunkt der Äquivalenz zwischen Leistung und Gegenleistung vom 5. Zivilsenat in einer Anzahl von Entscheidungen als maßgebender Gesichtspunkt für die Frage der Einwirkung der veränderten Umstände festgehalten worden und hat auch in der Rechtsprechung anderer Senate sowie im Schrifttum Anerkennung gefunden. Die gegen ihn vereinzelt im Schrifttum erhobenen Einwendungen (vergl. namentlich Kiehl im Komm. von RGRäten, 5. Aufl., zu § 242 Anm. 1 I d und e S. 343 und II S. 345) können nicht als überzeugend befunden werden. Daß das Gegenseitigkeitsverhältnis von Leistung und Gegenleistung bei gegenseitigen Verträgen lediglich ein rechtliches und nicht auch ein wirtschaftliches sei, ist durchaus nicht zuzugeben; es ist vielmehr gerade der wirtschaftliche, auf den Austausch von Leistung und Gegenleistung gerichtete Charakter der gegenseitigen Verträge, der die Vorschriften über die rechtliche Abhängigkeit erst erzeugt hat. Ein in normalen Grenzen sich haltendes Wertverhältnis zwischen den beiderseitigen Leistungen bildet nach Treu und Glauben, die einen ehrlichen Geschäftsverkehr erfordern, die Geschäftsgrundlage oder die Voraussetzung; Hingabe der Leistung gegen eine absolut unzureichende, unverhältnismäßig geringe Gegenleistung kann auch nach § 242 BGB. keiner Partei zugemutet werden. Einer besonderen Feststellung, daß der den Kauf Antragende oder der Verkäufer auf die dauernde Gleichwertigkeit der Leistungen erkennbar Gewicht gelegt und daß der andere Teil diese Vorstellung wirklich erkannt habe (die Kiehl für erforderlich hält), bedurfte es nicht, da eine solche Vorstellung in den Regelfällen jedem gegenseitigen Vertrage zugrunde liegt. Daß das Geschäft keinen spekulativen Charakter trug, ist in dem Urteile vom 6. Januar 1923 und auch in anderen Urteilen besonders hervorgehoben. Eine Gefahrübernahme desjenigen, der ein langfristiges Kaufangebot macht (des Verkäufers), kann nur für voraussehbare Umstände in Frage kommen, nicht aber für ganz außergewöhnliche und nicht vorauszuahnende Verschiebungen des Wertverhältnisses bis zur Erfüllung. Wenn Kiehl schließlich dem Reichsgericht ein „Caveant Consules!“ zuruft, so möchte dies in weit höherem Maße als für die buchstäbliche Ausführung der Verträge dafür am Platze sein, daß nicht durch solch starres Festhalten am Buchstaben eine Kluft entstehe zwischen dem gesprochenen Rechte und dem „richtigen Rechte“ (im Sinne Stammlers), zwischen Recht und Rechtsgefühl!

IV. Geldentwertung und Geldschulden. Das Urteil des Reichsgerichts vom 28. November 1923.

Durch die Gesetze vom 4. August 1914, welche die jederzeitige Einlösbarkeit der Reichsbanknoten und Reichskassenscheine in Gold beseitigten (vergl. oben unter I

S. 5), war die Verbindung des Papiergeldes mit dem bis dahin die Grundlage der Währung bildenden Golde gelöst und Raum für eine gegenüber dem Goldwerte selbständige Entwicklung des Papiergeldwertes geschaffen, die bei dessen unbegrenzter Vermehrungsfähigkeit, von welcher zur Deckung der Staatsbedürfnisse auf dem Umwege der Ausgabe von Reichsbanknoten gegen Diskontierung von Reichsschatzwechseln durch die Reichsbank Gebrauch gemacht wurde, früher oder später zur vollständigen Entwertung des Papiergeldes führen mußte. Diese zwangsläufige Entwickelung kam in den ersten Kriegsjahren noch nicht zu voller Auswirkung. Der Wert der Papiermark blieb zwar in allmählich steigendem Maße, aber doch innerhalb normaler Grenzen an den ausländischen Börsenplätzen hinter dem Werte der früheren Goldmark, gemessen nach deren Parität mit den ausländischen Valuten, zurück, derart, daß im Januar 1919 die Mark auf etwa ½, im Juli 1919, nach Abschluß des Versailler Friedens, aber bereits auf weniger als ⅓ ihrer Friedensparität gesunken war (Helfferich a. a. O. S. 254; nach den in der JurWoch. 1923 hinter S. 804 veröffentlichten Tabellen stellte sich die Goldmark im Januar 1919 noch auf 1,90, im Juli 1919 aber bereits auf 4,46 Papiermark). Doch war die Kaufkraft der Mark im inneren deutschen Verkehr nicht in gleichem Maße gesunken; die während des Krieges eingetretene Steigerung der Preise war mehr eine naturgemäße Folge der Knappheit der Einfuhr und der Einschränkung der Produktion auf allen Gebieten. Nach Abschluß des Friedens und infolge der Wiederaufbau- und Reparationsschwierigkeiten änderte sich diese Sachlage; die Entwertung der Mark machte unter ungeheuren Schwankungen, die aber stets nur vorübergehende Besserung brachten, immer größere und raschere Fortschritte, so daß im November 1922 zum ersten Male ein Dollarkurs von 9000 Mark überschritten wurde (Goldmark 7. November 2011 Mark); dann aber ging es nach kurzfristiger Erholung, namentlich nach Eintritt der Ruhrbesetzung, rapide abwärts, und nachdem es im Frühjahr 1923 der Reichsbank gelungen war, den Kurs der Mark für einige Zeit stabil zu erhalten, trat der Rückschlag ein, der zur vollständigen Katastrophe der Papiermark führte, so daß der Dollar im August 1923 einen Kurs von über 5 Millionen, im September schon einen solchen von über 50 Millionen, im Oktober von über 60 Milliarden erreichte, bis er dann Ende November auf 4,2 Billionen (Goldmark = 1 Billion) stieg und in dieser Höhe seitdem stabil gehalten wurde. Gleichzeitig hatte sich auch die Kaufkraft der Mark im inneren Verkehr ihrer Entwertung im Auslande vollständig angepaßt, in der Weise, daß für die Kalkulation der Preise nur noch die ausländischen Valuten zugrunde gelegt wurden. Durch diese ungeheuerliche Entwicklung wurde die Nennwerttheorie aufs gründlichste ad absurdum geführt, und auch von ihren Anhängern wurde anerkannt, daß sich „das öffentliche Rechtsempfinden dagegen auflehnte, daß die Reichsmark des Jahres 1923, die nur noch einen verschwindenden Bruchteil dessen bedeutete, was sie im Jahre 1913 darstellte, von Gesetz und Rechtsprechung als identisch mit der Reichsmark des Jahres 1913 behandelt wurde“ (so Helfferich a. a. O. S. 368). Es konnte sich, wollte man nicht alle Rücksicht auf Recht und Billigkeit als die Grundlage staatlicher Ordnung außer acht lassen, nur darum handeln, ob auf dem Wege der Gesetzgebung oder auf dem der Rechtsprechung eine, wenn auch nur notdürftige und den Zeitverhältnissen Rechnung tragende Abhilfe geschaffen werden sollte. Die Gesetzgebung versagte gegenüber dieser Aufgabe in merkwürdiger und unerklärlicher Weise. Am 1. März

1923 (Drucksachen des Reichstages Nr. 5597) brachte der Abgeordnete Dr. Düringer, unterstützt von führenden Mitgliedern der meisten Fraktionen, den Antrag auf Erlaß eines Gesetzes ein, das für eine begrenzte Frist (bis zum 1. Januar 1927) die Zurückzahlung von Hypotheken und Grundschulden nur mit Zustimmung des Gläubigers zulassen sollte. In der Begründung wird hervorgehoben, daß es sich nur um eine Übergangsvorschrift, eine Sperrmaßnahme, handle, um zu verhüten, daß durch Rückzahlung der Hypotheken in entwerteter Papiermark die wirtschaftliche Existenz des Hypothekengläubigers vernichtet werde, ehe noch die Entwicklung der Verhältnisse zu übersehen und die Rechtsfrage geklärt sei. In dem Rechtsausschusse des Reichstages trat dem Antrage besonders die Regierung lebhaft entgegen; der damalige Justizminister Dr. Heinze erklärte, das Sperrgesetz könne nicht erlassen werden, wenn man nicht beabsichtige, nach Ablauf der Sperrfrist die gesperrten Hypotheken und Grundschulden aufzuwerten; das aber sei ganz unmöglich, da alsdann zahlreiche andere Gläubiger das gleiche Recht für ihre Forderungen in Anspruch nehmen würden und kein Grund bestehe, die dinglich Berechtigten zu bevorzugen; die Entwertung ihrer Forderungen sei eine Folge der allgemeinen Geldentwertung; ihr abzuhelfen sei der Staat außerstande; es dürften nicht Hoffnungen erweckt werden, die später doch nicht erfüllt werden könnten. (Vergl. Düringer in JurWoch. 1923 S. 433). Diese wenig staatsmännische Resignation gegenüber einem so offensichtlich die Ausbeutung einer Bevölkerungsklasse durch eine andere ermöglichenden Zustande brachte den Antrag zu Falle; er wurde im Rechtsausschusse und kurz nachher auch im Reichswirtschaftsrat abgelehnt. Bei der dritten Lesung des Antrags, der unterdessen durch eine von hervorragenden Juristen ausgearbeitete Denkschrift (JurWoch. 1923 S. 873) unterstützt worden war, im Reichstage (ebenda S. 893) wandte sich der Reichsjustizminister wiederum lebhaft gegen den Entwurf, der dann mit zwei anderen, die Aufwertung von Hypotheken und Industrieobligationen betreffenden Anträgen nochmals an den Rechtsausschuß verwiesen wurde, in welchem er, soweit bekannt, bis jetzt begraben geblieben ist. Die Folge war, daß bei weiterer ins Ungeheure sich steigernder Entwertung der Papiermark zahlreiche Hypotheken von skrupellosen Schuldnern gekündigt und zurückgezahlt wurden, so daß später, als die Frage der Hypothekenaufwertung spruchreif wurde, ein anderer Reichsjustizminister sich mit einem Schein von Recht darauf berufen konnte, daß die meisten Hypotheken bereits zurückgezahlt und die Gläubiger solcher und anderer Geldforderungen ihre durch die Geldentwertung erlittenen Verluste bereits „abgeschrieben" hätten, ein kaufmännischer Ausdruck, der mit Bezug auf die große Zahl solcher Gläubiger, die sich aus den Kreisen des Kleinrentner- und Mittelstandes, aus Witwen und Mündeln zusammensetzten und durch die Entwicklung der Verhältnisse in höchste Lebensnot geraten waren, wie bitterer Hohn klang! Übrigens hat der Gesetzgeber selbst angesichts der weiteren Entwicklung seinen starr ablehnenden Standpunkt doch nicht voll aufrechterhalten können; er hat vielmehr im Spätsommer und Herbst 1923 durch eine Reihe von gesetzgeberischen Maßnahmen für Einzelfälle, insbesondere für gewisse Steuern, aber auch für Bezüge aus Altenteilsverträgen und dergleichen, eine Aufwertung zugelassen und dadurch den Grundsatz „Mark gleich Mark" durchbrochen. Diese Maßnahmen sind in dem Urteile des Reichsgerichts vom 28. November 1923 (Anh. I) im einzelnen aufgeführt, und es kann hier darauf Bezug genommen werden.

Im übrigen aber fiel der Rechtsprechung die schwere und undankbare Aufgabe zu, auf ihrem Gebiete ohne Beihilfe des Gesetzgebers dem, was Recht und Billigkeit als unabweislich erscheinen ließen, nach Möglichkeit Rechnung zu tragen. Für eine solche Aufgabe war sie vorbereitet durch die in neuerer Zeit mehr und mehr zur Geltung gelangte Auffassung über das Verhältnis des Richters zum Gesetzgeber. Unter Ablehnung der weitergehenden Ansprüche der sogenannten Freirechtslehre, die den Richter von der Bindung an das positive Gesetz in weitgehender Weise befreien will, hat die Rechtsprechung seit längerer Zeit schon erkannt, daß auch das Gesetz Lücken aufweist, die nicht durch rein logische Konstruktionen ausgefüllt werden können, daß solche Lücken besonders dann zutage treten, wenn seit dem Erlasse der Gesetze ganz neue Entwicklungen und ungeahnte Verhältnisse eingetreten sind, und daß es bei Auslegung und Anwendung der Gesetze Aufgabe des Richters ist (ähnlich wie nach § 157 BGB. bei Auslegung von Privatwillenserklärungen), diese Lücken dadurch auszufüllen, daß er zu erforschen sucht, was der Gesetzgeber verordnet haben würde, wenn er die eingetretene Entwicklung vorausgesehen und die dadurch geschaffene Lage in den Kreis seiner Erwägungen aufgenommen hätte. In solchem Sinne „rechtsschöpferisch" zu wirken, war besonders als Aufgabe der höchsten Instanz, des Reichsgerichts, die als ausschlaggebend dazu unter Wahrung des Grundsatzes der Rechtseinheit in der Lage ist, bereits früher erkannt und geübt, wenn auch nicht immer unumwunden ausgesprochen worden. Daß dabei an das positive Gesetzesrecht angeknüpft, die Lücke nicht im Sinne subjektiver Anschauungen des Richters, sondern in Anlehnung an den Sinn und Geist der vorhandenen objektiven Rechtsnormen ausgefüllt werden muß, ist von der Rechtsprechung nicht verkannt worden. Am klarsten kommt eine solche Auffassung, zugleich mit den notwendigen vorsichtigen Einschränkungen, in dem oben bereits angeführten Urteile des 3. Zivilsenats vom 21. September 1920 (RGZ. 100 130) zum Ausdruck, wo dargelegt ist, daß es die erste und vornehmste Aufgabe des Richters sei, den unabweislichen Bedürfnissen des Lebens gerecht zu werden und sich in dieser Beziehung von den Erfahrungen des Lebens leiten zu lassen. Auf dieser Grundlage ist das Reichsgericht, dem übrigens durch das Schrifttum und durch einzelne Urteile erst- und zweitinstanzlicher Gerichte *) bereits vorgearbeitet worden war, an die Aufgabe herangetreten, und zwar schrittweise nach Maßgabe der ihm zur Entscheidung unterbreiteten Einzelfälle. Bereits die oben unter III S. 20 ff. angeführten Urteile, welche das Äquivalenzprinzip bei gegenseitigen Verträgen anerkannten, enthielten eine Abweichung von dem für den Regelfall in der Währungsgesetzgebung anerkannten Grundsatze der Maßgeblichkeit des Nennwerts bei Geldschulden, da sie darauf beruhten, daß die Gegenleistung in entwerteter Papiermark nicht die gleiche Leistung sei wie die ursprünglich vereinbarte, also Mark nicht unter allen Umständen gleich Mark. Es wäre daher schwerlich folgerichtig gewesen, bei nicht synallagmatischen Verträgen, bei denen durch eine von der einen Seite gemachte Geldleistung die Verpflichtung zu einer gleichwertigen künftigen Geldleistung des anderen Teils, insbesondere zur Rückerstattung des empfangenen Betrages, begründet wurde, also namentlich bei Dar-

---

*) Vergl. namentlich Oberlandesgericht Darmstadt, Beschluß vom 29. März 1923 (JurWoch. S. 459) und Urteil vom 18. Mai 1923 (ebenda S. 522); ferner Obergericht Danzig 16. Mai 1923 (ebenda S. 691); Polnischer oberster Gerichtshof 26. Februar 1922 (ebenda 1922 S. 332).

lehen, die Rückzahlung mit entwerteter Papiermark unter Berufung auf den Satz: „Mark gleich Mark“ unter allen Umständen als Erfüllung der übernommenen Verpflichtung anzusehen. Freilich hat gerade der hierin liegende Schritt die größten Bedenken im Schrifttum hervorgerufen, obwohl gerade das Darlehen, wie oben gezeigt ist, nach seinem inneren Wesen und auf Grund der es regelnden positiven Gesetzesbestimmung (§ 607 BGB.) eine der Hingabeleistung gleichwertige Rückerstattungsleistung grundsätzlich erfordert. Nicht nur Schriftsteller, welche diese Natur des Darlehensvertrags verkennen (wie Rosenfelder in Iherings Jahrbüchern 71 237), sondern auch solche, welche die ganze Ungeheuerlichkeit erkennen und hervorheben, sind vor diesem Schritte zurückgeschreckt. So erklärt Henle (Mark gleich Mark, S. 9) die Zulassung der Erfüllung in Goldmark begründeter Geldschulden durch Leistung des Nennwerts in Papiermark für eine „Enteignung, die durch die blinde Naturgewalt des Zwangskurses ohne Entschädigung stattfinde“ und die eine „katastrophale Niederlage des bürgerlichen Rechts“ bedeute, aus der aber allein die Gesetzgebung helfen könne. Eine Wissenschaft oder Rechtsprechung, die zu solchen Ergebnissen führt, begründet wohl schon dadurch die recht naheliegende Vermutung, daß sie von falschen Voraussetzungen ausgegangen ist oder irgendwo ein Fehler auf dem Wege liegt, der zu dem Ergebnisse in die Irre geführt hat. Dem Gesetzgeber kann, ohne ihm zu nahe zu treten, nicht unterstellt werden, daß solche Ergebnisse seinem Willen entsprechen, und der Richter, der sie ablehnt und aus ihnen rückschließend entnimmt, daß der wahre Sinn und Inhalt des Gesetzes ein anderer ist, handelt durchaus innerhalb der ihm zugewiesenen Aufgabe, ohne für sich eine an das Gesetz nicht gebundene Stellung in Anspruch nehmen zu müssen. Zur Annahme eines zu den gekennzeichneten Ergebnissen führenden gesetzgeberischen Willens ist hier um so weniger Veranlassung angesichts der oben dargelegten Entstehungsgeschichte der gegenwärtig bestehenden Währungsgesetzgebung, ihres Charakters und ihrer Ziele. Besonders abwegig waren die von verschiedenen Seiten dem Reichsgerichte zugehenden Mahnungen, eine Aufwertung nicht zuzulassen mit Rücksicht auf die daraus von den Staatsgläubigern zu ziehenden Folgerungen und deren Auswirkung für die öffentlichen Finanzen. Denn gerade das Reich und der Staat haben die Klinke der Gesetzgebung in der Hand und sind dadurch (anders wie private Schuldner) in der Lage, sich allzu drückenden Verpflichtungen unter Bezugnahme auf das voranzustellende Wohl der Gesamtheit zeitweise oder dauernd zu entziehen, eine Möglichkeit, von der sie in den letzten Jahren bereits reichlich Gebrauch gemacht haben — man denke an das Reichsentlastungsgesetz vom 9. Juni 1923, das die Forderungen der geschädigten Auslands- und Inlandsdeutschen und der Ausgleichsgläubiger, von denen besonders die letzteren bereits mit voller Rechtswirksamkeit entstanden waren, bis auf ein lächerlich geringes Mindestmaß beseitigt hat. Aus solchen Rücksichten heraus den Privatgläubigern ihre Rechte verkümmern zu sollen, war eine unerhörte Zumutung für die Rechtsprechung.

So ist denn das Reichsgericht in folgerichtigem Beharren auf dem für richtig erkannten Wege zu dem Urteile vom 28. November 1923 — V 31/1923 — in Sachen Stolz gegen Reinshagen gelangt, dessen hier in Betracht kommender Teil als Anhang I abgedruckt ist. Seitdem bekannt geworden war, daß dem 5. Zivilsenate ein die Aufwertung der Hypotheken betreffender Fall vorlag, ist dem Senate eine Flut von Zuschriften zugegangen, die beweisen, mit welch leidenschaftlichem Interesse und welcher Spannung der Entscheidung entgegengesehen wurde. Gläubiger wie Schuldner von Hypotheken schilderten ihre Lage und die Umstände ihres Einzelfalles und suchten dadurch zur Beleuchtung der Rechtsfrage beizutragen; auch Rechtsausführungen in dem einen und anderen Sinne wurden in großer Zahl noch dem Senate von Berufenen und Unberufenen unterbreitet. Nachdem es verkündet war, entstanden Meinungsverschiedenheiten über seine Tragweite und die aus ihm für andere Fälle zu ziehenden Folgerungen. Es dürfte deshalb angebracht sein, die für die Bedeutung des Urteils maßgebenden Gesichtspunkte hier kurz hervorzuheben. Das Urteil beschränkt sich zunächst, wie erklärlich und in der Rechtsprechung des Reichsgerichts üblich, durchaus auf die Entscheidung derjenigen Rechtsfragen, deren Beantwortung für den vorliegenden Rechtsstreit unumgänglich war. Der Rechtsstreit hatte zum Gegenstande eine Klage auf Löschung einer Hypothek, die seit dem Jahre 1913 auf einem im Gebiete unserer früheren Kolonie Südwestafrika — in Lüderitzbucht — belegenen Grundstücke für den Beklagten eingetragen war und deren Betrag in Papiermark der Kläger dem Beklagten nach eingetretener Fälligkeit im April 1920 durch eine Bank hatte überweisen lassen, ohne daß jedoch der Beklagte, soweit festgestellt ist, die Überweisung als Zahlung angenommen hätte. Der Beklagte hatte in erster Linie geltend gemacht, daß nach dem für Südwestafrika geltenden Währungsrechte, das zur Anwendung zu kommen habe, er zur Annahme von Papiergeld nicht verpflichtet sei. Das Berufungsgericht hatte aber angenommen, daß, da beide Parteien zur Zeit der Hypothekenbestellung ihren Wohnsitz in Berlin gehabt hätten, das im eigentlichen deutschen Reichsgebiete geltende Recht zur Anwendung zu kommen habe und nach diesem der Beklagte zur Annahme der Papiermark zum Nennwerte verpflichtet gewesen sei. Das Reichsgericht läßt dahingestellt, ob das eine oder das andere Recht anwendbar sei, da in beiden Fällen das Berufungsurteil nicht aufrechterhalten werden könne. Hier interessieren nur die Gründe, die für den Fall der Anwendung des im eigentlichen deutschen Rechtsgebiete geltenden Rechts gegeben werden (unter B der Urteilsgründe). Für diesen Fall erkennt das Reichsgericht unter der vom Berufungsrichter noch zu prüfenden Voraussetzung, daß die tatsächlichen Voraussetzungen für eine „Aufwertung" der Hypothek — starke Entwertung der Papiermark — zur Zeit der Fälligkeit oder auch (sofern der Beklagte trotz Eintritt des Verzugs etwa noch das Recht haben sollte, sich auf die Aufwertung zu berufen) zu einem späteren Zeitpunkte vorhanden waren, die rechtliche Möglichkeit einer Aufwertung von Hypothekenforderungen grundsätzlich an. Dafür beruft sich das Urteil in erster Linie auf § 242 BGB., für dessen Anwendung in Betracht komme, daß gerade bei Hypothekenforderungen der Schuldner regelmäßig in dem — wenigstens nach dem Papiergeldnennwerte — erheblich gestiegenen Werte des Grundstücks einen entsprechenden Ausgleich erhalten habe; dabei wird gleich hinzugefügt, daß die in § 242 geforderte Berücksichtigung dessen, was Treu und Glauben erforderte, die Berücksichtigung der Interessen beider Teile gebiete, und daraus folge, daß nicht schlechthin jede Hypothekenforderung oder jede in gleichem Maße, etwa gar im vollen Wertverhältnis der Papiermark zur Goldmark, aufgewertet werden müsse, sondern daß neben dem hauptsächlich maßgebenden gesteigerten Grundstückswerte auch die anderen Umstände des Falles in Betracht kommen müssen, die im einzelnen beispielsweise aufgezählt werden. Als zweiten grundlegenden Satz spricht das Urteil aus, daß die Bestimmungen des deutschen Währungsrechts der Zulässigkeit der Aufwertung nicht entgegenstehen. Das wird unter Bezugnahme auf die Entstehungsgeschichte, den Zweck und die Verhältnisse, unter denen die in Betracht kommenden Gesetze entstanden sind, dargelegt. Nach dem später eingetretenen Verfall der Papiermark sei ein „Widerstreit" zwischen diesen Gesetzen und der das Rechtsleben beherrschenden Vorschrift des § 242 BGB. eingetreten, bei dem diese letztere den Vorrang haben und die Währungsvorschriften insoweit zurücktreten müßten, als sie mit den Grundsätzen von Treu und Glauben nicht vereinbar seien; denn bei ihrem Erlasse sei die Möglichkeit eines solchen Währungsverfalls nicht in Betracht gezogen, ein starres Festhalten an ihnen für diesen Fall also nicht vorgesehen worden. Es wird dann hervorgehoben, daß auch die Reichsgesetzgebung selbst den Satz „Mark gleich Mark" in der letzten Zeit nicht mehr ohne Einschränkung habe aufrechterhalten können, und es wird das durch Anführung einer Anzahl von reichsgesetzlichen Bestimmungen, die in der letzten Zeit ergangen sind, belegt. In gleicher Weise wird gezeigt, daß auch die Rechtsprechung des Reichsgerichts sich in immer steigendem Maße in dieser Richtung bewegt habe. Wenn das bisher im wesentlichen nur bei gegenseitigen Verträgen geschehen sei, so könne es doch keinem begründeten Bedenken unterliegen, aus § 242 die Zulässigkeit der Aufwertung auch für hypothekarisch gesicherte Darlehnsforderungen anzunehmen. Das wird aus dem Wesen des Darlehens und aus der Vorschrift des § 607 BGB. dargelegt. Diese Grundsätze würden allerdings durch die

Währungsvorschriften in gewissem Umfange durchbrochen; der durch sie den gesetzlichen Zahlungsmitteln verliehene Zwangskurs, durch den dem Gläubiger die Tragung der Gefahr einer Geldentwertung zugemutet werde, sei aber nur für normale wirtschaftliche Verhältnisse berechnet und müsse zurücktreten, falls er infolge einer außergewöhnlich starken, bei Erlaß der Währungsvorschriften nicht voraussehbaren Entwertung zu Ergebnissen führen würde, die mit § 242 BGB. nicht mehr vereinbar wären. — Das Urteil zeigt sodann noch einen anderen Weg, auf dem man zur Bejahung der Zulässigkeit der Aufwertung gelangen könne, nämlich die ergänzende Auslegung des Vertrages durch Lückenausfüllung auf Grund des § 157 BGB. dahin, daß nach der (zu unterstellenden) Absicht der Parteien, falls sie an den Fall einer außerordentlichen Entwertung des gesetzlichen Zahlungsmittels gedacht hätten, der Anspruch des Gläubigers sich gegenüber der ziffermäßigen Festlegung der Geldsumme im Vertrage in angemessenem Umfange vergrößern sollte. Daß die Währungsvorschriften einer vertraglichen Wegbedingung des Zwangskurses nicht entgegenstehen, wird (im wesentlichen in Übereinstimmung mit dem, was oben dargelegt ist) ausgeführt. Das ist der positive Inhalt des Urteils, soweit es sich auf die Aufwertung der durch eine Hypothek gesicherten persönlichen Darlehensforderung im Verhältnisse zwischen dem Gläubiger und dem persönlichen Schuldner bezieht. Es wird dann noch hervorgehoben, daß es für die Entscheidung des Rechtsstreits keiner Stellungnahme zur Frage der Zulässigkeit der Aufwertung bei anderen als Hypothekenforderungen, insbesondere bei Anleiheforderungen von Privatunternehmungen oder

Körperschaften des öffentlichen Rechts, bei Sparkassenguthaben, Pfandbriefforderungen usw. bedürfe. Auch die Entscheidung der Frage nach der dinglichen Sicherung der aufgewerteten Forderung wird als für den Rechtsstreit nicht erforderlich abgelehnt, da der hier allein erhobene Anspruch des Schuldners auf Löschung der Hypothek gegen Papiermarkzahlung in jedem Falle ungerechtfertigt sei; denn ein solches Verlangen widerspreche Treu und Glauben, solange nicht der Gläubiger mit seiner ganzen Forderung, einschließlich der Aufwertung, befriedigt sei; unter allen Umständen aber könne der Gläubiger solange die Löschung verweigern auf Grund des ihm aus § 273 BGB. zustehenden Zurückbehaltungsrechts.

Das Urteil hat alsbald nach seinem Bekanntwerden einerseits begeisterte, teilweise allzu überschwänglich ausgedrückte Zustimmung, wie anderseits scharfe Kritik und Gegnerschaft gefunden. Ohne auf die durch Interessenerwägungen hin und her bewegte öffentliche Meinung allzu viel Gewicht zu legen, kann man doch wohl sagen, daß die Entscheidung von denjenigen, die sich ein unbefangenes Urteil und ein gesundes natürliches Rechtsgefühl erhalten haben, wozu wohl auch die Mehrzahl der Juristen heute gerechnet werden darf, begrüßt wurde als eine Erlösung von dem schwer bedrückenden Gefühl, daß schließlich summum ius summa iniuria, Vernunft Unsinn werden könnte, eine Gefahr, der man ziemlich nahe gekommen war. Unter denjenigen, die auf Grund ernstlicher Nachprüfung der rechtlichen Grundlagen des Urteils dazu gelangten, ihm zuzustimmen, sind namentlich zu nennen Oertmann (Die Aufwertungsfrage bei Geldforderungen, Hypotheken und Anleihen, bes. S. 39), Mügel in seinem Vortrage über Geldentwertung und Hypotheken

(S. 6) und im Ergebnisse auch Stampe (Das Aufwertungsurteil des Reichsgerichts, S. 58 ff.). Dieser letztere billigt insbesondere die Grundsätze, welche das Urteil über das Wesen des Darlehens und die Bedeutung des § 607 BGB. aufgestellt hat; er tritt aber der Auffassung entgegen, daß diese Grundsätze durch die Währungsgesetzgebung 1909/1914 „in gewissem Umfange durchbrochen" seien, indem er verneint, daß durch jene Währungsgesetzgebung eine „Nennwertzahlkraft" für die Papiermark eingeführt worden sei in dem Sinne, daß verfügt worden wäre, es müsse jedermann bei der Zahlung von Geldschulden den Zwanzigmarkschein ebenso hoch anrechnen wie das Zwanzigmarkstück. Er meint (im Anschlusse an seine besonderen Theorien über den Unterschied von Forderung und Anrecht), daß bei Rückzahlung eines Darlehens in entwertetem Gelde ein „Anrecht" auf Rückzahlung der ganzen Darlehenssumme in Geldrechten von gleicher Tauschkraft zurückbleibe und daß als Durchsetzungsmittel für dieses Anrecht sofort ein „Auffüllungsanspruch" entstehe. Daß dieser Anspruch sich von dem „Aufwertungsanspruche", den das Reichsgericht annimmt, mehr als in der grauen Theorie unterscheide, kann nicht zugegeben werden. Wenn Stampe ferner (ebenso Mügel S. 9, 26) betont, daß es sich eigentlich nicht um einen Aufwertungsanspruch für den Gläubiger, sondern um ein Abwertungsrecht des Schuldners handle, das diesem unter gewissen Umständen zustehe, so steht diese Auffassung dem reichsgerichtlichen Urteile nicht entgegen, das nicht verkennt, daß es sich nur um eine ziffermäßige Aufwertung handelt, während in Wirklichkeit der Gläubiger nicht mehr als den Wert seiner ursprünglichen Forderung erhält, und daß es eine — durch die besonderen Umstände gerechtfertigte — Rücksichtnahme auf den Schuldner ist, wenn die „Aufwertung" nicht auf die volle Höhe des Goldmarkbetrages des Darlehens erfolgt. — Unter den das Urteil mit Rechtsgründen bekämpfenden beachtenswerten Gegnern befinden sich besonders die Anhänger der älteren Juristenschule, die in der freieren Stellung des Richters gegenüber dem Gesetze eine Gefahr für die Voraussehbarkeit und Sicherheit der Rechtsprechung sehen und solche Sicherheit als ein bedeutungsvolles Element des Rechtes betrachten, dem auch die Rücksichten auf Billigkeit und Treu und Glauben weichen müssen. Weniger Beachtung verdient eine Kritik wie diejenige von Lehmann im Bankarchiv vom 9. Januar 1924; sie beruht auf einer durchaus anderen rechtspolitischen und sozialen Einstellung, die auch schon in seiner Schrift über die „Geldentwertung als Gesetzgebungsproblem des Privatrechts" hervortritt. Wer die Anlage von Geld in Hypotheken und Staatspapieren zur Vorkriegszeit, die der Gesetzgeber den Vormündern als „mündelsicher" zur Pflicht gemacht hat, als eine Spekulation auf die Hausse der Mark bezeichnen kann, während andererseits der Schuldner à la baisse spekuliert habe, und die Aufwertung ablehnt, weil sie eine Prämie auf die verunglückte Spekulation der Gläubiger wäre, der vertritt allerdings sozialpolitisch eine Auffassung unserer „kapitalistischen Institutionen", die dem deutschen Rechtsbewußtsein durchaus fernliegt; daß sie wirklich in einem Kulturstaate des Auslandes nicht als den Anschauungen aller gerecht und billig Denkenden widersprechend und deshalb unsittlich verworfen würde, wird durch die von ihm angeführten einzelnen Äußerungen ebensowenig bewiesen wie die von ihm behauptete „Verständnislosigkeit" des Auslandes gegenüber dem reichsgerichtlichen Urteil! Andere bekanntgewordene Äußerungen des Auslandes gehen gerade in entgegengesetzter Richtung.

Seit dem Urteile vom 28. November 1923 hat der 5. Zivilsenat des Reichsgerichts noch drei weitere, die Aufwertung von Hypotheken behandelnde Urteile, sämtlich vom 16. Januar 1924 — V 750/23, V 111/23, V 603/23 — (auszugsweise abgedruckt als Anhang II 1, 2, 3), erlassen, in welchen die Grundsätze des erstgenannten Urteils zusammengefaßt und bestätigt worden sind. Besonderheiten bieten diese Entscheidungen insofern, als darin auch die Fragen nach der Bedeutung des Eintritts einer Rechtsnachfolge auf der Gläubiger- oder Schuldnerseite und der Vereinbarung einer Goldklausel für die Aufwertung erörtert sind. Das RG. hat an seiner früheren Auffassung (RGZ. 101 141) festgehalten, daß eine Goldklausel, deren Verbindlichkeit als solche durch die Bundesratsverordnung vom 28. September 1914 bis auf weiteres beseitigt ist, nicht unter allen Umständen in eine Goldwertklausel umgedeutet und als solche aufrechterhalten werden müsse. Es hat aber darauf hingewiesen, daß bei der tatsächlichen Bemessung der Höhe der Aufwertung der Umstand nicht außer acht bleiben dürfe, daß die Vereinbarung auch einer Goldmünzklausel in vielen Fällen wirtschaftlich dem Zwecke dienen sollte, den Gläubiger gegen eine mögliche Entwertung des sonstigen Währungsgeldes zu schützen, und daß somit der Schuldner bei ihr eine weitergehende, strengere Verpflichtung eingegangen sei als bei einem gewöhnlichen, solcher Vereinbarung entbehrenden Schuldverhältnis.

V. Geldentwertung und Gesetzgebung. Die Entstehung der dritten Steuernotverordnung.

Es ist oben schon dargelegt, daß die Gesetzgebung sich gegenüber der Frage der Einwirkung der Geldentwertung auf die Verhältnisse des Privatrechts lange Zeit hindurch untätig und einem Eingriffe irgendwelcher Art abgeneigt gezeigt hat. Nunmehr, als die Frage unmittelbar zur reichsgerichtlichen Entscheidung stand, verbreitete sich das Gerücht, die Regierung wolle die Aufwertung der Hypotheken oder der Geldforderungen überhaupt „verbieten". Dieses Gerücht erhielt nach Bekanntwerden des Urteils vom 28. November 1923 durch anscheinend beeinflußte Presseäußerungen erhebliche Verstärkung. Es erregte in dieser Form in weiten Kreisen begreifliches Befremden und rief vielfache Äußerungen der Entrüstung hervor. Es war nicht klar, ob den Parteien Vereinbarungen verboten werden sollten, die eine „Aufwertung" enthielten, oder ob den Gerichten untersagt werden sollte, das, was sie als Recht erkannt hatten, auszusprechen und danach zu entscheiden (vergl. über den Begriff der Aufwertung unten Anm. 9 vor § 1 der Verordnung). Der Richterverein beim Reichsgericht sah sich bei dieser Sachlage veranlaßt, die (als Anhang III abgedruckte) Eingabe vom 8. Januar 1924 an den Reichsjustizminister und die sonst in Betracht kommenden Instanzen zu richten und gegen die geplante Maßregel „seine warnende Stimme" zu erheben. Es war dies, wie zugegeben werden muß, ein ungewöhnlicher Schritt, der sich aber aus der grundsätzlichen und praktischen Bedeutsamkeit der Frage und der Art, wie gegenwärtig Gesetze und Gesetzeskraft beanspruchende Verordnungen zustande kommen — überraschend, ohne Anhörung der berufensten Instanzen —, erklärt. Die Eingabe sollte ersichtlich nichts weiter sein als ein spontanes Gutachten über die rechtliche Zulässigkeit und die praktische Zweckmäßigkeit der geplanten Maßregel vom Standpunkte des Rechts und der Rechtsordnung aus. Dabei wurde auch darauf hingewiesen, daß die ernste Gefahr bestehe, es könnte auch durch das Reichsgericht ein gänzliches oder teilweises Verbot der Aufwertung als verfassungswidrige Enteignung, möglicherweise auch als unsittlich und deshalb rechtsunwirksam beurteilt werden. Vergl. über diese Fragen unten Anm. 11 vor § 1 der Verordnung. Eine vorgreifende sachliche Stellungnahme zu der Frage der Grenzen des richterlichen Nachprüfungsrechts gegenüber verkündeten Gesetzen lag dieser Eingabe wohl sicherlich fern. Sie wollte nur das Mißliche einer im Verordnungswege ergehenden Anordnung hervorheben, die solche Zweifel hervorrufen könnte. Die Antwort des Reichsjustizministers wurde in der Tagespresse abgedruckt; sie ist unten als Anhang IV wiedergegeben. Einigermaßen geklärt wurden die Absichten der Reichsregierung erst durch die Erklärung, die der Reichsjustizminister am 18. Januar 1924 in einem Ausschusse des Reichsrats anläßlich des bayerischen Antrags auf Erlaß eines Sperrgesetzes zwecks Vorbereitung der Hypothekenaufwertung abgegeben hat (abgedruckt als Anhang V). Diese Erklärung ging dahin, es sei unmöglich, die Durchführung des in der Entscheidung des Reichsgerichts vom 28. November 1923 ausgesprochenen Grundsatzes, wonach eine Aufwertung der Hypothekenforderungen unter Berücksichtigung der persönlichen Verhältnisse von Gläubigern und Schuldnern sowie unter Berücksichtigung der öffentlichen Lasten des Grundstücks berechtigt sei, allein der Rechtsentwicklung zu überlassen; das würde bedeuten, Deutschland in den nächsten Monaten in Millionen von Prozessen zu stürzen; es erscheine daher notwendig, einen Durchschnittssatz einzuführen sowie eine Unterbrechung der bereits zahlreich anhängig gewordenen Prozesse herbeizuführen; bei Berechnung des Durchschnittssatzes werde zu berücksichtigen sein, daß für die Landwirtschaft jetzt schwere wirtschaftliche Verhältnisse entstanden seien. Eine baldige rasche Klärung erscheine auch notwendig, damit nicht aus der Ungeklärtheit steuerliche Verluste für Reich, Länder und Gemeinden entständen, dies um so mehr, da, wie näher dargelegt wird, die Lage der Reichsfinanzen nach wie vor äußerst ernst sei. Eine Aufwertung der Schuldverpflichtungen von Reich, Ländern und Gemeinden komme nach den Grundsätzen der reichsgerichtlichen Entscheidung nicht in Frage, da diese öffentlichen Schuldner infolge des verlorenen Krieges und der Verpflichtungen aus dem Friedensvertrage zahlungsunfähig geworden seien.

Der am 2. Februar 1924 in der Presse veröffentlichte Entwurf einer „dritten Steuernotverordnung" brachte dann eine Bestätigung des schon früher verbreiteten Gerüchts, daß das „Verbot" oder die Regelung der Aufwertung mit finanz- und steuerpolitischen Maßregeln von weitreichendem Umfange verbunden und in einer „Steuernotverordnung" vereinigt werden sollte. Über den Entwurf scheinen im Reichsrate, in dem Fünfzehnerausschuß des Reichstages, in den Reichstagsfraktionen und schließlich auch im Schoße der Reichsregierung selbst erhebliche Meinungsverschiedenheiten bestanden zu haben, über die nur unvollständige Nachrichten in die Öffentlichkeit drangen, die aber zu einer wiederholten Verschiebung der Verkündung der Verordnung geführt haben, bis sie dann endlich kurz vor Ablauf des Ermächtigungsgesetzes, auf das sie sich gründete, am 14. Februar 1924 im Reichsgesetzblatt (Teil I S. 74) veröffentlicht wurde. Die Wiedergabe und Erläuterung des Inhalts dieser Verordnung vom Rechtsstandpunkte ist die Aufgabe dieser Arbeit. Ein Urteil darüber zu fällen, ob es politisch geboten und staatsmännisch ratsam war, in dieser Weise vorzugehen, besonders mit Rücksicht auf die hervorgetretenen rechtlichen Bedenken und auf die nach der Stellungnahme der Parteien nicht von der Hand zu weisende Möglichkeit einer Aufhebung oder wesentlichen Abänderung im Wege der ordentlichen Gesetzgebung, ist hier nicht am Platze. Dazu sind nur die verantwortlichen Politiker in der Lage, die die Regierung des Reiches leiten, und sie werden diese Verantwortlichkeit vor den berufenen Instanzen zu vertreten haben. Ausschlaggebend war für sie, wie sie nicht bestreiten, die trostlose finanzielle Lage Deutschlands. Hervorgehoben muß aber werden, daß die Verordnung die in dem Urteile des Reichsgerichts herausgearbeiteten Rechtsgrundsätze außer Kraft setzt, die auf der das fundamentum regnorum bildenden Berücksichtigung von Treu und Glauben im Rechtsverkehr beruhen und nur durch verständnisvolle Würdigung der Verhältnisse der Einzelfälle durchgeführt werden konnten, niemals aber durch schematische Festsetzung eines für die meisten Fälle wohl völlig unzureichenden, andererseits aber in anderen Fällen unberechtigten Durchschnittssatzes. Nachdem das reichsgerichtliche Urteil eine grundsätzliche Klärung gebracht hatte, war wohl auch die Aussicht gegeben, daß ohne „Millionen von Prozessen" durch gütliche Einigung mit Hilfe von Schiedsinstanzen, deren Schaffung bereits in die Wege geleitet war und vom Staate befördert werden konnte, die Streitfragen hätten zum Austrag gebracht werden können. Im höchsten Grade bedauerlich ist es, feststellen zu müssen, daß auch hier wieder die furchtbare Not des Vaterlandes zur Preisgabe eines hohen und unschätzbaren Kulturgutes, der sittlichen Grundlagen der staatlichen Rechtsordnung, geführt hat!

Dritte Steuernotverordnung.[1]

Vom 14. Februar 1924.

(RGBl. Teil I S. 74.)

Auf Grund des Ermächtigungsgesetzes vom 8. Dezember 1923 (Reichsgesetzbl. I S. 1179)[2–6]) wird nach Anhörung eines Ausschusses des Reichstags und eines Ausschusses des Reichsrats[5]) von der Regierung folgendes verordnet:[8])

1. Die VO. bezeichnet sich als „Dritte Steuernotverordnung", weil sie die dritte in der Reihe von Verordnungen ist, die während der Dauer des Ermächtigungsgesetzes vom 8. Dezember 1923 (Anm. 2) auf Grund dieses Gesetzes ergangen sind, das, wie in § 1 zum Ausdrucke gelangt ist, ermöglichen soll, der dringendsten „Not" von Volk und Reich durch Maßnahmen, die hauptsächlich auf finanz- und steuerpolitischem Gebiete als erforderlich erschienen, abzuhelfen. Ihr Inhalt ist denn auch vorwiegend steuerlicher und staatsfinanzieller Art und die privatrechtlichen Bestimmungen sind solchen Zwecken angepaßt.

2. Das Ermächtigungsgesetz, das die rechtliche Grundlage der VO. bildet, hat folgenden Wortlaut:

„Der Reichstag hat das folgende Gesetz beschlossen, das mit Zustimmung des Reichsrats hiermit verkündet wird:

§ 1.

Die Reichsregierung wird ermächtigt, die Maßnahmen zu treffen[3]), die sie im Hinblick auf die Not von Volk und Reich für erforderlich und dringend erachtet.[4]) Eine Abweichung von den Vorschriften der Reichsverfassung ist nicht zulässig.[4]) Vor Erlaß der Verordnungen ist ein Ausschuß des Reichsrats und ein Ausschuß des Reichstags von 15 Mitgliedern in vertraulicher Beratung zu hören.[5])

Die erlassenen Verordnungen sind dem Reichstag und dem Reichsrat unverzüglich zur Kenntnis zu bringen.[6]) Sie sind aufzuheben, wenn der Reichstag oder der Reichsrat dies verlangt.[6]) Im Reichstag sind für das Aufhebungsverlangen zwei Lesungen erforderlich, zwischen denen ein Zeitraum von mindestens drei Tagen liegen muß.[6])

§ 2.

Dieses Gesetz tritt mit dem Tage der Verkündung in Kraft. Es tritt am 15. Februar 1924 außer Kraft.[7])"

3. Das Gesetz enthält in § 1 eine Ermächtigung für die Reichsregierung, „Maßnahmen zu treffen", ersichtlich in dem Sinne, daß sie nicht nur Verwaltungshandlungen vorzunehmen, sondern auch, und zwar in erster Linie, Rechtsverordnungen zu erlassen befugt sein soll, also Gesetze im materiellen Sinne, die objektives Recht schaffen. Diese Tätigkeit fällt in den Bereich der gesetzgebenden Gewalt, die nach Art. 68 Abs. 2 RVerf. dem Reichstage zusteht, der die Reichsgesetze beschließt. Ob die Übertragung dieser Gesetzgebungsgewalt durch den Reichstag auf eine andere Behörde — Delegation — eine Verfassungsänderung darstellt oder nicht, ist nicht unzweifelhaft; das RG. hat es in RGSt. 55, 246 unter Bezugnahme auf den unter der alten RVerf. anerkannten Rechtszustand, der nicht geändert worden sei, verneint. Bestritten ist auch, inwieweit den Gerichten gegenüber einem formell richtig verkündeten Gesetze ein Recht der Prüfung zusteht ob es in verfassungsmäßiger Weise, insbesondere, sofern es eine Änderung der Verfassung enthält, unter Beobachtung der für eine solche bestehenden besonderen Vorschriften, zustande gekommen ist; vergl. gegen ein solches Prüfungsrecht, in Übereinstimmung mit der von Laband (Staatsrecht II S. 46) für den Rechtszustand unter der alten RVerf. vertretenen Auffassung, Arndt, RVerf. zu Art. 102; Meißner, Das neue Staatsrecht S. 117; Hatschek, Staatsrecht I S. 28; das RG. hat es unter der neuen Verfassung wiederholt, insbesondere auch in RGSt. 55, 246, ausgeübt. Die Beantwortung dieser Streitfragen in einem oder dem anderen Sinne würde aber die Gültigkeit des Ermächti-

gungsgesetzes nicht in Frage stellen; denn es ist in den Formen eines verfassungsändernden Gesetzes zustande gekommen, indem zunächst die zu seiner Vorlegung an den Reichstag gemäß Art. 69 RVerf. erforderliche Zustimmung des Reichsrats mit der für Beschlüsse des Reichsrats auf Abänderung der Verfassung gemäß Art. 76 Abs. 1 Satz 3 vorgeschriebenen Mehrheit erfolgt ist (Reichstagsdrucksachen 1920/23 Nr. 6367) und sodann bei der Schlußabstimmung im Reichstage gleichfalls festgestellt wurde, daß es mit der für Verfassungsänderungen vorgeschriebenen Mehrheit (Art. 76 Abs. 1 Satz 2 RVerf.) angenommen worden ist. Der Reichsrat hat von dem ihm nach Art. 74 zustehenden Rechte des Einspruchs keinen Gebrauch gemacht; das ergibt sich daraus, daß das Gesetz „mit Zustimmung des Reichsrats" verkündet worden ist; einer positiven Zustimmung des Reichsrats zur Verkündung bedurfte es im übrigen nicht.

4. Das Gesetz schränkt die Maßnahmen, zu welchen es die Reichsregierung ermächtigt, nach zwei Richtungen ein. Einmal müssen es solche sein, welche die Regierung „im Hinblick auf die Not von Volk und Reich für erforderlich und dringend erachtet". Durch diese Fassung ist bereits (und zwar, wie aus einer Äußerung des Reichsjustizministers hervorgeht, mit bewußter Absicht) zum Ausdruck gebracht, daß es lediglich dem pflichtmäßigen Ermessen der Reichsregierung überlassen ist, zu prüfen, ob die Maßregel aus dem bezeichneten Gesichtspunkte der Not von Volk und Reich erforderlich und dringend erscheint, und daß eine Nachprüfung der Ausübung dieses Ermessens durch die Gerichte bei Anwendung der VO. ausgeschlossen ist. Anders liegt die Sache hinsichtlich der weiteren Einschränkung, daß eine Abweichung von den Vorschriften der RVerf. nicht zulässig ist. Während das erste Ermächtigungsgesetz vom 13. Oktober 1923 Abweichungen von den Grundrechten der RVerf. zuließ, schließt das hier in Frage stehende Gesetz jede Abweichung von irgendeiner Vorschrift der RVerf. aus. Ob diese Schranke der Ermächtigung von der ermächtigten Regierung innegehalten worden ist, unterliegt in vollem Umfange der Nachprüfung der

Gerichte. Das wird auch von denjenigen nicht bestritten, die für vom Reichstage erlassene Gesetze das Nachprüfungsrecht verneinen (vergl. Meißner a. a. O. S. 117), weil die Ausfertigung und Verkündung durch das Staatsoberhaupt, die bei Gesetzen im formellen Sinne das verfassungsmäßige Zustandekommen authentisch feststellt, bei den auf Grund einer Delegation zustande gekommenen Rechtsverordnungen fehlt. Ob etwa eine Abweichung von der RVerf. vorliegt, wird deshalb bei den einzelnen Vorschriften der VO., soweit nötig, zu prüfen sein.

5. Die Mitwirkung von Ausschüssen des Reichsrats und des Reichstages war in dem ursprünglichen Entwurfe (Drucksachen Nr. 6367) nicht vorgesehen. Sie wurde durch einen bei der zweiten Lesung im Reichstage eingebrachten Zusatzantrag Becker (Nr. 6375) in das Gesetz hineingebracht. Es ist aber nur die „Anhörung" der Ausschüsse, und zwar in vertraulicher Beratung, vorgeschrieben. An ihre Meinungsäußerung ist die Regierung nicht gebunden, und sie hat insbesondere die hier in Frage stehende dritte Steuernotverordnung nach vorliegenden unwidersprochenen Zeitungsberichten ungeachtet der ablehnenden Stellungnahme des Fünfzehnerausschusses erlassen. Zur Gültigkeit genügt aber die Feststellung, daß die Ausschüsse angehört worden sind.

6. Die auf Grund des Ermächtigungsgesetzes erlassenen Verordnungen und also auch die hier in Frage stehende dritte Steuernotverordnung sind nicht endgültig. Sie sind vielmehr dem Reichsrat und dem Reichstag unverzüglich zur Kenntnis zu bringen und aufzuheben, wenn der Reichstag (dieser in zwei durch den Zwischenraum von drei Tagen getrennten Lesungen) oder der Reichsrat es verlangt. Das Verlangen ist nicht an eine bestimmte Frist nach der Vorlegung gebunden, kann also in unbegrenzter Zeit durch den Reichstag, dem die VO. zur Kenntnis gebracht wird, oder einen zukünftigen Reichstag erfolgen. Eine auch nur verhältnismäßige Sicherheit für das Fortbestehen der Vorschriften, wie sie bei Gesetzen durch das Zustandekommen mit Zustimmung des Reichstages und das Erfordernis der Aufhebung durch ein neues Gesetz gegeben ist, wird also hier nicht gegeben. Es ist das

ein großer Mangel der auf solchem Wege zustande gekommenen Rechtsvorschriften, besonders wenn es sich, wie in der hier in Rede stehenden VO., bei der Frage der Aufwertung um vermögensrechtliche Verhältnisse handelt, die noch für längere Zeit Rechtsbeziehungen unter den Beteiligten mit sich bringen. Der für das Eingreifen in die Aufwertungsfrage besonders hervorgehobene Gesichtspunkt, daß die Vermögenslage und die Kreditfähigkeit der Gläubiger und Schuldner in steuerlichem und sonstigem Interesse alsbald geklärt werden müsse (vergl. oben Einleitung S. 40), ist dadurch schwerlich erreicht, das Gefühl der Unsicherheit vielmehr eher verstärkt worden, da es ungewiß bleibt, ob nicht und inwieweit eine Aufhebung der VO. in das noch nicht endgültig erledigte Rechtsverhältnis eingreifen wird. Das „Verlangen" soll allerdings, einer Äußerung des Reichsjustizministers in einem der Ausschüsse zufolge, die wohl zutrifft, nur auf Aufhebung der ganzen VO., nicht auf Abänderung einzelner Bestimmungen gerichtet werden können; dadurch wird aber die Unsicherheit der Rechtslage nicht aus der Welt geschafft, zumal der Reichstag, soweit er nicht einverstanden ist, Änderungen jederzeit auch durch Gesetz beschließen kann.*)

7. Das Ermächtigungsgesetz ist nach § 2 am 15. Februar 1924 **außer Kraft getreten**; die am 14. Februar 1924 im RGBl. veröffentlichte VO., die — soweit nicht ein anderes bestimmt ist, vergl. Anm. zu § 65 — mit diesem Tage in Kraft getreten ist, ist also gerade noch vor Toresschluß unter Dach und Fach gebracht worden.

8. Die VO. gliedert sich in neun Abschnitte (Artikel), von denen jeder in mehrere Paragraphen zerfällt. Die Art. I

*) Anträge auf Aufhebung der VO., wie auch auf Abänderungen im Wege eines Gesetzes, waren eingebracht worden, gleich nachdem der Reichstag nach seinem Wiederzusammentritt von der VO. Kenntnis erhalten hatte: Antrag Müller-Franken u. Gen. (Anh. XII), Antrag Düringer u. Gen. (Anh. XI). Ihre Beratung ist von der Reichsregierung durch Auflösung des Reichstags bis auf weiteres verhindert worden.

und II („Aufwertung“ und „Öffentliche Anleihen“) haben privatrechtlichen Inhalt, indem sie das Verhältnis zwischen Gläubigern und Schuldnern von Geldforderungen regeln, und zwar derart, daß Art. II gewissen Schuldnern, die Personen des öffentlichen Rechts sind, eine Ausnahmestellung einräumt gegenüber den übrigen Schuldnern, deren Verpflichtungen in Art. I geregelt sind. Die weiteren Artikel (III bis VIII) enthalten Vorschriften des öffentlichen Rechts, und zwar hauptsächlich des Steuerrechts, und zwar werden in Art. III die durch die Geldentwertung in Verbindung mit den Beschränkungen der Aufwertung (Art. I, II) eingetretenen Vermögensverschiebungen dadurch „ausgeglichen“, daß von denjenigen Beteiligten (Schuldnern), denen aus diesen Vermögensverschiebungen auf Kosten anderer Beteiligter (ihrer Gläubiger) ein, sei es wirklicher oder scheinbarer, Gewinn zufließt, das Reich und die Länder als tertii gaudentes gewisse Steuern und Abgaben erheben. Art. IV bringt eine Spezialvorschrift über die Bewertung von Forderungen und Schulden, die möglicherweise der Aufwertung unterliegen, bei gewissen Steuerveranlagungen. Art. V enthält Vorschriften über den Finanzausgleich zwischen Reich und Ländern. Art. VI enthält Änderungen der Vorschriften der Reichsabgabenordnung über die Mitwirkung der Gemeindebehörden im Besteuerungsverfahren; Art. VII und VIII Vorschriften über Vereinfachungen der Steuerrechtspflege und des Steuerstrafrechts. Art. IX enthält Schlußbestimmungen.

Ein Entwurf zu der dritten Steuernotverordnung ist am 2. Februar 1924 durch die Presse veröffentlicht worden. Dem Entwurfe war eine amtliche Begründung beigegeben, die aber nicht veröffentlicht worden ist.*)

*) Der Entwurf ist nachstehend als Anhang VI abgedruckt. Die amtliche Begründung bildet das einzige Hilfsmittel zum Verständnis des an vielfachen Unklarheiten leidenden Textes der Verordnung. Auf ihre wichtigsten Stellen ist im folgenden bei Erörterung der einzelnen Paragraphen hingewiesen.

Artikel I.

Aufwertung.[9–11])

9. Die VO. setzt den Begriff der „Aufwertung" als bekannt voraus. Dieser Begriff ist jedoch keineswegs ein von lange her bekannter und feststehender Bestandteil der juristischen Terminologie; er ist vielmehr erst neuerdings anläßlich der durch die Geldentwertung entstandenen Fragen in der Sprache der Rechtslehre und der Gerichte gebräuchlich und nunmehr hier auch durch die Gesetzgebung verwendet worden. Er wird zu bestimmen sein als die Erhöhung des Betrages einer in entwertetem Gelde ausgedrückten Geldschuld über ihren Nennbetrag hinaus. Als Folge der Geldentwertung war in der Rechtsprechung zunächst nur die Lossagung von einem auf Sachleistung gegen entwertetes Geld gerichteten gegenseitigen Vertrage anerkannt (vergl. die Einleitung unter III); später ist sie dazu gelangt, auch einen Anspruch des Gläubigers einer vor der Geldentwertung begründeten Geldforderung auf eine im Nennbetrage erhöhte Leistung zuzulassen, zunächst nur für Hypotheken, aber sinngemäß auch für sonstige Geldforderungen (Einl. unter IV). Diese „Aufwertung" ist keine Schaffung einer neuen oder Zusatzforderung, keine das Rechtsverhältnis umändernde „Gestaltung", sondern die aus dem geltenden Rechte, zu dem die dabei zur Anwendung kommenden Grundsätze von Treu und Glauben gehören, sich ergebende deklarative Feststellung der wirklich geschuldeten Leistung. In diesem Sinne ist Stampe (vergl. Einl. unter V) zuzustimmen, wenn er ausführt, daß es sich dabei eigentlich gar nicht um eine „Aufwertung", d. h. um eine Erhöhung des der Forderung wirklich innewohnenden Wertes, sondern um die Aufrechterhaltung dieses Wertes gegenüber dem nicht mehr zutreffenden Ausdrucke, den dieser Wert in dem Nennbetrage der Forderung gefunden hat, handelt. Soweit also die VO. unter Außerkraftsetzung der allgemeinen Vorschriften des bürgerlichen Rechts eine von diesen abweichende Art der Aufwertung verordnet, stellen sich ihre Vorschriften als teilweise Entziehungen (Einschränkungen) bestehender Rechte („Abwertung" im Sinne Stampes) dar. Als ein „Verbot" der darüber hinausgehenden Aufwertung kann man diese Bestimmungen insofern bezeichnen, als dadurch den Gerichten untersagt wird, den Schuldner zu der dem Gläubiger nach dem bisher geltenden Rechte gebührenden Leistung zu verurteilen. Dagegen sind Vereinbarungen der Parteien über höhere Aufwertung nicht verboten (§ 13). In der Beschränkung der Aufwertung durch die VO. liegt sonach eine teilweise Entziehung im Rechte begründeter Schuldforderungen, also zweifellos ein gesetzgeberischer Eingriff in wohlerworbene Privatrechte. Zugleich enthält die VO. durch die Bestimmung, daß über die Höhe der Aufwertung im Streitfalle nicht die ordentlichen Gerichte, sondern eine „Aufwertungsstelle" entscheidet (§ 9), und über die Aussetzung des Verfahrens in solchem Falle (§ 10) Einschränkungen des Rechtswegs.

10. Zu prüfen ist, ob diese Regelung der Aufwertung etwa eine **Abweichung von der Verfassung** bedeutet, die nach § 1 des Ermächtigungsgesetzes nicht zulässig sein würde (vergl. Anm. 4). Gesetzgeberische Eingriffe in wohlerworbene Rechte werden im allgemeinen durch die Verfassung nicht beschränkt; sie können daher durch einfache Gesetze erfolgen; eine Ausnahme besteht nur für die wohlerworbenen Rechte der Beamten (Art. 129 Abs. 1 Satz 3 RVerf.). Besondere Vorschriften bestehen aber für das Eigentum und die Enteignung, und es fragt sich, ob etwa, wie in der Fach- und Tagespresse, die sich bereits vor dem Erscheinen der dritten Steuernotverordnung mit ihr beschäftigt hat,*) und nach ihrem Inkrafttreten auch in einem Beschlusse des Landgerichts I Berlin**) behauptet worden ist, die Bestimmungen der VO. eine Abweichung von diesen Verfassungsbestimmungen enthalten.

---

*) Vergl. Simonson in Deutsche Richter-Zeitung 1924 Sp. 16.

**) Abgedruckt in JurWoch. 1924, 332[1].

Art. 153 RVerf. lautet:

„Das Eigentum wird von der Verfassung gewährleistet. Sein Inhalt und seine Schranken ergeben sich aus den Gesetzen.

Eine Enteignung kann nur zum Wohle der Allgemeinheit und auf gesetzlicher Grundlage vorgenommen werden. Sie erfolgt gegen angemessene Entschädigung, soweit nicht ein Reichsgesetz etwas anderes bestimmt. Wegen der Höhe der Entschädigung ist im Streitfalle der Rechtsweg vor den ordentlichen Gerichten offenzuhalten, soweit Reichsgesetze nichts anderes bestimmen. ..."

Der Ausdruck „Eigentum" begreift in der deutschen privatrechtlichen Rechtssprache (anders im Auslande, z. B. in Frankreich) nur die dingliche Herrschaft über körperliche Sachen in der Gesamtheit ihrer Beziehungen, nicht beschränkte dingliche Rechte an Sachen und auch nicht die Rechtsbeziehung des Gläubigers zu einer ihm zustehenden Forderung. Im Verfassungsrechte (Art. 9 der Preuß. Verf., § 32 der Frankfurter Grundrechte) ist aber der Ausdruck vielfach in weiterem Sinne angewendet und bedeutet jedes subjektive Privatvermögensrecht (so Arndt und Anschütz zu Art. 9 a. a. O.); in diesem Sinne wird daher der Ausdruck auch in der RVerf. verstanden werden können (ebenso Arndt, RVerf., zu Art. 153 Anm. 1). Doch gewährleistet die Verfassung das Eigentum nur „mit dem Inhalt und innerhalb der Schranken, die sich aus den Gesetzen ergeben"; sie verweist also in diesem Umfange selbst auf die gewöhnliche Gesetzgebung.*) Die VO., die Gesetz im materiellen

*) Bei der Beratung der durch den Verfassungsausschuß vorgeschlagenen Fassung des jetzigen Art. 153 RVerf. (Art. 150 des damaligen Entwurfs) hat der Berichterstatter, Abg. Dr. Sinzheimer, hervorgehoben, daß die Anerkennung dieser individuellen Rechtsbeziehungen (darunter des Eigentums) an sich nicht bedeute, daß nunmehr diese einzelnen Rechtsbeziehungen unter den Schutz der Verfassung gestellt seien in dem Sinne, daß die Notwendigkeit eines verfassungsändernden Gesetzes ihren Bestand gewährleiste; denn in allen diesen Beziehungen sei ausdrücklich Bezug genommen

Sinne ist, regelt aber in ihren Aufwertungsbestimmungen gerade den Inhalt und die Schranken der Aufwertungsansprüche und enthält nichts, was darüber hinausginge. Insoweit konnte sie auch in bereits bestehende Ansprüche eingreifen, ohne dadurch von der Verfassung abzuweichen. Auch eine Enteignung liegt nicht (wie auch wohl behauptet wird) in der Einschränkung der Aufwertungsansprüche durch gesetzliche Vorschrift. Enteignung ist die Entziehung oder Einschränkung von Privatrechten durch speziellen Verwaltungsakt, nicht durch gesetzgeberischen Eingriff (Fleischmann, Staatslexikon II S. 17; Anschütz, RVerf. Art. 153 Anm. 4); deshalb kann auch aus Abs. 2 des Art. 153 eine Unwirksamkeit der VO. nicht hergeleitet werden. Eine Abweichung von den Vorschriften dieses Absatzes würde übrigens auch dann nicht vorliegen, wenn die Aufwertungsvorschriften der VO. eine Enteignung darstellten. Denn auch eine Enteignung kann nach Art. 153 Abs. 2 stattfinden zum Wohle der Allgemeinheit auf gesetzlicher Grundlage, und zwar ohne Entschädigung, wenn ein Reichsgesetz so bestimmt. Diese Voraussetzungen sind aber durch die VO. erfüllt. Daß sie dem Wohle der Allgemeinheit dienen will, kann nach ihrem Anlasse und den für sie in der Öffentlichkeit von verantwortlicher Stelle angegebenen Gründen, deren subjektive Ernstlichkeit nicht angezweifelt werden kann und die sie als geradezu lebensnotwendig für das deutsche Volk mit dem größten Nachdruck bezeichnet haben, nicht bestritten werden und wird auch dadurch nicht widerlegt, daß sie neben anderen Zielen, insbesondere der Verhütung an-

---

auf die bestehenden Gesetze; daraus ergebe sich, daß nicht etwa ein verfassungsmäßiger Schutz diesen individuellen Rechtsbeziehungen gewährleistet sei, sondern daß über ihren Schutz die gewöhnliche Gesetzgebung verfügen solle (Verhandlungen der Nationalversammlung, 62. Sitzung S. 1748). Die Möglichkeit der „Sozialisierung" des Eigentums sollte innerhalb gewisser Schranken gewahrt bleiben. Von dieser Möglichkeit hat die dritte Steuernotverordnung Gebrauch gemacht.

geblich untragbarer rechtlicher, wirtschaftlicher und steuerlicher Unsicherheit und daraus entstehender zahlloser Prozesse,*) sich auch die steuerliche Ausnutzung der infolge der Beschränkung der Aufwertung den Schuldnern verbleibenden Inflationsgewinne zum Ziele gesetzt hat. Ob sie dadurch letzten Endes dem Gemeinwohle tatsächlich einen Dienst geleistet hat, kann bei ihrer Anwendung durch die Gerichte unmöglich nachgeprüft werden. Ausgeschlossen wird der Zweck, dem Allgemeinwohle zu dienen, auch nicht dadurch, daß im Erfolge gewisse Einzelne (Schuldner) daraus Vorteile ziehen, andere (gewisse Gläubiger) durch sie Schaden erleiden. Die Nichtentschädigung der letzteren aber

---

*) Vergl. die Begründung zu dem Entwurfe, Art. I.:

„In dem Streite über die Aufwertung der durch den Währungsverfall völlig entwerteten Forderungen und sonstigen Rechte ist durch die Entscheidung des 5. Zivilsenats des Reichsgerichts vom 28. November 1923 die Rechtslage dahin geklärt, daß die Zulässigkeit der Aufwertung für hypothekarisch gesicherte Darlehnsforderungen grundsätzlich anerkannt ist, die Gestaltung des Aufwertungsanspruchs im Einzelfall aber der Rechtsprechung überlassen bleibt. Bei der Verschiedenartigkeit der für diese Gestaltung in Betracht kommenden Verhältnisse ist nicht abzusehen, wann sich in der Rechtsprechung feste Grundsätze herausbilden werden, die den Beteiligten eine auch nur einigermaßen sichere Beurteilung der konkreten Rechtslage ermöglichen. Bis dahin wird die Ungewißheit darüber, ob und in welcher Höhe im Einzelfall eine Aufwertung verlangt werden kann, eine Unzahl von Rechtsstreitigkeiten zur Folge haben, die weitere Beleihung bereits belasteter Grundstücke und die richtige Bewertung aller Forderungen und Schulden in den Bilanzen unmöglich machen und damit die an sich schon ungemein schwierige Umstellung der Wirtschaft auf die neuen Währungsverhältnisse noch weiter erschweren. Von unübersehbarer Tragweite würde ein Andauern der unsicheren Verhältnisse auch für die Wirtschaft des Staates, der Not leidet, bei der Auflegung der unerläßlichen Steuern sein.“

würde, falls eine „Enteignung" vorläge, gedeckt sein durch die auf Grund der Delegation der gesetzgebenden Gewalt in dem Ermächtigungsgesetze erlassene Verordnung, die einem „Reichsgesetze" gleichsteht; das besonders hervorgehobene Erfordernis eines „Reichsgesetzes" in Art. 153 Abs. 2 soll nur klarstellen, daß die Länder, denen die gesetzliche Regelung der Enteignung im einzelnen überlassen ist, nicht durch Landesgesetze eine Enteignung ohne Entschädigung zulassen dürfen. Vergl. in diesem Sinne RGSt. 55, 91; RGZ. 102, 165.

Es ist aber auch behauptet worden, daß die Aufwertungsvorschriften eine Abweichung von Art. 105 RVerf. enthielten, der lautet:

„Ausnahmegerichte sind unstatthaft. Niemand darf seinem gesetzlichen Richter entzogen werden."

Das RG. hat durch Beschluß der Vereinigten Zivilsenate vom 22. Februar 1924, der in der amtlichen Sammlung der Entscheidungen zum Abdrucke kommen wird, die Frage der Abweichung von Art. 105 RVerf. hinsichtlich der §§ 1 und 2 der Demobilmachungs-(Abgeltungs-)Verordnung vom 13. Oktober 1923 (RGBl. I S. 943) verneint, indem es angenommen hat, daß die dort gegebenen Vorschriften weder die Einsetzung eines Ausnahmegerichts noch eine Bestimmung darstellen, durch die jemand seinem gesetzlichen Richter entzogen wird, daß es sich vielmehr um eine Beschränkung materieller Rechte handle, die durch einfaches Gesetz erfolgen konnte. Das wird in noch höherem Maße für die Aufwertungsvorschriften der dritten Steuernotverordnung zu gelten haben. Die VO. legt lediglich die Entscheidung über die Höhe des Aufwertungsbetrags, also über einen einzelnen Streitpunkt, in die Hände einer besonderen, von ihr zu bestimmenden Stelle, übrigens unter Rechtskontrolle durch das Oberlandesgericht (§ 9; vergl. unten Anm. 1 dazu). Die Aufwertungsstelle hat danach den Charakter einer zur Schätzung tatsächlicher Verhältnisse berufenen Schiedsstelle. Hat aber der Gesetzgeber die Befugnis, durch einfaches Gesetz in Privatrechte materiell einzugreifen, indem er sie ihrem Inhalte und Umfange nach einschränkt, so kann es ihm auch nicht versagt sein, die Einschränkung in der Weise vorzunehmen, daß er die Frage, in welchem Umfange das Recht noch erhalten bleiben soll, einer nichtgerichtlichen Stelle überweist. Dadurch wird kein Ausnahmegericht geschaffen und niemand seinem gesetzlichen Richter entzogen. Die Frage, ob die VO. von Art. 134 RVerf. abweicht, indem sie eine unzulässige Sonderbesteuerung darstelle, kommt für die im ersten Artikel geregelte Aufwertung nicht in Betracht; im übrigen vergl. Anm. 2 vor § 17. Schließlich wird auch die in der Eingabe des Vorstandes des Richtervereins beim RG. (Anh. III) angedeutete Möglichkeit, daß die Gerichte die Anwendung eines Gesetzes, welches die Aufwertung verbietet, als den guten Sitten widersprechend ablehnen könnten, nicht anerkannt werden können. Zwar kann bei Auslegung eines der Auslegung bedürftigen Gesetzes der Richter davon ausgehen, daß der Gesetzgeber etwas Unsittliches nicht gewollt habe. Wo aber klar ist, was der Gesetzgeber gewollt hat, und es daher einer Auslegung nicht bedarf, ist der Richter an den gewollten Gesetzesinhalt gebunden, ohne darüber ein für die Entscheidung in Betracht zu ziehendes Werturteil fällen zu können. Die Rechtsprechung muß eben vor der höheren Macht des Gesetzgebers, deren Ausübung dieser allein zu verantworten hat, die Segel streichen! *)

---

*) Im wesentlichen in Übereinstimmung mit den oben hervorgehobenen rechtlichen Gesichtspunkten hat nunmehr der 5. Zivilsenat des Reichsgerichts in dem Urteile vom 1. März 1924 (abgedruckt als Anhang XIII) die Rechtsgültigkeit der dritten Steuernotverordnung anerkannt. Sehr mit Unrecht ist ihm daraus von Einzelnen und von Verbänden der Beteiligten in direkten Zuschriften und in der Presse der Vorwurf gemacht worden, er sei von den in seinem Urteile vom 28. November 1923 vertretenen Grundsätzen abgewichen und habe die Rechte der Gläubiger der Regierung zuliebe preisgegeben. Ein Hinausgehen des höchsten Gerichtshofes über die ihm durch die Gesetze zugewiesenen Aufgaben würde die Vollendung des Chaos im Staatsleben bedeuten!

11. Die VO. regelt die Aufwertung nach folgendem System: Sie unterscheidet zwischen Vermögensanlagen „im Sinne der VO." (§ 1 Abs. 2) und „anderen Vermögensanlagen" (§ 12). Für die ersteren ordnet sie selbst die Aufwertung und ihre Höhe an, und zwar in der Weise, daß die in § 1 Abs. 2 Ziff. 1 bis 4, 6 bis 8 bezeichneten Ansprüche individuell durch Erhöhung des Betrags des einzelnen Anspruchs aufgewertet werden (§§ 2 bis 5), während die Aufwertung der in § 1 Abs. 2 Ziff. 5, 9, 10 bezeichneten Ansprüche (aus Pfandbriefen, Sparkassenguthaben, Lebensversicherungsverträgen), bei denen eine Mehrzahl von Ansprüchen aus der gleichen Vermögensmasse zu befriedigen ist, durch konkursmäßige Verteilung der vorhandenen Vermögensmasse erfolgt (§§ 6 bis 8). Die individuelle Aufwertung wiederum erfolgt teils durch Erhöhung des Nennbetrages um einen festbestimmten Hundertsatz (§ 2), teils ohne Bindung an einen solchen Satz nach allgemeinen Vorschriften (§ 3). Hinsichtlich der „anderen" Vermögensanlagen ordnet die VO. nicht selbst die Aufwertung, sondern nur, falls sie nach anderen Vorschriften aufzuwerten sind, eine Beschränkung dieser Aufwertung auf einen bestimmten Höchstsatz an (§ 12). Ansprüche endlich, die weder Vermögensanlagen im Sinne des § 1 Abs. 2 noch „andere" Vermögensanlagen im Sinne des § 12 Abs. 1, 2 sind, werden von den Aufwertungsvorschriften der VO. überhaupt nicht betroffen. Vergl. Näheres zu den einzelnen genannten Paragraphen.

§ 1.

Entw. § 1.

(I) Ansprüche aus Rechtsverhältnissen, die vor dem Inkrafttreten dieser Verordnung begründet sind [1]) und die Zahlung einer bestimmten in Reichswährung ausgedrückten Geldsumme zum Gegenstande haben,[2]) werden, soweit es sich um Vermögensanlagen [3]) handelt, die durch den Währungsverfall entwertet sind,[4]) nach Maßgabe der §§ 2 bis 11 aufgewertet.[5]) Dies gilt nicht, wenn der verbliebene Goldwert fünfzehn vom Hundert des ursprünglichen Goldmarkbetrags (§ 2 Abs. 2) erreicht oder übersteigt.[6])

(II) Als Vermögensanlagen im Sinne dieser Verordnung [7]) gelten:

1. Hypotheken, Grundschulden und Rentenschulden;[8])
2. Reallasten; [9])
3. Pfandrechte an im Schiffsregister eingetragenen Schiffen [10]) und an Bahneinheiten; [11])
4. durch Hypothek, Schiffspfandrecht oder Bahnpfandrecht gesicherte Forderungen; [12])
5. Pfandbriefe, Rentenbriefe und andere verzinsliche oder an Stelle der Verzinsung mit einem Aufgeld rückzahlbare Schuldverschreibungen [13a]) von Grundkreditanstalten und Schiffsbeleihungsbanken sowie von Ablösungsanstalten, sofern den Gläubigern an der den Schuldverschreibungen zugrunde liegenden Deckung ein Pfandrecht oder ein Recht auf vorzugsweise Befriedigung im Konkurse zusteht; [13])
6. Schuldverschreibungen [13a]) der in Ziffer 5 bezeichneten Art, sofern den Gläubigern an der den Schuldverschreibungen zugrunde liegenden Deckung ein Pfandrecht oder ein Recht auf vorzugsweise Befriedigung im Konkurse nicht zusteht; [14])
7. verzinsliche oder an Stelle der Verzinsung mit einem Aufgeld rückzahlbare Schuldverschreibungen,[13a]) die auf den Inhaber lauten oder durch Indossament übertragbar sind, wenn sie von natürlichen Personen, Personenvereinigungen oder juristischen Personen des Privatrechts ausgegeben sind; [15])

8. Schuldverschreibungen der in Ziffer 7 bezeichneten Art, wenn sie von juristischen Personen des öffentlichen Rechtes[16]) als Unternehmer wirtschaftlicher Betriebe[16a]) ausgegeben sind; ob im Einzelfalle diese Voraussetzung vorliegt, entscheidet der Reichsminister der Justiz mit Zustimmung des Reichsrats;[16a])
9. Guthaben bei öffentlichen oder unter Staatsaufsicht stehenden Sparkassen;[17])
10. Ansprüche der Versicherten aus Lebensversicherungsverträgen.[18])

1. **„Anspruch"** ist das Recht, von einem anderen ein Tun oder Unterlassen zu verlangen (§ 194 BGB.). Er entspringt aus einem Rechtsverhältnisse, d. h. aus einem Inbegriffe von rechtlich bedeutsamen Beziehungen einer Person zu einer anderen oder einer Person zu einer Sache. Im ersteren Falle ist das Rechtsverhältnis ein schuldrechtliches (Schuldverhältnis), im letzteren Falle ein dingliches. Auch aus einem dinglichen Rechtsverhältnisse können Ansprüche entstehen, und zwar bei manchen Arten von dinglichen Rechtsverhältnissen nicht erst durch die Verletzung, sondern von vornherein, so bei der Hypothek, der Grundschuld und der Rentenschuld der Anspruch gegen den Eigentümer, die Zwangsvollstreckung in das Grundstück zur Befriedigung des Gläubigers zu dulden (§§ 1113, 1191, 1199; RGZ. 49, 109). — Ein Anspruch fällt dann unter die VO., wenn das Rechtsverhältnis, aus dem er entsprungen ist, **vor Inkrafttreten der VO.,** also vor dem 14. Februar 1924, **begründet** war. Begründet ist das Rechtsverhältnis, sobald die rechtlichen Beziehungen, die seinen Inhalt bilden, eingetreten sind, also bei vertraglichen schuldrechtlichen Rechtsverhältnissen, sobald der sie begründende Vertrag rechtsverbindlich geschlossen ist. Ein dingliches Rechtsverhältnis wird, sofern es auf Rechtsgeschäft beruht, erst mit der Eintragung begründet (§ 873 BGB.); es genügt also nicht zur Anwendung der VO., wenn die Einigung vor ihrem

Inkrafttreten stattgefunden hat. Nicht erforderlich ist, daß auch der Anspruch, der aufgewertet werden soll, bereits vor Inkrafttreten der VO. im Sinne des § 194 BGB. „entstanden" ist; auch zu dieser Zeit noch betagte oder bedingte Ansprüche fallen daher unter die VO., also namentlich noch nicht fällige Darlehnsforderungen, Hypothekenansprüche, Lebensversicherungsansprüche und dergl.

2. Dem Gegenstande nach muß das Rechtsverhältnis oder richtiger der in Frage stehende einzelne Anspruch auf **Zahlung einer bestimmten in Reichswährung ausgedrückten Geldsumme** gerichtet sein. Ausgeschlossen sind demnach Geldforderungen auf eine in ausländischer Währung ausgedrückte Geldsumme (§ 244 BGB.); sie sind von der Geldentwertung nicht betroffen, da, soweit sie in Reichswährung bezahlt werden können, die Umrechnung nach dem Kurswerte erfolgt, der zur Zeit der tatsächlichen Zahlung (nicht der Fälligkeit, RG. Ver.Zivils. Z. 101, 312) maßgebend ist. Geldsortenschulden, d. h. solche, die in einer bestimmten inländischen Münzsorte zu zahlen sind (§ 245 BGB.), fallen insoweit unter die VO., als die Vereinbarung der Münzsorte nicht mehr wirksam ist, so die vor 31. Juli 1914 vereinbarten Goldklauseln (vergl. Einl. unter I), oder die Münzsorte nicht mehr in Umlauf ist, da sie in diesem Falle einer gewöhnlichen Währungsschuld gleichstehen (§ 245). Letzteres ist der Fall bei nach 31. Juli 1914 vereinbarten Goldklauseln, da Goldmünzen zu dieser Zeit nicht mehr in Umlauf in Deutschland waren; ebenso wenn etwa Zahlung in deutschen Silbermünzen bedungen sein sollte. Forderungen mit Goldwertklauseln, d. h. Vereinbarungen, wonach ein dem jeweiligen Wertverhältnis des Goldes zur Währung entsprechender Betrag in Reichswährung zu zahlen ist (RGZ. 103, 385), fallen nicht unter die VO., da sie nicht auf eine bestimmte Geldsumme gerichtet, deswegen auch nicht eintragungsfähig sind. Ob eine Goldklausel hilfsweise als Goldwertklausel aufgefaßt werden kann (in welchem Falle sie den Aufwertungsbeschränkungen entzogen sein würde), ist Sache der Auslegung; bisher ist die Frage von den Instanz-

gerichten wohl regelmäßig verneint und diese recht bedenkliche Auslegung als mit der Revision nicht angreifbar erachtet worden (RGZ. 101, 141; 103, 384; RG. 16. Januar 1924 — V 660/1922 —, Anh. XIII). Wegen der schweizerischen Goldhypotheken vergl. Anm. 1 zu § 15. Auch Vereinbarungen, denen zufolge der Schuldner die Gefahr des Sinkens der deutschen Valuta zu tragen hat (RGZ. 100, 79), bleiben von der VO. unberührt (vergl. § 13 Anm. 1). — Ansprüche, die auf eine Geldsumme lauten, deren Betrag sich nach dem derzeitigen Werte (Kurse) eines anderen wirtschaftlichen Gutes — Kohle, Roggen, Kali — richten soll, sind nicht auf eine bestimmte Geldsumme gerichtet und werden deshalb von den Aufwertungsbestimmungen der VO. nicht betroffen.

3. Die vorher genannten Ansprüche fallen nur insoweit unter die VO., als es sich um **Vermögensanlagen** handelt. Der Begriff der Vermögensanlage ist (wie der der Aufwertung, Anm. 9 vor § 1) kein in der juristischen Terminologie gebräuchlicher und feststehender Rechtsbegriff. Wirtschaftlich versteht man darunter den einem Rechtsgeschäfte als Beweggrund desjenigen, der dadurch ein Recht erwirbt, zugrunde liegenden Zweck, durch Verwandlung eines Vermögensbestandteils in einen anderen die Vermögenssubstanz zu erhalten, zu sichern und aus ihr Ertrag zu ziehen. Das Geschäft ist also Vermögensanlage, immer nur von einer Seite (der des Rechtserwerbers oder Gläubigers) gesehen. Das dem genannten Zwecke dienende Rechtsgeschäft kann im übrigen der verschiedensten Art sein: entgeltlicher Erwerb von Eigentum, anderen dinglichen Rechten oder schuldrechtlichen Forderungen. Jedoch scheiden diejenigen Rechtserwerbungen aus, welche gemacht werden, um das erworbene Recht alsbald wieder in ein anderes zu verwandeln, also zum Zwecke des Umsatzes, dem namentlich die kaufmännischen Geschäfte dienen; vorausgesetzt wird vielmehr, daß nach der Absicht des Erwerbers das erworbene Recht dauernd oder doch für eine längere Frist unverwandelt in dem Vermögen des Erwerbers bleiben soll. Es müßte sonach an sich für Anwendung der VO. in jedem einzelnen Falle festgestellt werden, daß bei

dem zugrunde liegenden Geschäfte auf seiten des Gläubigers der wirtschaftliche Zweck einer Vermögensanlage obgewaltet hat. Doch erübrigt sich diese Feststellung im Einzelfalle für die in § 1 Abs. 2 unter Ziff. 1 bis 10 aufgeführten Ansprüche, da diese ohne weiteres als Vermögensanlagen im Sinne der VO. gelten (vergl. Anm. 7). Dagegen bedarf es einer solchen Feststellung im Einzelfalle, soweit in Frage kommt, ob § 12 VO. zur Anwendung zu kommen hat, der eine Vermögensanlage anderer als der in § 1 Abs. 2 bezeichneten Art voraussetzt. Dabei kann es sich nur um auf Geldleistungen gerichtete Ansprüche handeln, da die VO. sich nur auf solche bezieht (§ 1 Abs. 1). Für Vermögensanlagen dieser Art ist das typische Geschäft das Darlehen. Dieses ist jedoch Vermögensanlage nur dann, wenn es mindestens auch im Interesse des Darlehnsgebers gegeben wird. Keine Vermögensanlagen sind sonach Darlehen, die nur im Interesse des Darlehensempfängers gegeben werden. Daß ein solcher Fall vorliege, wird durch die Vereinbarung einer Verzinsung nicht unter allen Umständen ausgeschlossen; immerhin wird eine Zinsvereinbarung die Vermutung begründen, daß es sich um eine Vermögensanlage handelt, namentlich, wenn die Verzinsung die verkehrsübliche Höhe erreicht. Dagegen wird der Empfänger eines Darlehens, das lediglich aus Freundschaft oder Hilfsbereitschaft gegeben wird, sich für eine Beschränkung der Aufwertung auf § 12 VO. nicht berufen können, was auch in solchem Falle Treu und Glauben in besonders hohem Maße widersprechen würde.*) — Kaufpreise bilden, auch wenn sie gestundet sind, an sich keine Vermögensanlage; ist aber die Stundung auch im Interesse des Gläubigers erfolgt, was namentlich bei längerer Frist und voller verkehrsüblicher Verzinsung anzunehmen sein wird, so würde an sich eine Vermögensanlage vorliegen; doch wird eine Beschränkung der Aufwertung gemäß

*) Im Entwurfe (§ 1 Abs. 1 Ziff. 7) waren Darlehen auf kürzere Frist als sechs Monate von der Anwendung der VO. ausgeschlossen.

§ 12 Abs. 1 ausgeschlossen sein, weil es sich um einen Anspruch aus einem gegenseitigen Vertrage handelt (§ 12 Abs. 2), sofern nicht etwa eine rechtliche Umwandlung (Novation) in eine Darlehensschuld gemäß § 607 Abs. 2 BGB. erfolgt ist. Dinglich gesicherte Restkaufpreise für Grundstücke sind unter allen Umständen Vermögensanlagen im Sinne der VO. (§ 2 Ziff. 4). Vermögensanlagen werden auch vorliegen bei Darlehen, die an Banken gegeben sind (Depositen; vergl. aber § 12 Abs. 3 und Anm. 4 dazu); ferner bei von Banken und anderen Kreditinstituten ihren Kunden gewährten verzinslichen Darlehen, bei Baugelderdarlehen usw.; bei mit Bierlieferungsverträgen verbundenen Darlehen von Brauern an Wirte dagegen wird es sich um einen Bestandteil eines gegenseitigen Vertrags handeln. Auch durch **Kauf** kann eine Vermögensanlage in Gestalt eines auf Geld gerichteten Anspruchs erfolgen: Kauf einer Hypothek oder Grundschuld, zessionsweiser Erwerb einer Forderung; hier richtet sich die Aufwertung nach der Natur des als Vermögensanlage erworbenen Rechts.

4. Weitere Voraussetzung ist, daß die Vermögensanlage **durch den Währungsverfall entwertet** ist. Unter **dem** Währungsverfalle wird im Sinne der VO. der bis zu ihrem Inkrafttreten eingetretene, in der letzten Zeit vorher aber zum Stillstand gekommene Verfall der gegenwärtigen gesetzlichen Reichswährung (also der **Papiermark**, vergl. Einl. unter IV) zu verstehen sein. Ein etwa in Zukunft wider Erwarten eintretender weiterer Währungsverfall würde die Anwendung ihrer Bestimmungen, die aus der gegenwärtigen wirtschaftlichen Lage hervorgegangen und ihr angepaßt sind, nicht rechtfertigen. Das Rechtsverhältnis braucht aber andererseits nicht zu einer Zeit begründet zu sein, als der Währungsverfall **noch nicht begonnen** hatte, also in vollem Goldmarkbetrage; auch während der Zeit des Verfalls, aber vor dem zuletzt eingetretenen katastrophalen Ausmaße, erfolgte Vermögensanlagen der in § 1 Abs. 2 Ziff. 1 bis 3, 5 bis 10 bezeichneten Art unterliegen den Bestimmungen der VO., rechtfertigen also ohne weiteres eine Aufwertung nach Maßgabe

der §§ 2, 4 bis 8 ohne Rücksicht darauf, ob ihnen nach den allgemeinen Grundsätzen eine solche Aufwertung oder eine Aufwertung überhaupt zukommen würde, ob sie nicht insbesondere, was naheliegt, in spekulativer Absicht unter Benutzung der bereits eingetretenen Geldentwertung aus der Erwartung künftig wieder steigenden Geldwerts heraus erfolgt sind. Auch darin liegt eine erhebliche Abweichung von den Gedanken der reichsgerichtlichen Rechtsprechung. Anders bei den in § 1 Abs. 2 Ziff. 4 bezeichneten Ansprüchen (vergl. § 3 und Anm. dazu).

5. Über den Begriff und die Art der „Aufwertung" im allgemeinen vergl. Anm. 9 vor § 1.

6. Eine Aufwertung soll überhaupt nicht stattfinden, **wenn der verbliebene Goldwert fünfzehn vom Hundert des ursprünglichen Goldmarkbetrags (§ 2 Abs. 2) erreicht oder übersteigt.** Dieser Fall liegt vor für alle diejenigen Vermögensanlagen, bei denen der maßgebende Stichtag für die Berechnung des Goldmarkbetrages nach dem 6. November 1923 liegt. Denn am 6. November 1923 war der Dollarkurs 420 Milliarden Mark; bei Inkrafttreten der VO. 4200 Milliarden Mark, also betrug die Entwertung 90, der verbliebene Goldwert 10 v. H., demnach damals noch weniger als die aufzuwertenden 15 v. H.; am 7. November 1923 aber war der Dollarkurs 630 Milliarden Mark, bei Inkrafttreten der VO. 4200 Milliarden Mark, Entwertung 66,66, verbliebener Goldwert 33,33 v. H., demnach bereits mehr als die aufzuwertenden 15 v. H. Seitdem ist der Dollarkurs bis zu seiner Stabilisierung auf 4,2 Billionen Mark ständig gestiegen. — Die Vorschrift greift für alle Vermögensanlagen Platz, die auf Grund der VO. aufzuwerten sein würden; also nicht nur für die gemäß § 2 Abs. 1 auf höchstens 15 v. H. des Goldmarkbetrags aufzuwertenden (§§ 2, 4, 12 Abs. 1), sondern auch für die gemäß § 3 (vergl. Anm. 1 dazu) nach allgemeinen Vorschriften, also unter Umständen auf einen höheren Hundertsatz aufzuwertenden; auch bei ihnen findet überhaupt keine Aufwertung statt, wenn der Stichtag nach dem 6. November 1923 liegt. Damit sind die in der kritischsten

Zeit gemachten Vermögensanlagen, bei denen eine spekulative Absicht vermutet werden muß, von der Aufwertung ausgeschlossen. Hinsichtlich des für die Berechnung des ursprünglichen Goldmarkbetrags maßgebenden Stichtags verweist die Vorschrift auf § 2 Abs. 2; danach würde bei allen Vermögensanlagen nicht der Tag der ursprünglichen Entstehung, sondern der Tag des Erwerbs durch den derzeitigen Gläubiger oder seinen Erblasser maßgebend sein (vergl. Anm. 5 zu § 2). Es kann zweifelhaft sein, ob das die Absicht der VO. war, die ja für die Aufwertung der in § 4 bezeichneten Schuldverschreibungen nicht den Tag des Erwerbs, sondern den Tag der Ausgabe entscheidend sein läßt (vergl. Anm. 4 zu § 4). Doch ist es immerhin möglich, daß die Absicht dem Wortlaute entspricht, um dadurch auch diese Vermögensanlagen, wenn sie durch Erwerb früher ausgegebener Schuldverschreibungen unter Lebenden in der kritischsten Zeit erfolgt sind, von der Aufwertung überhaupt auszuschließen. Es wird deshalb nicht angängig sein, die Bestimmung entgegen ihrem deutlichen Wortlaute auszulegen.

7. § 1 Abs. 2 zählt unter zehn Ziffern auf, was **als Vermögensanlage im Sinne der Verordnung gelten soll.** Dieser Satz hat zunächst eine positive Bedeutung insofern, als er bedeutet, daß die unter Ziff. 1 bis 10 aufgeführten Geldforderungen ohne weiteres als Vermögensanlagen im Sinne der VO. zu gelten haben, also ohne daß etwa noch zu prüfen wäre, ob sie dem Rechtsbegriffe der „Vermögensanlage", wie er oben (Anm. 3) erörtert worden ist, entsprechen. Weiter aber müßte an sich dem Satze auch negative (ausschließende) Bedeutung beigemessen werden in der Weise, daß andere als die aufgezählten Ansprüche nicht als Vermögensanlagen im Sinne der VO. zu gelten haben. Dieser Bedeutung widerspricht jedoch der § 12 Abs. 1 der VO., der die Aufwertung von Ansprüchen „aus Vermögensanlagen anderer als der im § 1 Abs. 2 bezeichneten Art" regelt. Das Ergebnis muß also sein, daß die in § 1 Abs. 2 aufgeführten Forderungen als Vermögensanlagen im Sinne der §§ 2 bis 11 der VO. gelten, während in § 12 die Aufwertung

anderer Arten von Vermögensanlagen geregelt wird. Vergl. Näheres zu § 12 Anm. 1.

8. **Hypothek:** § 1113; **Grundschuld:** § 1191; **Rentenschuld:** § 1199 BGB. Es sind das dingliche Belastungen von Grundstücken, die das Gemeinsame haben, daß an denjenigen, zu dessen Gunsten die Belastung erfolgt, eine bestimmte Geldsumme aus dem Grundstücke zu zahlen ist. Die Rentenschuld ist eine Grundschuld, bei welcher die Geldsumme in regelmäßig wiederkehrenden Terminen zu zahlen ist. Die Hypothek hat gegenüber der Grundschuld die Besonderheit, daß die Geldsumme an denjenigen, zu dessen Gunsten die Belastung erfolgt (den Gläubiger), „zur Befriedigung wegen einer ihm zustehenden Forderung" zu zahlen ist. Es handelt sich in allen drei Fällen um ein dingliches Rechtsverhältnis, aus welchem Ansprüche gegen den Grundstückseigentümer entstehen. Diese gehen rechtlich nicht auf Zahlung, sondern nur auf Duldung der Zwangsvollstreckung in das Grundstück; der Eigentümer kann aber die Zwangsvollstreckung durch Zahlung der Geldsumme vermeiden. Den Gegenstand des Anspruchs bildet die (durch die Zwangsvollstreckung in das Grundstück herbeizuführende) Zahlung der Geldsumme; er unterliegt deshalb der Aufwertung und ihrer Beschränkung nach Maßgabe der VO. (§ 1 Abs. 1). Bei der Hypothek ist das Bestehen der Forderung Rechtsbedingung für das Bestehen der Hypothek als solcher; ist die Forderung nicht entstanden oder erloschen, so steht die Hypothek dem Grundstückseigentümer nicht als Hypothek, sondern als Grundschuld (Eigentümergrundschuld) zu (§ 1163 und Komm. v. RGR. Anm. 3); die Hypothek ist in diesem Sinne ein Akzessorium der Forderung. Die VO. unterscheidet zwischen der Hypothek (§ 1 Abs. 2 Ziff. 1) und der durch die Hypothek gesicherten Forderung (§ 1 Abs. 2 Nr. 4, vergl. Anm. 12). Unter Ziff. 1 fällt die Aufwertung der Hypothek als dinglicher Belastung des Grundstücks, ohne Unterschied, ob der Eigentümer zugleich der persönliche Schuldner ist, und in der Weise, daß sich der Betrag der Hypothek (die zu zahlende Geldsumme) durch die Aufwertung

mit dem ihr nach der Eintragung zukommenden Range erhöht, ohne daß es einer Eintragung des erhöhten Betrages bedarf (vergl. aber § 2 Abs. 3 und Anm. 10 dazu). Diese Aufwertung ist auf 15 v. H. beschränkt (§ 2 Abs. 1). Die gesonderte Aufwertung der Hypothek (nach Ziff. 1) und der durch sie gesicherten Forderung (nach Ziff. 4) kann dazu führen, daß die aufgewertete Hypothek ohne eine auf gleiche Höhe aufgewertete Forderung besteht; sie hat dann insoweit die rechtliche Natur einer Grundschuld (Gläubigergrundschuld). Die Eigentümergrundschuld (§ 1163 BGB.) ist kein Anspruch (§ 1 Anm. 1) und kann deshalb auch nicht aufgewertet werden.

9. Reallast: § 1105 BGB. Sie ist eine Belastung des Grundstücks in der Weise, daß an denjenigen, zu dessen Gunsten die Belastung erfolgt, wiederkehrende Leistungen aus dem Grundstücke zu entrichten sind. Die Bestellung von Reallasten ist nicht unbeschränkt zulässig, kann vielmehr durch landesgesetzliche Vorschriften eingeschränkt werden (Art. 115 EG. z. BGB.). Von der Rentenschuld (Anm. 8) unterscheidet sich die Reallast wesentlich dadurch, daß die wiederkehrenden Leistungen nicht in der Zahlung von bestimmten Geldsummen zu bestehen brauchen, sondern jeden erlaubten Inhalt haben können (Komm. v. RGR. zu § 1105 Anm. 7). Aber auch eine auf Leistung bestimmter Geldsummen gerichtete Belastung kann, soweit nicht landesgesetzliche Vorschriften entgegenstehen, als Reallast bestellt werden. Nur auf diese Reallasten bezieht sich die VO., da nach § 1 Abs. 1 sie nur Ansprüche betrifft, welche die Zahlung bestimmter Geldsummen zum Gegenstande haben. Die Aufwertung von Reallasten erfolgt nach der VO. in der gleichen Weise wie die der unter Ziff. 1 genannten Grundstücksbelastungen, also auf 15 v. H. (§ 2 Abs. 1) und unter Beschränkung auf diesen Hundertsatz. Unberührt bleiben aber gemäß § 14 der VO. die Bestimmungen des „Sondergesetzes" vom 18. August 1923 (RGBl. I 815), welches die Erhöhung der Geldleistungen aus Altenteils- und ähnlichen Verträgen, die mit der Überlassung eines Grundstücks verbunden sind, unter Berücksichtigung der Billigkeit, also ohne Festsetzung eines Höchsthundertsatzes, vorschreibt.

10. Pfandrechte an im Schiffsregister eingetragenen Schiffen: Für Seeschiffe ist durch §§ 4 ff. des Gesetzes über das Flaggenrecht der Kauffahrteischiffe vom 22. Juni 1899 (RGBl. 319), für Binnenschiffe durch §§ 119 ff. des Gesetzes über die privatrechtlichen Verhältnisse der Binnenschiffahrt vom 15. Juni 1895 in der Fassung der Bekanntmachung vom 20. Mai 1898 (RGBl. 868) ein Schiffsregister eingeführt. Die Pfandrechte an den in diesen Registern eingetragenen Schiffen sind durch die §§ 1259 bis 1272 BGB. geregelt als dingliche Belastungen beweglicher Sachen zur Sicherung einer Forderung in der Weise, daß der Gläubiger berechtigt ist, Befriedigung aus dem Schiffe zu suchen (§ 1204 BGB.), aber mit der Besonderheit, daß es einer Übertragung des Besitzes an den Gläubiger nicht bedarf — also kein Faustpfand, sondern entsprechend der Hypothek an einem Grundstücke — und daß es zur Entstehung des Pfandrechts der Eintragung desselben in das Schiffsregister bedarf. In der Eintragung müssen der Gläubiger, der Geldbetrag der Forderung und, wenn die Forderung verzinslich ist, der Zinssatz angegeben, im übrigen kann auf die Eintragungsbewilligung Bezug genommen werden (§ 1260 BGB.). Im Unterschiede von der Hypothek ist anzunehmen, daß die Forderung keine Geldforderung zu sein braucht; ist dies nicht der Fall, so muß bei der Eintragung der Betrag in Geld veranschlagt werden (Komm. v. RGR. zu § 1260 Anm. 5). Ist der Betrag in deutscher Währung eingetragen, so wird er nach § 2 Abs. 1 der VO. auf 15 v. H. des Goldmarkbetrages aufgewertet und ist die Aufwertung auf diesen Hundertsatz beschränkt. Schon früher waren sogenannte Valutaschiffspfandrechte üblich, namentlich für holländische Gläubiger in der Form eines zu dem in Mark eingetragenen Geldbetrage des Darlehenspfandrechts hinzutretenden Sicherungspfandrechts zum Höchstbetrage von x Mark für die etwaigen Ansprüche aus einer Veränderung des Kurses der holländischen Währung (vergl. darüber JurWoch. 1920 S. 370 und 634). Auch solche Sicherungspfandrechte fallen unter die Aufwertungsvorschriften der VO., da sie in deutscher

Währung eingetragen sind. Durch die Gesetze vom 26. Januar 1923 (RGBl. 90) und vom 29. März 1923 (RGBl. 232) ist die Umwandlung bestehender Schiffspfandrechte sowie die Neueintragung von solchen in ausländischer Währung unter gewissen Voraussetzungen (Zustimmung der obersten Landesbehörde) gestattet worden, wenn die durch das Schiffspfandrecht gesicherte Forderung auf ausländische Währung lautet. So eingetragene Schiffspfandrechte unterliegen, da sie keine in Reichswährung ausgedrückte Geldsumme zum Gegenstande haben (§ 1 Abs. 1), nicht den Bestimmungen der VO.

11. **Pfandrechte an Bahneinheiten.** Nach Art. 112 EG. z. BGB. sind die landesrechtlichen Vorschriften über die Behandlung der einem Eisenbahn- oder Kleinbahnunternehmen gewidmeten Grundstücke und sonstigen Vermögensgegenstände als Einheit (Bahneinheit) unberührt geblieben. Solche Vorschriften sind für Preußen durch das Gesetz vom 19. August 1895 (GS. S. 499), abgeändert durch Gesetz vom 11. Juni 1902 (GS. S. 215), gegeben. Danach wird die Bahneinheit in ein Bahngrundbuch eingetragen (§ 8), und es gelten für sie die sich auf Grundstücke beziehenden Vorschriften des BGB. (§ 16). Sie können also mit Hypotheken, Grundschulden, Rentenschulden und Reallasten (vergl. Anm. 9) dinglich belastet werden. Es können aber auch Bahnpfandschulden ohne Bezeichnung des Gläubigers im Bahngrundbuche eingetragen werden, wenn die Schuld in Teile zerlegt und die Genehmigung zur Ausstellung von Teilschuldverschreibungen auf den Inhaber erteilt ist (§ 20). Die Aufwertung erfolgt auch für Bahnpfandrechte nach § 2 Abs. 1 VO. auf 15 v. H. des Goldmarkbetrages.

12. Ziff. 4 zählt als Vermögensanlagen im Sinne der VO. die durch Hypothek, Schiffspfandrecht oder Bahnpfandrecht **gesicherten Forderungen,** gesondert von den entsprechenden dinglichen Belastungen (Ziff. 1, 2, 3), auf. Es geschieht das ersichtlich deshalb, weil die Aufwertung der durch solche dinglichen Be-

lastungen gesicherten Forderungen, also des Schuldverhältnisses zwischen dem Gläubiger und dem persönlichen Schuldner, in anderer Weise erfolgt als die Aufwertung der dinglichen Belastungen selbst, nämlich nicht nach § 2 unbedingt und ausschließend auf 15 v. H. des Goldmarkbetrages, sondern nach § 3 auf diesen Hundertsatz nur, soweit nicht nach allgemeinen Vorschriften eine höhere oder geringere Aufwertung stattfindet. Über die Bedeutung dieser Vorschrift vergl. zu § 3 Anm. 1, 2.

13. „Pfandbriefe" sind die von einer Hypothekenbank im Sinne von § 1 des Hypothekenbankgesetzes vom 13. Juli 1899 (RGBl. 375) oder von einer anderen Grundkreditanstalt auf Grund der von ihr erworbenen Hypotheken oder Grundschulden (§ 40 Abs. 1 HypBankG.) ausgegebenen Schuldverschreibungen. Über den Begriff der Schuldverschreibung vergl. Anm. 13 a. Reichsgesetzlich (durch das ebenerwähnte HypBankG.) sind nur die Verhältnisse der Hypothekenbanken geregelt, d. h. der Aktiengesellschaften und Kommanditgesellschaften auf Aktien, bei welchen der Gegenstand des Unternehmens in der hypothekarischen Beleihung von Grundstücken und der Ausgabe von Schuldverschreibungen auf Grund der erworbenen Hypotheken besteht und welche zur Ausübung ihres Geschäftsbetriebes die Genehmigung des Bundesrats (jetzt Reichsrats) erhalten haben. Den Pfandbriefgläubigern der von diesen ausgegebenen Pfandbriefe steht gemäß § 35 HypBankG. im Konkurse der Hypothekenbank ein Recht auf vorzugsweise Befriedigung aus den Werten, welche die „Deckung" der Pfandbriefe bilden, nämlich den in das Hypothekenregister eingetragenen Hypotheken und Wertpapieren der Bank sowie dem Gelde, das dem Treuhänder zur Deckung der Hypothekenpfandbriefe in Verwahrung gegeben worden ist, vor allen anderen Konkursgläubigern zu; unter sich haben sie gleichen Rang. Grundkreditanstalten, die nicht zu den Hypothekenbanken gehören, sind namentlich die landschaftlichen und ritterschaftlichen Kreditvereine; außer ihnen kommen noch die bei dem Inkrafttreten des HypBankG. in das Genossenschaftsregister eingetragenen Genossenschaften, sofern sie vor dem 1. Mai 1898 gemäß den Bestimmungen ihrer Satzung Hypothekenbankgeschäfte im Sinne des § 1 Abs. 1 HypBankG. betrieben haben, in Betracht; ihnen ist auch nach dem Inkrafttreten dieses Gesetzes der Betrieb solcher Geschäfte gestattet geblieben (§ 45 Abs. 2 in Verbindung mit § 2 HypBankG.). Hinsichtlich dieser Anstalten sind gemäß § 14 (früher 17) KO. in der Fassung nach § 43 HypBankG. die landesgesetzlichen Vorschriften unberührt geblieben, nach denen den Inhabern der von ihnen ausgestellten Pfandbriefe ein Vorrecht vor allen anderen Konkursgläubigern in Ansehung der Befriedigung aus den Hypotheken der Anstalt zusteht; es können somit auch weiter noch landesgesetzliche Vorschriften solchen Inhalts erlassen werden. Vor Inkrafttreten des HypBankG. hatten die Landesgesetze von dem zu ihren Gunsten durch den früheren § 17 KO. gemachten Vorbehalte der Schaffung solcher Vorzugsrechte nur hinsichtlich der Hypothekenbanken Gebrauch gemacht, hinsichtlich deren nun die reichsgesetzliche Regelung an die Stelle getreten ist. Nach diesem Zeitpunkte hat Bayern auf Grund des neuen § 14 KO. durch das Gesetz zur Sicherung der Inhaber von Pfandbriefen der Bayerischen Landwirtschaftsbank vom 22. Dezember 1899 (Ges. u. VBl. S. 1222) bestimmt, daß den Inhabern von Pfandbriefen dieser Bank im Konkurse ein Vorrecht vor allen anderen Konkursgläubigern in Ansehung der Befriedigung aus den Hypotheken der Anstalt nach Maßgabe der Bestimmungne in § 35 HypBankG. zusteht.

Rentenbriefe sind die gemäß § 52 HypBankG. von einer Hypothekenbank auf Grund von Rentenforderungen, die vor dem 1. Januar 1899 als Reallasten (s. oben Anm. 9) in das Grundbuch eingetragen waren, ausgegebenen Schuldverschreibungen; auf sie finden nach § 52 a. a. O. die Vorschriften des § 35 HypBankG. entsprechende Anwendung; es steht demnach den Inhabern solcher Rentenbriefe an den diesen zugrunde liegenden Rentenforderungen ein Recht auf vorzugsweise Befriedigung vor allen anderen Konkursgläubigern zu. **Andere von Grundkreditanstalten ausgegebene Schuldverschreibungen,** denen ein Vorzugsrecht im Falle des Konkurses zusteht, sind die von einer Hypothekenbank gemäß § 41 HypBankG. auf Grund nicht hypothekarischer Darlehen an inländische Körperschaften des öffentlichen Rechts oder gegen Gewährleistung durch solche Körperschaften gewährten Darlehen (Kommunalobligationen); ihnen steht in entsprechender Anwendung des § 35 HypBankG. ein Recht auf vorzugsweise Befriedigung aus den den Schuldverschreibungen zugrunde liegenden Darlehensforderungen zu. Ihrer Aufwertung werden freilich, jedenfalls soweit es sich um Gemeinden oder Gemeindeverbände als Schuldner handelt, die Vorschriften des § 16 der VO. (vergl. unten Anm. 4 dazu) bis auf weiteres, jedenfalls auf viele Jahre hinaus, entgegenstehen. Auch den Inhabern der von einer Hypothekenbank auf Grund von Darlehen, die an Kleinbahnunternehmungen gegen Verpfändung der Bahn gewährt sind, ausgegebenen Schuldverschreibungen steht nach § 42 in Verbindung mit § 35 HypBankG. ein Recht auf vorzugsweise Befriedigung aus den ihnen zugrunde liegenden Darlehensforderungen zu.

Schiffsbeleihungsbanken sind erst in den letzten Jahren in Deutschland gegründet worden, und zwar in Berlin, Hamburg und Duisburg (Mathies in Hans. Rechtszeitschrift I, 257). Es wurde ihnen die Befugnis zur Ausgabe von Schiffspfandbriefen verliehen. Ein Recht auf vorzugsweise Befriedigung aus den zur Deckung der Pfandbriefe dienenden Schiffspfandrechten im Falle des Konkurses, wie es den Pfandbriefgläubigern der Hypothekenbanken gemäß § 35 HypBankG. zusteht, ist für die Schiffspfandbriefgläubiger reichsgesetzlich nicht begründet. Da es keine Briefschiffspfandrechte gibt, kann auch eine Verpfändung durch Übergabe der Schiffspfandrechtsurkunden an einen Treuhänder nicht in Frage kommen. Es kann daher nur durch Verpfändung der einzelnen Schiffspfandrechte in den für die Verpfändung von Rechten vorgeschriebenen Rechtsformen des

BGB. (§§ 1205 ff.) ein Pfandrecht an der Deckung begründet werden. Jedoch kann gemäß § 17 KO. durch landesgesetzliche Vorschriften den Schiffspfandbriefgläubigern ein Vorzugsrecht im Konkurse dadurch gewährt werden, daß ihre Forderungen in ein öffentliches Schuldbuch eingetragen werden; das Vorrecht gilt allerdings nur gegenüber solchen Konkursgläubigern, deren Forderungen nach der Eintragung entstanden sind. Hiervon hat Hamburg durch das Gesetz, betr. die Sicherung der Ansprüche aus Schuldverschreibungen von Schiffsbeleihungsbanken, vom 30. Januar 1918 (Amtsbl. S. 150) Gebrauch gemacht. Die Deckung bildet das gesamte Vermögen der Schiffsbeleihungsbank; insofern geht also das Vorzugsrecht über das der Hypothekenpfandbriefgläubiger noch hinaus. Ein Reichsgesetz, das für die Schiffspfandbriefe ein Vorrecht entsprechend dem § 35 HypBankG. schaffen soll, wird von den beteiligten Schiffahrtskreisen erstrebt.

Ablösungsanstalten sind die vom Staate zur Erleichterung und Förderung der Ablösung, Umwandlung und Einschränkung von landwirtschaftlichen Dienstbarkeiten und Reallasten (Art. 113 EG. z. BGB.) geschaffenen Kreditinstitute (Ablösungskassen, Rentenbanken). Solche wurden errichtet in Preußen als provinzielle Institute durch das Gesetz über die Errichtung von Rentenbanken vom 2. März 1850 (GBl. S. 112); die Rentenbanken wurden später geschlossen, aber wieder zugelassen durch Ges. vom 17. Januar 1881 (GBl. S. 5); vergl. über das Vorzugsrecht der an die Rentenbank abgetretenen Renten § 18 Ges. vom 2. März 1850. Für Bayern Ablösungskasse laut Ges. vom 4. Juni 1848, Art. 7, 25 (Ablösungsschuldbriefe werden ausgegeben mit voller Gewähr des Staates, welchen die damit erworbenen Grundrenten zum Unterpfande dienen). Für Sachsen Landrentenbank laut Ges. vom 17. März 1832, geschlossen 1. Oktober 1859; für Württemberg Ablösungskasse laut Gesetzen vom 14. April 1848, 13. und 17. Juni 1849, 2. Juli 1851, geschlossen laut Ges. vom 16. Januar 1871; für Baden Zehntschuldentilgungskasse (Gesetze vom 15. November 1833, 27. Mai 1836, 30. Juli 1840, 3. Dezember 1875).

Das in diesen Fällen bestehende Recht auf vorzugsweise Befriedigung im Falle des Konkurses ist kein Absonderungsrecht an der „Deckung“ im Sinne der §§ 47 ff. KO., da die Hypotheken usw., die die Grundlagen der Forderung bilden, nicht Gegenstände sind, die der Zwangsvollstreckung in das unbewegliche Vermögen unterliegen (§ 47) und ein Pfandrecht (§§ 48, 49) an ihnen gleichfalls nicht besteht; es ist vielmehr ein eigenartiges Konkursvorrecht (Jaeger, KO. § 61 Anm. 3); die Gläubiger sind Konkursgläubiger und nehmen als solche an dem allgemeinen Konkursverfahren teil, werden aber aus den Gegenständen der Deckung vor den anderen Konkursgläubigern befriedigt. Die VO. schafft aber zum Zwecke der Aufwertung einen Sonderkonkurs, der nur über die dem Vorrechte unterliegenden Gegenstände geführt wird (vergl. § 6 und Anm. 1 dazu). Ein „**Pfandrecht**“ an der Deckung kann nach Inkrafttreten des BGB. nur nach dessen Vorschriften über das Pfandrecht an Rechten (§§ 1273 ff.) begründet werden, nämlich durch Verpfändung der einzelnen Hypotheken. Diese können nur zugleich mit den durch sie gesicherten Forderungen verpfändet werden, und zwar mittels schriftlicher Verpfändungserklärung und Übergabe der Hypothekenbriefe, bei Buchhypotheken statt der letzteren Eintragung in das Grundbuch (§§ 1274, 1153 Satz 2, 1154, 873 BGB.).

Die angeführten Schuldverschreibungen fallen aber nur dann unter den Begriff der Vermögensanlagen im Sinne der VO., wenn sie „**verzinslich oder an Stelle der Verzinsung mit einem Aufgeld rückzahlbar sind**“. Nicht unter den Begriff fallen würden danach etwa solche Schuldverschreibungen, bei denen die Zinsen für die Zeit bis zu ihrem Verfalle bereits in den Betrag der Schuldverschreibung miteingerechnet sind. Der Fall, daß eine Verzinsung des dargeliehenen Betrages überhaupt nicht stattfindet, wird wohl bei Schuldverschreibungen, die von einer der in Nr. 4 genannten Anstalten ausgegeben sind, schwerlich vorkommen. In diesem Falle würde von einer „Vermögensanlage“ in dem oben (Anm. 3) erörterten Sinne auch nicht wohl gesprochen werden können. — Die Aufwertung der in Nr. 5 genannten

Schuldverschreibungen erfolgt nicht durch individuelle Aufwertung des Nennbetrages der einzelnen Schuldverschreibung um einen bestimmten Hundertsatz, sondern durch Verteilung der vorhandenen „Deckung" unter die an ihr bevorrechtigten Gläubiger nach der Art eines Sonderkonkurses (§ 6 der VO.; vergl. Näheres darüber zu diesem Paragraphen).

13 a. Schuldverschreibungen. Die unter den Ziff. 4 bis 10 aufgeführten persönlichen Ansprüche werden in Ziff. 4 als „Forderungen", in Ziff. 9 als „Guthaben", in Ziff. 10 als „Ansprüche" bezeichnet, also ohne Bezugnahme auf eine urkundliche Unterlage. Dagegen sprechen die Ziff. 5 bis 8 von „Schuldverschreibungen", setzen also eine Beurkundung der Ansprüche voraus. Der Begriff der Schuldverschreibung ist kein ganz feststehender. Im weitesten Sinne versteht man darunter jede Urkunde, in der das nicht von einer Gegenleistung abhängig gemachte Versprechen einer Leistung, insbesondere von Geld oder anderen vertretbaren Sachen, beurkundet ist, also auch den einfachen Darlehens- und abstrakten Verpflichtungsschuldschein, der nur Beweismittel ist. Das BGB. kennt keinen so allgemeinen Begriff der Schuldverschreibung; es wendet ihn nur für die „Schuldverschreibungen auf den Inhaber" (§§ 793 ff.) an, also für Urkunden, die Träger der Forderung (Wertpapiere) sind. Ebenso die Reichsstempelgesetze (Greiff, RStG. zu Tarifnummer 2 Anm. 1 b S. 493). Im engsten und eigentlichen Sinne aber versteht man unter Schuldverschreibungen solche Schuldurkunden, die nicht für einzelne Personen auf Grund individuellen Vertrags mit ihnen ausgestellt, sondern als Teile größerer einheitlicher Kreditaufnahmen auf offenem Markt auf Grund eines an die Allgemeinheit oder doch einen weiteren Personenkreis gerichteten Angebots, also im Wege der Anleihe, ausgegeben (emittiert) worden sind und die volkswirtschaftliche Aufgabe erfüllen, verfügbare Geldbestände der Einzelwirtschaften zusammenzufassen und der Volks- oder Staatswirtschaft dienstbar zu machen. Solche Schuldverschreibungen werden auch Obligationen, Partiarobligationen, Teilschuldverschreibungen genannt. In diesem Sinne ist der Ausdruck „Schuldverschreibungen“ namentlich in dem Reichsgesetze über die gemeinsamen Rechte der Besitzer von Schuldverschreibungen vom 4. Dezember 1899 gebraucht. (Vergl. Koenige, Komm. zu § 1 A 1 S. 34.) Auch die VO. gebraucht den Ausdruck in dieser Bedeutung. Das ergibt sich für Ziff. 5 und 6 aus der Bezeichnung der Schuldner (Grundkreditanstalten, Schiffsbeleihungsbanken, Ablösungsanstalten), welche ihr Kreditbedürfnis nicht individuell, sondern durch Anleihen zu befriedigen pflegen; für Ziff. 7 und 8 daraus, daß von „ausgegebenen“ (emittierten) Schuldverschreibungen die Rede ist. Die Schuldverschreibungen können auf den Namen oder an Order oder auf den Inhaber gestellt sein. Schuldverschreibungen an Order können nur von Personen oder Gesellschaften des Handelsrechts ausgestellt werden; sie sind durch Indossament übertragbar (§§ 363 bis 365 HGB.). Bei der Emission von Schuldverschreibungen werden diese häufig an die Order einer Bank gestellt, die sie dann in blanco indossiert, wodurch sie zu Inhaberpapieren werden. Schuldverschreibungen auf den Inhaber, die auf Zahlung einer bestimmten Geldsumme lauten, dürfen nur mit staatlicher Genehmigung in Verkehr gebracht werden (§ 795 BGB.). Gleiches gilt jetzt auf Grund der Bekanntmachung vom 8. März 1917 (RGBl. S. 220) für die Ausgabe anderer im Inland ausgestellter Teilschuldverschreibungen, die auf Geld mit bestimmtem Nennwert lauten, wenn sie nach dem Verhältnis dieser Nennwerte zur aufgenommenen Schuld den Gläubigern im wesentlichen gleiche Rechte gewähren (Näheres zu § 4 Anm. 3). — Die Schuldverschreibungen können verzinslich oder unverzinslich sein. Unverzinsliche Schuldverschreibungen sind die einlösbaren Banknoten (die uneinlösbaren haben nur die Form der Schuldverschreibung und sind in Wirklichkeit nur Geldzeichen); sie sind zum Umlauf als Zahlungsmittel bestimmt und keine Vermögensanlagen, daher auch in der VO. nicht aufgeführt. Die Stelle der Verzinslichkeit vertritt aber häufig das Versprechen der Einlösung bei Fälligkeit mit einem Aufgelde; das ist in

Ziff. 5 bis 8 der Verzinslichkeit gleichgestellt. Auch Interimsscheine, die bis zur Fertigstellung der definitiven Stücke ausgegeben zu werden pflegen, sind Schuldverschreibungen. Auch Zinsscheine sind (unselbständige) Schuldverschreibungen, fallen aber, da sie selbst nicht verzinslich sind, nicht unter Ziff. 5 bis 8. Keine Schuldverschreibungen, sondern Urkunden über Gesellschafts- (Mitgliedschafts-) Rechte sind Aktien, ebenso Kuxen. „Genußscheine“ fallen unter den Begriff der Mitgliedschaftsurkunden (Aktien) oder der Schuldverschreibungen, je nachdem sie Mitgliedschaftsrechte oder nur Anteile am Reingewinn usw. gewähren (RGZ. 30, 16; 70, 54; 54, 26); meist ist nur letzteres der Fall (Obst, Geld-, Bank- und Börsenwesen S. 258). Als „Vorzugsaktien“ werden im eigentlichen Sinne solche Aktien bezeichnet, welchen gewisse Vorrechte vor den Inhabern der gewöhnlichen (Stamm-) Aktien gewährt sind, namentlich häufig mehrfaches Stimmrecht, auch Vorzug bei der Verteilung der Dividende (Obst a. a. O. S. 257); solche Vorzugsaktien sind keine Schuldverschreibungen. In neuerer Zeit werden aber häufig auch sogenannte Vorzugsaktien ausgegeben, die in Wirklichkeit keine Aktien, d. h. keine Teilhaberrechte an der Substanz des Gesellschaftsvermögens sind, da sie zwar Stimmrecht (meist mehrfaches) in den Generalversammlungen und vorzugsweise Anteile am Reingewinne gewähren, aber in Gold zum Nennwerte oder mit einem gewissen Aufgelde über den Nennwert von der Gesellschaft zurückgezahlt werden können. Derartige Vorzugsaktien werden als Schuldverschreibungen nach § 1 Abs. 2 Ziff. 7 gemäß § 2 aufzuwerten sein.

14. Was die **Ziff. 6** unter **„Schuldverschreibungen der in Ziff. 5 bezeichneten Art“** versteht, ist nicht ganz klar. Die Verweisung auf Ziff. 5 ergibt zunächst, daß es sich auch hier um Schuldverschreibungen von Grundkreditanstalten, Schiffsbeleihungsbanken oder Ablösungsanstalten (vergl. Anm. 13) handeln muß, und zwar um solche, die verzinslich oder an Stelle der Verzinsung mit einem Aufgelde rückzahlbar sind. Weiter aber würde danach vorauszusetzen sein, daß den Schuldverschreibungen eine „Deckung" zugrunde liegt, was doch wohl nichts anderes bedeuten kann als eine zu ihrer besonderen Sicherung oder Befriedigung bestimmte, von dem übrigen Vermögen der Schuldnerin irgendwie gesonderte Vermögensmasse. Andererseits sollen die Schuldverschreibungen, im Gegensatze zu den unter Ziff. 5 behandelten, solche sein, denen ein Pfandrecht oder ein Recht auf vorzugsweise Befriedigung im Konkurse an der Deckung nicht zusteht. Es ist nicht recht verständlich, inwiefern dann noch von einer ihnen zugrunde liegenden Deckung gesprochen werden kann. Am nächsten liegt es wohl anzunehmen, daß eine sprachlich ungenaue Fassung vorliegt und daß unter Ziff. 6 solche verzinsliche Schuldverschreibungen der in Ziff. 5 bezeichneten Anstalten gemeint sind, denen eine besondere Deckung nicht zugrunde liegt. Mit dieser Auslegung würde auch im Einklange stehen, daß die Aufwertung der unter Ziff. 6 bezeichneten Schuldverschreibungen nicht, wie die der unter Ziff. 5 bezeichneten (vergl. Anm. 13), in einem konkursmäßigen Verfahren zur Verteilung einer vorhandenen Sondervermögensmasse („Deckung"), sondern durch Einzelerhöhung des Nennwerts um einen bestimmten Hundertsatz, wie die der Ziff. 7 und 8 (vergl. Anm. 15), erfolgt (§ 4 Abs. 1; vergl. Anm. 2 dazu).

15. Im Gegensatze zu Ziff. 5 (und wenigstens dem Wortlaute nach auch zu Ziff. 6, vergl. aber Anm. 14) betreffen die **Ziff. 7 und 8** Schuldverschreibungen, denen eine bestimmte „Deckung" nicht zugrunde liegt, deren Deckung vielmehr das Vermögen des Schuldners als Ganzes, nicht eine in diesem besonders zu unterscheidende Teilmasse, und zwar in Konkurrenz mit anderen Gläubigern, bildet. Damit hängt es zusammen, daß die Aufwertung der unter diese Ziffern fallenden Schuldverschreibungen nicht, wie bei den unter Ziff. 5 fallenden, durch Verteilung einer Sondervermögensmasse unter sie erfolgt, sondern, auch soweit es sich um Teilschuldverschreibungen (vergl. Anm. 13 a) handelt, durch individuelle Erhöhung des Nennbetrags der einzelnen Schuldverschreibung zu einem bestimmten Hundertsäte, ohne Rücksicht auf die Zulänglichkeit des zu ihrer Befriedigung vorhandenen Vermögens (§ 4). Es wird sonach auch ein Vorgehen einzelner Gläubiger von aufgewerteten und anderen Forderungen gegen das Vermögen des Schuldners im Wege der Zwangsvollstreckung sowie die Erlangung von Pfand- und Vorzugsrechten zum Nachteile der anderen Gläubiger durch die VO. nicht ausgeschlossen. Die Gläubiger der aufzuwertenden Forderungen sind dabei insofern im Nachteile, als im Falle des Streites über die Höhe der Forderung zunächst ein Verfahren vor der Aufwertungsstelle stattzufinden hat (§ 9), bevor sie einen vollstreckbaren Titel erlangen können, und noch mehr dadurch, daß sie Zahlung der aufgewerteten Kapitalbeträge nicht vor 1932 verlangen können (§ 5), bis zu welchem Zeitpunkte das Vermögen des Schuldners sich längst mit oder ohne sein Zutun verflüchtigt haben kann. — **Schuldverschreibungen auf den Inhaber** sind Urkunden, durch die der Aussteller dem Inhaber der Urkunde eine Leistung versprochen hat (§ 793 BGB.); für die Aufwertung kommen nach § 1 VO. nur solche auf Geldleistungen, und zwar nur wenn sie in Reichswährung ausgedrückt sind, in Betracht. Voraussetzung ist ferner, daß die Urkunde der Träger des Schuldverhältnisses ist, nicht nur Beweisurkunde; es fallen also nicht unter die Ziff. 7 und 8 die Inhaberlegitimationspapiere, bei denen der Schuldner nur berechtigt, aber nicht verpflichtet ist, an den Inhaber zu zahlen (§ 808 BGB.); dazu gehören Sparkassenbücher (vergl. über ihre Aufwertung Ziff. 9 und Anm. 17), Versicherungsscheine (über Lebensversicherungspolicen vergl. Ziff. 10 und Anm. 18), auch Anteilscheine von Gesellschaften m. b. H. (RGZ. 53, 109). — **Durch Indossament übertragbar** sind Schuldverschreibungen, die an Order lauten; dazu gehören in der Regel auch Wechsel (WO. Art. 9), die aber nicht unter diese Ziffern fallen, weil sie nicht verzinslich sind. Schecke (Scheckgesetz vom 11. März 1908 § 1) und kaufmännische Anweisungen (HGB. §§ 363 bis 365) sind keine Schuldverschreibungen, weil sie kein Leistungsversprechen enthalten. — **Personenvereinigungen** sind solche Mehrheiten von Personen, die, ohne juristische Personen zu sein, unter ihrem Namen im Rechtsverkehr aufzutreten berechtigt sind, wie offene Handelsgesellschaften, Kommanditgesellschaften, nicht aber Gesellschaften des bürgerlichen Rechts (§ 705 BGB.) und nicht rechtsfähige Vereine (§ 54 BGB.). **Juristische Personen des Privatrechts** sind die eingetragenen Vereine, deren Zweck nicht auf einen wirtschaftlichen Geschäftsbetrieb gerichtet ist (§ 21), die anderen Vereine, denen die Rechtsfähigkeit verliehen ist (§ 22), die rechtsfähigen Stiftungen (§ 80 BGB.), die Aktiengesellschaften und Kommanditgesellschaften auf Aktien (§§ 178, 320 ff. HGB.); die Gesellschaften mit beschränkter Haftung, die eingetragenen Genossenschaften mit unbeschränkter und beschränkter Haftpflicht. Über den Begriff der juristischen Personen des öffentlichen Rechts vergl. Anm. 16.

16. Unter den Begriff der von **juristischen Personen des öffentlichen Rechts** ausgestellten Schuldverschreibungen fallen zunächst die Schuldverschreibungen des Reichs und der Länder, der Gemeinden und Gemeindeverbände. Im übrigen ist die begriffliche Grenze zwischen den juristischen Personen des Privatrechts und denen des öffentlichen Rechts in der Rechtslehre bestritten und wenig geklärt. Ein durchgreifendes Merkmal für die Unterscheidung ist bisher noch nicht zu allgemeiner Anerkennung gelangt. (Vergl. Gierke, Genossenschaftstheorie I § 158; Waldecker, Begriff der Korp.. d. öff. R. 1913 S. 26 ff.; Hubrich im Archiv f. bürg. Recht 43 S. 101; Planck, BGB. § 89 Anm. 1.) Welche juristische Personen solche öffentlichen Rechts sind, bestimmt sich nach dem Staatsrechte des Reichs und der Länder. Daß sie dem Organismus des Staates oder der Kirche „eingefügt" oder „eingegliedert" sein müßten (so Prot. d. II. Komm. z. BGB. S. 586), wird nicht verlangt werden können; andererseits wird auch nicht genügen, daß sie öffentlichen Interessen dienen; maßgebend muß sein, daß sie vom Staate mit der Erfüllung von Aufgaben im Interesse des Gemeinwohls betraut und zu diesem Zwecke mit gewissen besonderen Rechten ausgestattet sind (vergl. Waldecker a. a. O.). Danach gehören die Religionsgemeinschaften, soweit sie bis zum Inkrafttreten der RVerf. von 1919 in den einzelnen Ländern anerkannt waren oder ihnen gemäß Art. 137 Abs. 5 RVerf. später die gleichen Rechte gewährt sind, zu den juristischen Personen des öffentlichen Rechts; die von ihren Anstalten ausgegebenen Schuldverschreibungen fallen daher nicht unter Ziff. 7. Anders bei den Religionsgesellschaften, die nur die Rechte privater Korporationen haben. Eine Aufzählung der wichtigeren juristischen Personen öffentlichen Rechts kraft Reichsrechts findet sich bei Dernburg, Bürg. Recht I § 71, derjenigen kraft Landesrechts ebenda § 72. Kraft Reichsrechts gehört dazu u. a. die Reichsbank (Bankgesetz vom 14. März 1875); ihre Banknoten sind aber ungeachtet der Form des Zahlungsversprechens keine Schuldverschreibungen mehr, sondern nur noch Geldzeichen, nachdem die Einlösungspflicht aufgehoben ist; ferner die sozialen Versicherungsanstalten (RVO. vom 19. Juli 1911 §§ 3, 4); die Landlieferungsverbände nach § 12 Abs. 1 des Reichssiedlungsgesetzes vom 11. August 1919; die Innungen (§ 86 GewO.). Nach Landesrecht kommen besonders für Preußen die landschaftlichen und ritterschaftlichen Kreditanstalten in Betracht soweit ihre Schuldverschreibungen nicht unter Nr. 5 fallen; ferner die sonstigen vom Staate und von Gemeinden oder Gemeindeverbänden eingerichteten Geld- und Kreditinstitute, soweit sie nicht lediglich fiskalische Zwecke verfolgen; auch die durch Ges. vom 31. Juli 1895 errichtete Preußische Zentralgenossenschaftskasse.

16a. Die von juristischen Personen des öffentlichen Rechts ausgestellten Schuldverschreibungen **der in Ziff. 7 bezeichneten Art** sind solche, die verzinslich oder mit Aufgeld rückzahlbar sind, auf den Inhaber lauten oder durch Indossament übertragbar sind (Anm. 15). Diese Schuldverschreibungen fallen aber unter Ziff. 8 und unterliegen somit der in §§ 4, 2 Abs. 1 bestimmten Aufwertung auf 15 v. H. des Goldmarkbetrags nur insoweit, als sie von ihnen als **Unternehmern wirtschaftlicher Betriebe** ausgestellt sind. Als solche Unternehmer traten der Staat und die Gemeinden schon von jeher, besonders aber in neuerer Zeit auf.

Der Staat betreibt Bergwerke, Eisenbahnen, Fabriken; die Gemeinden Straßenbahnen, Gas- und Elektrizitätswerke, Schlachthöfe und dergl. Die zum Zwecke dieser Betriebe aufgenommenen Anleihen und dafür ausgestellten Schuldverschreibungen werden, wie diejenigen privater Schuldner (Nr. 7), nach Nr. 8 aufgewertet. Zweifelhaft kann sein, ob das nur zutrifft, wenn der Betrieb ein von der übrigen Staatsverwaltung getrenntes Rechnungswesen hat, dessen Einnahmen und Ausgaben getrennt von den Einnahmen und Ausgaben dieser verrechnet werden, oder ob das nicht erforderlich ist. Letzteren Falles würden alle ausgesprochenermaßen für einen wirtschaftlichen Betrieb aufgenommenen Anleihen, z. B. Eisenbahnobligationen, der Aufwertung unterliegen, solange sie nicht in eine allgemeine Staatsschuld umgewandelt (konvertiert) sind. Angesichts der Veranlassung, des Inhalts und Zweckes der konfiskatorischen Bestimmungen über die öffentlichen Anleihen (§ 16) wird man nicht annehmen können, daß die VO. so weitgehende Ausnahmen von dem Grundsatze der Nichtaufwertung dieser Anleihen machen wollte. Nicht gefordert werden wird aber können, daß das Unternehmen rechtlich eine von der Rechtspersönlichkeit des Staates gesonderte juristische Persönlichkeit bilde, wie das bei dem Unternehmen der Reichseisenbahnen in der neuesten Zeit geplant und in die Wege geleitet ist. Auch wann ein *wirtschaftliches Unternehmen* vorliegt, kann zweifelhaft sein. Es wird nicht erfordert werden können, daß das Unternehmen *lediglich* nach wirtschaftlichen Gesichtspunkten, unter Ausschaltung aller sozialen Rücksichten, geführt werde; doch werden die ersteren überwiegend sein müssen. Das war zweifellos bei dem Unternehmen der Reichspost bis jetzt nicht der Fall; bei der Eisenbahn kann es zweifelhaft sein. Zu beachten ist dabei, daß nicht ein *gewerbsmäßiges*, also auf Erzielung von Gewinn gerichtetes, sondern nur ein *wirtschaftlich* betriebenes Unternehmen erfordert wird. Übrigens hat die VO. die Entscheidung darüber, **ob im Einzelfalle diese Voraussetzung vorliegt,** den ordentlichen Gerichten und auch der Aufwertungsstelle entzogen und dem **Reichsjustizminister mit Zustimmung des**

Reichsrats vorbehalten. Die Übertragung der Entscheidung an den Reichs j u s t i z minister bedeutet wohl, daß dabei Gesichtspunkte des Rechts und der Billigkeit neben den finanziellen und fiskalischen berücksichtigt werden sollen.

Wegen der Schuldverschreibungen, die durch juristische Personen des öffentlichen Rechts in a n d e r e r Eigenschaft wie als Unternehmer wirtschaftlicher Betriebe ausgestellt sind, vergl. § 16 und Anm. 1 dazu.

17. Öffentliche Sparkassen sind diejenigen, welche von öffentlich-rechtlichen Verbänden (vergl. Anm. 16), insbesondere von Gemeinden und Gemeindeverbänden, innerhalb ihres Wirkungskreises errichtet sind und betrieben werden; **unter Staatsaufsicht stehende** sind solche, welche von Privaten betrieben werden, aber unter einer vom Staate oder seinen Organen auszuübenden Kontrolle stehen. Im Unterschiede von § 2 des Scheckgesetzes spricht die VO. nicht von a m t l i c h e r, sondern von s t a a t l i c h e r Aufsicht; doch wird auch eine von den Gemeindebehörden als Delegierten des Staats ausgeübte Aufsicht genügen. Auch Sparkassen von V e r e i n e n bedürfen vielfach zu ihrer Gründung staatlicher Genehmigung und stehen unter staatlicher Kontrolle (so in Preußen, Meyer, Verwaltungsrecht I S. 426). Doch können Sparkassen auch von einzelnen gegründet werden, und solche unterstehen keiner staatlichen Aufsicht. Sparkassen, die weder öffentliche sind noch unter staatlicher Aufsicht stehen, fallen nicht unter Ziff. 9; die Aufwertung der Guthaben der Einleger bei ihnen richtet sich nach § 12 (vergl. Anm. 1 dazu).

Die Sparkassen, auch die öffentlichen und unter Staatsaufsicht stehenden, sind in den letzten Jahren mehr und mehr zu einem bankmäßigen Betriebe übergegangen, indem sie für ihre Kunden den Kauf und Verkauf von Effekten vermitteln und auch sonst börsenmäßige Geschäfte machen; andererseits werden vielfach Spargelder bei Banken und Bankiers, namentlich in der Form des Depositengeschäfts, angelegt. Für den Begriff der Sparkassen im Sinne der VO. wird man nur als maßgebend erachten können, ob es sich um eine ihrer Organisation nach zur Entgegennahme von Spareinlagen in üblicher Weise in kleineren Beträgen, namentlich für den Mittelstand, besonders eingerichtete und dies als Hauptgeschäft betreibende Anstalt handelt und das in den Statuten und Verträgen zum Ausdruck gekommen ist, wofür die Bezeichnung als „Sparkasse", wenn auch nicht unbedingt maßgebend, doch in der Regel entscheidend sein wird. Eine Anlage bei Banken oder Bankiers, auch wenn sie zu Sparzwecken erfolgt und in bezug auf Verzinsung und Rückzahlung der Anlage bei Sparkassen ähnlich ist, kann nicht unter Ziff. 9 fallen; ihre Aufwertung richtet sich nach § 12.

Über die **Guthaben** werden in der Regel Sparkassenbücher (vergl. Anm. 15) ausgestellt; doch ist die Ausstellung einer Urkunde nicht Erfordernis für die Aufwertung nach Ziffer 9. Unter Guthaben werden nur die Ansprüche der Einleger von Sparkassengeldern zu verstehen sein, nicht die Ansprüche etwaiger sonstiger Gläubiger der Sparkassen.

18. Der **Lebensversicherungsvertrag** ist eine Unterart der durch das Reichsgesetz über den Versicherungsvertrag vom 30. Mai 1908 (RGBl. 305) geregelten Versicherungsverträge, und zwar beschäftigen sich mit ihm die §§ 159 bis 178 des Gesetzes. Sein Wesen besteht darin, daß eine von dem Versicherer gegen Entgelt übernommene Leistung abhängig gemacht ist von dem Leben einer Person, des Vertragsgegners oder auch eines Dritten. Die Abhängigkeit kann in verschiedener Weise bestehen. Einmal in der Weise, daß die Leistung zu machen ist, sobald die Person gestorben ist, oder auch nur wenn sie vor einem bestimmten Zeitpunkte oder Ereignisse gestorben ist (Versicherung auf den Todesfall). Die Leistung erfolgt hier, wenn die Versicherung auf den Tod des Vertragsgegners gestellt ist, an dessen Erben (vergl. § 167 VVG.) oder an den im Vertrage bezeichneten Dritten. Die Leistung kann aber auch zu machen sein, falls die Person einen bestimmten Zeitpunkt oder ein bestimmtes Ereignis erlebt (Versicherung auf den Lebensfall). Endlich kann aber auch bestimmt sein, daß die Leistung in jedem Falle zu erfolgen hat, und zwar, wenn die Person einen gewissen Zeitpunkt oder ein gewisses Ereignis erlebt, nach Eintritt des Zeitpunktes oder Ereignisses; wenn sie aber vorher verstirbt, nach Eintritt ihres Todes (Versicherung mit unbedingter Leistungspflicht). Die Leistung kann in einer einmaligen Zahlung bestehen (Kapitalsversicherung) oder in fortlaufenden, periodisch wiederkehrenden Zahlungen (Rentenversicherung). Das Entgelt kann entweder in der Weise gewährt werden, daß der Versicherungsnehmer an den Versicherer einmalige oder periodisch wiederkehrende Beträge in bestimmter Höhe zu leisten hat (Prämienversicherung) oder in der Weise, daß jeder Versicherungsnehmer an dem Versicherungsunternehmen beteiligt ist und zu dessen Kosten beizutragen hat, dafür aber auch an den Überschüssen teilnimmt (Versicherung auf Gegenseitigkeit).

Auch die Witwen- und Waisenversicherung fällt unter den Begriff der Lebensversicherung, insofern die Leistung des Versicherers im Falle des Todes des Ehegatten oder Elternteiles zu erfolgen hat. Die VO. hat in § 8 Satz 3 das noch ausdrücklich ausgesprochen und außerdem bestimmt, daß auch Versicherungen gegen gewisse, dort aufgezählte **ähnliche Gefahren** als Lebensversicherungen gelten, obwohl sie nicht unter den Begriff der Lebensversicherung im Sinne des VVG. vom 30. Mai 1908 fallen (anders nach dem Ges. über die privaten Versicherungsunternehmungen vom 12. Mai 1901, § 6 Abs. 3). Es sind dies die Invaliditäts-, Alters-, Aussteuer- und Militärdienstversicherung (vergl. § 8 Anm. 1). — Unter Ziff. 10 fallen auch Lebensversicherungsverträge, die mit Korporationen oder Anstalten des öffentlichen Rechts (vergl. über diesen Begriff oben Anm. 16) abgeschlossen sind; jedoch nicht Versicherungen, die kraft Gesetzes eintreten.

Die Aufwertung der Ansprüche aus Lebensversicherungsverträgen erfolgt in einem Sonderkonkurse nach Maßgabe des § 8 der VO. (Näheres vergl. zu dem genannten Paragraphen.)

§ 2.

Entw. § 2.

(I) Ansprüche aus Vermögensanlagen [1]) der im § 1 Abs. 2 Ziffer 1, 2, 3 bezeichneten Art [2]) werden auf fünfzehn vom Hundert des Goldmarkbetrags aufgewertet.[3]) [3a]) Der Schuldner kann eine Herabsetzung der Aufwertung verlangen, wenn dies mit Rücksicht auf seine wirtschaftliche Lage zur Abwendung einer groben Unbilligkeit unabweisbar erscheint.[4]) Die Herabsetzung des Aufwertungsbetrags ist nur zulässig, wenn das Verlangen bis zum 31. Dezember 1924 bei der Aufwertungsstelle (§ 9) gestellt wird.

(II) Als Goldmarkbetrag [5]) gilt bei Ansprüchen, die der Gläubiger oder sein Erblasser vor dem 1. Januar 1918 erworben hat,[6]) der Nennbetrag.[5]) Bei später erworbenen Ansprüchen ist für die Berechnung des Goldmarkbetrags der Tag des Erwerbes [6]) maßgebend; der Goldmarkbetrag wird dadurch festgestellt, daß der Nennbetrag nach dem letzten auf Grund der amtlichen Berliner Kurse für Auszahlung New York errechneten Mittelkurs in Goldmark umgerechnet wird.[7]) Für die Zeit, in der der nordamerikanische Dollar an der Berliner Börse amtlich nicht notiert wurde, bestimmt die Reichsregierung den maßgebenden Börsenkurs.[8]) An Stelle des Nennbetrags ist der Erwerbspreis der Berechnung zugrunde zu legen, wenn er niedriger ist.[9])

(III) Der Aufwertungsbetrag hat den dinglichen Rang des aufgewerteten Rechtes.[10]) Die Aufwertung ist, sofern das aufgewertete Recht eingetragen ist, auf Antrag des Gläubigers oder des Schuldners im Grundbuch einzutragen.[11]) Ist die Herabsetzung des Aufwertungsbetrags rechtzeitig bei der Aufwertungsstelle beantragt, so ist auf Antrag des Eigentümers ein Widerspruch einzutragen.[12])

(IV) Die Vorschrift des Abs. 3 findet auf Pfandrechte an im Schiffsregister eingetragenen Schiffen und an Bahneinheiten entsprechende Anwendung.[13])

1. Wegen des Begriffs der Vermögensanlagen vergl. Anm. 7 zu § 1.

2. Vergl. Anm. 8, 9, 10 zu § 1.

3. Wegen des Begriffs der Aufwertung vergl. Anm. 9 vor § 1. In den Ziff. 1, 2 und 3 von § 1 Abs. 2 handelt es sich um dingliche Ansprüche. Ihre „Aufwertung" erfolgt durch Feststellung des aus dem dinglich belasteten Gegenstande (Grundstück, Schiff, Bahneinheit) im Wege der Zwangsvollstreckung, zu deren Duldung der Eigentümer (dingliche Schuldner) verpflichtet ist, beizutreibenden, über den ziffermäßigen Nennbetrag erhöhten Betrages in Papiermark. Dieser Betrag ist für die Regelfälle, vorbehaltlich der zugunsten des Schuldners in Satz 2 gemachten Ausnahme, auf **fünfzehn vom Hundert des Goldmarkbetrages** bestimmt. Dadurch wird die Mindest-, zugleich aber auch die Höchstgrenze der Aufwertung festgelegt Der nach den von der Rechtsprechung des RG. aufgestellten rechtlichen Grundsätzen (vergl. Einl. IV und das Urteil des RG. vom 28. November 1923, Anh. I) dem Gläubiger etwa zustehende höhere Forderungsbetrag wird ihm durch die VO. abgesprochen, also entzogen. Über die Rechtsgültigkeit dieser Bestimmung vergl. Anm. 10 vor § 1. — 85 vom Hundert des Goldmarkbetrags werden sonach ohne weiteres auf das Verlustkonto des Gläubigers geschrieben, ohne Rücksicht auf die in dem genannten Reichsgerichtsurteile als hauptsächlich maßgebend bezeichnete Frage, ob nicht der Eigentümer in dem verhafteten Grundstücke einen dem Goldwerte gleich- oder nahekommenden Sachwert, der durch die Geldentwertung ganz oder zum Teil unberührt geblieben ist, in Händen hat, und auf die mehr oder weniger nahen Beziehungen des Gläubigers zu dem Gegenstande des dinglichen Rechts (Grund-

stück usw.), dessen Erwerb, Bebauung bezw. Herstellung oder Erhaltung dem Eigentümer vielfach erst durch das von dem Gläubiger hergegebene Geld oder den gewährten Kredit ermöglicht worden ist.*) Wegen der Berechnung des Goldmarkbetrags vergl. Anm. 6 bis 9.

3a. Soweit es sich um solche dingliche Ansprüche handelt, die mit einer schuldrechtlichen Forderung in rechtlichem Zusammenhang stehen in der Weise, daß die aus dem belasteten Gegenstande zu zahlende Geldsumme zur Befriedigung der Forderung dienen soll (Hypothek, Schiffs- und Bahnpfandrecht), gestaltet sich die Rechtslage nicht ganz einfach dadurch, daß die VO. (abweichend vom Entwurfe § 1) die Aufwertung der dinglichen Ansprüche in § 2 in anderer Weise regelt als die Aufwertung der dinglich gesicherten Forderungen, von der § 3 handelt (vergl. Anm. 4 zu § 3). Es sind deshalb Zweifel entstanden, wie das Verhältnis der beiderseitigen Vorschriften zu denken ist. In der Presse ist die Meinung ausgesprochen worden, § 2 beziehe sich nur auf den Fall, daß der Eigentümer und der persönliche Schuldner die gleiche Person sind, während § 3 Anwendung finde, wenn sie verschiedene Personen seien. Für eine solche Auffassung bietet aber die VO. keinen Anhalt; sie unterscheidet nicht subjektiv nach den auf der Schuldnerseite stehenden Personen, sondern objektiv nach der Natur der aufzuwertenden Rechte. Es würde auch mit ihren Absichten, die dahin gingen, die Aufwertung der dinglichen Rechte nur zu einem festbestimmten Hundertsatze zuzulassen, nicht wohl vereinbar sein, daß sich die Aufwertung der Hypothek nach

*) In der Begründung zu Art. I des Entwurfs ist gesagt, dieser sehe davon ab, den Satz von 10 v. H. nur als Normalsatz vorzuschreiben, von dem je nach Lage des Falles nach oben oder unten abgewichen werden könne, um eine möglichst schnelle Feststellung des Aufwertungsbetrags zu ermöglichen. Vergl. auch die Abänderungsanträge Müller-Franken (Anh. XII) Art. I 1a, b, und Düringer (Anh. XI) Art. I § 1.

§ 3 richten sollte, falls der Eigentümer nicht zugleich der persönliche Schuldner ist, wodurch namentlich die Stellung der Nachhypothekare eine unsichere werden müßte (vergl. Anm. 10). Man muß vielmehr als Sinn der Vorschriften der VO. eine Trennung des dinglichen Rechts bei der Hypothek von der Forderung in der Weise annehmen, daß jeder von beiden Ansprüchen in anderer Höhe aufgewertet werden kann. Führt dies dazu, daß die Forderung höher aufgewertet als die Hypothek, so kann nur der Betrag, bis zu dem die Hypothek aufgewertet ist, aus dem Grundstücke beigetrieben werden. Stellt sich andererseits die Aufwertung der Forderung geringer als die Hypothek, so entbehrt der überschießende Teil der Hypothek der Grundlage einer Forderung, er stellt sich somit als eine Grundschuld dar, die aber nicht nach der Regel des § 1163 dem Eigentümer, sondern dem Gläubiger zustehen muß, da die Aufwertung zugunsten des Gläubigers erfolgt ist. So auch Gadow im Recht 1924 Sp. 61 Anm. 16. Eine derartige teilweise Umwandlung der Hypothek in eine Gläubigergrundschuld ist im übrigen mit den Grundsätzen des Liegenschaftsrechts durchaus vereinbar. Sie ist auch in dem Zusatzabkommen zum deutsch-schweizerischen Goldhypothekenabkommen vorgesehen (vergl. zu § 15 Anm. 1).

4. Der **Schuldner** (dingliche Schuldner) ist der Eigentümer des verhafteten Gegenstandes, der verpflichtet ist, die Zwangsvollstreckung in den Gegenstand zu dulden, ohne Rücksicht darauf, ob er zugleich der persönliche Schuldner der etwa zugrunde liegenden Forderung ist (vergl. Anm. 3a). Ihm ist das Recht verliehen, eine **Herabsetzung der Aufwertung** auf weniger als 15 v. H. des Goldmarkbetrages zu verlangen, unter der in Satz 2 bezeichneten Voraussetzung. Diese ist **Unabweisbarkeit** der Herabsetzung **zur Abwendung einer groben Unbilligkeit mit Rücksicht auf seine wirtschaftliche Lage.** Danach sollen, obwohl er nicht mit seinem persönlichen Vermögen, sondern nur mit dem belasteten Gegenstande haftet, für die Frage der Herabsetzung auch seine persönlichen wirtschaftlichen Verhältnisse in Betracht gezogen werden. Das wird hauptsächlich in der Richtung zu geschehen

haben, ob etwa auch das Grundstück durch die eingetretenen Verhältnisse derart entwertet worden ist, daß es keine ausreichende Grundlage für die Zahlung des auf 15 v. H. des Goldmarkbetrages aufgewerteten Nennbetrages (also des um 85 v. H. herabgesetzten Goldmarkbetrages) mehr bietet; ferner auch, ob seine wirtschaftliche Lage so ist, daß das Grundstück, um den aufgewerteten Betrag beizutreiben, zur Zwangsversteigerung gebracht werden müßte, und ob es für ihn derart unentbehrlich ist, daß es als eine „grobe Unbilligkeit" erscheinen würde, es ihm zu entziehen. Um zu beurteilen, ob eine „grobe Unbilligkeit" eintreten würde, wenn die Herabsetzung nicht erfolgte, wird aber auch die Lage des Gläubigers in Betracht zu ziehen sein; ist auch dieser durch die Geldentwertung und durch die Abwertung seiner Hypothek um 85 v. H. stark geschädigt worden und in ungünstige wirtschaftliche Lage geraten, so wird von einer groben Unbilligkeit, die zu einer noch weiteren Herabwertung führen könnte, nicht die Rede sein können. — Daß nur einseitig dem Schuldner ein Anspruch auf Herabsetzung, aber nicht auch andererseits dem Gläubiger ein Anspruch auf Heraufsetzung des Aufwertungsbetrags im Falle grober Unbilligkeit gewährt wird, namentlich wenn einem durch die Inflation verarmten Gläubiger ein durch Wertsteigerung des Grundstücks mit Hilfe des Darlehens des Gläubigers reichgewordener Schuldner gegenübersteht, ist zweifellos eine „grobe Unbilligkeit" der VO., die wohl ohne Gefährdung ihrer Zwecke hätte vermieden werden können; der Antrag Düringer (Anh. XI) wollte auch diesem Mangel abhelfen.

5. Der **Goldmarkbetrag** eines Anspruchs auf Geldleistung ist der Betrag des Anspruchs, ausgedrückt in Goldmark, d. h. in der in einem bestimmten Wertverhältnis zum Golde stehenden Währungseinheit der deutschen Goldwährung, wie sie in der Vorkriegszeit bis zum 4. August 1914 bestanden hat (vergl. die Einl. unter I). Die VO. bezeichnet aber als Stichtag für die Berechnung des Goldmarkbetrags nicht den 4. August 1914, sondern den **1. Januar 1918**. An diesem Tage entsprach der Wert der damaligen Währungseinheit, die schon Papiermark war, nicht

mehr vollständig dem Werte, den die Mark als Mark der Goldwährung im Verhältnis zum Golde gehabt hatte. Die bis dahin eingetretene Entwertung war aber verhältnismäßig unbedeutend (der Stand der Mark im Verhältnis zum Dollar war im Auslande im Januar 1918 etwa 1 zu 5,5 an Stelle der Friedensparität von 1 zu 4,2; die innere Kaufkraft der Mark war aber noch eine höhere). Die VO. konnte deshalb die bis dahin eingetretene Differenz außer acht lassen und den Goldmarkbetrag eines Anspruchs zu diesem Zeitpunkte **seinem Nennbetrage gleichsetzen.** Die Aufwertung vollzieht sich hier einfach in der Weise, daß 15 v. H. des Nennbetrags zu zahlen sind in „Goldmark", d. h. in einer Menge von Papiermark, die dem Verhältnisse des Wertes der Papiermark zur Zeit der Zahlung zu ihrem früheren Werte als Währungseinheit der ehemaligen deutschen Goldwährung entspricht. Dieses Verhältnis ist gegenwärtig auf eine Billion Papiermark = 1 „Goldmark" stabilisiert. Solange diese Stabilität dauert, wären also für eine vor 1918 erworbene Hypothek von 10 000 Mark 1500 Billionen Papiermark (oder zurzeit 1500 Rentenmark) zu zahlen.

6. Als der für die Berechnung des Goldmarkbetrags (Anm. 5) maßgebende Tag soll bei der Aufwertung der in § 1 Abs. 1, 2, 3 bezeichneten Ansprüche, also der dinglichen Ansprüche (Anm. 2), der Tag, an welchem **der Gläubiger oder sein Erblasser den Anspruch erworben hat,** gelten. Maßgebend ist also nicht der Tag der Entstehung des Anspruchs (der Begründung des dinglichen Rechts auf Geldleistung, mit welcher der Anspruch entstanden ist, Anm. 1 zu § 1), sondern der Tag seines Erwerbs durch den derzeitigen Gläubiger oder seinen Erblasser. Dieser Tag ist bei Hypotheken, wenn der Anspruch noch in der Hand des ursprünglichen Gläubigers oder seines Rechtsnachfolgers von Todes wegen ist, der Tag der Übergabe des Hypothekenbriefs an ihn durch den Eigentümer (§ 1117); sofern aber die Erteilung des Hypothekenbriefes ausgeschlossen ist, der Tag der Eintragung im Grundbuche (§ 873); doch steht die Hypothek dem Gläubiger nicht zu, solange sie nicht valutiert ist (§ 1163 BGB.). Bei der

Rechtsnachfolge unter Lebenden ist maßgebend der Tag des Überganges des Anspruchs auf den derzeitigen Gläubiger. Nach §§ 1153, 1154 geht die Hypothek auf den neuen Gläubiger mit der Übertragung der Forderung über, und zur Übertragung (Abtretung) der Forderung ist Erteilung der Abtretungserklärung in schriftlicher Form und Übergabe des Hypothekenbriefes, bei Hypotheken, für welche die Erteilung des Hypothekenbriefs ausgeschlossen ist (Buchhypotheken), Eintragung in das Grundbuch erforderlich; danach bestimmt sich der Tag des Erwerbs. Eine Grundschuld wird von dem ursprünglichen Gläubiger durch Übergabe des Grundschuldbriefs oder, sofern die Erteilung eines solchen ausgeschlossen ist, mit der Eintragung in das Grundbuch, im Falle der Abtretung von dem neuen Gläubiger durch schriftliche Abtretungserklärung und Übergabe des Grundschuldbriefs, bei einer Buchgrundschuld durch seine Eintragung im Grundbuche erworben (§ 1192 BGB.). Gleiches gilt von der Rentenschuld (§ 1199 BGB.). Ansprüche aus Reallasten (§ 1 Abs. 2 Ziff. 2) werden durch Eintragung des ursprünglichen oder im Falle der Abtretung des neuen Gläubigers in das Grundbuch erworben (§ 873 BGB.). Ansprüche aus Pfandrechten an Schiffen (§ 1 Abs. 2 Ziff. 3) mit der Eintragung des ursprünglichen, im Falle der Abtretung des neuen Gläubigers in das Schiffsregister (§ 1260 BGB.); an Bahneinheiten durch Eintragung in das Bahngrundbuch (Anm. 11 zu § 1). — **Erblasser** ist derjenige, von dem ein anderer etwas von Todes wegen, sei es als gesetzlicher Erbe, Erbe auf Grund Erbvertrags oder letztwilliger Verfügung, Pflichtteilsberechtigter oder Vermächtnisnehmer, erhalten hat. Durch die Bevorzugung des Erwerbs von Todes wegen gegenüber dem Erwerbe unter Lebenden hinsichtlich des für die Berechnung des Goldmarkbetrages zugrunde zu legenden Zeitpunktes können erhebliche Unbilligkeiten entstehen, wenn von Mitgliedern einer Familie der eine Teil Zuwendungen unter Lebenden (durch Mitgift, Aussteuer, Ausbildungsbeihilfen), der andere Zuwendungen von Todes wegen erhalten hat und diese zur Ausgleichung gebracht worden sind. Im übrigen ist aber diese Unterscheidung durchaus zu billigen, indem dadurch diejenigen Gläubiger, die den Anspruch zu einer Zeit, als die Entwertung der Mark bereits vorgeschritten war, gegen entwertetes Geld von dem ursprünglichen Gläubiger erworben haben, und zwar zum Teil in spekulativer Absicht, die Aufwertung nur unter Zugrundelegung des von ihnen wirklich bezahlten Geldwertes erlangen.*) Für den Schuldner freilich gestaltet sich die Situation günstiger oder weniger günstig, je nach dem zufälligen Umstande, ob der Anspruch in der Hand des ursprünglichen Gläubigers geblieben oder früher oder später in andere Hände übergegangen ist. Auch wird die Folge der Bestimmung für die nächste Zeit eine Sperrung des Hypothekenverkehrs sein, da eine Abtretung von älteren Hypotheken, bevor sie aufgewertet sind, schwerlich möglich sein wird. — Durch Prolongation einer früher entstandenen, durch Eintritt des Endtermins oder Kündigung fällig gewordenen Hypothek, die in der Hand des gleichen Gläubigers verbleibt, wird sich der Erwerbstag nicht ändern, es sei denn, daß ein ganz neues Rechtsverhältnis geschaffen worden ist.

7. Bei **nach dem 1. Januar 1918** (durch den Gläubiger oder seinen Erblasser, vergl. Anm. 6) **erworbenen** Ansprüchen der in § 1 Abs. 2 Ziff. 1—3 bezeichneten Art bedarf es zur Berechnung des in Papiermark zu zahlenden Betrages der Feststellung des Goldmarkbetrages (Anm. 5), von welchem 15 v. H. den zu zahlenden Betrag bilden. Zu diesem Zwecke soll der in Papiermark ausgedrückte Nennbetrag der Hypothek usw. umgerechnet werden in Goldmark, d. h. es soll der Betrag ausgedrückt werden

*) Entsprechend die Begründung: „Im Falle der Rechtsnachfolge wird es Treu und Glauben entsprechen, wenn von dem Werte ausgegangen wird, den das Recht zu der Zeit hatte, als es von dem jetzigen Berechtigten erworben wurde." Vergl. aber § 4 Anm. 4. Der Abänderungsantrag Düringer (Art. I § 1 Ziff. 2, Anh. XI) will auch hier den Tag der Entstehung maßgebend sein lassen.

in der früheren deutschen Währungseinheit, unter Zuhilfenahme der Umrechnung über den Dollar, zu dem die Goldmark infolge ihres festen Wertverhältnisses zum Golde in einem nur geringen Schwankungen ausgesetzten Wertverhältnisse stand, das auf 1:4,2 angenommen wird. Die Umrechnung soll nun in der Weise erfolgen, daß der letzte auf Grund der amtlichen Berliner Kurse für Auszahlung New York errechnete Mittelkurs ihr zugrunde gelegt wird. Der börsentechnische Ausdruck: „Kurs für Auszahlung (oder Kabel) New York" bedeutet den für eine mittels Schecks oder Anweisung in New York in Dollars der Vereinigten Staaten von Amerika zu leistende Zahlung (Auszahlung) in Berlin in Papiermark einzuzahlenden Betrag. Dieser Kurs wird an der Berliner Börse amtlich festgestellt, und zwar als Geld-, Brief- und Mittelkurs; für die Berechnung des Goldmarkbetrags soll der **Mittelkurs** zugrunde gelegt werden. Als **„letzter"** Mittelkurs wird, da nur der Tag (nicht die meist wohl gar nicht festzustellende Stunde) des Erwerbs in Betracht kommt, der Kurs des letzten dem Erwerbstage vorhergehenden Tages, an welchem eine amtliche Feststellung der „Auszahlung New York" stattgefunden hat, anzusehen sein.

Beispiele:

1. Hat jemand am 6. Januar 1919 eine Hypothek im Nennwerte von 10 000 Mark erworben, so wird deren Goldmarkbetrag durch Umrechnung des Nennwerts nach dem Kurse für Auszahlung New York vom 4. Januar 1919, der 8,65 Mark für einen Dollar betrug, errechnet mit $\frac{10000}{8,65} \times 4,2 = 4855,45$ Goldmark; hiervon 15 v. H. = 728,25 Goldmark. Die Zahlung hat dann auch in diesem Falle (wie im Falle der Anm. 5) zu erfolgen in einer Menge von Papiermark, die dem Verhältnisse des Werts dieses gesetzlichen Zahlungsmittels zur Zeit der Zahlung zu der „Goldmark" entspricht, also bei Fortdauer des jetzigen „stabilisierten" Wertes mit 728,25 Billionen Papiermark oder 728,25 Rentenmark.

2. Erwerbstag: 10. Juni 1921; Kurs Auszahlung New York am 9. Juni 1921 68,25.

Goldmarkbetrag: $\frac{10\,000}{68{,}25} \times 4{,}2 = 615{,}30.$

Aufwertung auf 15 v. H. = 92,75 Goldmark = (zurzeit) 92,75 Billionen Papiermark = 92,75 Rentenmark.

3. Erwerbstag: 8. August 1922; Kurs Auszahlung New York am 7. August 1922 751,55.

Goldmarkbetrag: $\frac{10\,000}{751{,}55} \times 4{,}2 = 55{,}86.$

Aufwertung auf 15 v. H. = 8,40 Goldmark = (zurzeit) 8,40 Billionen Papiermark = 8,40 Rentenmark.

Ein nach dem Inkrafttreten der VO. liegender Erwerbstag wird als Stichtag nicht in Betracht kommen, da die VO. nur die bis zu ihrem Inkrafttreten eingetretenen Wertverschiebungen berücksichtigen will (vergl. Anm. 4; so auch Gadow im Recht 1924 Sp. 61).

8. Während des Krieges und unmittelbar nach dem Kriege hat eine Notierung ausländischer Devisen (Auszahlungen) an der Berliner Börse nicht stattgefunden. Erst im Februar 1920 ist die Notierung des Dollars wieder aufgenommen. Für die Zeit vom 1. Januar 1918 bis zum Februar 1920 mußten deshalb die der Berechnung des Goldmarkbetrages zugrunde zu legenden Kurse von der Reichsregierung bestimmt werden. Das ist durch den Reichsfinanzminister geschehen, und zwar in der Weise, daß der Dollarkurs laut nachstehender Tabelle festgesetzt ist:

	1918	1919
Januar	5,25	8,19
Februar		9,03
März		10,50
April		12,60
Mai		12,81
Juni		14,07

	1918	1919
Juli	5,88	15,12
August	6,09	18,90
September	6,51	23,94
Oktober	6,51	26,88
November	7,35	38,22
Dezember	8,40	46,83
Januar 1920	64,89.	

9. Der Absicht der VO., Spekulationsgewinne bei dem Erwerbe von Hypotheken von der Aufwertung möglichst auszuschließen, soll der letzte Satz von Abs. 2 des Paragraphen durch die Bestimmung Rechnung tragen, daß an Stelle des Nennbetrags der **Erwerbspreis** der Berechnung zugrunde zu legen ist, **wenn er niedriger ist.** Es tritt also hier unter Umständen nicht eine Aufwertung, sondern eine Abwertung des Nennbetrags ein. Der Erwerbspreis wird sich nicht immer leicht feststellen lassen, da nur die Abtretungserklärung (das Erfüllungsgeschäft) der schriftlichen Form bedarf (§ 1154 BGB.), während das der Abtretung zugrunde liegende Kausalgeschäft formlos abgeschlossen werden kann. Deswegen und auch nach der Fassung der Vorschrift, welche die Zugrundelegung des Erwerbspreises an Stelle des Nennwertes als eine Ausnahme erscheinen läßt, wird vom Gläubiger ein Beweis dafür, daß er die Hypothek zu einem den Nennwert erreichenden oder übersteigenden Betrage erworben habe, nicht zu verlangen sein; vielmehr wird ihm nachgewiesen werden müssen, daß der Erwerbspreis niedriger war als der Nennwert. Gar nicht berücksichtigt ist bei der Vorschrift der Fall, daß der Erwerb der Hypothek usw. unentgeltlich durch Schenkung unter Lebenden erfolgt ist; da in solchem Falle von einem „Erwerbspreise" nicht gesprochen werden kann, also auch nicht von einem Erwerbspreise, der niedriger wäre als der Nennwert, so wird die Vorschrift schon ihrem Wortlaute nach nicht zur Anwendung gelangen können. Aber auch der vorstehend dargelegte gesetzgeberische Zweck der Verhütung von

Spekulationsgewinnen läßt eine Anwendung auf solche Fälle, die zu einer Abwertung des Anspruchs auf Null führen würde, als ausgeschlossen erscheinen.

10. a. **Absatz 3 des Paragraphen** bringt Bestimmungen, die in das Hypotheken- und Grundbuchrecht besonders tief eingreifen. Gerade aus den Vorschriften des Hypotheken- und Grundbuchrechts wurden gegen eine Aufwertung von dinglichen Ansprüchen die gewichtigsten Bedenken entnommen und die Unmöglichkeit einer solchen Aufwertung hergeleitet; so namentlich vom Kammergericht in den Entscheidungen des 31. Zivilsenats vom 24. Mai 1923 (Jur.Woch. 1923, 1044 [13]). Auch das Reichsgericht hat in dem Urteile vom 28. November 1923 lediglich die rechtliche Möglichkeit der Aufwertung von hypothekarisch gesicherten Forderungen in dem Verhältnisse zwischen dem Gläubiger und dem persönlichen Schuldner grundsätzlich anerkannt, dagegen unentschieden gelassen, „welche Folgerungen aus der Aufwertung solcher Forderungen in bezug auf deren dingliche Sicherung sich ergeben, insbesondere ob dem Hypothekengläubiger für seine aufgewertete Forderung ein unmittelbares dingliches Recht an dem Grundstücke, gegebenenfalls ob ihm ein solches dingliches Recht an derselben Rangstelle wie die bereits für ihn eingetragene Hypothek, also mit dem Vorrange vor den dieser nachstehenden dinglich Berechtigten, zuzubilligen sei oder ob dem Bestimmungen des Liegenschaftsrechts, insbesondere der Grundsatz der Spezialität, entgegenständen." Die Bedenken gründeten sich besonders darauf, daß Hypotheken, Grundschulden usw. mit einem zum mindesten der Höchstgrenze nach bestimmten, in Reichswährung auszudrückenden Betrage in das Grundbuch eingetragen werden müssen (§§ 1115, 1190, 1199 Abs. 2 BGB.) und daß die Nachberechtigten, die ihre Rechte im Vertrauen auf den Inhalt des Grundbuchs erworben haben, durch § 892 BGB. davor geschützt sind, daß zu ihrem Nachteile ein ihnen vorgehendes Recht mit einem höheren als dem eingetragenen Geldbetrage in dem Zwangsvollstreckungsverfahren berücksichtigt wird (vergl. auch

§§ 1119 BGB., 45, 114 ZwVerstG.). Auch der Gedanke, alle Hypotheken in gleichem Maße entsprechend der Wertsteigerung des Grundstücks zu erhöhen oder „elastische" Hypotheken einzuführen (Heymann in DJZ. 1923 S. 214), wurde als mit den Grundsätzen des Liegenschaftsrechts nicht vereinbar abgelehnt. Aus dem gleichen Grunde hat das RG. in dem Urteile vom 20. Mai 1922 (RGZ. 104, 352) dem Schweizer-Goldhypotheken-Abkommen in seiner ersten Gestalt (Ges. vom 19. Dezember 1920, RGBl. 2023) die dingliche Wirkung versagt. Bald indessen hat sich unter dem Drange der Verhältnisse die Reichsgesetzgebung für einzelne Fälle genötigt gesehen, die Grundsätze des Liegenschaftsrechts zu durchbrechen; so zunächst durch die VO. vom 13. Februar 1920 (RGBl. S. 231) über die Eintragung von Hypotheken in ausländischer Währung, welche die Angabe des Geldbetrags der Forderung bei Hypotheken und des Geldbetrags der Grundschuld in ausländischer Währung in der Eintragung sowie die Umwandlung bereits eingetragener Rechte in ausländische Währung, diese jedoch nur mit Zustimmung der gleich oder nachstehend Berechtigten, ermöglichte. Ferner hat das Reichsgesetz vom 23. Juni 1923 (RGBl. II S. 284) auf Grund des mit der Schweiz abgeschlossenen weiteren Abkommens über die schweizerischen Goldhypotheken (vergl. § 15 Anm. 1) die Umwandlung dieser Hypotheken in Frankengrundschulden mit dinglicher Wirkung gestattet, freilich nur für den Nennbetrag der bisherigen Hypothek in Mark mit dem ursprünglichen Range, für den Mehrbetrag an letzter Stelle, jedoch unter Verpflichtung des Eigentümers, die Zwischenberechtigten abzufinden, was nach der damaligen Auffassung durch Zahlung des Nennwerts in Papiermark, und zwar auch wenn die Hypothek usw. noch nicht fällig war, geschehen konnte, so daß wohl vor Inkrafttreten der dritten Steuernotverordnung die meisten derart Zwischenberechtigten bereits abgefunden worden sein dürften und daher an der Aufwertung nicht mehr teilnehmen können (vergl. § 11 VO.). Auch in dem Gesetze über die anderweite Festsetzung von Geldbezügen aus Altenteilsverträgen vom 18. August 1923 (RGBl. I S. 815; vergl. auch § 14 Anm. 1) ist für die den veränderten Verhältnissen entsprechend erhöhten Geldleistungen die Erweiterung des dinglichen Rechts, allerdings auch nur durch Eintragung an der „nächstbereiten" Stelle, vorgesehen. Über diese schüchternen Anfänge geht die dritte Steuernotverordnung hinaus, indem sie in § 2 Abs. 3 bestimmt, daß **der Aufwertungsbetrag den dinglichen Rang des aufgewerteten Rechts** haben soll. Dieser Schritt war für sie deswegen unbedenklich, weil sie die Aufwertung auf einen so geringen Hundertsatz des Goldmarkbetrags beschränkt, daß in aller Regel, jedenfalls bis zum Jahre 1932, der Wert des belasteten Grundstücks zum mindesten in gleichem Maße gestiegen sein wird und deshalb durch die Aufwertung im Range des aufgewerteten Rechtes die Nachberechtigten, deren Rechte in gleicher Weise aufgewertet werden, keinen Nachteil erleiden dürften. Wo ausnahmsweise der Wert des Grundstücks zurückgeblieben sein sollte, wird allerdings eine Verkürzung der Nachberechtigten eintreten, da ein Antrag auf Herabsetzung der Aufwertung nach Abs. 1 Satz 2 nur von dem Schuldner, nicht von den Nachberechtigten gestellt und nur auf die wirtschaftlichen Verhältnisse des Schuldners (Eigentümers) gestützt werden kann (vergl. auch Abs. 3 Satz 3).

b. Die rechtliche Folge der Bestimmung ist, daß das aufgewertete Recht, ohne daß der Aufwertungsbetrag in das Grundbuch eingetragen ist, bei der Festsetzung des geringsten Gebotes im Zwangsversteigerungsverfahren gemäß § 44 ZwVerstG. zu dem aufgewerteten Betrage in der gleichen Weise berücksichtigt wird, als wenn der Aufwertungsbetrag bereits bei Eintragung des Rechts miteingetragen worden wäre, also mit dem Range dieses Rechts, so daß dieses, falls es in das geringste Gebot fällt, zu dem aufgewerteten Betrage bestehen bleibt (§ 52 Abs. 1 Satz 1 ZwVerstG.); ferner daß das Recht, falls es nicht in das geringste Gebot gefallen und deshalb durch den Zuschlag erloschen ist (§ 52 Abs. 1 Satz 2

a. a. O.), bei der Verteilung des Erlöses in den Teilungsplan nicht zu dem aus dem Grundbuche ersichtlichen Betrage (§ 114 a. a. O.), sondern zu dem aufgewerteten Betrage aufzunehmen ist. Diese Rechtswirkungen treten, falls die Aufwertung durch eine Entscheidung der Aufwertungsstelle (§ 9) erfolgt ist, mit der Rechtskraft dieser Entscheidung ein. Die Aufwertung kann aber auch durch eine Vereinbarung zwischen dem Gläubiger und dem Schuldner (Eigentümer) erfolgen; auch in diesem Falle soll sie den Rang des dinglichen Rechts haben, soweit sie den Satz von 5 v. H. des Goldmarkbetrags nicht überschreitet (§ 13 VO.; vergl. Anm. 2 dazu). Die Vereinbarung kann formlos und jederzeit erfolgen, also auch noch im Stadium des Zwangsversteigerungsverfahrens, jedenfalls bis zum Erlöschen des Rechts und wohl auch nach dem Erlöschen mit Bezug auf den an die Stelle des Rechts getretenen Erlös, spätestens im Verteilungstermine. Zwischen welchen Personen die Vereinbarung zu erfolgen hat, sagt die VO. nicht; es wird aber dazu die Zustimmung der Nachberechtigten verlangt werden müssen, da sonst der Gläubiger und der Eigentümer hinsichtlich der bei Berechnung des Goldmarkbetrages zugrunde zu legenden Zeit des Erwerbes des Rechts (vergl. Anm. 6) zum Nachteile der Nachberechtigten sich arglistig verständigen (kolludieren) könnten. Jedenfalls werden die Nachberechtigten, wenn ihnen gegenüber die Vereinbarung geltend gemacht wird, den Nachweis verlangen können, daß der Aufwertungsbetrag 15 v. H. des Goldmarkbetrages nicht überschreitet.

11. Die **Eintragung** der Aufwertung in das Grundbuch hat, sofern das entwertete Recht eingetragen ist (was regelmäßig der Fall sein wird, da die hier in Frage stehenden Rechte zu ihrer Entstehung der Eintragung in das Grundbuch bedürfen, § 873 BGB.), **auf Antrag des Gläubigers oder des Schuldners** (Eigentümers) zu erfolgen. Der Nachweis der Aufwertung ersetzt die nach § 19 GBO. erforderliche „Bewilligung" derjenigen, deren Rechte von der Eintragung betroffen werden. Dieser Nachweis wird erbracht, wenn die Aufwertung durch eine Entscheidung der

Aufwertungsstelle erfolgt ist, durch Vorlage einer mit Rechtskraftbescheinigung versehenen Ausfertigung der Entscheidung. Doch würde es sich zur Vereinfachung des Verfahrens empfehlen, wenn in den Ausführungsbestimmungen angeordnet würde, daß auf Antrag des Gläubigers oder Schuldners die Aufwertungsstelle das Grundbuchamt um die Eintragung zu ersuchen hat. Ist die Aufwertung durch rechtskräftiges gerichtliches Urteil erfolgt, so ist dieses vorzulegen. Beruht die Aufwertung auf einer Vereinbarung (vergl. Anm. 10 und zu § 13), so wird es der Vorlegung einer gerichtlich oder notariell beglaubigten Urkunde darüber an das Grundbuchamt bedürfen (§ 29 GBO.). Eine solche wird jedenfalls genügen, wenn die Vereinbarungsurkunde die Erklärung des Eigentümers und der Nachberechtigten enthält, daß sie die Eintragung der Aufwertung bewilligen. Ob andernfalls nicht eine öffentliche Urkunde über die Vereinbarung erfordert werden müßte, kann nach der Fassung des § 29 („andere Voraussetzungen der Eintragung"; vergl. Oberneck, Grundbuchrecht I § 30 Ziff. 1 S. 274) zweifelhaft sein.

12. **Satz 3 des Abs. 3** setzt voraus, daß bereits eine Aufwertung stattgefunden hat, die in das Grundbuch eingetragen ist oder eingetragen werden soll. Alsdann kann der Eigentümer, der auf Grund von Absatz 1 Satz 2, 3 (vergl. Anm. 4) einen Antrag auf Herabsetzung der Aufwertung rechtzeitig (also vor dem 31. Dezember 1924) gestellt hat, bei dem Grundbuchamte beantragen, daß ein **Widerspruch** (§ 899 BGB.) gegen die Richtigkeit des eingetragenen Aufwertungsbetrages eingetragen wird. Dazu wird er dem Grundbuchamte durch öffentliche Urkunden (§ 29 GBO.), also wohl durch eine Bescheinigung der Aufwertungsstelle (§ 9 VO.), nachzuweisen haben, daß er den Antrag rechtzeitig gestellt hat. Wird später dem Herabsetzungsantrage Folge gegeben, so ist auf Antrag des Eigentümers das Grundbuch entsprechend zu berichtigen (§ 894 BGB.); wird er abgelehnt, so ist der Widerspruch auf Antrag des Gläubigers zu löschen. Es wird sich für die Anwendung dieser Bestimmung nur um solche Fälle handeln können, in denen nach der durch Entscheidung der Auf-

wertungsstelle oder einer sonstigen Stelle oder durch Vereinbarung erfolgten Aufwertung eine Veränderung zum Schlechteren in den Verhältnissen des Eigentümers (Schuldners) oder des Grundstücks eingetreten ist, da dieser mit Einwendungen, die er früher hätte geltend machen können, ausgeschlossen sein wird (vergl. Näheres zu § 9).

13. Vergl. Anm. 10 und 11 zu § 1 VO. Die **entsprechende Anwendung des Abs. 3** bedeutet, daß auch bei Pfandrechten an eingetragenen Schiffen und an Bahneinheiten der Aufwertungsbetrag den dinglichen Rang des aufgewerteten Pfandrechts hat und daß die Eintragung der Aufwertung und die Eintragung des Widerspruchs nach Maßgabe der Vorschriften des Abs. 3 in das Schiffsregister beziehungsweise das Bahngrundbuch zu erfolgen hat.

§ 3.

Ansprüche der im § 1 Abs. 2 Ziffer 4 bezeichneten Art [1]) werden nach Maßgabe der Vorschriften des § 2 Abs. 1, 2 aufgewertet, soweit nicht nach allgemeinen Vorschriften eine höhere oder geringere Aufwertung stattfindet.[2]) [3]) [4])

1. Vergl. Anm. 12 zu § 1; 3a zu § 2. Die Vorschrift des § 3 bedeutet, wie nicht verkannt werden kann, wenigstens für eine bestimmte Klasse von Geldforderungen einen, wenn auch bescheidenen, Sieg der in der Rechtslehre und Rechtsprechung mit immer größerer Dringlichkeit geforderten Berücksichtigung der allgemeinen Rechtsgrundsätze, und namentlich des Grundsatzes von Treu und Glauben, bei der Frage der Aufwertung. Es sind das die hypothekarisch gesicherten Forderungen, also das Schuldverhältnis zwischen dem Gläubiger und dem persönlichen Schuldner einer Forderung, für welche eine dingliche Sicherung durch eine Hypothek an einem Grundstücke, ein Pfandrecht an einem im Schiffsregister eingetragenen Schiffe oder an einer im Bahngrundbuche eingetragenen Bahneinheit besteht. Noch in dem am 2. Februar 1924 in der Presse veröffentlichten Entwurfe der VO. war die Aufwertung auch der dinglich gesicherten Forderungen nur zu einem bestimmten Hundertsatze (10 v. H.) vorgesehen. Nur auf solche Forderungen bezog sich unmittelbar das Urteil des RG. vom 28. November 1923, und es ist dort bereits auf die Umstände hingewiesen, die es rechtfertigen, gerade bei ihnen in Anwendung der Grundsätze von Treu und Glauben (§ 242 BGB.) eine Aufwertung gegenüber dem Papiermarknennwerte für grundsätzlich zulässig und geboten zu erachten. Es ist dort ausgeführt, gerade bei Hypothekenforderungen komme in Betracht, daß der Schuldner regelmäßig in dem — wenigstens wenn man die Berechnung in Papiergeld zugrunde legt — erheblich gestiegenen Werte des Grundstücks (des Schiffes, der Bahneinheit) einen entsprechenden Ausgleich erhalten hat, wobei im Einzelfalle zu prüfen bleibe, ob das für das in Rede stehende Grundstück usw. zutreffe. Diese Besonderheit bei hypothekarisch gesicherten Forderungen gegenüber gewöhnlichen Forderungen ist auch in den weiteren Urteilen des RG. vom 16. Januar 1924 (Anh. II, 1 bis 3) hervorgehoben. Den in diesen Entscheidungen gegebenen Anregungen ist augenscheinlich der Gesetzgeber der dritten Steuernotverordnung in ihrer schließlich Gesetz gewordenen Fassung gefolgt, indem er für die hypothekarisch gesicherten Forderungen den im übrigen für maßgebend erklärten Grundsatz der schematischen durchschnittlichen Aufwertung zu einem bestimmten Hundertsatze verlassen und eine höhere oder geringere Aufwertung zugelassen hat, falls sie „nach allgemeinen Vorschriften" gerechtfertigt ist.*)

*) Lehmann, Aufwertung von Markforderungen usw. (vergl. Literaturverzeichnis), geht freilich so weit, zu vermuten, die Regierung habe absichtlich eine unklare Fassung gewählt, um den Anschein zu erwecken, als komme sie dem Schreiben des Richtervereins beim Reichsgericht entgegen, und sich dann darauf berufen zu können, daß sie in die vom Reichs-

gericht entschiedene Frage nicht eingegriffen habe. Der Regierung derartige Täuschungsabsichten zu unterstellen, erscheint denn doch nicht angängig; bona fides muß doch wohl auch bei ihr vermutet werden. Ein Anlaß, das Gegenteil anzunehmen, besteht übrigens nicht. Die Fassung der Vorschrift ist vielleicht nicht vollständig klar; aber die Anordnung, daß die dinglich gesicherte schuldrechtliche Forderung nicht dem dinglichen Anspruche gleich behandelt werden soll, ergibt sich als Inhalt der Vorschrift deutlich aus der ausdrücklichen Trennung jener von diesem in dem Verzeichnis der Vermögensanlagen in § 1 Abs. 2 unter Ziff. 4 einerseits und 1 bis 3 andererseits und der dementsprechend getrennt geregelten Aufwertung für jene in § 3 und für diesen in § 2. Daß für die dinglich gesicherte Forderung der feste Hundertsatz von 15 v. H. nicht maßgebend sein soll, ist ja auch in dem Wortlaute mit voller Deutlichkeit zum Ausdrucke gelangt. Auch im übrigen sind die Gründe, die Lehmann gegen diese Auffassung ins Feld führt, nichts weniger als zutreffend. Daß nicht nur für Restkaufgeldforderungen, sondern gerade für „gewöhnliche Darlehensforderungen", für die eine Hypothek bestellt ist, eine Aufwertung nach Treu und Glauben wegen der engeren Beziehungen der Forderung zu dem Grundstücke in höherem Maße in Betracht kommen kann als bei nicht gesicherten Forderungen gleicher Art, entspricht lediglich dem reichsgerichtlichen Urteile. Von einem „unlösbaren Widerspruche" zwischen § 2 Abs. 1 Satz 2 und 3 einerseits und § 9 andererseits, zu welchem die hier vertretene Auslegung nach Lehmanns Meinung führen würde, kann gar keine Rede sein; die Aufwertungsstelle hat ja nach § 9 nicht nur über den Herabsetzungsantrag des Schuldners im Falle des § 2 Abs. 1 Satz 2 und 3, sondern über alle Streitigkeiten, welche die Höhe der Aufwertung betreffen, zu entscheiden, ist also zur Entscheidung auch in Fällen berufen, in denen § 2 überhaupt nicht zur Anwendung kommt. „Lex specialis" ist doch wohl eher der § 3, der für eine einzelne Art von Ansprüchen eine unbeschränkte Aufwertung zuläßt, gegenüber den Vorschriften, die für sonstige Ansprüche, soweit ihre Aufwertung durch die VO.

Nach der Fassung der Vorschrift wird bei der in Rede stehenden Klasse von Forderungen zunächst zu prüfen sein, ob **nach allgemeinen Vorschriften** eine höhere oder geringere Aufwertung als die in § 2 Abs. 1 und 2 für die dinglichen Ansprüche vorgeschriebene Aufwertung auf 15 v. H. des Goldbetrags sich rechtfertigt, und nur sofern das nicht der Fall sein sollte, auf die letztgenannten Vorschriften zurückzugreifen sein. Das bedeutet im Ergebnisse, daß die „allgemeinen Vorschriften" die allein maßgebende Richtschnur bilden und daß nur, sofern sie selbst im Einzelfalle auf „keine höhere oder geringere", also positiv ausgedrückt: auf die gleiche, Aufwertung führen, die Aufwertung auf 15 v. H. des Goldmarkbetrages zu erfolgen hat.

2. Es fragt sich, was unter den **„allgemeinen Vorschriften"**, welche die VO. für die Frage der Höhe der Aufwertung bei dinglich gesicherten Forderungen in Anwendung gebracht wissen will,

---

geregelt ist, den festen Aufwertungssatz von 15 v. H. vorschreiben. Der als solcher von Lehmann ausdrücklich bezeichnete Hauptgrund endlich, daß die „öffentliche Meinung" sich lediglich darum gestritten habe, ob Hypothekenforderungen zu 10 oder zu 15 v. H. aufgewertet werden sollen, steht in offensichtlichem Widerspruche zu den Tatsachen; der Streit war vielmehr, wie schon wiederholt hervorgehoben worden ist, der, ob nicht gerade bei Hypothekenforderungen eine den tatsächlichen Verhältnissen des Einzelfalles nach Treu und Glauben entsprechende, also sich individuell der Höhe nach ganz verschieden gestaltende Aufwertung zu erfolgen habe; das war der Gegenstand des Reichsgerichtsurteils; von bestimmten Hundertsätzen in der einen oder anderen Höhe war dabei keine Rede. — Vom Standpunkte Lehmanns freilich, der schon vor der VO. den Markgläubiger geradezu als „Spekulanten" bezeichnet und jeder Aufwertung für unwürdig erklärt hat (vergl. darüber die Einleitung unter V), erscheint es einigermaßen erklärlich, wenn er dem Gesetzgeber der VO. nicht den ernstlichen Willen zutraut, auch die Interessen des Gläubigers bei der Aufwertung in gewissem Umfange zu berücksichtigen!

zu verstehen ist. Daß darunter nicht Vorschriften der VO. selbst zu verstehen sind, ergibt sich schon daraus, daß die VO. Aufwertungsvorschriften, die man als „allgemeine" bezeichnen könnte, überhaupt nicht enthält, vielmehr nur Spezialvorschriften für die einzelnen Arten der Vermögensanlagen, und zwar in den §§ 2 bis 11 für die in § 1 Abs. 2 besonders aufgeführten, in § 12 für Vermögensanlagen „anderer Art", während für die Aufwertung von Forderungen, die nicht Vermögensanlagen im Sinne der VO. sind, insbesondere der in § 12 Abs. 2 genannten, überhaupt keine Vorschriften gegeben sind. Auch kann schwerlich angenommen werden, daß die VO., wenn sie auf von ihr selbst gegebene Vorschriften verweisen wollte, das nicht gesagt haben würde. Auch in sonstigen Gesetzen sind allgemeine Vorschriften über Aufwertung nicht enthalten. Es muß daher angenommen werden, daß unter den „allgemeinen Vorschriften" die Gesamtheit der für die Aufwertungsfrage in Betracht kommenden allgemeinen Rechtsnormen des objektiven bürgerlichen und, soweit solches in Betracht kommt, auch des öffentlichen Rechts zu verstehen sind, wie sie in Gesetzen (im materiellen Sinne) enthalten und aus den Gesetzen durch Rechtslehre und Rechtsprechung entwickelt und herausgearbeitet sind. Daß unter „Vorschrift" nicht nur eine ausdrückliche Gesetzesbestimmung, sondern jede Rechtsnorm zu verstehen ist, kann wohl nicht bezweifelt werden (vergl. § 12 EG. z. ZPO., § 550 ZPO., RGSt. 6, 237; 46, 43). Demnach bringt die VO. auf diesem Gebiete keine Einschränkung in der Anwendung des bisher von Rechtslehre und Rechtsprechung gefundenen Rechtes, wie es für die Aufwertungsfrage namentlich durch die oben (Anm. 1) angeführten Entscheidungen des RG. (sofern man sie für richtig hält) zum Ausdruck gelangt ist. Nur eine grundsätzliche Verneinung der Aufwertungsmöglichkeit würde wohl mit dem Standpunkte der VO., die nur hinsichtlich der „höheren oder geringeren" Aufwertung auf die allgemeinen Vorschriften verweist, nicht vereinbar sein. Welches die Stellung des RG. in der Aufwertungsfrage ist, ist bereits in der Einleitung (unter IV) eingehend dargelegt, und es kann hier darauf Bezug genommen werden. Hervorgehoben soll nur werden, daß danach nicht schlechthin der Grundsatz aufgestellt werden kann, daß allgemein jede Hypothekenforderung ohne weiteres aufgewertet werden müßte oder daß bei allen die Aufwertung in gleichem Maße, etwa gar im Wertverhältnisse der Papiermark zur Goldmark, stattzufinden habe. Es werden vielmehr, wie das RG. betont, neben dem — bei Zugrundelegung der Papiermarkrechnung — gestiegenen Werte des Grundstücks, der hauptsächlich von Bedeutung sein wird, auch die anderen Umstände des Falles in Betracht kommen müssen, z. B. je nach der Sachlage die wirtschaftliche Leistungsfähigkeit des Schuldners, ferner der Umstand, ob es sich um landwirtschaftliche, industrielle oder städtische (Wohn-) Grundstücke handelt; ebenso werden die Lasten, namentlich öffentlicher Art, die dem Grundbesitz auferlegt sind, bei Mietgrundstücken auch die Verminderung ihres Ertrages durch die zum Schutze der Mieter ergangenen Bestimmungen, Berücksichtigung verdienen. Der an letzter Stelle erwähnte Gesichtspunkt wird bei dem jedenfalls doch wohl bevorstehenden mehr oder weniger raschen Abbau der Mieterschutzgesetzgebung allmählich in den Hintergrund treten. Andererseits werden aber neu in Betracht kommen müssen die Belastungen, welche die dritte Steuernotverordnung selbst dem Grundeigentümer auferlegt, insbesondere die Geldentwertungsausgleichsbesteuerung bei bebauten Grundstücken, soweit diese nicht auf die Mieter abgewälzt werden kann (vergl. §§ 26 ff. der VO.), und die Steuer zum Geldentwertungsausgleich bei unbebauten Grundstücken (§§ 33 ff.).

3. Stellt sich sonach die VO. hinsichtlich der Aufwertung der dinglich gesicherten Forderungen in materiellrechtlicher Beziehung auf den Boden des allgemeinen Rechts, so bringt sie doch auch für diese in verfahrensrechtlicher Beziehung eine einschneidende Neuerung, indem sie die Entscheidung über die Höhe der Aufwertung dem ordentlichen Rechtswege entzieht und der Aufwertungsstelle (§ 9) überweist. Das ergibt sich mit Sicherheit aus § 9 Abs. 1, der die Zuständigkeit der Aufwertungs-

stelle für Streitigkeiten über die Höhe des „nach den Vorschriften der **§§ 1 bis 8** zu berechnenden Aufwertungsbetrags" anordnet (vergl. Näheres zu § 9). Es wird danach für den Geist, in dem die VO. gehandhabt wird, und damit für ihre Tragbarkeit viel davon abhängen, in welcher Weise die Organisation und Einrichtung der Aufwertungsstellen ausgestaltet wird, ob die mit der Durchführung betrauten Stellen zur Lösung der ihnen, namentlich durch den § 3 der VO. übertragenen schwierigen Aufgabe befähigt und von dem Vertrauen der beteiligten Kreise getragen sein werden.*) Vergl. Näheres über das Verfahren zu § 9 VO. Anm. 1 bis 12.

4. Die durch § 3 geregelte Aufwertung der dinglich gesicherten Forderungen betrifft lediglich das bei diesen bestehende Schuldverhältnis zwischen dem Gläubiger und dem persönlichen Schuldner, sei es dem ursprünglichen oder dem durch Schuldübernahme bei dem Erwerbe des Grundstücks (§§ 415, 416 BGB.) an die Stelle des ursprünglichen Schuldners getretenen Schuldner. Falls keine befreiende Schuldübernahme nach Maßgabe der §§ 415, 416 BGB. erfolgt ist, richtet sich die Forderung auch gegen den Schuldner, der das Grundstück nicht mehr besitzt. Die Aufwertung dieser persönlichen Forderung tritt, soweit sie 15 v. H. übersteigt, ergänzend zu der Aufwertung des dinglichen Rechts hinzu. Für den Mehrbetrag der Aufwertung besteht aber keine dingliche Sicherung. Sind der Eigentümer und der persönliche Schuldner verschiedene Personen, so kann die aufgewertete Forderung, soweit sie dinglich gesichert ist (also einschließlich der Aufwertung in Höhe von 15 v. H.), sowohl aus dem Grundstücke wie

*) Durchaus abzuweisen scheint mir deshalb der in der Deutschen Richterzeitung 1924 Sp. 69 gemachte Vorschlag, die Aufwertungsstellen mit den durch den Beamtenabbau beschäftigungslos gewordenen Assessoren zu besetzen. In die Aufwertungsstellen gehören vielmehr praktisch erfahrene ältere Richter oder Anwälte, welche das erforderliche Vertrauen bei den Laienbeisitzern und den Beteiligten genießen.

aus dem Vermögen des persönlichen Schuldners, soweit sie aber den Betrag der dinglichen Aufwertung übersteigt, nur aus dem Vermögen des letzteren beigetrieben werden. Darüber, wie die Rechtslage sich gestaltet in Fällen, wo die Aufwertung der persönlichen Forderung weniger als 15 v. H. beträgt, vergl. Anm. 3a zu § 2.

§ 4.

Entw. § 2.

(I) Ansprüche aus Schuldverschreibungen der im § 1 Abs. 2 Ziffer 6, 7, 8 bezeichneten Art [1]) werden nach Maßgabe des § 2 Abs. 1 aufgewertet.[2]) Bei Teilschuldverschreibungen kann eine Herabsetzung des Aufwertungsbetrags nur in der Weise verlangt werden, daß die Ansprüche aller Gläubiger gleichmäßig aufgewertet werden.[3])

(II) Als Goldmarkbetrag gilt bei Schuldverschreibungen, die vor dem 1. Januar 1918 ausgegeben sind, der Nennbetrag. Bei später ausgegebenen Schuldverschreibungen ist für die Berechnung des Goldmarkbetrags der Tag der Ausgabe maßgebend. Der Goldmarkbetrag wird dadurch festgestellt, daß der Nennbetrag nach dem letzten auf Grund der amtlichen Berliner Kurse für Auszahlung New York errechneten Mittelkurs in Goldmark umgerechnet wird. Für die Zeit, in der der nordamerikanische Dollar an der Berliner Börse amtlich nicht notiert wurde, bestimmt die Reichsregierung den maßgebenden Börsenkurs.[4])

1. Vergl. zu § 1 Anm. 13a — 16. Es handelt sich hier um nicht dinglich (durch Hypothek, Grundschuld, Schiffspfandrecht oder Bahnpfandrecht) gesicherte und auch nicht mit Vorzugsrecht an einer „Deckung" ausgestattete Forderungen, die in Schuldverschreibungen der in § 1 Abs. 2 Ziff. 6 bis 8 bezeichneten Art beurkundet sind. Es sind das hauptsächlich die Industrie-

obligationen und die sonstigen auf dem persönlichen Kredit des Schuldners beruhenden Schuldverschreibungen.

2. Vergl. zu § 2 Anm. 3, 4. Die Aufwertung auch dieser Forderungen erfolgt sonach regelmäßig auf den feststehenden Satz von 15 v. H. des Goldmarkbetrages (§ 2 Abs. 1 Satz 1). Der „Schuldner", der die Herabsetzung des Aufwertungsbetrags verlangen kann (§ 2 Abs. 2 Satz 2), ist hier der persönliche Schuldner. Wenn die schematische Beschränkung auf einen sehr niedrig gegriffenen Durchschnittssatz sich bei der Aufwertung dinglicher Rechte durch die aus dem Liegenschaftsrechte sich ergebenden Schwierigkeiten einigermaßen rechtfertigen ließ (vergl. Anm. 10 zu § 2), so fehlt es an einem solchen rechtfertigenden Grunde bei den hier in Frage stehenden Forderungen, bei denen die Verhältnisse der Schuldner durchaus verschiedene und vielfach die Lage ähnlich ist wie bei den dinglich gesicherten Forderungen (§ 3 Anm. 1), indem die Schuldner (industrielle Einzelne oder Gesellschaften) in ihren Betrieben erhebliche Sachwerte in Händen haben, die durch die Geldentwertung nicht berührt sind oder sogar infolge der durch die Inflation eingetretenen Verhältnisse an Wert gewonnen haben und deren Schaffung und Entwicklung ihnen nur durch die von den Gläubigern vertrauensvoll gewährten Gelddarlehen ermöglicht worden ist. Hier konnte nur eine individuelle Behandlung den Grundsätzen der Billigkeit Rechnung tragen. Die schematische Abwertung auch der noch in Goldvaluta begründeten Forderungen um 85 v. H. wird, wie nicht verkannt werden kann, in weiten Kreisen mit Bitterkeit als eine Vorteilsgewährung an die kapitalkräftige Industrie und eine Entrechtung des Mittelstandes empfunden, und das nicht ohne Berechtigung. — Die Abänderungsanträge (Anh. XI, XII) wenden sich auffälligerweise nicht gegen diese Unbilligkeit.

3. Über den Begriff der **Teilschuldverschreibungen** vergl. Anm. 13a zu § 1. Hier ist aber noch ein engerer Begriff der Teilschuldverschreibungen zugrunde gelegt, nämlich derjenige, der in § 1 des Gesetzes vom 4. Dezember 1899 über die gemeinsamen Rechte der Besitzer von Schuldverschreibungen zum Ausdruck

gekommen ist. Danach muß es sich um Schuldverschreibungen handeln, die mit im voraus bestimmten Nennwerten ausgestellt sind, die nach dem Verhältnisse dieser Werte den Gläubigern gleiche Rechte gewähren. (Ebenso die Bekanntmachung vom 8. März 1917, RGBl. S. 220, über die staatliche Genehmigung zur Ausgabe von Teilschuldverschreibungen.) Bei diesen Teilschuldverschreibungen ist eine gesellschaftsähnliche Rechtsgemeinschaft aller in gleicher Lage befindlichen Schuldverschreibungsbesitzer vorhanden, die dazu geführt hat, ihnen durch das genannte Gesetz eine gemeinsame Vertretung zur Wahrung ihrer Interessen zu gewähren. Eine Verletzung des Rechts dieser Gläubiger auf Gleichstellung würde es sein, wenn der Aufwertungsbetrag für einen von ihnen in stärkerem Maße herabgesetzt werden würde als für einen anderen. Deshalb bestimmt Satz 2 dieses Absatzes, daß der Schuldner eine Herabsetzung des Aufwertungsbetrags bei solchen Teilschuldverschreibungen nur in der Weise verlangen kann, daß **die Rechte aller Gläubiger gleichmäßig aufgewertet werden.** Vorausgesetzt wird dabei, daß die Teilschuldverschreibungen von vornherein zu einem bestimmten, in der Verschreibung ausgedrückten **Nennwerte** ausgegeben sind; nur auf diesen, nicht auf den Ausgabe- oder Kurswert kommt es an; die Schuldverschreibungen können also einem Gläubiger billiger abgegeben sein als dem anderen. Die Forderungen der einzelnen Gläubiger brauchen nicht gleich hoch, müssen aber in bestimmtem, im voraus geordnetem Verhältnisse zueinander stehen (Stücke von 100, 1000, 5000 usw.). Nach dem Verhältnisse dieser Nennwerte müssen die Stücke gleiche Rechte gewähren, insbesondere hinsichtlich der Verzinsung, der Sicherheiten, der Rückzahlungsbedingungen usw. Ob die Forderungen sämtlich aus der gleichen Emission stammen, ist nicht erheblich. Näheres bei Koenige, Ges. v. 4. 12. 99 zu § 1 Anm. 47, 48. Sind Teilschuldverschreibungen mehrerer Klassen mit ungleichen Rechten vorhanden, so kommen für die Gleichmäßigkeit der Aufwertung nur die Gläubiger einer jeden einzelnen Klasse in Betracht.

4. Abs. 2 des § 4 regelt die Art der Berechnung des Goldmarkbetrags entsprechend dem Absatz 2 des § 2 (vergl. Anm. 5 bis 9 zu § 2) mit der Abweichung, daß als maßgebender Zeitpunkt nicht der Tag des Erwerbs, sondern der Tag der Ausgabe der Schuldverschreibungen in Frage kommt. Es ist hier also für die Höhe der Aufwertung unerheblich, ob der Gläubiger, der die Schuldverschreibung im Augenblicke besitzt, sie ursprünglich gezeichnet oder zu einer Zeit erworben hat, als noch Goldwährung bestand, und ob er sie infolgedessen mit Goldvaluta bezahlt hat oder ob er sie in der Zeit der mehr oder weniger fortgeschrittenen Geldentwertung für Papiermarkbeträge, die einen unverhältnismäßig geringen Gegenwert darstellten, meist wohl in spekulativer Absicht erworben hat. Es liegt auch darin eine wenig folgerichtige und auch mit Zweckmäßigkeitsgründen*) wohl kaum restlos zu rechtfertigende Andersbehandlung der Gläubiger von Industrieobligationen gegenüber den dinglich Berechtigten. — Der Tag der Ausgabe ist derjenige, an welchem die Schuldverschreibungen den ersten Erwerbern von dem Anleiheschuldner zu Eigentum übertragen sind. Er wird nicht immer leicht festzustellen sein. Nicht maßgebend ist der Tag der Datierung der Schuldverschreibungen. Ob der Tag der Emission maßgebend ist, richtet sich nach der Form, in welcher die Emission erfolgt. Erfolgt sie durch freihändigen Verkauf, so ist die Ausgabe mit der Übergabe an den Käufer geschehen. Erfolgt sie im Wege der Zeichnung, so soll nach Koenige (a. a. O. zu § 1 Anm. 50) die Ausgabe mit der Zuteilung an den Zeichner geschehen sein, da von da ab dieser über das Papier verfügen könne. Das wird aber nur dann zutreffen, wenn das Papier dem Zeichner bei der Zuteilung wirklich übergeben (§ 929) oder zwischen dem Ausgeber und ihm

---

*) In der Begründung wird angeführt, bei Massenanleihen könne naturgemäß nicht auf den Erwerbsakt der einzelnen Gläubiger abgestellt werden, vielmehr müsse die Aufwertungsquote für jede Obligationsserie einheitlich, und zwar vom Werte zur Zeit ihrer Ausgabe, berechnet werden.

ein Verhältnis vereinbart wird, vermöge dessen der Zeichner den mittelbaren Besitz erlangt, constitutum possessorium (§ 930 BGB.). Hat das Emissionshaus die Begebung der Anleihe im eigenen Namen und für eigene Rechnung von dem Anleiheausgeber übernommen, so wird man die „Ausgabe" schon in der Übergabe der Stücke an das Emissionshaus als vollzogen ansehen können, da dieses dadurch Eigentümer der Schuldverschreibungen wird. Sind zunächst **Interimsscheine** ausgegeben, so wird man, da diese ja die endgültigen Stücke vertreten, die Ausgabe der Schuldverschreibungen als mit diesem Tage vollzogen ansehen können.

§ 5.

Entw. § 5.

[1]) (I) Die Zahlung der gemäß §§ 2 bis 4 aufgewerteten Kapitalbeträge [2]) [4]) kann nicht vor dem 1. Januar 1932 verlangt werden.[3])

(II) Die aufgewerteten Ansprüche [4]) sind bis zum 31. Dezember 1924 unverzinslich.[5]) Rückständige Zinsen gelten als mit dem Inkrafttreten dieser Verordnung erlassen.[6]) Vom 1. Januar 1925 ab beträgt der Zinssatz 2 vom Hundert; er erhöht sich in jedem weiteren Jahre um je 1 vom Hundert, bis der Satz von 5 vom Hundert erreicht ist.[5]) Die Verpflichtung zur Leistung von Tilgungsbeträgen ruht bis zu diesem Zeitpunkt.[7])

(III) Wiederkehrende Leistungen, die auf Grund einer Reallast oder Rentenschuld geschuldet werden, sind im Jahre 1925 mit 40 vom Hundert zu bewirken; in jedem weiteren Jahre erhöht sich der Satz um 20 vom Hundert, bis der aufgewertete Betrag der Jahresleistung erreicht ist.[8])

1. § 5 bringt Bestimmungen, welche die bescheidenen Aufwertungsansprüche, die den dinglich Berechtigten (§ 2), den Gläudigern dinglich gesicherter Forderungen hinsichtlich des Schuldverhältnisses zu ihrem persönlichen Schuldner (§ 3) und den Gläubigern von Industrieobligationen (§ 4) durch die vorhergehenden Bestimmungen zugebilligt worden sind, noch erheblich verkürzen und verkümmern. Er gewährt den Schuldnern hinsichtlich der Kapitalbeträge ein vollständiges Moratorium bis zum 1. Januar 1932 (Abs. 1), hinsichtlich der Zinsen und sonstigen wiederkehrenden Leistungen einen mehrjährigen, zuerst vollständigen, dann teilweisen Erlaß (Abs. 2 und 3).

2. Gemäß § 2 aufgewertet werden die in § 1 Abs. 2 Ziff. 1 bis 3 genannten Ansprüche, das sind die dinglichen Ansprüche aus Hypotheken, Grundschulden, Rentenschulden, Reallasten, Pfandrechten an im Schiffsregister eingetragenen Schiffen und Bahneinheiten. Vergl. Anm. 8 bis 11 zu § 1, Anm. 1 bis 13 zu § 2. Die aufgewerteten 15 v. H. des Goldmarkbetrages vermindern sich unter allen Umständen um den Betrag der dem Gläubiger gemäß Abs. 2 entzogenen Zwischenzinsen; außerdem wird dem Gläubiger die Möglichkeit entzogen, die Hypothek usw., falls sie in der Zwischenzeit fällig geworden wäre, anderweit gewinnbringend anzulegen. **Gemäß** § 3 aufgewertet werden die in § 1 Abs. 2 Ziff. 4 genannten Ansprüche, nämlich die dinglich gesicherten Forderungen im Verhältnisse zu dem persönlichen Schuldner (vergl. Anm. 12 zu § 1 und Anm. 1, 2 zu § 3). Auch hier wird die Aufwertung, die nach den allgemeinen Vorschriften erfolgen soll, nicht unerheblich gemindert durch die Stundung von Kapital und Zinsen. Doch wird eine allzu unbillige Schädigung des Gläubigers hier dadurch vermieden werden können, daß für die bei der Festsetzung der Höhe der Aufwertung nach Treu und Glauben zu berücksichtigende Lage des Schuldners in Betracht gezogen wird, daß er erst nach acht Jahren das Kapital zu zahlen und es bis dahin teils gar nicht, teils zu einem geringen Prozentsatze zu verzinsen hat, und daß dementsprechend unter Umständen der Aufwertungsbetrag höher bemessen wird. **Gemäß** § 4 aufgewertet werden die in § 1 Abs. 2 Ziff. 6, 7, 8 bezeichneten Ansprüche, das sind im wesentlichen die Industrieobligationen (vergl. Anm. 14 bis 16 zu § 1 und Anm. 1 bis 4 zu § 4). Bei ihnen ist die Stundung von Kapital und Zinsen besonders um deswillen bedenklich, weil ihre Sicherheit lediglich auf der persönlichen Kreditwürdigkeit des Schuldners beruht, die in der Zwischenzeit sich wesentlich vermindern oder ganz verflüchtigen kann, und weil ihre Verwertungsmöglichkeit im Verkehr in dieser Zeit erheblich erschwert sein, wenn nicht ganz aussetzen wird. Sie werden im Börsenverkehr erheblichen Kursverlust erleiden oder gar nicht lieferbar sein.

3. Das Recht, die Zahlung der aufgewerteten Kapitalbeträge zu verlangen, wird bis zum 1. Januar 1932 aufgeschoben. Das bedeutet eine gesetzliche Stundung der Leistung. Es müssen infolgedessen die Wirkungen der Stundung eintreten, insbesondere ist die Verjährung des Anspruchs während der Stundungsfrist gehemmt (§ 202 BGB.). Eine in dieser Zeit erhobene Klage auf Verurteilung zu der gestundeten Leistung müßte als verfrüht abgewiesen werden, sofern nicht die Voraussetzungen für Anstellung einer Klage auf künftige Leistung (§§ 257 bis 259 ZPO.) gegeben sind. Auf Feststellung des Bestehens des Anspruchs kann in der Zwischenzeit geklagt werden, falls das erforderliche Interesse an der alsbaldigen Feststellung gegeben ist (§ 256 ZPO.); doch muß, wenn über die Höhe der Aufwertung Streit entsteht, auf Antrag Aussetzung nach § 10 (vergl. Anm. 1 dazu) erfolgen. Eine fernere Wirkung der Stundung ist, daß Leistungsverzug des Schuldners während der Stundungsfrist mit den sich aus ihm ergebenden Folgen nicht eintreten kann (§§ 286 ff. BGB.).

4. Die Stundung nach Abs. 1 betrifft die **„aufgewerteten Kapitalbeträge"**. Ebenso der Zinserlaß nach Abs. 2 die **„aufgewerteten Ansprüche"**. Der Wortlaut unterscheidet sich von dem in den §§ 2, 4 für den durch die Aufwertung erhöhten Teil der Ansprüche gebrauchten Ausdruck „Aufwertungsbetrag" und führt bei grammatischer Auslegung dazu, daß nicht nur die Erhöhung des Betrags, sondern auch der ursprüngliche Betrag (der

Nennbetrag) gestundet und nur beschränkt verzinslich sein soll. Man ist aber versucht, zu vermuten, daß es sich dabei nur um eine sprachliche Ungenauigkeit handeln könne, da ein rechtfertigender Grund für eine derartige Benachteiligung des Gläubigers und Begünstigung des Schuldners schwer zu finden ist, man müßte ihn denn darin erblicken wollen, daß der Nennwertbetrag ohnehin so geringfügig ist, daß er dem Gläubiger auch ganz vorenthalten werden kann. Eine solche Vermutung wird jedoch dadurch widerlegt, daß nach Abs. 2 Satz 2 **rückständige Zinsen als mit dem Inkrafttreten der Verordnung erlassen gelten.** Das kann sich nur auf die aus dem Nennbetrage rückständigen Zinsen beziehen. Es wird demnach in der Tat angenommen werden müssen, daß die Stundung und der Zinsertrag auch den ursprünglichen Nennbetrag ergreifen.

5. Für die Zeit vom 14. Februar bis 31. Dezember 1924 ist die **Verzinslichkeit gänzlich ausgeschlossen**; für das Jahr 1925 beträgt der Zinssatz 2 v. H., für 1926 3, 1927 4, 1928 5 v. H. Eine Erhöhung über 5 v. H. findet überhaupt nicht statt; höhere vereinbarte oder gesetzliche Verzinsung ist sonach (und zwar nicht nur für die durch die Aufwertung eingetretene Erhöhung, sondern auch für den ursprünglichen Nennbetrag, vergl. Anm. 4) für alle Zukunft beseitigt. Dadurch werden besonders die Industrieobligationen, bei denen vielfach eine höhere als fünfprozentige Verzinsung bedungen ist, im Werte weiter herabgesetzt. Die Vorschriften werden deshalb in vielen Fällen zu Kündigungen und Rückzahlungsverlangen von seiten der Gläubiger für den 1. Januar 1932 führen, damit diese das Kapital von da ab gewinnbringender anlegen können.

6. **Rückständige Zinsen** sind die bei Inkrafttreten der Verordnung (14. Februar 1924) fällig, aber noch nicht bezahlt gewesenen. Im übrigen vergl. Anm. 4.

7. **Tilgungsbeiträge** (Amortisationsquoten), die zum Kapital gehören, werden wie dieses gestundet.

8. **Wiederkehrende Leistungen** auf Grund einer Reallast oder Rentenschuld (vergl. zu § 1 Anm. 9, 8) stehen den

Erträgnissen eines Kapitals gleich und werden deshalb wie die Zinsen einer Kapitalschuld behandelt. Demnach können für das Jahr 1924 überhaupt keine Leistungen gefordert werden, für 1925 40 v. H. und dann für die nächsten weiteren Jahre 1926 60 v. H., 1927 80 v. H., so daß für 1928 der volle Betrag der aufgewerteten Leistung erreicht wird. Unterdessen werden aber die auf die Leistungen angewiesenen Rentenberechtigten in vielen Fällen durch Mangel zugrunde gegangen sein!

§ 6.

Entw. § 4.

(I) Ansprüche aus Pfandbriefen und anderen Schuldverschreibungen der im § 1 Abs. 2 Ziffer 5 bezeichneten Art [1]) werden in der Weise aufgewertet, daß die Teilungsmasse gleichmäßig unter die Gläubiger im Verhältnis der nach Maßgabe des § 4 Abs. 2 festzustellenden Goldmarkbeträge ihrer Ansprüche [2]) verteilt wird. Die Teilungsmasse besteht aus der aufgewerteten Deckung der Schuldverschreibungen und einem etwa aus dem sonstigen Vermögen des Schuldners zu leistenden Beitrag unter Abzug eines Beitrags zu den Verwaltungskosten.[3]) [3a])

(II) Die Reichsregierung trifft die näheren Bestimmungen über die Bildung und Verteilung der Teilungsmasse sowie über den vom Schuldner zu der Teilungsmasse zu leistenden Beitrag. Die Reichsregierung oder die von ihr bestimmte Stelle gibt Grundsätze für die Bemessung des Verwaltungskostenbeitrags.[4])

1. Über den Begriff der **„Pfandbriefe"** vergl. Anm. 13 zu § 1. **„Andere Schuldverschreibungen der im § 1 Abs. 2 Ziffer 5 bezeichneten Art"** vergl. ebenda. Es handelt sich hier um solche Schuldverschreibungen von Hypothekenbanken, anderen

Grundkreditanstalten, Schiffsbeleihungsbanken und Ablösungsanstalten, denen im Falle des Konkurses ein Vorzugsrecht gegenüber anderen Gläubigern an der den Schuldverschreibungen zugrunde liegenden „Deckung" eingeräumt ist. Die besonderen Beziehungen, die zwischen den ausgegebenen Pfandbriefen und sonstigen Schuldverschreibungen und den mittels der dadurch beschafften Gelder von der Bank oder sonstigen Anstalt erworbenen Rechten (Hypotheken, Schiffspfandrechte usw.) bestehen, haben es der VO. als gerechtfertigt erscheinen lassen, daß, wie im Konkurse, so auch bei der Aufwertung, die „Deckung" als eine Sondermasse behandelt wird, an der nur die Gläubiger der Schuldverschreibungen, auf Grund deren die Rechte erworben sind, beteiligt werden, und zwar, wie im Konkurse, so auch hier, zu gleichen Anteilen. Deshalb bestimmt § 6, daß die Aufwertung hier durch gleichmäßige Verteilung dieser „Deckung", die als „Teilungsmasse" bezeichnet wird, im Verhältnis der festzustellenden Goldmarkbeträge der Forderungen der beteiligten Gläubiger zu erfolgen hat (Abs. 1 Satz 1). Die Gläubiger der Schuldverschreibungen haben aber nach der bisherigen Rechtslage, und zwar insoweit in Konkurrenz mit anderen Gläubigern, auch Anspruch auf Befriedigung aus dem sonstigen Vermögen ihrer Schuldnerin, der Grundkreditbank oder -anstalt, gehabt, das oft recht bedeutend ist, da die Grundkreditanstalten, insbesondere die Hypothekenbanken (diese soweit es ihnen durch das HypBankG., § 5 Ziff. 4 bis 6, gestattet ist), Bankgeschäfte, vielfach in großem Umfange, betreiben, aus denen ihnen erhebliche Gewinne zufließen können. Diese Geschäfte werden zum Teil betrieben mit dem Gewinne, den die Grundkreditanstalten durch die Überschüsse erzielen, welche der Unterschied zwischen den Zinsen aus den von ihnen gewährten hypothekarischen oder sonstigen Darlehen und den von ihnen an die Gläubiger der Schuldverschreibungen gewährten Zinsen, deren Zinsfuß erheblich niedriger zu sein pflegt, ihnen gewährt. Durch die VO. wird den Gläubigern der Schuldverschreibungen die Haftung dieses Vermögens für ihre Forderungen entzogen und statt dessen ein nicht unbedingt, sondern nur **unter Umständen** von der Schuldnerin zu leistender, „etwaiger“ **Beitrag** zu der Teilungsmasse **gewährt** (Abs. 1 Satz 2). Alle **näheren Bestimmungen** über die **Bildung** und **Verteilung** der **Teilungsmasse** sowie über den „**Beitrag**“ sind den **Ausführungsvorschriften** der Reichsregierung **überlassen** (Abs. 2).

2. Die **Feststellung der Goldmarkbeträge** der Ansprüche der Gläubiger erfolgt **nach § 4 Abs. 2**, nicht nach § 2 Abs. 2. Maßgebend ist also nicht der Tag des Erwerbs der Pfandbriefe usw. durch den derzeitigen Gläubiger oder seinen Erblasser, sondern der Tag der Ausgabe (vergl. Anm. 4 zu § 4). Es wird dadurch auch denjenigen Pfandbriefgläubigern, welche die Papiere gegen entwertetes Geld in spekulativer Absicht erworben haben, ein ungerechtfertigter Vorteil zugewendet, der zudem hier nicht vom Schuldner zu tragen ist, sondern den anderen Gläubigern, die ihre Pfandbriefe gegen Goldmark erworben haben, zur Last fällt und ihren Anteil an der „Teilungsmasse“ vermindert. Gerade hier hätte es wohl nähergelegen und mehr der Billigkeit entsprochen, die Goldmarkbeträge der Pfandbriefe, welche den Maßstab der Verteilung der Teilungsmasse bilden, nach dem Zeitpunkte des Erwerbes der Pfandbriefe durch den derzeitigen Gläubiger festzusetzen. Unüberwindliche praktische Schwierigkeiten würden daraus wohl nicht entstanden sein.*) Im übrigen vergl. Anm. 4 zu § 4 und Anm. 7, 8 zu § 2.

3. Die **Teilungsmasse** bildet die Deckung (Anm. 1), das sind die nach Maßgabe der für sie geltenden Vorschriften aufgewerteten Rechte, welche die Grundlage der Schuldbriefe bilden. Die Auf-

*) Der Entwurf (§ 4) wollte nur die Aufwertung solcher Pfandbriefe zulassen, bei denen der Gläubiger nachweise, daß er oder sein Erblasser sie seit dem 1. Januar 1919 im Besitz oder auf Grund Zwanges zu mündelsicherer Anlage erworben habe. Die Begründung bemerkte dazu: „Wer den niedrigen Kursstand der Pfandbriefe zu spekulativen Zwecken ausgenutzt hat, bleibt bei der Aufwertung unberücksichtigt.“

wertung erfolgt bei den von den Hypothekenbanken und sonstigen Grundkreditanstalten gegebenen hypothekarischen Darlehen, soweit der dingliche Anspruch in Frage kommt, nach § 2 Abs. 1, also auf 15 v. H.; daneben besteht der persönliche Anspruch gegen den Schuldner, der nach Maßgabe des § 3 aufgewertet wird. Bei Grundschulden und Rentenschulden sowie Reallasten und Darlehen an Kleinbahnunternehmungen erfolgt die Aufwertung nur nach § 2 Abs. 1. Soweit die Deckung in Kommunalobligationen für Anleihen von Gemeinden und Gemeindeverbänden, gegebenenfalls (§ 16 Abs. 6) auch von anderen Körperschaften des öffentlichen Rechts, besteht, fällt sie auf Grund der Bestimmungen des § 16 wegen des diesen Körperschaften gewährten unbegrenzten Moratoriums vollständig aus. Darüber, ob die Deckung in Natur die Teilungsmasse bildet, oder ob sie, wie bei sonstigen Verteilungs- und Konkursverfahren, durch Verwertung der darin enthaltenen Rechte zu bilden ist, sagt die VO. nichts. Eine Verwertung dürfte aber zunächst nicht in Frage kommen, da die aus den Rechten sich ergebenden Ansprüche bis zum Jahre 1932 nicht geltend gemacht werden können und ihre Verwertung durch Abtretung so gut wie ausgeschlossen sein wird. Eine Verteilung der Rechte in Natur unter die Gläubiger dürfte großen Schwierigkeiten begegnen und kaum durchführbar sein. Es wird deshalb nichts übrigbleiben, als die Verteilung bis zum Jahre 1932 hinauszuschieben und die Teilungsmasse solange ungeteilt zu lassen. Infolgedessen werden auch die Pfandbrief- und sonstigen an der Deckung beteiligten Gläubiger durch das Moratorium, das den Schuldnern der „Deckung" gewährt ist, mittelbar betroffen. Der „Beitrag", den die Schuldnerin aus ihrem Vermögen zu leisten hat, besteht in einer Geldsumme; wann diese zu zahlen ist, wird gemäß Abs. 2 zu bestimmen sein; ihrer Verteilung unter die Gläubiger, sobald sie gezahlt ist, stände nichts im Wege. Für die Bemessung des Beitrags gibt die VO. keinerlei Richtlinien, sondern überläßt alles den von der Reichsregierung zu treffenden Bestimmungen (Abs. 2; vergl. Anm. 4).

3a. Was die VO. unter den Worten: **„Abzug eines Beitrags zu den Verwaltungskosten“** versteht, ist nicht ganz klar. Der Ausdruck kehrt in § 7 Satz 2 und mit einer Modifikation auch in § 8 Abs. 3 wieder, wo von dem „Abzug der Verwaltungskosten“ die Rede ist. In § 6 und § 7 wird man wohl unter den Verwaltungskosten die gemeinsamen Kosten der Verwaltung des ganzen Unternehmens bis zur Abtrennung und Verwertung der Werte, welche die Teilungsmasse für die Aufwertung der Ansprüche der Pfandbrief- bezw. Sparkassengläubiger bilden, zu verstehen haben. Zu diesen Kosten soll die Teilungsmasse einen Beitrag leisten, der bei ihrer Bildung vorweg abgezogen wird. Dagegen werden die besonderen Kosten, welche durch die Bildung und Verteilung der Teilungsmasse entstehen, namentlich die Gebühren und Auslagen des Verwalters oder Treuhänders, die Kosten der Liquidierung der Teilungsmasse usw., doch wohl von der Teilungsmasse allein zu tragen sein. Die erforderliche Aufklärung müssen die von der Reichsregierung bezw. den Landesregierungen zu erlassenden „näheren Bestimmungen“ (§ 6 Abs. 2, § 7 Abs. 2) bringen (vergl. zu § 7 Anm. 4, zu § 8 Anm. 3).

4. Die **der Reichsregierung vorbehaltenen näheren Bestimmungen** werden namentlich festzusetzen haben, durch welche Stelle die Teilungsmasse gebildet, verwaltet und verteilt werden soll; zweckmäßig dürfte dazu wohl die Aufwertungsstelle oder eine von ihr im Einzelfalle zu bestimmende Stelle (Notar, Amtsgericht) zu bestellen sein. Die Bestimmungen werden ferner die sehr schwierige Frage zu regeln haben, ob die Verteilung der Deckung in Natur oder nach Verwertung erfolgen soll und zu welchem Zeitpunkte (vergl. Anm. 3). Auch die Bestimmung des von dem Schuldner zu leistenden Beitrags wird zweckmäßig der Aufwertungsstelle überlassen bleiben, die mit dem ganzen Aufwertungsverfahren befaßt ist und in die Verhältnisse des Schuldners am besten Einsicht gewinnen kann. Eine Abweichung von den in der VO. selbst enthaltenen Bestimmungen über die „Bildung“ der Teilungsmasse (also darüber, aus welchen Werten diese sich zusammensetzt) sowie über ihre „Verteilung" (also darüber, welche Gläubiger und in welchem Verhältnisse sie daran teilzunehmen haben) — vergl. in beiden Richtungen Anm. 2, 3 — werden die „näheren" Bestimmungen nicht enthalten dürfen. Für die Bemessung des Beitrags zu den Verwaltungskosten (vergl. Anm. 3 a) soll die Reichsregierung **„Grundsätze"** geben; sie kann die Aufstellung dieser Grundsätze auch **einer von ihr bestimmten Stelle** überlassen.

§ 7.

Entw. § 8.

[1]) (I) Sparkassenguthaben (§ 1 Abs. 2 Ziffer 9), die bis zum 31. Dezember 1924 bei der Aufwertungsstelle angemeldet sind,[2]) werden in der Weise aufgewertet, daß die Teilungsmasse von einem Treuhänder unter die Gläubiger verteilt wird.[3]) Der von dem Treuhänder aufgestellte Teilungsplan bedarf der Genehmigung der Landesregierung oder einer von ihr bestimmten Stelle.[3])

(II) Die Teilungsmasse besteht aus dem nach Maßgabe dieser Verordnung aufgewerteten Sparkassenvermögen und einem etwa aus dem sonstigen Vermögen des Schuldners zu leistenden Beitrag unter Abzug eines Beitrags zu den Verwaltungskosten.[4])

(III) Die Gläubiger werden nach folgender Rangordnung, bei gleichem Range nach den Verhältnissen ihrer Forderungen [5]), berücksichtigt:

1. Guthaben, die auf Grund gesetzlichen Zwanges zur mündelsicheren Anlage begründet sind. Dem gesetzlichen Zwange steht der Zwang durch die Vorschriften der Satzung, Stiftung oder sonstigen Verfassung einer inländischen Personenvereinigung,

Körperschaft oder Vermögensmasse gleich, sofern sie ausschließlich gemeinnützigen, mildtätigen, ethischen oder religiösen Zwecken dienen;[5])

2. alle übrigen Guthaben.[6])

(IV) Die Landesregierungen oder die von ihr bestimmten Stellen treffen die näheren Bestimmungen über die Bildung und Verteilung der Teilungsmasse, sowie über den vom Schuldner zu der Teilungsmasse zu leistenden Beitrag; sie geben Grundsätze für die Bemessung des Verwaltungskostenbeitrags.[7])

1. Wie für Pfandbriefe (§ 6, vergl. Anm. 1 bis 4 dazu), so setzt auch bei **Sparkassenguthaben** die VO. an die Stelle der individuellen Aufwertung die konkursmäßige Verteilung des zu ihrer Befriedigung vorhandenen Vermögens unter die beteiligten Gläubiger. Diesen wird dadurch die Einzelerhebung ihrer Guthaben, und zwar auch des ursprünglichen Nennbetrages, entzogen, was auch hier nur etwa durch dessen infolge der Geldentwertung eingetretene Geringfügigkeit gerechtfertigt werden kann, trotzdem aber einen schweren Eingriff in die Rechte der Sparer bedeutet. Zum Ersatze werden sie auf einen Anteil an der Teilungsmasse verwiesen, die aber ebensowenig wie die der Pfandbriefgläubiger vor dem Jahre 1932 liquid sein wird, da das Vermögen der Sparkassen, soweit es überhaupt für die Aufwertung in Betracht kommt (vergl. Anm. 4), zum größten Teile in Hypotheken, im übrigen in anderen Geldforderungen angelegt sein wird, die alle bis zu diesem Zeitpunkte gemäß § 5 VO. gestundet sind, so daß von dem den Schuldnern solcher Geldforderungen gewährten mehrjährigen Moratorium auch die Einleger der Sparkassen mittelbar betroffen werden.

2. **Sparkassenguthaben** vergl. Anm. 17 zu § 1. Es sollen nur diejenigen Guthaben bei der Verteilung berücksichtigt werden, die **bis zum 31. Dezember 1924** bei der Aufwertungsstelle angemeldet sind. Die Bestimmung ist so absolut gefaßt, daß eine Abhilfe gegen die Versäumung der Anmeldefrist nicht stattfinden

kann, wenn dieser auch noch so beachtenswerte Entschuldigungsgründe zur Seite stehen, was häufig vorkommen wird, da es sich meist um kleine und unerfahrene Leute handelt, die zum Teile ihre Gelder seit vielen Jahren bei der gleichen Sparkasse liegen haben, deren Sitz von ihrem gegenwärtigen Aufenthaltsorte oft weit entfernt sein wird. Es ist das eine Härte, die um so weniger erklärlich ist, als die Teilungsmasse bis zum 1. Dezember 1924 noch keineswegs zur Verteilung bereit sein wird (vergl. Anm. 1).

3. Die Teilungsmasse soll **von einem Treuhänder** unter die Gläubiger verteilt werden. Von welcher Stelle der Treuhänder ernannt werden soll, ist in der VO. nicht gesagt und wird daher durch die Ausführungsbestimmungen, die den Landesregierungen vorbehalten sind (Abs. 4), festzusetzen sein. Dem Treuhänder liegt, wie Satz 2 dieses Absatzes ergibt, die Anfertigung eines **Teilungsplanes** ob, welcher eine Aufstellung der Teilungsmasse (Abs. 2) und der aus den angemeldeten Guthaben (Anm. 1) bestehenden Schuldenmasse sowie die Rangordnung dieser Guthaben (Abs. 3) zu enthalten haben wird. Dieser Teilungsplan unterliegt der **Genehmigung der Landesregierung**, nämlich derjenigen, die für die Oberaufsicht über die betreffende Sparkasse zuständig ist (vergl. Anm. 17 zu § 1).

4. Die Teilungsmasse soll „**das nach Maßgabe der VO. aufgewertete Sparkassenvermögen**“ und ein „**etwaiger Beitrag aus dem sonstigen Vermögen des Schuldners**“ bilden. Die VO. macht also wie bei den Pfandbriefen (§ 6 Anm. 3), so auch hier einen Unterschied zwischen einem zur Befriedigung einer besonderen Klasse von Gläubigern (hier der Spargeldeinleger) dienenden Teile des Vermögens des Schuldners und seinem sonstigen Vermögen, obwohl hier nicht, wie bei den Pfandbriefen, eine besondere „Deckung“ besteht, an welcher diesen Gläubigern im Falle des Konkurses ein Vorzugsrecht zustände. Der Schuldner ist zunächst die Sparkasse; den Einlegern haftete aber bisher deren gesamtes Vermögen; diese Haftung wird ihnen durch die VO. entzogen, indem die Teilungsmasse auf das „Sparkassenvermögen“ und einen nur unter Um-

ständen zu leistenden Beitrag aus dem „sonstigen Vermögen“ des Schuldners — der Sparkasse — beschränkt wird. Zudem ist die Grenze zwischen dem „Sparkassenvermögen“ und dem sonstigen „Vermögen der Sparkasse“ nicht klar; unter ersterem soll wohl dasjenige Vermögen der Sparkassen verstanden werden, in welchem diese nach Maßgabe ihrer Statuten und Organisationsvorschriften die Gelder der Einleger angelegt haben, also namentlich Hypotheken, sogenannte „mündelsichere“ Wertpapiere, insbesondere Staats- und Gemeindeobligationen, einschließlich des Reservefonds. Das sind aber gerade diejenigen Vermögensbestandteile, die der vernichtenden Geldentwertung verfallen sind, ohne daß die „nach Maßgabe der VO.“ erfolgende Aufwertung eine beträchtliche Erhöhung des Wertes der Teilungsmasse bringen könnte (vergl. darüber zu § 6 Anm. 3). Daneben haben die Sparkassen aber vielfach noch sonstiges erhebliches Vermögen, das in Sachwerten, insbesondere Häusern und sonstigen Grundstücken, besteht, die jedenfalls zum Teil nur aus den Überschüssen stammen können, die ihnen durch die höhere Verzinsung aus der Anlage der Spargelder gegenüber der den Sparern gewährten Verzinsung, abzüglich der Verwaltungskosten, zugeflossen sind, obwohl die Sparkassen ihrer Bestimmung nach die Absicht, Gewinne zu machen, nicht verfolgen sollen (s. Anm. 17 zu § 1). Um so mehr gebührt dieses gesamte Vermögen den Sparern und ist es eine unbegreifliche Unbilligkeit, es ihnen bis auf einen unbestimmten „Beitrag“ zu entziehen. Dazu kommt aber, daß die meisten Sparkassen nicht Rechtssubjekte für sich allein bilden, sondern von Körperschaften des öffentlichen Rechts, namentlich Gemeinden, wie auch privaten Körperschaften und einzelnen, namentlich Industriellen, eingerichtet sind und rechtlich einen Bestandteil von deren Rechtspersönlichkeit bilden, so daß das gesamte Vermögen des Sparkassenunternehmers bisher den Einlegern, in Konkurrenz mit anderen Gläubigern, haftete und die Sicherheit der Einleger bildete, die ihre Spargelder im Vertrauen auf diese Sicherheit den Sparkassen übergeben haben. Wo eine solche enge Verbindung zwischen den Sparkassen und ihren Gründern und

Unternehmern nicht bestand, da haben doch diese häufig ausdrücklich die Garantie der Sparkasseneinlagen übernommen; namentlich sind die von den Gemeinden gegründeten Sparkassen meistens mit Bürgschaft der Gemeinden ausgestattet. Auch die hierin bisher begründete Sicherheit wird den Sparern entzogen, da sie die „Bürgen" aus der Bürgschaft nicht zu einem höheren Betrage werden heranziehen können als zu demjenigen, auf den die Hauptforderungen nach Maßgabe der VO. „aufgewertet" werden (§ 767 BGB.), also auf ihren Anteil an der Teilungsmasse, wodurch die Bürgschaften völlig illusorisch werden. Es kann nur erhofft werden, daß die Ausführungsbestimmungen der Landesregierungen, denen nach Abs. 4 die „Bildung" der Teilungsmasse und die Festsetzung des zu ihr zu leistenden „Beitrags" aus dem sonstigen Vermögen des Schuldners anheimgegeben ist, diese Bestimmungen so treffen, daß dadurch die in der VO. liegenden Härten wenigstens einigermaßen gemildert werden. Sie können das, indem sie den „Beitrag" in einer Höhe festsetzen, die, soweit es die Vermögenslage der Sparkassen und ihrer Bürgen gestattet, den Einlegern bei der Verteilung eine angemessene Aufwertung ihrer Guthaben gewährt.

Wegen des **„Abzugs eines Beitrags zu den Verwaltungskosten"** vergl. Anm. 3a zu § 6.

5. Die Verteilung geschieht nicht, wie bei den Pfandbriefen, unter alle Gläubiger gleichmäßig nach dem Verhältnis ihrer Forderungen, sondern es werden zwei Rangstufen gebildet. In der ersten Rangstufe werden diejenigen Guthaben berücksichtigt, bei denen ein gesetzlicher oder ein diesem gleichstehender Zwang zur mündelsicheren Anlage begründet war, in der zweiten Rangstufe alle übrigen Guthaben. Zu welchem Betrage die Guthaben der ersten Rangstufe zu berücksichtigen sind, ist nicht gesagt; eine Vorschrift, daß ihre Aufwertung etwa auf 15 v. H. oder sonst auf einen bestimmten Hundertsatz ihres Goldmarkbetrages zu beschränken sei, ist nicht gegeben; sie werden deshalb „nach allgemeinen Vorschriften" (vergl. § 3 und Anm. 2 dazu) aufzuwerten sein, also eine angemessene Aufwertung unter Berücksichtigung von Treu und Glauben nach den vom RG. aufgestellten Grundsätzen zu beanspruchen haben. Dabei wird das Vorhandensein anderer Einleger nicht zu berücksichtigen sein, da sie ja vor diesen ein Vorzugsrecht haben sollen. Diese Berücksichtigung gerade der hier in Betracht kommenden Einleger ist gewiß zu begrüßen als ein Versuch, das den zu solcher Anlage genötigt gewesenen Einlegern durch die Inflation in besonders hohem Maße zugefügte Unrecht einigermaßen wieder gutzumachen. Die unausbleibliche Folge wird aber sein, daß in den allermeisten Fällen die sämtlichen anderen Einleger, unter denen sich sicherlich auch viele besonderer Berücksichtigung bedürftige befinden, vollständig leer ausgehen, da die Teilungsmasse durch die Einleger der ersten Rangstufe erschöpft sein wird. — Innerhalb jeder von beiden Rangstufen tritt eine Verteilung **nach den Verhältnissen der Forderungen** ein. Dabei ist eine Umrechnung der einzelnen Forderungen auf den Goldmarkbetrag nicht vorgesehen; es wird daher wohl der Nennwert für das Verhältnis entscheiden müssen, wodurch allerdings erhebliche Unbilligkeiten eintreten, indem zur Zeit bereits vorgeschrittener Geldentwertung eingezahlte Papiermarkbeträge mit der gleichen Quote anteilig zugelassen werden müssen wie die in vollständiger oder annähernder Goldvaluta in früherer Zeit eingezahlten Beträge. Es ist dies ein Punkt, in welchem eine baldige Änderung der VO. besonders erwägungswert sein dürfte und, falls sie nicht zu lange hinausgeschoben wird, auch noch Abhilfe zu bringen vermöchte.

6. Der **Zwang** braucht nicht auf Anlage bei einer Sparkasse, sondern nur auf **mündelsichere Anlage** zu gehen. Anlagen bei einer Sparkasse sind nach § 1807 Abs. 1 Ziff. 5 BGB. nur dann mündelsicher, wenn es sich um eine inländische öffentliche — d. i. von einer öffentlichen Körperschaft innerhalb ihres Wirkungskreises errichtete (vergl. Anm. 17 zu § 1) — Sparkasse handelt, die von der zuständigen Behörde des Bundesstaats, in welchem sie ihren Sitz hat, zur Anlegung von Mündelgeld noch besonders als geeignet erklärt ist. Nur bei Sparkassen dieser Art können deshalb

Guthaben bestehen, die eine vorzugsweise Befriedigung in Rangstufe 1 finden. — Ein Zwang zur mündelsicheren Anlage besteht zunächst nach den Vorschriften des BGB. für den Vormund hinsichtlich des zum Vermögen des Mündels gehörenden Geldes, soweit es nicht zur Bestreitung von Auslagen bereitzuhalten ist (§ 1806) — der vom Vater ernannte Vormund kann nach § 1852 Abs. 2 von diesem Zwange durch den Vater befreit werden; in solchem Falle genießt das von ihm eingezahlte Guthaben kein Vorzugsrecht —; in gleicher Weise für den Ehemann hinsichtlich des zum eingebrachten Gute gehörigen Geldes (§ 1377 Abs. 2); für den Vater hinsichtlich des seiner Verwaltung unterliegenden Geldes des Kindes (§ 1642); für den Beistand der Mutter hinsichtlich der in seinen Wirkungskreis fallenden Anlegung des zum Vermögen des Kindes gehörenden Geldes (§ 1691); für den Vorerben hinsichtlich des zum Nachlasse gehörigen Geldes, das nach den Regeln einer ordnungsmäßigen Wirtschaft dauernd anzulegen ist (§ 2119); für den Pfandgläubiger und den Gläubiger einer verpfändeten Forderung hinsichtlich des von dem Schuldner an sie gemeinschaftlich geleisteten Geldes (§§ 1288, 1281); wohl auch für den Nachlaßverwalter in gleicher Weise wie für den Vormund (so Komm. v. RGR. zu § 1985 Anm. 2; a. M. Planck, Erl. 1a). Ob die Anlegung auf Grund eines durch diese Vorschriften begründeten Zwanges oder darüber hinaus freiwillig erfolgt ist, wird nicht immer leicht festzustellen sein; letzterenfalls besteht kein Vorzugsrecht. — Der gesetzliche Zwang wird auch durch Bestimmungen von Sondergesetzen außerhalb des BGB. vielfach begründet. Dem gesetzlichen Zwange ist der durch Satzungs- und Verfassungsbestimmungen von Personenvereinigungen, Körperschaften und Stiftungen, aber nur solchen, die ausschließlich den aufgezählten Zwecken dienen, auferlegte Zwang gleichgestellt.

7. Vergl. zu § 6 Anm. 4. Die Vorschrift entspricht der dort gegebenen mit dem aus der Stellung der Sparkassen zu den Landesregierungen sich ergebenden Unterschiede, daß diesen, denen die Oberaufsicht über die Sparkassen zusteht, an Stelle

der Reichsregierung die Aufgabe zugewiesen ist, nähere Bestimmungen zu treffen über die Bildung und Verteilung der Teilungsmasse und über den nach Abs. 2 „vom Schuldner" (d. h. aus dem sonstigen Vermögen der Sparkasse) etwa zu leistenden Beitrag zur Teilungsmasse sowie „Grundsätze" zu geben über die Bemessung des Verwaltungskostenbeitrags. Zuständig sein wird jede Landesregierung für diejenigen Sparkassen, die innerhalb des Landes ihren Sitz haben und daher unter ihrer Oberaufsicht stehen.

§ 8.

Entw. § 8.

Ansprüche der Versicherten aus Lebensversicherungsverträgen [1]) werden in der Weise aufgewertet, daß das nach Maßgabe dieser Verordnung aufgewertete Vermögen der Versicherungsunternehmungen nebst einem etwaigen aus dem sonstigen Vermögen des Schuldners zu leistenden Beitrag nach näherer Bestimmung der Reichsregierung einem Treuhänder überwiesen wird.[2]) Der Treuhänder hat den ihm überwiesenen Betrag nach Abzug der Verwaltungskosten zugunsten der Versicherten nach einem von der Aufsichtsbehörde genehmigten Teilungsplane zu verwenden.[3]) Als Lebensversicherung gilt auch die Invaliditäts-, Alters-, Witwen-, Waisen-, Aussteuer- und Militärdienstversicherung, gleichviel ob auf Kapital oder Rente.[1])

1. **Ansprüche der Versicherten aus Lebensversicherungsverträgen**; vergl. § 1 Abs. 2 Ziff. 10 und Anm. 18 zu § 1. § 8 erweitert in Satz 3 den Begriff der Lebensversicherungsverträge auf Versicherungen gegen die dort aufgezählten ähnlichen Gefahren. Auch die Aufwertung der Ansprüche aus Lebensversicherungsverträgen erfolgt in einem nach Art eines Sonderkonkurses geregelten Verteilungsverfahren.

2. Auch hier macht die VO. einen Unterschied zwischen dem **„nach Maßgabe dieser VO. aufgewerteten Vermögen der Versicherungsunternehmungen“** und dem **„sonstigen Vermögen des Schuldners“.** Der Schuldner ist die Versicherungsunternehmung; die Unterscheidung kann deshalb auch hier, wie in § 7 (vergl. Anm. 4 zu § 7), wohl nur dahin verstanden werden, daß den Versicherten, deren Ansprüche aufzuwerten sind, aus dem Vermögen der Lebensversicherungsanstalt nur die auf Grund der von ihnen gemachten Einzahlungen angeschafften, nach Maßgabe der VO. aufgewerteten Anlagen in Hypotheken, hypothekarisch gesicherten Forderungen, Wertpapieren usw. überwiesen werden, während das übrige Vermögen, namentlich die erworbenen Sachwerte (Grundstücke usw.), der Versicherungsanstalt verbleibt bis auf einen „etwaigen“ Beitrag, den sie zu der Aufwertungsmasse zu leisten hat. Auch hier liegt eine nicht zu billigende Entrechtung der in Betracht kommenden Versicherten vor, denen bisher das gesamte Vermögen der Anstalt, in Konkurrenz mit anderen Gläubigern, gehaftet hat. Die Worte **„nach näherer Bestimmung der Reichsregierung“** sollen sich wohl nicht nur auf den zu leistenden „Beitrag“ aus dem sonstigen Vermögen des Schuldners, sondern auf die Bildung der dem Treuhänder zu überweisenden Masse überhaupt beziehen, entsprechend § 6 Abs. 1 Satz 2 und § 7 Abs. 2, wenn auch in etwas anderer Fassung. Die so gebildete Masse wird hier nicht (wie in den §§ 6 und 7) als „Teilungsmasse“ bezeichnet; auch ist von einem bei ihrer Bildung abzuziehenden „Beitrage zu den Verwaltungskosten“ (des ganzen Unternehmens, vergl. Anm. 3a zu § 6) nicht die Rede. Das **„aufgewertete Vermögen“** soll einem Treuhänder überwiesen werden; danach muß man annehmen, daß, wie in den Fällen der §§ 6 und 7, auch hier die Überweisung der aufgewerteten Anlagen in Natur und die Verwertung durch den Treuhänder erfolgen soll. Im Widerspruche damit ist in Satz 2 von einem dem Treuhänder überwiesenen „Betrage“ die Rede, den dieser zugunsten der Versicherten „verwenden“ soll, was dahin verstanden werden könnte, daß die Anlagen bei der Überweisung an den Treuhänder

bereits (durch wen?) liquidiert und in einen Geldbetrag verwandelt sein sollen. Soviel Sätze, soviel Unklarheiten! Die „näheren Bestimmungen“ der Reichsregierung werden auch hierüber Aufklärung schaffen müssen. Von dem ihm überwiesenen „Betrage“ soll dann der Treuhänder „die Verwaltungskosten“ abziehen; hier kann es sich also wohl nur um die durch die Verwaltung und Verwertung der Treuhandmasse selbst nach ihrer Trennung von dem „übrigen Vermögen“ der Versicherungsanstalt entstandenen Kosten handeln. Die verbleibende Treuhandmasse soll er **zugunsten der Versicherten verwenden** nach Maßgabe eines **„Teilungsplanes“**, also doch wohl durch Verteilung unter sie, über deren Art und Weise, insbesondere das Verhältnis oder die Rangordnung, in dem die einzelnen Versicherten daran zu beteiligen sind, auffälligerweise hier (im Gegensatze zu den §§ 6 und 7) nichts bestimmt ist. Es werden deshalb „nähere Bestimmungen“ auch darüber unbedingt erforderlich sein, obwohl solche zu diesem Punkte nicht ausdrücklich vorbehalten sind. Sie werden deshalb auf Grund der allgemeinen Vorschrift des § 64 VO., welche die Reichsregierung zum Erlasse von Rechtsverordnungen und Verwaltungsvorschriften ermächtigt, erlassen werden müssen; vergl. aber Anm. 1 zu § 64. Dabei wird besonderer Regelung die Berechnung des der Beteiligung zugrunde zu legenden Goldmarkwertes der einzelnen Versicherungen bedürfen, die ja nicht auf einmal, sondern durch laufende Beiträge während einer Reihe von Jahren entstanden sind und deren „Zeitwert“ der Beteiligung zugrunde zu legen sein wird.

§ 9.

Entw. § 2 Abs. 4, § 6.

(I) Besteht Streit über die Höhe des nach den Vorschriften der §§ 1 bis 8 zu berechnenden Aufwertungsbetrags oder ist ein Verlangen auf Herabsetzung des Aufwertungsbetrags gestellt,[1]) so entscheidet hierüber ausschließlich die Aufwertungsstelle.[2])

(II) Die Aufwertungsstelle wird von der Reichsregierung nach Anhörung des Reichsrats bezeichnet.[3])

(III) Die Aufwertungsstelle hat den Versuch einer gütlichen Einigung zu machen; sie kann Sachverständige zum Einigungstermine zuziehen.[4]) Im übrigen finden auf das Verfahren die Vorschriften des Reichsgesetzes über die Angelegenheiten der freiwilligen Gerichtsbarkeit sinngemäß Anwendung.[5]) [5a])

(IV) Gegen die Entscheidung der Aufwertungsstelle findet die sofortige Beschwerde statt. Sie kann nur darauf gestützt werden, daß die Entscheidung auf einer Verletzung des Gesetzes beruht.[6]) Die Frage, ob im einzelnen Falle die Vorschrift des § 1 Abs. 1 Satz 2 richtig angewendet ist, unterliegt nicht der Nachprüfung durch das Beschwerdegericht.[8]) Über die sofortige Beschwerde entscheidet das Oberlandesgericht.[7]) Die Vorschriften des § 28 Abs. 2, § 199 des Reichsgesetzes über die Angelegenheiten der freiwilligen Gerichtsbarkeit finden entsprechende Anwendung.[9])

(V) Die rechtskräftige Entscheidung der Aufwertungsstelle ist vollstreckbar und für die Gerichte bindend.[10])

(VI) Die Aufwertungsstelle erhebt nach Maßgabe der Durchführungsbestimmungen eine Gebühr und verteilt die Kosten auf die Beteiligten nach billigem Ermessen.[11])

(VII) Die Zuständigkeit der Aufwertungsstelle kann auch für andere mit der Aufwertung zusammenhängende Ansprüche vereinbart werden, auf die sich die Vorschriften der §§ 1 bis 8 nicht erstrecken.[12])

1. § 9 regelt die prozessuale Behandlung der Aufwertung von Ansprüchen, die nach Maßgabe der **§§ 1 bis 8 VO.** aufzuwerten sind. Auf die nach § 12 aufzuwertenden

Ansprüche bezieht er sich nicht. Er schließt bei dieser Regelung die Zuständigkeit der ordentlichen Gerichte keineswegs allgemein aus; überträgt vielmehr die Entscheidung an ihrer Statt einer besonderen Stelle — der Aufwertungsstelle — nur in zwei Fällen: a) **wenn Streit über die Höhe des nach §§ 1 bis 8 zu berechnenden Aufwertungsbetrags besteht,** b) **wenn vom Schuldner ein Antrag auf Herabsetzung des Aufwertungsbetrags gestellt ist.**

Daß für den Fall des Streites über die Höhe der Aufwertung an Stelle des langwierigen und kostspieligen gewöhnlichen Prozeßverfahrens vor den ordentlichen Gerichten ein einfacheres Verfahren vor besonderen Stellen, das sich einem schiedsrichterlichen Verfahren nähert und im übrigen unter der Rechtskontrolle der Oberlandesgerichte steht (vergl. Anm. 6), gesetzt worden ist, kann durchaus gebilligt werden und liegt vollständig im Sinne der durch das Reichsgerichtsurteil vom 28. November 1923 gegebenen Richtlinien. Es wird deshalb daraus am wenigsten ein Bedenken gegen die Rechtsgültigkeit der VO. hergeleitet werden können (vergl. oben Anm. 10 vor § 1 und das Reichsgerichtsurteil vom 1. März 1924, Anh. XIII). Freilich wird viel davon abhängen, welche Stellen als Aufwertungsstellen bestimmt werden (vergl. Anm. 3 zu § 3). Wegen des Antrags auf Herabsetzung des Aufwertungsbetrags vergl. Anm. 4 zu § 2.

2. Vor den ordentlichen Gerichten werden danach Klagen aus Ansprüchen, welche der Aufwertung nach Maßgabe der VO. unterliegen, nach wie vor erhoben und unter Umständen auch durchgeführt werden können. Sie werden insbesondere darüber zu entscheiden haben, ob der Anspruch dem Grunde nach gerechtfertigt ist, also über die Gültigkeit des Schuldtitels, über Einwendungen gegen seine Geltendmachung, Verjährung, insbesondere auch den Einwand der Stundung der Kapitalbeträge und des Erlasses bezw. der Herabsetzung der Zinsbeträge nach § 5. Auch die Entscheidung darüber, ob der Anspruch unter die nach Maßgabe der §§ 1 bis 8 VO. aufzuwertenden Ansprüche fällt, wird ihnen zustehen. Eine

Verurteilung wird freilich, solange die in § 5 gewährte Stundung dauert, ausgeschlossen sein; doch wird, soweit die Voraussetzungen der §§ 256, 257 bis 259 ZPO. gegeben sind, auf Feststellung bezw. künftige Leistung geklagt werden können. Aber auch über die Höhe des Aufwertungsbetrags werden die ordentlichen Gerichte entscheiden können, **falls kein Streit darüber besteht.** Das wird, soweit es sich um die Aufwertung der dinglichen Ansprüche nach Maßgabe des § 2 handelt, meist der Fall sein, da der Hundertsatz, zu dem sie aufzuwerten sind, ein für allemal feststeht; streitig kann höchstens der für die Berechnung des Goldmarkbetrags, die im übrigen auch festgelegt ist, anzusetzende Stichtag sein (§ 2 Abs. 2). Dagegen wird über die Höhe des Aufwertungsbetrags bei den „nach allgemeinen Vorschriften" aufzuwertenden dinglich gesicherten Forderungen (§ 3 VO.) häufig Streit entstehen; die Entscheidung darüber ist der Aufwertungsstelle unter der Rechtskontrolle der Oberlandesgerichte im Beschwerdewege vorbehalten (vergl. Anm. 3 zu § 3 und Anm. 6 zu diesem Paragraphen). Bei den Ansprüchen aus Pfandbriefen usw. (§ 6), Sparkassenguthaben (§ 7), Lebensversicherungsverträgen (§ 8) wird von der Frage ihres Bestehens ihre Teilnahme an der Verteilung der Teilungsmasse abhängen; es wird deshalb, falls sie dem Grunde nach bestritten sind, das in § 256 ZPO. erforderte Interesse an der alsbaldigen Feststellung ohne weiteres gegeben sein. Darüber, wie zu verfahren ist, wenn in einem vor dem ordentlichen Gerichte anhängigen Rechtsstreite Streit über die Höhe des Aufwertungsbetrags entsteht, vergl. Anm. zu § 10.

Die Zuständigkeit der Aufwertungsstelle soll in den beiden ihr zur Entscheidung überwiesenen Fällen eine **„ausschließliche"** sein. Danach wird eine Vereinbarung dahin, daß die ordentlichen Gerichte auch in diesen Fällen zuständig sein sollen, ausgeschlossen sein (§ 40 ZPO.; vergl. aber § 10 VO. und Anm. 1 dazu). Die Vereinbarung schiedsrichterlicher Entscheidung wird dadurch nicht ausgeschlossen (§ 1025 ZPO.; vergl. Anm. zu § 13).

3. Die VO. spricht immer nur von der „**Aufwertungsstelle**" in der Einzahl. Die „Aufwertungsstelle" soll von der Reichsregierung nach Anhörung der Reichsrats bezeichnet werden. Selbstverständlich kann es sich nicht um eine zentralisierte Stelle, sondern nur um eine Vielheit örtlich verzweigter, wenn auch einheitlich gegliederter und organisierter Stellen handeln. Die Verfassung dieser Stellen, ihre Organisation und die Dienstaufsicht über sie wird die Reichsregierung zu regeln haben. Von der Frage, ob diese Stellen in sachlich geeigneter und das Vertrauen der Beteiligten hervorrufender Weise bestimmt und eingerichtet werden, wird die Tragbarkeit der VO. zum guten Teil abhängen. Am nächsten wird es wohl liegen, die Stellen an die Amtsgerichte anzugliedern mit juristisch gebildeten Vorsitzenden und sachverständigen Laienrichtern.

4. Abs. 3 regelt das **Verfahren vor den Aufwertungsstellen.** Er führt zunächst einen obligatorischen **Versuch einer gütlichen Einigung** ein, unter in das Ermessen der Stelle gestellter Zuziehung von Sachverständigen; ein solcher Einigungsversuch ist jetzt übrigens auch für das gewöhnliche Prozeßverfahren vor den Amtsgerichten durch die Novelle zur ZPO. vorgeschrieben. Ob ein in diesem Einigungsverfahren abgeschlossener Vergleich vollstreckbar ist, dürfte zu bezweifeln sein; Abs. 5 verleiht die Vollstreckbarkeit nur den rechtskräftigen Entscheidungen der Aufwertungsstelle; § 794 Abs. 1 Nr. 1 ZPO. setzt Vergleiche voraus, die vor einem Gerichte abgeschlossen sind. Durch diesen wohl nicht beabsichtigten Mangel dürfte das Einigungsverfahren erheblich an praktischem Werte verlieren. Vielleicht läßt sich ihm bis zu einer anderweiten gesetzlichen Regelung dadurch abhelfen, daß die Aufwertungsstellen im Falle des Vergleichs eine dem Inhalte des Vergleichs entsprechende Entscheidung fällen, wogegen ein durchgreifendes rechtliches Bedenken wohl nicht bestehen wird.

5. Im übrigen sollen für das Verfahren vor den Aufwertungsstellen die Vorschriften des **Gesetzes über die Angelegenheiten der freiwilligen Gerichtsbarkeit** vom 17. Mai 1898 (RGBl.

S. 189) **sinngemäße Anwendung** finden. Dieses Gesetz enthält im ersten Abschnitt (§§ 1 bis 34) allgemeine Vorschriften, in den folgenden Abschnitten Vorschriften, welche die einzelnen Gattungen von Angelegenheiten der freiwilligen Gerichtsbarkeit (Vormundschafts-, Nachlaß-, Teilungssachen usw.) betreffen. Zur sinngemäßen Anwendung werden sich nur die allgemeinen Vorschriften des ersten Abschnitts eignen. Danach wird es aber zunächst an Vorschriften über die örtliche Zuständigkeit der Aufwertungsstellen fehlen, da die Zuständigkeit für die einzelnen Gattungen von Sachen in den besonderen Abschnitten geordnet ist. Eine sinngemäße Anwendung der die örtliche Zuständigkeit betreffenden Vorschriften der ZPO. ist in dem FGG. nicht vorgesehen; man wird aber auch ohne ausdrückliche Anordnung auf das Verfahren vor den Aufwertungsstellen wohl wenigstens die den allgemeinen Gerichtsstand und die den dinglichen Gerichtsstand betreffenden Vorschriften anwenden können. Aus ersteren (§§ 12, 13) würde sich ergeben, daß für die Aufwertung persönlicher Forderungen, also für die Fälle des § 1 Abs. 2 Nr. 4 bis 10, die Aufwertungsstelle des Wohnsitzes des Schuldners zuständig ist; die Anwendung der Vorschriften über den dinglichen Gerichtsstand (§§ 24, 25 ZPO.) würde dazu führen, daß für die Aufwertung der in § 1 Abs. 2 Nr. 1 bis 3 bezeichneten dinglichen Ansprüche die Aufwertungsstelle ausschließlich zuständig ist, in deren Bezirk das Grundstück belegen bezw. das Schiffspfandrecht und die Bahneinheit in das Schiffsregister oder Bahngrundbuch eingetragen ist. Sollten hiergegen Bedenken bestehen, so wird nichts übrigbleiben, als die Zuständigkeit auf Grund der allgemeinen Klausel des § 64 VO. durch Ausführungsverordnungen der Reichsregierung zu regeln; vergl. aber über deren Bedenklichkeit, soweit es sich um Rechtsverordnungen handelt, Anm. 1 zu dem genannten Paragraphen. — Die sinngemäße Anwendung des § 2 FGG. und der dort für anwendbar erklärten §§ 158 bis 169 GVG. wird dazu führen, daß die Amtsgerichte den Aufwertungsstellen Rechtshilfe zu leisten haben, also insbesondere Zeugen und Sachverständige auf Ersuchen zu vernehmen haben. Sollte für eine Aufwertungssache die Zuständigkeit mehrerer Gerichte in Frage kommen, so wird der in § 4 FGG. ausgesprochene Grundsatz der Priorität eingreifen. Bei Streit oder Ungewißheit über die örtliche Zuständigkeit wird in sinngemäßer Anwendung des § 5 FGG. die zuständige Stelle durch das Oberlandesgericht, in dessen Bezirke die in Betracht kommenden Stellen sich befinden, zu bestimmen sein; liegen diese in verschiedenen Oberlandesgerichtsbezirken, so wird es an einer für die Bestimmung zuständigen Stelle fehlen; auch in diesem Punkte wird eine Ergänzung durch weitere Vorschriften erforderlich sein. — Die Anwendung des § 7 FGG. wird dazu führen, daß eine Handlung (Entscheidung) der Aufwertungsstelle nicht aus dem Grunde unwirksam ist, weil sie von einer örtlich unzuständigen Stelle ergangen ist, was namentlich für die Prüfung durch die Grundbuchämter bei vorzunehmenden Eintragungen von Bedeutung sein kann. — Gemäß § 10 FGG. werden die Gerichtsferien ohne Einfluß auf das Verfahren sein. — In sinngemäßer Anwendung des § 11 FGG. werden Anträge und Erklärungen, also auch der das Verfahren einleitende Antrag auf Entscheidung über die Höhe der Aufwertung oder die Herabsetzung des Aufwertungsbetrags, zum Protokolle der Geschäftsstelle der zuständigen oder einer anderen Aufwertungsstelle erfolgen können. Nach § 12 findet ein Offizialermittelungsverfahren zur Feststellung der Tatsachen und eine von Amts wegen anzuordnende und zu betreibende Beweisaufnahme statt. Mündliche Verhandlung ist nicht vorgeschrieben; doch wird die Aufwertungsstelle die Beteiligten in geeigneten Fällen persönlich zu hören haben. Anwaltszwang findet nicht statt; die Beteiligten können mit Beiständen erscheinen, sich auch durch Bevollmächtigte vertreten lassen (§ 13 FGG.). Entsprechende Anwendung finden die Vorschriften der ZPO. (§§ 114 bis 127) über das Armenrecht; desgleichen die §§ 34 bis 36 der Rechtsanwaltsordnung (§ 14 FGG.); ferner die Vorschriften der ZPO. über den Zeugenbeweis (§§ 373 bis 401), den Beweis durch Sachverständige (§§ 402 bis 414) und über das Verfahren bei der Abnahme von Eiden (§§ 478 bis 484), nicht bei der Auferlegung, die sonach durch einfachen Beschluß erfolgen kann. Über die Beeidigung von Zeugen und Sachverständigen entscheidet freies Ermessen der Aufwertungsstelle, jedoch unbeschadet der Vorschriften der §§ 358, 393 ZPO. n. F. (§ 15 Abs. 1 Satz 2 FGG.). Danach werden die in § 393 Abs. 1 ZPO. bezeichneten Personen als Zeugen auch vor der Aufwertungsstelle zunächst unbeeidigt vernommen werden müssen, jedoch kann diese ihre nachträgliche Vereidigung gemäß Abs. 2 anordnen; die Beeidigung von Sachverständigen hat nach der jetzigen Fassung des § 410 ZPO., sofern nicht verzichtet wird, vor oder nach der Erstattung des Gutachtens zu erfolgen. Behufs Glaubhaftmachung einer tatsächlichen Behauptung kann ein Beteiligter zur Versicherung an Eides Statt zugelassen werden (§ 15 Abs. 2).

Die Wirksamkeit gerichtlicher Verfügungen (also auch der Entscheidungen der Aufwertungsstelle) tritt mit ihrer Bekanntmachung an denjenigen, für welchen sie ihrem Inhalte nach bestimmt sind, ein; vgl. jedoch wegen der Vollstreckbarkeit Anm. 10. Die Bekanntmachung erfolgt, wenn mit ihr der Lauf einer Frist beginnt, durch Zustellung nach den für die Zustellungen von Amts wegen geltenden Vorschriften der ZPO. (§§ 208 bis 213); jedoch kann die Landesjustizverwaltung für Zustellungen im Auslande eine einfachere Form der Zustellung anordnen, was zur Beschleunigung des Verfahrens in Aufwertungssachen sehr zweckmäßig sein wird (Aufgabe zur Post, eingeschrieben). An einen Anwesenden kann die Bekanntmachung mit der Wirkung des Wirksamwerdens und des Beginnes des Fristenlaufes auch zu Protokoll erfolgen; auf Verlangen ist in diesem Falle ihm eine Abschrift der Verfügung zu erteilen (§ 16). Für die Berechnung der Fristen gelten die Vorschriften des BGB. (§§ 186 ff. BGB.; § 17 FGG.). Auch die Bestimmung des § 18 FGG. über die Abänderung von Verfügungen durch das Gericht, das sie erlassen hat, findet auf die Aufwertungsstellen sinngemäße Anwendung. Wegen des Beschwerdeverfahrens vergl. Anm. 6 bis 9. — Soweit die angeführten

Vorschriften nicht eingreifen, wird die Aufwertungsstelle in der Gestaltung des Verfahrens freie Hand haben.

5a. Entsprechend der Ausdrucksweise des FGG. würde die von der Aufwertungsstelle zu treffende Entscheidung sich als „Verfügung" im Sinne der §§ 16, 18, 19 FGG. darstellen; doch wird kein Bedenken bestehen, sie auch als „Beschluß" zu bezeichnen, namentlich wenn sie (wie anzunehmen ist) von einer kollegialen Behörde erlassen wird. Ihrem Inhalte nach wird sie keine Verurteilung zu einer Leistung auszusprechen, sondern nur die Höhe des Aufwertungsbetrags festzusetzen haben, da die Aufwertungsstelle nur für die Entscheidung über dieses eine Element des Anspruchs zuständig ist (vergl. Anm. 2). Ihre Bedeutung wird deshalb im wesentlichen darin bestehen, daß sie für die Gerichte, welche über die Leistungs- oder Feststellungsklage zu entscheiden haben, bindend ist (Abs. 5); ihre Vollstreckbarkeit wird namentlich dadurch zum Ausdrucke kommen, daß der durch sie festgesetzte Aufwertungsbetrag mit dem Range des aufgewerteten dinglichen Rechts gemäß § 2 Abs. 3 (vergl. Anm. 11 zu § 2) im Grundbuche einzutragen ist. Auch wird die Beteiligung an dem konkursmäßigen Verfahren der §§ 6, 7, 8 (vergl. die Anm. dazu) unter Berücksichtigung und nach Maßgabe des durch die Entscheidung der Aufwertungsstelle festgesetzten Aufwertungsbetrages zu erfolgen haben.

6. Gegen die Entscheidung der Aufwertungsstelle findet die **sofortige Beschwerde** statt, die gemäß dem nach Abs. 3 Satz 2 (vergl. Anm. 5) sinngemäß anwendbaren § 22 FGG. binnen einer Frist von zwei Wochen, die mit der Bekanntmachung der Entscheidung an den Beschwerdeführer beginnt, einzulegen ist. Beschwerdeberechtigt ist nach § 20 FGG. jeder, dessen Recht durch die Verfügung beeinträchtigt ist. Für die Aufwertung kommen, soweit es sich um die Individualaufwertung der §§ 2, 3, 4 handelt, der Gläubiger und der Schuldner in Betracht. Bei der konkursmäßigen Aufwertung der §§ 6, 7, 8 können durch die Entscheidung über die Höhe der Berechtigung eines Gläubigers zur Teilnahme an dem

Verteilungsverfahren auch die Rechte der übrigen Gläubiger beeinträchtigt sein; diese werden aber nicht als einzelne zur Einlegung der Beschwerde berechtigt sein, sondern durch den bestellten Verwalter oder Treuhänder vertreten werden. Gegen die Versäumung der Frist ist Wiedereinsetzung in den vorigen Stand zu erteilen, wenn der Beschwerdeführer ohne sein Verschulden verhindert war, sie einzuhalten (§ 22 Abs. 2 FGG.); es ist sonach von dem im ordentlichen streitigen Prozeßverfahren geltenden strengeren Erfordernisse der Verhinderung durch Naturereignisse oder andere unabwendbare Zufälle (§ 233 ZPO.) hier abgesehen; dagegen gilt auch hier (wie nach § 232 ZPO.) eine Versäumung, die in dem Verschulden eines Vertreters ihren Grund hat, nicht als unverschuldet (§ 22 Abs. 2 Satz 3 FGG.). Voraussetzung für die Wiedereinsetzung ist Einlegung der Beschwerde binnen zwei Wochen nach Beseitigung des Hindernisses und innerhalb eines Jahres nach dem Ende der versäumten ursprünglichen Frist sowie Glaubhaftmachung der Tatsachen, welche die Wiedereinsetzung begründen (§ 22 Abs. 2 Satz 2, 4 FGG.). Keine Anwendung wird die Vorschrift finden können, daß gegen die Entscheidung des Beschwerdegerichts über den Antrag auf Wiedereinsetzung die sofortige weitere Beschwerde stattfindet (§ 22 Abs. 2 Satz 2 FGG.); denn Beschwerdegericht ist hier das Oberlandesgericht und die Beschwerde in der Hauptsache hat bereits die rechtliche Natur der weiteren Beschwerde (vergl. Anm. 7).

7. Abweichend von den Vorschriften des FGG. (§§ 19 Abs. 2, 27) geht die Beschwerde nicht an das Landgericht, sondern unmittelbar **an das Oberlandesgericht** und findet eine weitere Beschwerde nicht statt, vielmehr ist schon die erste Beschwerde auf den Fall beschränkt, daß **die Entscheidung auf einer Verletzung des Gesetzes beruht.** Es ist das die gleiche Voraussetzung, wie sie für die Statthaftigkeit des Rechtsmittels der Revision, das an das RG. geht, im Zivilprozesse gegeben ist (§ 549 ZPO.), jedoch ohne Beschränkung auf die Nachprüfung von Reichsgesetzen und Gesetzen, deren Geltungsbereich sich über den Bezirk des

Berufungsgerichts hinaus erstreckt. Die Beschwerde kann also auch auf die Verletzung von Rechtsnormen, die nur beschränkten Geltungsbereich haben, z. B. lokalem Gewohnheitsrecht, gestützt werden. Demnach hat das Oberlandesgericht nicht zu prüfen, ob die Aufwertungsstelle das für die Höhe des Aufwertungsbetrags maßgebende Sachverhältnis und die beigebrachten Beweise richtig gewürdigt hat. Eine Begründung der Entscheidung der ersten Instanz ist im FGG. nicht vorgesehen; dagegen ist nach § 25 die Entscheidung des Beschwerdegerichts mit Gründen zu versehen. Diese Vorschrift wird sinngemäß auf die Entscheidung der Aufwertungsstelle Anwendung zu finden haben, da sie offenbar darauf beruht, daß dem Gerichte der weiteren Beschwerde (in unserem Falle dem Beschwerdegerichte) die rechtliche Nachprüfung der Entscheidung nur dann ermöglicht wird, wenn sie mit Gründen versehen ist. Eine Entscheidung der Aufwertungsstelle, die der Beifügung einer Begründung entbehrt, wird deshalb auf einer Verletzung des Gesetzes beruhen und der Aufhebung unterliegen. Wie weit die Begründung zu gehen hat, ist nicht vorgeschrieben; sie wird aber das als festgestellt erachtete Sachverhältnis und das angewendete Gesetz insoweit erkennen lassen müssen, daß eine rechtliche Nachprüfung möglich ist. Auf sonstige prozessuale Verstöße wird die Beschwerde in der Regel nicht gegründet werden können, da die Aufwertungsstelle in der Gestaltung des Verfahrens freie Hand hat, insbesondere auch hinsichtlich der Vernehmung von Zeugen und der Vereidigung von Zeugen und Sachverständigen (§ 15 FGG., vergl. Anm. 5) sowie der Erhebung sonstiger Beweismittel. Im übrigen ist unter Gesetz auch hier jede Rechtsnorm zu verstehen; abgesehen von den Vorschriften der dritten Steuernotverordnung selbst werden deshalb auch die Vorschriften des BGB. und die sonstigen Rechtsnormen, insbesondere die dem Urteile des RG. vom 28. November 1923 zugrunde liegenden Rechtssätze über die Bedeutung des Grundsatzes von Treu und Glauben auch gegenüber dem Währungsrechte, soweit sie für die Aufwertung in Anwendung zu kommen haben, also namentlich bei der Aufwertung der dinglich gesicherten Forderungen nach § 3 VO. (vergl. Anm. 2 dazu), beschwerdefähig sein.

8. Der Nachprüfung durch das Beschwerdegericht entzogen wird durch Abs. 4 Satz 3 nach seiner ursprünglichen, bei Bekanntgabe der VO. im Reichsgesetzblatte veröffentlichten Fassung die Frage, ob im einzelnen Falle die Vorschrift des **§ 1 Abs. 1 Satz 2** richtig angewendet ist. Die zitierte Vorschrift geht dahin, daß eine Aufwertung nicht zu erfolgen hat, wenn der verbliebene Goldwert 15 v. H. des ursprünglichen Goldmarkbetrags (§ 2 Abs. 2) erreicht oder übersteigt. Bei Beantwortung der Frage handelt es sich daher im wesentlichen um Anwendung der in § 2 Abs. 2 für die Berechnung des Goldmarkbetrags aufgestellten Regeln. Ob eine Verletzung dieser Regeln bei Feststellung des verbliebenen Goldwerts vorliegt, würde danach das Beschwerdegericht nicht zu prüfen haben. Durch eine im RGBl. I S. 172 veröffentlichte, als „Berichtigung" bezeichnete Verordnung des Reichsfinanzministers vom 4. März 1924 (abgedruckt am Schlusse des Textes) ist aber verfügt, daß im § 9 Abs. 4 Satz 3 an die Stelle von „§ 1 Abs. 1 Satz 2" „§ 2 Abs. 1 Satz 2" zu setzen ist. Dadurch bekommt die Vorschrift einen ganz anderen Sinn; denn es handelt sich nunmehr um die Nachprüfung der Frage, ob die von dem Schuldner eines dinglichen Anspruchs verlangte Herabsetzung des Aufwertungshundertsatzes von 15 v. H. mit Rücksicht auf seine wirtschaftliche Lage zur Abwendung einer groben Unbilligkeit unabweisbar erscheint (vergl. Anm. 4 zu § 2). Durch diese Änderung wird dem Gläubiger die Möglichkeit entzogen, im Wege der Beschwerde eine Nachprüfung darüber herbeizuführen, ob die Aufwertungsstelle bei der Herabsetzung des Aufwertungsbetrags unter den an sich schon geringen Hundertsatz von 15 v. H. die in § 2 Abs. 2 aufgestellten rechtlichen Tatbestandsmerkmale, namentlich das der unabweisbaren groben Unbilligkeit, richtig gewürdigt hat; andererseits freilich auch dem Schuldner die gleiche Möglichkeit, falls die Herabsetzung abgelehnt ist. Es werden jedenfalls die durch die VO. geschaffenen Rechtsgarantien dadurch in einem nicht unwesentlichen Punkte vermindert. Daß es sich

bei der ersten Fassung nur um ein Versehen oder einen Druckfehler gehandelt hätte, ist keineswegs ohne weiteres ersichtlich; liegt aber eine sachliche Änderung vor, so kann ihr keine Rechtswirksamkeit beigelegt werden, da das Ermächtigungsgesetz bereits außer Kraft getreten war und zudem die Änderung nicht von der ermächtigten Reichsregierung, sondern von dem für sich allein unermächtigten Reichsfinanzminister ausgegangen ist. Die ursprüngliche Fassung wird deshalb wohl als die allein rechtsgültige angesehen werden müssen, solange keine Änderung auf dem ordentlichen Gesetzgebungswege erfolgt.

9. Die **Vorschriften des § 28 Abs. 2 und des § 199 FGG.**, deren entsprechende Anwendung in diesem Satze der VO. angeordnet wird, sind von besonderer Bedeutung für die ganze Aufwertungsfrage, da sie die Aufrechterhaltung der Rechtseinheit in grundsätzlichen Fragen bis zu einem gewissen Grade sicherstellen. Sie ergeben nämlich bei entsprechender Anwendung, daß das Oberlandesgericht, falls es bei der Entscheidung über die Beschwerde bei der Auslegung einer reichsgesetzlichen Vorschrift, welche die Aufwertung betrifft, von der auf Beschwerde ergangenen Entscheidung eines anderen Oberlandesgerichts oder aber, falls über die Rechtsfrage bereits eine Entscheidung des Reichsgerichts ergangen ist, von dieser abweichen will, die Beschwerde unter Begründung seiner Rechtsauffassung dem Reichsgerichte vorzulegen und den Beschluß über die Vorlegung dem Beschwerdeführer bekanntzumachen hat. § 28 Abs. 3, der bestimmt, daß in diesen Fällen über die Beschwerde — also nicht nur über die streitige Rechtsfrage — das Reichsgericht zu entscheiden hat, war in der ursprünglichen Fassung nicht als anwendbar angeführt; durch die in Anm. 8 bereits erwähnte „Berichtigung" ist angeordnet, daß auch dieser Absatz Anwendung zu finden hat; da es sich hier (im Gegensatze zu Anm. 8) nur um eine sachlich unbedenkliche und zur Vereinfachung dienende Bestimmung handelt — bei ihrer Nichtanwendung hätte das Reichsgericht nur theoretisch über die einzelne ihm vorgelegte Rechtsfrage zu entscheiden und im übrigen die

Entscheidung über die Beschwerde dem Oberlandesgericht zu überlassen —, so wird ihrer Anwendung kein durchgreifendes Bedenken entgegenstehen; denn es besteht kein Grund, anzunehmen, daß der ermächtigte Gesetzgeber der VO. etwas anderes beabsichtigt haben könnte. — Die gleichfalls angeordnete entsprechende Anwendung des § 199 FGG. ermöglicht es den Ländern, in denen mehrere Oberlandesgerichte errichtet sind (Preußen, Bayern), die Entscheidung über die Beschwerde einem der mehreren Oberlandesgerichte oder dem obersten Landesgerichte, falls ein solches besteht, zu überweisen. An der Verpflichtung, gegebenenfalls die Beschwerde dem Reichsgericht vorzulegen, wird dadurch nichts geändert. — Es muß begrüßt werden, daß durch die Vorschrift dem Reichsgerichte wenigstens noch eine gewisse Einwirkung auf die Entwickelung der Aufwertungsfrage, wenn auch innerhalb der materiellen Schranken der VO., belassen worden ist.

10. Die Rechtskraft der Entscheidung wird erst eintreten, nachdem für alle Beschwerdeberechtigten (vergl. Anm. 6) die Beschwerdefrist, die für jeden besonders mit der Bekanntmachung an ihn beginnt, abgelaufen ist. In Abweichung von dem FGG. (§§ 16, 24) sind die Entscheidungen der Aufwertungsstelle erst nach eingetretener Rechtskraft vollstreckbar und hat sonach die Beschwerde aufschiebende Wirkung. Im übrigen vergl. Anm. 5. Zeugnisse über die Rechtskraft sind nach § 31 FGG. in entsprechender Anwendung durch die Geschäftsstelle (Gerichtsschreiberei) der Aufwertungsstelle zu erteilen.

11. Für das Verfahren vor der Aufwertungsstelle soll **eine Gebühr** erhoben werden, deren nähere Ausgestaltung den Durchführungsbestimmungen überlassen ist. Die Einzahl soll wohl auf möglichste Einfachheit der Gebührenvorschriften hinwirken; die Erhebung mehrfacher Gebühren je nach der Gestaltung des Verfahrens (Prozeßgebühr-, Beweisgebühr-, Entscheidungsgebühr) wird demnach zu vermeiden und nur eine einheitliche, nach der Höhe des Aufwertungsbetrags abzustufende Gebühr zu erheben sein. — Bei Verteilung der **Kosten** unter die Beteiligten soll nicht unbedingt das formelle Obsiegen oder Unterliegen (§ 91 ZPO.), sondern grundsätzlich **billiges Ermessen** maßgebend sein.

12. Abs. 7 gestattet es, die Zuständigkeit der Aufwertungsstelle durch Vereinbarung zu erweitern, jedoch nur **„für andere, mit der Aufwertung zusammenhängende Ansprüche,** auf die sich die Vorschriften der §§ 1 bis 8 nicht erstrecken." Die Bedeutung der Vorschrift ist nicht ganz klar. Welche Ansprüche, außer der Höhe des Aufwertungsbetrags, mit der Aufwertung zusammenhängen könnten, ist nicht ohne weiteres ersichtlich. Die Entscheidung über den Grund und die ursprüngliche Höhe (den Nennbetrag) des aufzuwertenden Anspruchs selbst, an die man zunächst als zur Übertragung an die Aufwertungsstelle durch Vereinbarung geeignet denken könnte, kann man nicht wohl als mit der Aufwertung zusammenhängend bezeichnen. Immerhin kann man vielleicht als Absicht der VO. unterstellen, daß sie eine solche, zur Vereinfachung des ganzen Verfahrens dienende Vereinbarung gestatten will. Die Zinsen des Aufwertungsbetrags unterliegen auch ohne Vereinbarung der Entscheidung durch die Aufwertungsstelle. Mit der Aufwertung zusammen hängen wohl auch etwaige Schadenersatzansprüche, die wegen ungerechtfertigter Verweigerung der Aufwertung geltend gemacht werden könnten. Ferner die Frage, ob eine vorbehaltlose Zahlungsannahme oder Löschungsbewilligung erfolgt ist (§ 11). Es dürfte jedoch angängig sein, ungeachtet des nicht ganz zutreffenden Wortlauts der Vorschrift sie auch auf die Aufwertung anderer als der nach den §§ 1 bis 8 aufzuwertenden Ansprüche, namentlich der in § 12 bezeichneten, zu beziehen. Sie würde sich dann als sehr geeignet erweisen, auch für diese Ansprüche, deren Aufwertung an sich in dem gewöhnlichen Prozeßverfahren vor den ordentlichen Gerichten zu erfolgen hat, das einfachere Verfahren des § 9 VO. zu ermöglichen. Dieser Sinn der Bestimmung kam übrigens in der Fassung des am 2. Februar 1924 veröffentlichten Entwurfs der VO. (Anhang VI) deutlich zum Ausdruck, wo § 6 Satz 2 wie folgt lautete: „Die Zuständigkeit der Aufwertungsstelle kann auch für Ansprüche vereinbart werden, auf die sich die Vorschriften dieses Artikels nicht erstrecken." Dazu Begründung: „Im Art. I § 9 ist eine Ermächtigung zur Regelung der Abwickelung von anderen als den in § 1 bezeichneten Vermögensanlagen vorgesehen." Aus welchen Gründen die Fassung geändert worden ist, war nicht festzustellen.

§ 10.

Entw. § 7.

In bürgerlichen Rechtsstreitigkeiten ist das Verfahren auf Antrag auszusetzen, soweit die Entscheidung von der Höhe der Aufwertung eines der im § 1 bezeichneten Ansprüche abhängt.[1]) Der Antrag auf Aussetzung kann vor dem Gerichtsschreiber zu Protokoll erklärt werden.[2])

1. Die Vorschrift des § 10 erweist sich als eine Folgerung aus der in § 9 begründeten „ausschließlichen" Zuständigkeit der Aufwertungsstelle für die Entscheidung über die Höhe der Aufwertung und zugleich als eine Beschränkung der Ausschließlichkeit. Der Streit über die Höhe der Aufwertung bildet, wenn er im Laufe eines vor einem ordentlichen Gerichte anhängigen Rechtsstreits entsteht, einen „einzelnen Streitpunkt", einen Inzidentstreit, der einer anderen Zuständigkeit überwiesen ist, von dessen Entscheidung aber die Entscheidung des Rechtsstreits abhängt. In solchen Fällen ist durch § 148 ZPO. den Gerichten bereits die Befugnis gegeben, die Aussetzung der Verhandlung bis zur Feststellung des Rechtsverhältnisses durch die zuständige Verwaltungsbehörde oder das zuständige Verwaltungsgericht anzuordnen. Verwaltungsbehörde oder Verwaltungsgericht in diesem Sinne ist auch die Aufwertungsstelle, da sie ihre Befugnis zur Entscheidung des in Frage stehenden Streitpunktes aus dem Willen der Staatsgewalt herleitet, die ihr diese Befugnis durch Gesetz mit Ausschluß der Gerichte übertragen hat (RGZ. 23, 340; 75, 428). Jedoch besteht im allgemeinen keine Pflicht des Gerichts zur Aussetzung; es kann vielmehr über den Inzidentpunkt

auch selbst entscheiden; nur in einzelnen Fällen (so in § 901 Abs. 2 Reichsversicherungsordnung vom 19. Juli 1911) ist den Gerichten die Aussetzung zur Pflicht gemacht. Eine solche Pflicht zur Aussetzung wird nun auch durch § 11 VO. geschaffen. Diese Pflicht ist jedoch davon abhängig, daß ein entsprechender Antrag gestellt wird. Wird ein solcher Antrag nicht gestellt, so kann das Verfahren vor dem ordentlichen Gerichte fortgeführt werden und ist dann dieses auch zur Entscheidung über die streitige Höhe des Aufwertungsbetrags zuständig. Auf diesem Wege kann also eine Vereinbarung der Zuständigkeit der ordentlichen Gerichte zur Entscheidung auch über die Höhe des Aufwertungsbetrags erfolgen. Auf diesem Standpunkte steht ersichtlich auch das Urteil des 5. Zivilsenats des Reichsgerichts vom 1. März 1924 — V 129/1923 — (abgedruckt als Anh. XIII), das unter Anerkennung der Rechtsgültigkeit und der rückwirkenden Kraft der dritten Steuernotverordnung die streitige Höhe des Aufwertungsbetrags feststellt.

2. Dadurch, daß der Antrag **zu Protokoll des Gerichtsschreibers** gestellt werden kann, ist er vom Anwaltszwange befreit (§ 78 Abs. 2 ZPO.). Daß über ihn ohne mündliche Verhandlung entschieden werden könne, ist nicht (wie in § 248 ZPO. für das Gesuch um Aussetzung des Verfahrens) bestimmt. Es wird daher zur Entscheidung über den Antrag, wie in anderen Fällen des § 148 ZPO. (RGZ. 40, 373; anders im Falle des § 149, RGZ. 29, 383), einer mündlichen Verhandlung bedürfen und die Entscheidung durch verkündeten Beschluß zu erfolgen haben.

§ 11.

Entw. § 1 Abs. 2.

[1]) Hat der Gläubiger, ohne sich seine Rechte vorzubehalten, in den Fällen des § 1 Abs. 2 Ziffer 1 bis 3 die Löschung des Rechtes bewilligt,[2]) in den Fällen der Ziffer 4 bis 10 die Zahlung angenommen, so kann eine Aufwertung auch wegen ungerechtfertigter Bereicherung oder auf Grund einer Anfechtung wegen Irrtums oder aus einem anderen Rechtsgrund [3]) nicht

verlangt werden. Findet infolge dieser Regelung ein anhängiger Rechtsstreit seine Erledigung, so trägt jede Partei die ihr entstandenen außergerichtlichen Kosten. Die Gerichtskosten werden niedergeschlagen.[4])

1. § 11 greift besonders tief und mit einer Gewaltsamkeit, die einer unter normalen Verhältnissen erfolgenden Gesetzgebung fremd ist, in die Grundsätze der allgemeinen Ordnung des Privatrechts ein. Er begnügt sich nicht damit, eine Aufwertung bereits erledigter Ansprüche insoweit auszuschließen, als es den allgemeinen Rechtsgrundsätzen über das Erlöschen der Schuldverhältnisse (§§ 362 bis 397) und der dinglichen Rechte (§§ 875 ff., 1255 ff. BGB.) entspricht, obwohl Rücksichten der Billigkeit gerade in dieser Richtung wohl eine Ausnahme von den allgemeinen Rechtssätzen zugunsten derjenigen Gläubiger gerechtfertigt haben würden, welche durch die Erklärungen verantwortlicher Stellen, daß eine Aufwertung überhaupt unmöglich sei (vergl. Einl. unter V), noch in den letzten Monaten vor dem Inkrafttreten der VO. veranlaßt worden sind, ihre Ansprüche gegen Zahlung des Nennwerts aufzugeben. Der Paragraph verbietet vielmehr für die Aufwertung auch die Anwendung der besonderen Grundsätze des bürgerlichen Rechts, welche dazu bestimmt sind, aus Billigkeitsgründen unter Umständen den von Rechts wegen eingetretenen Rechtsverlust rückgängig machen zu können, nämlich der Rechtsgrundsätze über die **ungerechtfertigte Bereicherung** (§§ 812 ff.), die **Anfechtung wegen Irrtums** (§§ 119 ff.) und **anderer Rechtsgrundsätze**, die etwa noch in Betracht kommen könnten, wobei namentlich an die Unwirksamkeit eines Vergleichs wegen Unkenntnis des als feststehend zugrunde gelegten Sachverhalts (§ 779 BGB.) zu denken sein wird. In der Begründung wird zur Rechtfertigung der Vorschrift angeführt, es müsse verhindert werden, „daß der wirtschaftliche Erfolg einer nachträglichen Aufwertung bereits erloschener Ansprüche auf Umwegen herbeigeführt werde; anderenfalls würde eine Unzahl längst abgewickelter Verhältnisse wieder aufleben und eine Beunruhigung in das Wirtschaftsleben hineingetragen werden, die nicht tragbar sei". Der Antrag Düringer

zu diesem Paragraphen (Anh. XI) will eine Milderung für die nach dem 30. September 1922 erfolgten Entgegennahmen von Zahlungen und Löschungsbewilligungen erreichen; in noch weiter gehender Weise der Antrag Müller-Franken (Anh. XII) hinsichtlich der vor dem 1. Juli 1922 erfolgten derartigen Rechtsakte.

2. Voraussetzung für die Anwendung des § 11 ist, daß der Gläubiger, **ohne sich seine Rechte vorzubehalten,** bei dinglichen Ansprüchen (§ 1 Abs. 2 Ziff. 1 bis 3) die **Löschung des Rechts bewilligt,** bei schuldrechtlichen (§ 1 Abs. 3 Ziff. 4 bis 10) die **Zahlung angenommen hat.** In dem Entwurfe (§ 1 Abs. 2) war, ohne Unterschied zwischen dinglichen und schuldrechtlichen Ansprüchen, als Voraussetzung aufgestellt, daß der Gläubiger „eine Zahlung als Erfüllung angenommen habe". Für die dinglichen Ansprüche ist also eine Änderung dahin eingetreten, daß nicht schon die Annahme der Zahlung, sondern erst die Bewilligung der Löschung die besondere Rechtswirkung des § 11 erzeugt. Bei einer Grundschuld wird sonach durch die Annahme der aus dem Grundstücke zu leistenden Geldsumme, ohne Erteilung einer Löschungsbewilligung, die Anwendung des § 11 nicht gerechtfertigt werden. Wenn es sich aber um eine Hypothek handelt, so bewirkt bereits das Erlöschen der ihr zugrunde liegenden Forderung, das mit der Zahlung eintritt, daß die Hypothek zur Grundschuld wird und als solche dem Eigentümer zusteht (§ 1163 Abs. 1 Satz 2 BGB.);*) hat jedoch der Gläubiger keine Löschungs-

*) Gadow im Recht 1924 Sp. 63 Anm. 20 nimmt an, daß in solchem Falle vor die durch die vorbehaltlose Annahme der Zahlung entstandene Eigentümerhypothek (in Wirklichkeit Eigentümergrundschuld) eine Gläubigergrundschuld in Höhe des Aufwertungsbetrags trete, weil es nicht im Sinne der VO. liegen könne, daß die Eigentümergrundschuld zugunsten des Eigentümers aufgewertet werde (vergl. dazu Anm. 3 a zu § 2). Hier ist die Rechtslage aber doch eine ganz andere wie in dem dort erörterten Falle der in ungleicher Höhe erfolgenden Aufwertung

bewilligung erteilt, so wird er, falls die sonstigen Voraussetzungen vorliegen, noch berechtigt sein, wegen des Aufwertungsbetrags einen Anspruch aus ungerechtfertigter Bereicherung oder eine Anfechtung wegen Irrtums (vergl. Anm. 3) geltend zu machen; falls er damit durchdränge, so würde, da die Forderung erloschen bleibt, die Eigentümergrundschuld auf ihn übergehen und zur Gläubigergrundschuld werden. Der Eigentümer kann, wenn er den Gläubiger befriedigt, nach § 1144 BGB. die Aushändigung der Urkunden verlangen, die zur Berichtigung des Grundbuchs oder zur Löschung der Hypothek erforderlich sind. Hat er lediglich die zur Berichtigung des Grundbuchs durch Umschreibung der Hypothek als Eigentümergrundschuld auf seinen Namen erforderlichen Urkunden (Hypothekenbrief, Quittung) verlangt und erhalten, so treten die besonderen Rechtswirkungen des § 11 nicht ein. Eine neben der Quittung, wie es häufig geschieht, erklärte Löschungsbewilligung soll nach der Rechtsprechung des Kammergerichts (vergl. Komm. v. RGR. zu § 1144 Anm. 4) bedeutungslos sein, da der Gläubiger, der Quittung erteilt, nicht mehr befugt ist, über die Hypothek zu verfügen; es könnte deshalb fraglich sein, ob eine neben der Quittung erteilte Löschungsbewilligung zur Anwendung des § 11 genügen würde. Eine Umschreibungsbewilligung des Gläubigers (KGJ. 39 A 232) steht einer Löschungsbewilligung nicht gleich. Daß die Löschung wirklich stattgefunden hat, ist zur Anwendung des § 11 nicht erforderlich. Hat der persönliche Schuldner, der nicht Eigentümer ist, den Gläubiger befriedigt, so ist, insoweit

---

des dinglichen Rechts und der Forderung. Durch § 11 wird nichts daran geändert, daß die Hypothek bereits mit der Annahme der Zahlung zur Eigentümergrundschuld geworden ist; es wird nur die weitergehende Wirkung des Ausschlusses von Anfechtungs-, Bereicherungs- und sonstigen Rechtsbehelfen, durch welche die eingetretene Rechtswirkung rückgängig gemacht werden könnte, statt an die Annahme der Zahlung an die Löschungsbewilligung geknüpft.

er von dem Eigentümer Ersatz verlangen konnte, die Hypothek auf ihn übergegangen (§ 1164); ob die ihr nunmehr zugrunde liegende Forderung die ursprüngliche oder die Ersatzforderung des persönlichen Schuldners sei, ist bestritten (vergl. Komm. v. RGR. zu § 1164 Anm. 2; RGZ. 82, 81); nimmt man mit dem RG. letzteres an, so wird sich die Aufwertung, insbesondere die Berechnung des Goldmarkbetrags (§ 2 Abs. 2), nach dem der Ersatzforderung zugrunde liegenden Rechtsverhältnisse richten; übrigens würde auch, falls man ersteres annimmt, der mit der Zahlung zusammenfallende Tag des Erwerbs dafür maßgebend sein. Soweit der persönliche Schuldner von dem Eigentümer Ersatz nicht verlangen kann (also namentlich wenn der Eigentümer die Schuld ihm gegenüber nicht übernommen hatte), ist die Hypothek als Eigentümergrundschuld auf den Eigentümer übergegangen, die Forderung aber erloschen; hier tritt die gleiche Rechtslage ein wie bei Befriedigung durch den Eigentümer.

Die **Annahme der Zahlung** setzt voraus, daß der Schuldner von der Zahlung Kenntnis erhalten hat; Überweisung des Betrags auf sein Bank- oder Postscheckkonto genügt also nicht (so auch RG. in dem Urteile vom 28. November 1923, Anh. I). Hinterlegung kann, auch wenn die gesetzlichen Voraussetzungen dafür (§§ 372 ff. BGB.) vorliegen, die hier erforderliche freiwillige Annahme der Zahlung nicht ersetzen. Anders, wenn der Gläubiger der Hinterlegungsstelle die Annahme erklärt hat (§ 376 Abs. 2 Ziff. 2). Nach der jetzigen Fassung der VO. wird der Schuldner nicht mehr, wie nach dem Entwurfe (s. oben Anm. 2), zu beweisen haben, daß der Gläubiger die Zahlung als Erfüllung (d. h. als Totalleistung für seine gesamte Forderung) angenommen hat; vielmehr muß der Nachweis genügen, daß der Schuldner sie in dem Gläubiger erkennbarer Weise als Erfüllung angeboten und dieser sie angenommen hat. Das wird, wenn die Zahlung dem Nennbetrage der Forderung entsprach, ohne weiteres anzunehmen sein; dem Gläubiger wird es dann obliegen, nachzuweisen, daß er bei Annahme der Zahlung einen Vorbehalt gemacht habe. Daß der Vorbehalt gerade die Aufwertungsfrage betroffen habe, wird nicht erforderlich sein; es wird genügen, wenn aus irgendeinem Grunde, z. B. weil er einen höheren Nennbetrag beanspruchte, der Gläubiger die Zahlung nicht als Tilgung seiner gesamten Forderung anerkannt hat. Der Vorbehalt wird ausdrücklich und, wenn es sich um das Erlöschen des dinglichen Rechts handelt, gegenüber dem Eigentümer gemacht sein müssen. — Hat der Gläubiger auf die Forderung verzichtet — also etwa den ihm übersandten Nennbetrag wegen seiner Geringfügigkeit zurückgewiesen mit der Erklärung, er verzichte auf die Forderung —, so kann § 11 keine Anwendung finden; der Verzicht wird also nach allgemeinen Rechtsgrundsätzen in Frage gestellt werden können. Gleiches muß beim Erlasse (Erlaßvertrage) gelten. — Nach dem Entwurfe sollte die besondere Rechtswirkung des § 11 (§ 1 Abs. 2 des Entwurfes) nur eintreten, wenn die Annahme der Zahlung „vor dem 31. Dezember 1923" erfolgt war. Diese Zeitbeschränkung ist in der VO. nicht mehr enthalten; es müssen deshalb auch Löschungsbewilligungen und Zahlungen, die nach diesem Zeitpunkte und auch solche, die nach dem Inkrafttreten der VO. erfolgt sind, etwa in Unkenntnis ihres Bestehens oder ihres Inhalts, die in § 11 bestimmte Wirkung haben.

3. Es fragt sich, ob und in welchen Fällen, soweit die Sondervorschrift des § 11 nicht eingreift (vergl. Anm. 2), eine Aufwertung erloschener Ansprüche durch **Anfechtung** der das Erlöschen begründenden Willenserklärung wegen Irrtums (§ 119) oder aus dem Gesichtspunkte der **ungerechtfertigten Bereicherung** (§§ 812 ff. BGB) oder **aus einem anderen Rechtsgrunde** in Frage kommen kann. Das könnte zunächst nach dem oben (Anm. 2) Gesagten der Fall sein, wenn die den Gegenstand des dinglichen Rechts (Grundschuld, Hypothek usw.) bildende Geldleistung zum Nennwerte in Papiermark erfolgt und angenommen, eine Löschungsbewilligung aber nicht erteilt ist. In solchem Falle dürfte ein Bereicherungsanspruch begründet sein, wenn die Annahme der Zahlung in der irrtümlichen Meinung des Gläubigers erfolgt ist, daß er zur Annahme verpflichtet sei, weil er nicht mehr als

den Nennbetrag dinglich zu fordern habe; denn die Annahme der Zahlung ist eine Leistung des Gläubigers, durch welche der Eigentümer auf dessen Kosten die Befreiung von dem Betrage, um den die Grundschuld oder Hypothek aufzuwerten war, ohne rechtfertigenden Grund erlangt hat; diese Befreiung könnte nach den Grundsätzen der condictio indebiti (§ 813 BGB.) zurückgefordert werden. Handelt es sich dagegen um einen Verzicht auf das dingliche Recht oder Erlaß der Forderung, so kann von einem Bereicherungsanspruche nicht die Rede sein, da die Befreiung des Eigentümers bezw. Schuldners durch den Verzichts- (Erlaß-) Willen des Gläubigers gerechtfertigt wird; für eine Anfechtung wegen Irrtums aber wird keine Grundlage vorhanden sein, da kein Irrtum in der Erklärung, sondern nur ein solcher im Beweggrunde vorliegt. Ein Vergleich, auf Grund dessen die Zahlung angenommen ist, wird unwirksam sein, wenn beide Vertragsteile dabei davon ausgingen, daß der Betrag der Forderung gleich ihrem Nennwerte sei und nicht aufgewertet werden könne (§ 779 BGB.). Hat der Gläubiger bei Empfangnahme der Zahlung einen Vorbehalt hinsichtlich des Aufwertungsbetrags gemacht, so ist die Forderung insoweit nicht erloschen; der Geltendmachung des Aufwertungsbetrags steht deshalb nichts entgegen. Ist der Vorbehalt in der Löschungsbewilligung zum Ausdruck gebracht, so kann sie nicht zur Löschung des Rechts führen. War das nicht der Fall und ist die Löschung deswegen erfolgt, so ist das Grundbuch hinsichtlich des nicht durch Erfüllung erloschenen Teils der Forderung und der Hypothek, also des Aufwertungsbetrags, unrichtig geworden; das Recht besteht für den Aufwertungsbetrag noch weiter, und zwar gemäß § 2 Abs. 3 mit seinem bisherigen Range; hat jedoch ein Nachberechtigter sein Recht an dem Grundstücke im Vertrauen auf die Richtigkeit des Grundbuchinhalts erworben, so wird ihm das gelöschte Recht auch für den Aufwertungsbetrag nicht entgegengehalten werden können.

4. Die die Grundsätze des allgemeinen Rechts ausschließende Sondervorschrift des § 11 soll sonach auch auf **anhängige Rechts-**

streitigkeiten Anwendung finden. Ein Unterschied in Hinsicht auf die **Instanz**, in welcher der Rechtsstreit anhängig ist, wird nicht gemacht; die Vorschrift wird also auch in der Revisionsinstanz noch zu beachten sein (vergl. auch RGZ. 101, 147 und das Urteil des RG. vom 1. März 1924, Anh. XIII). Voraussetzung ist, daß ein Rechtsstreit oder ein absonderungsfähiger Teil eines solchen lediglich die Frage der Rückgängigmachung des Erlöschens des Anspruchs auf Aufwertung aus dem Rechtsgrunde der Bereicherung, der Irrtumsanfechtung oder einem sonstigen Rechtsgrunde betrifft. Alsdann ist er insoweit durch einen Beschluß, der auf Grund mündlicher Verhandlung zu ergehen haben wird, für erledigt zu erklären. Die Bestimmung hinsichtlich der gerichtlichen und außergerichtlichen Kosten entspricht der in der letzten Zeit für ähnliche Eingriffe in schwebende Gerichtsverfahren (z. B. bei den Verordnungen zur Entlastung des RG.) mehrfach getroffenen Regelung.

§ 12.

Entw. § 9.

(I) Soweit die Aufwertung von Ansprüchen aus Vermögensanlagen anderer als der im § 1 Abs. 2 bezeichneten Art verlangt werden kann,[1]) darf sie das im § 2 vorgesehene Maß nicht übersteigen. Die Vorschrift des § 11 gilt entsprechend.[1]) [3])

(II) Ansprüche aus gegenseitigen Verträgen, Gesellschaftsverträgen und anderen Beteiligungsverhältnissen sowie Ansprüche auf wiederkehrende Leistungen, die bei Abfindungen, Auseinandersetzungen oder ähnlichen Rechtsvorgängen begründet sind, gelten nicht als Vermögensanlage im Sinne des Abs. 1.[2]) [3])

(III) Ansprüche aus einer laufenden Rechnung oder einem Kontokorrent, die den Saldo als solchen betreffen, werden nicht aufgewertet.[4]) [5])

1. **Vermögensanlagen anderer als der im § 1 Abs. 2 bezeichneten Art.** Vergl. Anm. 3 zu § 1. Danach kommen hier in

Betracht andere als die in § 1 Abs. 2 unter den Ziff. 1 bis 10 aufgeführten Ansprüche, soweit sie sich als „Vermögensanlagen" im gebräuchlichen Sprachsinne (§ 1 Anm. 3) darstellen. Ob für sie eine Aufwertung verlangt werden kann, wird durch § 12 nicht entschieden; das richtet sich vielmehr nach den allgemeinen Vorschriften des bürgerlichen Rechts. § 12 schränkt vielmehr nur, falls eine Aufwertung solcher Ansprüche verlangt werden kann, diese Aufwertung der Höhe nach auf dasselbe Maß ein, auf das in § 2 die Aufwertung der dort bezeichneten Ansprüche eingeschränkt ist, nämlich auf 15 vom Hundert des Goldmarkbetrags. Für die Berechnung des Goldmarkbetrags werden die Vorschriften in Abs. 2 des § 2 zur Anwendung zu kommen haben; es wird also auch für die hier in Frage stehenden Ansprüche der Tag des Erwerbs durch den Gläubiger oder seinen Erblasser als Stichtag maßgebend sein (vergl. Anm. 5 bis 9 zu § 2). Keine Anwendung werden die Vorschriften über die Herabsetzung des Aufwertungsbetrags auf Antrag des Schuldners (§ 2 Abs. 1 Satz 2, 3) finden können, da sie voraussetzen, daß als Regel ein fester Aufwertungssatz bestimmt ist, was hier nicht zutrifft, da die Aufwertung nach den allgemeinen Vorschriften erfolgt, wobei nach Treu und Glauben auch die Verhältnisse des Schuldners bereits Berücksichtigung zu finden haben. — Die allgemeinen Vorschriften, nach denen die Aufwertung zu erfolgen hat, sind die gleichen, wie sie bei den gemäß § 3 VO. aufzuwertenden Ansprüchen aus dinglich gesicherten Forderungen zur Anwendung zu kommen haben (vergl. Anm. 2 zu § 3). Vergl. darüber auch die Einleitung unter IV und die als Anhänge I und II abgedruckten Entscheidungen des Reichsgerichts. Da die Ansprüche aus gegenseitigen Verträgen usw. durch Abs. 2 (vergl. Anm. 2) ausgenommen sind, wird es sich hier hauptsächlich um Ansprüche aus einseitigen Rechtsgeschäften, die Vermögensanlagen sind, also namentlich aus Darlehen, handeln (vergl. Näheres zu § 1 Anm. 3). Unter § 12 Abs. 1 fallen auch nicht dinglich gesicherte Schuldverschreibungen, insbesondere Teilschuldverschreibungen (vergl. Anm. 13a zu § 1), die von natürlichen Personen, Personenvereinigungen oder juristischen Personen des Privatrechts oder Körperschaften des öffentlichen Rechts als Unternehmern wirtschaftlicher Betriebe ausgegeben sind und **nicht** verzinslich oder statt dessen mit einem Aufgelde rückzahlbar sind, und solche, die nicht auf den Inhaber lauten und auch nicht durch Indossament übertragbar sind (Namens-, Rektapapiere); vergl. § 1 Abs. 2 Ziff. 7, 8 und Anm. 15 zu § 1. Ferner auch die Guthaben bei **privaten** Sparkassen (vergl. § 1 Anm. 17). Diese Anlagen sollen nicht (wie die dinglich gesicherten, § 3) uneingeschränkt nach allgemeinen Vorschriften, aber auch nicht, wie die übrigen in § 1 Abs. 2 bezeichneten, einheitlich zu einem festbestimmten Hundertsatze, sondern nur je nach Lage der Verhältnisse **bis** zu diesem Hundertsatze, also unter Umständen auch geringer, aber niemals darüber hinaus aufgewertet werden. Auch Bankdepositen fallen unter diese Kategorie (vergl. aber Abs. 3 und Anm. 3). — Die Sondervorschrift des § 11 über die Wirkungen der **vorbehaltlosen Zahlungsannahme** ist auch hier entsprechend anwendbar (vergl. Anm. 1 bis 4 zu § 11). Dagegen finden die **Stundungsvorschriften** des § 5 auf sie keine Anwendung; die Zahlung des aufgewerteten Betrags und der Zinsen kann also sofort verlangt werden. Wegen der Zuständigkeit vgl. Anm. 3.

2. **Gegenseitige Verträge** (§§ 320 bis 327 BGB.) sind solche, bei denen schon durch die Eingehung des Schuldverhältnisses für beide Teile Verpflichtungen zu Leistungen entstehen und die beiderseitigen Leistungen in solchem Verhältnisse zueinander stehen, daß nach dem Parteiwillen die Leistung des einen Teils den Ausgleich (das Äquivalent) für die Leistung des anderen bilden soll (**synallagmatische Verträge**). **Gesellschaftsverträge** sind besonders genannt, obwohl sie zu den gegenseitigen Verträgen gehören (§ 705 BGB.; Komm. v. RGR. Anm. 4 dazu). Ansprüche aus Geldleistungen, die ein Gesellschafter durch Einbringen in die Gesellschaft gemacht hat, fallen also nicht unter Abs. 1, sondern unter Abs. 2. Auch die Verträge, durch welche handelsrechtliche Gesellschaften, insbesondere auch

Aktiengesellschaften, gegründet werden, fallen unter den Begriff der Gesellschaftsverträge. Der Anspruch des Aktionärs auf Dividende ist ein Anspruch aus einem Gesellschaftsvertrage. Auch der Anspruch des stillen Gesellschafters auf Verzinsung und Rückzahlung seiner Einlage sowie Auszahlung von Gewinnanteilen (§§ 335 ff. HGB.) ist ein Anspruch aus einem Gesellschaftsvertrage. Der Anspruch auf den Kaufpreis ist, auch wenn er gestundet worden, ein Anspruch aus dem Kaufvertrage, sofern er nicht in einen Darlehensanspruch gemäß § 607 Abs. 2 BGB. dadurch umgewandelt ist, daß vereinbart ist, das Geld solle als Darlehen geschuldet werden. Handelt es sich aber um eine durch Hypothek oder sonstiges dingliches Recht gesicherte Kaufpreisforderung für ein Grundstück, so fällt sie unter § 1 Abs. 2 Nr. 4 VO., und ihre Aufwertung erfolgt deshalb nach § 3, was besonders für die Zuständigkeit von Bedeutung ist (vergl. Anm. 3). Ansprüche auf Rückzahlung von Darlehen von Brauern an Wirte, die mit einem Bierbezugsvertrage ein einheitliches Rechtsgeschäft bilden, werden als Ansprüche aus einem gegenseitigen Vertrage anzusehen sein. — **Andere Beteiligungsverhältnisse:** Gemeinschaft des bürgerlichen Rechts (§§ 741 ff.); Miterbengemeinschaft (§§ 2032 ff. BGB.); eheliche Gütergemeinschaft (§§ 1437 bis 1557).

Ansprüche auf wiederkehrende Leistungen, die bei Abfindungen, Auseinandersetzungen oder ähnlichen Rechtsvorgängen begründet sind: Die Aufwertung bei Ansprüchen auf wiederkehrende Leistungen aus Abfindungs-, Unterhalts- und dergl. Verträgen ist zum Teil durch besondere Gesetze geregelt, die unberührt bleiben (vergl. § 14 Anm. 1). Soweit das nicht der Fall ist, regelt sich die Aufwertung nach den allgemeinen Vorschriften und Rechtsgrundsätzen. Das RG. hat die grundsätzliche Zulässigkeit der Aufwertung solcher wiederkehrenden Geldleistungen, die zum Unterhalte einer Person bestimmt, aber dazu infolge der Geldentwertung unzulänglich geworden sind, anerkannt (Warn. Rechtspr. 1921, 99; 1923/24, 3, 36, 78; RGZ. 106, 233). Dagegen hat es die Möglichkeit einer Aufwertung verneint, wenn durch Zahlung einer einmaligen Summe als Abfindung die Unterhaltsansprüche abgegolten sind (RGZ. 106, 396). Andererseits kann eine Versorgungsanstalt nicht Aufwertung des in gutem Gelde hingegebenen Betrags verlangen, durch den sich der Versorgungsberechtigte bei ihr eingekauft hat (VII 283/23, 21. Dezember 1923). — Die hier genannten Ansprüche sollen **nicht als Vermögensanlage im Sinne des Abs. 1** des § 12 gelten. Das bedeutet, daß ihre Aufwertung nicht der beschränkenden Vorschrift des Abs. 1 unterliegt, daß vielmehr, soweit sie nicht als Vermögensanlage im Sinne des § 1 der VO. zu gelten haben, wie die dinglich gesicherten Restkaufpreise für Grundstücke, ihre Aufwertung von den Vorschriften der VO. überhaupt nicht berührt wird und daher nach den allgemeinen Vorschriften und Rechtsgrundsätzen (vergl. Einleitung unter IV und Anm. 2 zu § 3) zu erfolgen hat. Es bleiben daher namentlich die Grundsätze, die das Reichsgericht über die Aufwertung der Geldleistungen aus gegenseitigen Verträgen aus dem Gesichtspunkte der Äquivalenz aufgestellt hat (vergl. Einleitung unter IV), uneingeschränkt bestehen.

3. Für die Entscheidung über die Höhe des Aufwertungsbetrages im Streitfalle ist für die in den Abs. 1 und 2 des § 12 genannten Ansprüche nicht, wie für die dinglich gesicherten Forderungen (§ 3 Anm. 2), die Zuständigkeit der Aufwertungsstelle begründet. Die Entscheidung über die Aufwertung steht vielmehr im ganzen Umfange den ordentlichen Gerichten zu.

4. Abs. 3 gibt ein Verbot jeder Aufwertung (in dem in Anm. 9 vor § 1 dargelegten Sinne, also unter Zulassung abweichender Vereinbarungen; vergl. § 13 Anm. 1) für **Ansprüche aus einer laufenden Rechnung oder einem Kontokorrent, die den Saldo als solchen betreffen.** Das HGB. behandelt in § 355 die Begriffe „laufende Rechnung" und „Kontokorrent" als gleichbedeutend und versteht darunter ein Verhältnis der Geschäftsverbindung eines Kaufmannes oder Nichtkaufmannes mit einem Kaufmanne derart, daß die aus der Verbindung entspringenden beiderseitigen Ansprüche und Leistungen nebst Zinsen in Rechnung gestellt und in regelmäßigen Zeitabschnitten durch Verrechnung und Feststellung des für den einen oder anderen

Teil sich ergebenden Überschusses ausgeglichen werden. Dieser auf Grund der Verrechnung periodisch festgestellte Überschuß zugunsten des einen oder anderen Teils wird als „**Saldo**" bezeichnet. Durch seine Feststellung entsteht ein besonderes Verpflichtungsverhältnis, das auf dem selbständigen Schuldgrunde der Anerkennung des Saldos beruht. Nur die Ansprüche aus diesem durch die Anerkennung des Saldos begründeten Verpflichtungsverhältnisse werden durch das Verbot der Aufwertung in § 12 Abs. 3 betroffen. Darüber, welches der Grund und Zweck dieser Vorschrift gewesen, ist aus den Vorarbeiten zu der VO., soweit sie bekanntgeworden sind, kein Aufschluß zu gewinnen, da die Vorschrift sich in dem Entwurfe noch nicht findet und deshalb auch in der Begründung nicht erwähnt wird.*) Auf welche Weise sie in die VO. hineingekommen ist, war nicht festzustellen. Man wird annehmen müssen, daß sie auf ähnlichen Erwägungen beruht wie die Vorschrift des § 11, die durch Zahlungsannahme erloschene Ansprüche von der Aufwertung in noch über die Vorschriften des allgemeinen Rechts hinausgehender Weise ausschließen will, nämlich darauf, daß die Aufrollung erledigter Rechtsverhältnisse möglichst vermieden werden soll. Doch muß es als höchst bedenklich bezeichnet werden, daß hier die Anerkennung, die ja wirtschaftlich nicht die Tilgung der bisherigen Forderung, sondern nur ihre rechtliche Umwandlung bedeutet, der Tilgung durch Zahlung gleichgestellt wird. Gerade die Kontokorrentforderungen stellen häufig Vermögensanlagen dar, die durch den Währungsverfall entwertet sind, und es besteht kein Grund, diese Entwertung ganz demjenigen Teile zur Last zu legen, der zufällig als Gläubiger des Saldos erscheint. Bei dieser Ungeklärtheit und Bedenklichkeit der Vorschrift wird sie aber jedenfalls, entsprechend ihrem Wortlaute, auf das sog. „eigentliche" Kontokorrentverhältnis

*) Gadow im Recht 1924 Sp. 64 vermutet, daß „eine umständliche Aufwertung der Einzelposten vermieden werden sollte". Die Bestimmung richtet sich aber nicht gegen die Aufwertung der Einzelposten, sondern gerade gegen die des Saldos!

einzuschränken sein, das, wie in der Rechtslehre anerkannt ist, allein von der Begriffsbestimmung in § 355 HGB. betroffen wird, nämlich dasjenige Rechtsverhältnis, bei welchem der Wille der Vertragschließenden von vornherein wesentlich auf Leistungen beider Teile gerichtet ist, die gegenseitige Forderungen und Verbindlichkeiten begründen, und bei dem die einzelnen Posten nur als rechnerische Faktoren für das Schlußergebnis in Betracht kommen sollen (vergl. RGZ. 76, 331; 95, 19; Staub, HGB., Exkurs zu § 357 Anm. 1). Nicht anzuwenden sein wird daher die Vorschrift auf das (in seiner rechtlichen Natur sehr unbestimmte) sog. „uneigentliche" Kontokorrentverhältnis, bei welchem eine der des eigentlichen ähnliche Art der Buchführung und Rechnung gehandhabt wird und auch periodische Abrechnungen zu erfolgen pflegen, aber im wesentlichen nur von einer Seite forderungbegründende Leistungen stattfinden (RGZ. 95, 19). Dazu gehört namentlich das Bankdepositenverhältnis, das wesentlich auf einseitige Geldeinzahlungen durch den Kunden, nicht auf Kreditgewährung durch die Bank gerichtet ist, wenn auch gelegentliche Überziehungen des Kontos durch den Kunden, sei es mit oder ohne vorhandene Deckung, gestattet sind. Solche „Depositenkonti" werden in der Praxis häufig mit dem Kontokorrentkonto zusammengeworfen (vergl. Obst, Bankgeschäft S. 177, 315), unterscheiden sich aber ihrem Wesen nach erheblich von dem eigentlichen Kontokorrent. Bei ihnen wird daher die Aufwertung nach § 12 Abs. 1 zu erfolgen haben, da sie Vermögensanlagen anderer als der in § 1 Abs. 2 bezeichneten Art darstellen und nicht auf gegenseitigen Verträgen (§ 12 Abs. 2) beruhen.

5. Die Aufwertung von Geldansprüchen, die weder aus Vermögensanlagen im Sinne von § 1 Abs. 2 noch aus Vermögensanlagen im Sinne von § 12 VO. entstanden sind, auch solcher, die nicht zu den in § 12 Abs. 2 aufgezählten gehören, also namentlich von Ansprüchen aus nicht gegenseitigen Verträgen und solchen, die außerhalb eines Vertragsverhältnisses entstanden sind, wird durch die VO. in keiner Weise berührt, bestimmt

sich daher lediglich nach den allgemeinen Vorschriften und Rechtsgrundsätzen. Dahin gehören namentlich Ansprüche auf Ersatz von Aufwendungen und Auslagen bei Ausführung von Aufträgen und Geschäftsführung ohne Auftrag (vergl. RGZ. 107, 148), Ansprüche aus ungerechtfertigter Bereicherung, Vergleichen (§ 779), selbständigen Anerkenntnissen und Schuldbekenntnissen (§§ 780 bis 782 BGB.), Ansprüche auf Schadenersatz aus Verträgen und aus unerlaubten Handlungen. Unter den Schadenersatzansprüchen aus Verträgen kommen besonders in Betracht diejenigen aus Verzug des Schuldners mit der Geldleistung. Diese unterstehen der VO. auch dann nicht, wenn die Leistungsverpflichtung sich auf eine Vermögensanlage im Sinne der VO. gründet; die Vorschriften der VO. beziehen sich nur auf die unmittelbar aus dem Vertrage entspringenden Ansprüche auf Rückzahlung und Verzinsung der Vermögensanlage, nicht auf die nur mittelbar und unter Umständen entstehenden Ansprüche auf Schadenersatz. Das wird bestätigt durch die Begründung (zu Art. I des Entwurfs), die hervorhebt, daß die VO. sich nicht beziehe „auf Aufwertungsansprüche bei gegenseitigen Verträgen und im Falle des Verzugs“. Die Fragen, ob und inwieweit der im Verzuge befindliche Geldschuldner die geschuldete Summe entsprechend der während seines Verzugs eingetretenen Geldentwertung aufzuwerten hat, und ob andererseits auch ein im Lieferungsverzuge befindlicher Sachschuldner Aufwertung der ihm als Gegenleistung geschuldeten Geldsumme verlangen kann, sind nicht unbestritten. Das RG. hat nur bei ausländischen Gläubigern angenommen, daß ihnen durch den Verzug Schaden in Höhe der während der Verzugszeit eintretenden Geldentwertung entstehe, während es bei inländischen Gläubigern die Darlegung von Umständen verlangt, aus denen hervorgehe, daß das Geld im Falle rechtzeitiger Zahlung nicht auch bei dem Gläubiger entwertet worden wäre (RGZ. 96, 265; RG. in JurWoch. 1920, 704 [2]; RGZ. 98, 164; 102, 62). Andererseits versagt das RG. auch dem in Leistungsverzug befindlichen Sachschuldner nicht ohne weiteres den Anspruch auf Aufwertung der ihm als Gegenleistung geschuldeten Geldsumme, da nach § 287 BGB. der Gläubiger nur Anspruch auf Ersatz des ihm durch den Verzug des Schuldners entstehenden Schadens habe, der Verzug aber nicht zu einer Bereicherung des Gläubigers auf Kosten des Schuldners führen solle (RGZ. 107, 22; 107, 128; 107, 149 und seitdem ständig).

Die VO. bezieht sich ferner (wie in der Begründung gleichfalls hervorgehoben wird) nicht auf Ansprüche aus Unterhaltsverpflichtung, auf Ansprüche aus letztwilligen Verfügungen, Erbverträgen sowie auf Pflichtteilsansprüche.

§ 13.

Entw. § 2 Abs. 5.

(I) Vereinbarungen über die Aufwertung der im § 1 Abs. 2, § 12 bezeichneten Vermögensanlagen bleiben unberührt und können auch in Zukunft getroffen werden.[1])

(II) Soweit der vereinbarte Aufwertungsbetrag den Satz von 15 vom Hundert des Goldmarkbetrags nicht überschreitet, findet die Vorschrift des § 2 Abs. 3 Anwendung.[2]) Soweit der vereinbarte Aufwertungsbetrag diesen Satz überschreitet, gilt die Vereinbarung als Begründung eines neuen Schuldverhältnisses und nimmt der Aufwertungsbetrag an dem dinglichen Range des aufgewerteten Rechtes nicht teil.[2])

1. Der Paragraph läßt **Vereinbarungen** über die Aufwertung der in der VO. geregelten Vermögensanlagen, die vor ihrem Inkrafttreten getroffen sind, **unberührt** und gestattet auch **in Zukunft** solche Vereinbarungen. Der Inhalt der Vereinbarungen ist nicht beschränkt; sie können also eine Aufwertung in beliebiger Höhe über den aus der VO. sich ergebenden Aufwertungsbetrag hinaus enthalten oder auch dahinter zurückbleiben; in beiden Richtungen sind sie bindend, soweit sie nach allgemeinen Rechtsgrundsätzen bindend sind. Solche Vereinbarungen werden insbesondere den Charakter von Vergleichen (§ 779 BGB.) tragen und sind bindend, wenn durch sie die unter den Parteien

streitige Frage der Berechtigung oder Höhe der Aufwertung geregelt werden sollte; dagegen werden sie als unwirksam anzusehen sein, wenn durch sie andere Streitpunkte geregelt sind, aber beide Parteien von der rechtlichen Unmöglichkeit einer Aufwertung ausgegangen sind, was insbesondere in den letzten Monaten nach den Äußerungen verantwortlicher Stellen (vergl. Einleitung unter V) recht nahe lag (RG. Warn. 1919 Nr. 189). Soweit freilich auf Grund solcher Vergleiche die Zahlung angenommen oder bei dinglichen Ansprüchen die Löschung bewilligt ist, wird die Geltendmachung ihrer Unwirksamkeit durch § 11 VO. (vergl. Anm. 1 dazu) ausgeschlossen sein. Einer Form bedürfen die Vereinbarungen, sofern sie sich als Vergleiche darstellen, nicht. Vergl. aber für die Eintragung des dinglichen Rechts Anm. 2. Als **Vereinbarungen über die Aufwertung** werden auch solche anzusehen sein, die bereits vor der jetzt eingetretenen Geldentwertung im Hinblick auf die Möglichkeit des Eintritts einer solchen getroffen worden sind.*) Dazu gehören namentlich die sog. Goldwertklauseln, die dahin gehen, daß der Schuldner eine dem Goldwerte des hingegebenen Betrages entsprechende Menge des gesetzlichen Währungsgeldes zu zahlen hat. Gleiches wird aber auch von den eigentlichen Goldklauseln (Goldmünzklauseln), die nach dem 31. Juli 1914 vereinbart und daher von dem Gesetze vom 4. August 1914 nicht betroffen sind, zu gelten haben; die Ansprüche mit solchen Goldklauseln würden, da die Goldmünzen aus dem Verkehr verschwunden sind, gemäß § 245 BGB. durch Zahlung in der gesetzlichen Währungsmünze zu erfüllen sein; doch wird man in der Goldklausel nach Treu und Glauben die Vereinbarung finden müssen, daß für diesen Fall eine dem Goldwerte entsprechende Menge der Währungsmünze gezahlt werde, was allerdings das RG. für Forderungen, für die eine Hypothek bestellt ist, verneint hat, hauptsächlich mit Rück-

*) Der Entwurf (§ 2 Abs. 5) wollte nur solche Vereinbarungen zulassen, die „ausdrücklich bei der Begründung des Rechts getroffen sind“.

sicht darauf, daß eine Hypothek mit Goldwertklausel nicht eintragungsfähig ist (RGZ. 101, 144; RG. 28. November 1923, Anh. I). Solche Klauseln werden daher als Vereinbarungen über die Aufwertung auch gegenüber der VO. in Kraft bleiben.

2. Abs. 2 des Paragraphen bezieht sich auf die durch **Vereinbarung erfolgte** Aufwertung der in § 1 Abs. 2 Ziff. 1 bis 3 bezeichneten dinglichen Ansprüche (Hypothek, Grundschuld, Reallast, Schiffs- und Bahnpfandrechte). Soweit die Vereinbarung den Betrag, auf den diese Ansprüche nach § 2 VO. der Regel nach aufgewertet werden, nämlich 15 v. H. des Goldmarkbetrages, nicht überschreitet, findet **§ 2 Abs. 3** Anwendung, d. h. der Aufwertungsbetrag erhält den gleichen Rang, den das aufgewertete Recht hat, ohne daß es der Bewilligung einer dinglichen Sicherung für ihn in der Vereinbarung oder der Eintragung in das Grundbuch bedarf. Der vereinbarte Aufwertungsbetrag ist aber auf Antrag des Gläubigers oder des Schuldners einzutragen, und zwar an gleicher Stelle wie das aufgewertete Recht. Hierzu wird es der Vorlage einer öffentlichen Urkunde über die Vereinbarung bedürfen; eine öffentlich beglaubigte Urkunde wird genügen, falls die Vereinbarung die Erklärung enthält, daß die Eintragung bewilligt werde (§ 29 GBO.; vergl. zu § 2 VO. Anm. 11). — Soweit der vereinbarte Aufwertungsbetrag den bezeichneten Satz überschreitet, soll die Vereinbarung als **Begründung eines neuen Schuldverhältnisses** gelten und der Aufwertungsbetrag **an dem dinglichen Range des aufgewerteten Rechts nicht teilnehmen.** Die beiden Teile dieses Satzes müssen im Zusammenhange miteinander verstanden werden; danach bezieht sich auch der erste Teil nur auf das dingliche Schuldverhältnis; dieses soll als ein neues gelten und deshalb nicht den dinglichen Rang des alten teilen. Ein dinglicher Anspruch für den vereinbarten Aufwertungsbetrag, der den Satz von 15 v. H. übersteigt, entsteht aber überhaupt nur, wenn in der Vereinbarung eine dingliche Sicherung dafür bewilligt ist und die Eintragung erfolgt (§ 873); den dinglichen Rang kann er nur an nächstbereiter, also, wenn nicht ein vorgehender Gläubiger zurücktritt, nur an letzter Stelle erhalten.

§ 14.

Entw. § 2 Abs. 5.

Ist die Aufwertung durch ein Sondergesetz [1]) oder durch ein beim Inkrafttreten dieser Verordnung rechtskräftiges Urteil [2]) geregelt, so finden die Vorschriften dieses Artikels keine Anwendung.

1. Als **Sondergesetz** kommt namentlich in Betracht das Reichsgesetz über die anderweitige Festsetzung von Geldbezügen aus Altenteilsverträgen vom 18. August 1923. Da die Bestimmungen über den Altenteilsvertrag auf Grund des Vorbehalts in Art. 96 EG. BGB. landesgesetzlich geregelt sind, so überläßt das Gesetz es den obersten Landesbehörden, für wiederkehrende Geldleistungen, die aus solchen Verträgen geschuldet werden, eine den veränderten Verhältnissen entsprechende anderweite Festsetzung, soweit dies der Billigkeit entspreche, anzuordnen, sie also aufzuwerten, und zwar möglichst in der Form, daß die Geldleistung in eine Naturalleistung umgewandelt wird (§§ 1, 2). Zugleich läßt es auch eine Erweiterung des etwa zur Sicherheit der Geldleistung bestellten dinglichen Rechts zu, doch nicht mit dem Range dieses Rechts, sondern nur mit dem Range der „nächstbereiten Stelle“, an der es im Grundbuche einzutragen ist (§ 4). Die Entscheidung über die Aufwertung ist dem Amtsgerichte in einem Einigungsverfahren übertragen (§ 5). Entsprechende Regelung ist vorgesehen für die gleichfalls landesgesetzlich (Art. 59 EG. z. BGB.) geregelten Versorgungsansprüche der Familienmitglieder gegenüber den Fideikommißinhabern (§ 1 Abs. 2). Da infolge der Sonderregelung die Vorschriften der VO. keine Anwendung finden, so wird für die Rechte der in Betracht kommenden Gläubiger ausschließlich das Gesetz maßgebend sein, auch soweit es sie ungünstiger stellt, als sie nach der VO. gestellt sein würden, also namentlich hinsichtlich des Ranges der dinglichen Sicherung des 15 v. H. nicht übersteigenden Aufwertungsbetrags. —

Eine weitere sondergesetzliche Regelung der Aufwertung ist erfolgt durch mehrfache Verordnungen über die Erhöhung und Berechnung der Preise von elektrischer Arbeit, Gas und Leitungswasser (VO. vom 1. Februar 1919, RGBl. 135, in neuer Fassung bekanntgemacht am 16. Juni 1922, RGBl. 510, und VO. vom 24. Oktober 1923, RGBl. 996). Auch durch mehrere Gesetze, welche sich mit den Pachtverhältnissen befassen (Pachtschutzordnungen vom 9. Juni 1920, RGBl. 1193, und vom 29. Juni 1922, RGBl. I S. 529, abgeändert durch eine VO. vom 13. Februar 1924), ist die Möglichkeit eröffnet worden, Leistungen, welche unter den veränderten Verhältnissen nicht mehr gerechtfertigt sind, anderweit „festzusetzen", eine Aufgabe, die den Pachtschutzämtern übertragen ist.

2. Der Regelung durch Sondergesetz ist die Regelung durch ein **beim Inkrafttreten der VO. rechtskräftiges Urteil** gleichgestellt. Daraus ergibt sich (wie in dem reichsgerichtlichen Urteil vom 1. März 1924, [Anhang XIII] hervorgehoben ist), daß die VO. sich insofern rückwirkende Kraft beigelegt hat, als sie auch in Rechtsstreitigkeiten eingreift, die bei ihrem Inkrafttreten noch nicht rechtskräftig erledigt sind, und daß sie deshalb auch noch in der Revisionsinstanz Berücksichtigung finden muß (vergl. auch RGZ. Bd. 101 S. 147, 148). Es wird deshalb namentlich auch in der Revisionsinstanz noch gemäß § 10 VO. auf Antrag die Aussetzung des Verfahrens in dem dort vorgesehenen Falle zu erfolgen haben.

§ 15.

Entw. —.

Rechte, Ansprüche und Befugnisse, die auf vor dem Inkrafttreten dieser Verordnung abgeschlossenen internationalen Vereinbarungen oder den zu ihrer Durchführung erlassenen Gesetzen beruhen oder die zur Erfüllung von Verpflichtungen aus solchen Vereinbarungen begründet sind, bleiben unberührt.[1])

1. Die (im Entwurfe noch nicht enthaltene) Vorschrift des § 15 bringt, ersichtlich zur Vermeidung auswärtiger Komplikationen und um allen zwischenstaatlichen Verpflichtungen Rechnung zu tragen, einen möglichst allgemein gehaltenen Vorbehalt zugunsten international begründeter **„Ansprüche, Rechte und Befugnisse"**. Neben den Ansprüchen und Rechten sind auch „Befugnisse" genannt, das sind aus den Verträgen oder Gesetzen sich ergebende Betätigungsmöglichkeiten von Regierungen oder einzelnen, die nicht als subjektive Rechte im Sinne des privaten oder öffentlichen Rechts ausgestaltet sind. Darunter werden namentlich Befugnisse auf Grund des Versailler Friedensvertrages fallen, der den Ententestaaten und ihren Angehörigen so viele und erhebliche „Befugnisse" gegenüber Deutschland beigelegt hat. Der Ausdruck **„internationale Vereinbarungen"** ist auch offenbar absichtlich in weitestem Sinne gebraucht und umfaßt nicht nur die zu inneren Gesetzen gewordenen Staatsverträge, sondern alle Vereinbarungen, die von Regierung zu Regierung oder auch von einzelnen (Deutschen) mit einer fremden Regierung (wie neuerdings die sog. Micum-Verträge) oder von einer deutschen Regierung mit einzelnen Ausländern abgeschlossen sind. Doch ist dem ausländischen Gläubiger keineswegs grundsätzlich eine Sonderstellung gegenüber der VO. eingeräumt; er wird vielmehr, soweit internationale Vereinbarungen nicht entgegenstehen, von ihr ebenso betroffen wie der deutsche Gläubiger. Internationale Vereinbarungen, die hier in Betracht kommen, bestehen namentlich hinsichtlich der sog. Schweizer Goldhypotheken, das sind die mit Goldklauseln versehenen Hypotheken von Gläubigern, die schweizerische Staatsangehörige sind, auf deutschen Grundstücken. Diese Hypotheken waren, soweit sie vor dem 31. Juli 1914 begründet waren, durch die Bundesratsverordnung vom 28. September 1914, welche die bis dahin vereinbarten Goldklauseln bis auf weiteres für unwirksam erklärte, zu einfachen Markhypotheken geworden, und das RG. (RGZ. 101, 141) hatte, indem es verneinte, daß in der Goldklausel eine hilfsweise Goldwertklausel gefunden werden müßte, ihre Rückzahlung durch

Papiermark zum Nennwerte für berechtigt erklärt. Auf Drängen der Schweizer Gläubiger kam aus diesem Anlasse zwischen dem Deutschen Reiche und der Schweiz das Abkommen vom 9. Dezember 1920 zustande, das durch Reichsgesetz vom 10. Dezember 1920 (RGBl. S. 2024) Gesetzeskraft erhalten hat. Nach diesem Abkommen (Art. 3) sind Gläubiger von Schweizer Goldhypotheken, wenn sie gewisse Erklärungen abgeben (Art. 2), berechtigt, nach Ablauf einer bestimmten Frist die Rückzahlung der Hypothek in Gold zum Satze der deutschen Goldwährung oder dergestalt in Papiermark zu verlangen, daß sie für 100 geschuldete Mark 123,45 Schweizer Franken erhalten. Es entstanden jedoch Zweifel darüber, ob diese „Aufwertung" sich auch auf das dingliche Hypothekenrecht erstrecke, und diese Frage wurde vom RG. (RGZ. 104, 352) verneint. Die Folge davon war der Abschluß eines Zusatzabkommens, das durch Gesetz vom 23. Juni 1923 (RGBl. II S. 284) Gesetzeskraft für Deutschland erhielt. Nach diesem Abkommen wird, wenn die Gläubiger die in Art. 2 des ersten Abkommens vorgesehenen Erklärungen abgeben, die Goldhypothek in eine Gläubigergrundschuld in Schweizer Franken umgewandelt; es erlischt dadurch die Haftung des persönlichen Schuldners, der nicht Eigentümer ist, und für die aufgewertete Forderung haftet nur das Grundstück. Besondere Bestimmungen sind getroffen, um der Frankengrundschuld dinglichen Rang zu gewähren, ohne die Rechte der Nachhypothekare zu beeinträchtigen. Wegen der Berücksichtigung dieser Frankengrundschulden bei der Berechnung der Geldentwertungsausgleichssteuer vergl. § 28 Abs. 3 Satz 2 VO.

Eine Ausnahmestellung ist ferner durch Art. 296 des Versailler Friedensvertrags eingeräumt für die dem dort eingeführten Ausgleichsverfahren unterliegenden Forderungen von Staatsangehörigen derjenigen „alliierten und assoziierten" Mächte, welche sich an dem Verfahren beteiligen, gegen deutsche Schuldner, indem dort bestimmt ist, daß solche Schulden (und zwar auch die auf deutsche Währung lautenden) in der Währung des jeweils beteiligten alliierten oder assoziierten

Staates zu bezahlen oder gutzuschreiben sind, unter Umwandelung zu dem vor dem Kriege geltenden Umrechnungskurse. Es fallen unter diese Bestimmung die vor dem Kriege fällig gewordenen und solche während des Krieges fällig gewordenen Schulden, die aus Geschäften und Verträgen zwischen Angehörigen einander feindlicher Staaten herrühren, sofern die Ausführung des Geschäfts oder Vertrags infolge des Krieges ausgesetzt war. Auf solche Forderungen, auch wenn sie aus Vermögensanlagen im Sinne der VO. herrühren, kann daher die VO. keine Anwendung finden. Sie werden übrigens nicht direkt zwischen Gläubiger und Schuldner, sondern durch Vermittlung der Ausgleichsämter erledigt, und das Reich rechnet darüber mit den deutschen Schuldnern nach den neuesten Bestimmungen (Reichsentlastungsgesetz vom 4. Juni 1923) zu dem für diese immer noch recht günstigen Satze von zwei vom Tausend des Friedenskurses ab, während dem Reiche die Schuldbeträge in ausländischer Valuta zum Kurse des Tages der Abrechnung zur Last geschrieben werden.

Artikel II.

Öffentliche Anleihen.[1–6])

1. Über den Begriff der „Anleihe" vergl. Anm. 13 a zu § 1. Unter **„öffentlichen Anleihen"** werden in der Rechts- und Verkehrssprache allgemein die auf öffentlichem Markte, durch Angebot an die Allgemeinheit, zustande gekommenen (emittierten) Schuldverbindlichkeiten ebenso von Privaten wie von Körperschaften des öffentlichen Rechts verstanden. Die VO. gebraucht aber in der Überschrift dieses Artikels den Ausdruck in dem engeren Sinne der Anleihen von Körperschaften des öffentlichen Rechts, wie der weitere Inhalt des Artikels ergibt.

2. Die Aufnahme einer Anleihe durch den Staat und durch andere Körperschaften des öffentlichen Rechts bildet, wie jetzt, wenigstens soweit es sich nicht um „Zwangsanleihen" handelt (die in Wirklichkeit eine Art der Besteuerung bedeuten), allgemein anerkannt ist, einen Akt des Privatrechts. Auch der Staat tritt dabei dem einzelnen nicht in obrigkeitlicher Eigenschaft, sondern als Subjekt des Privatrechts (Fiskus), als gleichberechtigter Vertragskontrahent, gegenüber. Das Reich bedarf dazu schon nach der früheren Reichsverfassung (Art. 73) und ebenso nach der jetzigen (Art. 87) der Ermächtigung durch ein Reichsgesetz; auch die übrigen öffentlichen Körperschaften bedürfen der Regel nach einer durch Gesetz oder Verwaltungsakt ihrer Aufsichtsbehörde zu erteilenden Ermächtigung. Aber die Aufnahme der Anleihe ist der Abschluß eines privatrechtlichen Rechtsgeschäfts und das Rechtsverhältnis der öffentlichen Körperschaft zu den Anleihegläubigern in allen Fällen ein rein privatrechtliches. Für die Verfolgung und Durchführung der daraus entspringenden Forderungen gelten die Grundsätze des bürgerlichen Rechts und Verfahrens (vergl. Laband, Staatsrecht, 5. Aufl., Bd. 4 S. 362, 371; Giese, Reichsverfassung von 1919, zu Art. 87 Anm. 7). Das Verhältnis des Reiches zu seinen Anleihegläubigern ist durch die Reichsschuldenordnung vom 19. März 1900 (RGBl. S. 129) zusammenfassend geregelt und diese auf alle künftigen Anleihen für anwendbar erklärt.*) Dem Anleihegläubiger haftet sonach das gesamte Vermögen der öffentlichen Körperschaft für seine Forderung, und er kann, sobald diese fällig ist, nach Erlangung eines vollstreckbaren Titels grundsätzlich Befriedigung im Wege der Zwangsvollstreckung nach Maßgabe der ZPO. suchen; für die Zwangsvollstreckung sind jedoch auf Grund des Vorbehalts in Art. 15 Ziff. 3 EG. z. ZPO., soweit landesgesetzliche Vorschriften bestehen, diese maßgebend. Solche Vorschriften sind für Bayern (AG. z. ZPO. vom 23. Februar 1879) und Württemberg (AG. z. ZPO. vom 18. August 1879) getroffen. Ob ein Konkurs über das Vermögen öffentlicher Körperschaften, insbesondere von Gemeinden, möglich sei, ist eine in der Theorie

*) Sie ist jetzt auf Grund der Verordnung vom 13. Februar 1924 (RGBl. S. 95) ersetzt durch eine neue Reichsschuldenordnung.

bestrittene, durch die positive Gesetzgebung nirgends klar beantwortete Frage. Vergl. Meili, Die Schuldexekution und der Konkurs gegen Gemeinden. Im ganzen ist bereits früher erkannt und ausgesprochen, daß die Durchführung von Forderungen gegen öffentliche Körperschaften, namentlich gegen den Staat, wegen der diesem gegebenen Möglichkeit, sich im Wege der Gesetzgebung von seinen Schulden zu befreien, eine recht unsichere, von dem guten Willen oder dem Können des Schuldners abhängige Sache ist (vergl. Meili, a. a. O. S. 58; auch schon Nebenius, Der öffentliche Kredit, 1829). Während bei privaten Schuldnern im Falle der Zahlungsunfähigkeit oder Zahlungseinstellung die gesamten im Vermögen des Schuldners befindlichen Aktiva zur individuellen oder konkursmäßigen Befriedigung der Gläubiger in Anspruch genommen werden, vermag der Staat im Wege der Gesetzgebung dieses Vermögen für sich und die ihm nahestehenden Körperschaften zu erhalten und seine Gläubiger leer ausgehen zu lassen. Es haben denn auch früher bereits häufig Staaten, die in Not befindlich waren, im Wege der Gesetzgebung durch Einstellung der Zahlungen oder Moratorien sich ihrer Schulden dauernd oder für eine längere Zeit entledigt (Türkei, Spanien, Ägypten, zuletzt Rußland).

3. Eine solche Maßregel enthält auch der zweite Artikel der dritten Steuernotverordnung in § 16. Er proklamiert die Einstellung der Zahlungen an Kapital und Zinsen auf öffentliche Anleihen für das Reich, die Länder und die Gemeinden unmittelbar; für andere öffentliche Körperschaften, soweit es von der Reichsregierung angeordnet wird (Abs. 1, 3, 6). Diese Einstellung soll bis zur Erledigung sämtlicher Reparationsverpflichtungen dauern (Abs. 1). Der Gläubiger ist in der Zwischenzeit nicht verpflichtet, Erfüllung in Papiermark zum Nennwerte anzunehmen (Abs. 2). Die Verzinsung von Anleihen in Reichsmark, die nach dem 1. Januar 1923 aufgelegt sind, wird von den Bestimmungen nicht betroffen (Abs. 4). Für die Aufnahme neuer Anleihen ist die Bewilligung vorzugsweiser Befriedigung vor den alten vorbehalten (Abs. 5).

4. Die Bestimmungen gehen sonach in der Beschränkung der Rechte der Gläubiger erheblich weiter als die Vorschriften des ersten Artikels der VO. über die Aufwertung. Es wird nicht nur eine der Geldentwertung entsprechende Erhöhung der Ansprüche über ihren Nennbetrag eingeschränkt oder ausgeschlossen, sondern auch die Ausübung des Rechts auf den ursprünglichen Nennbetrag für eine in ihrer Dauer durchaus unbestimmte, jedenfalls aber sehr lange Zeit dem Gläubiger entzogen. Es muß deshalb auch für diese Bestimmungen besonders geprüft werden, ob ihr Erlaß im Wege der VO. auf Grund des Ermächtigungsgesetzes erfolgen konnte, das eine Abweichung von der Verfassung nicht gestattet (vergl. Anm. 4 vor § 1). Ob nun die Maßregel sich noch innerhalb der Grenzen der Verfassung hält, die es gestattet, den Inhalt und die Schranken des Eigentums (im weiteren Sinne) durch einfache Gesetze zu bestimmen, im übrigen aber das Eigentum gewährleistet, erscheint nicht ohne weiteres sicher. In der Begründung (s. unten Anm. 6) ist wohl aus diesem Grunde Wert darauf gelegt, daß es sich nur um eine vorläufige Maßregel handle und die endgültige Entscheidung, ob und in welchem Umfange die Zahlung einmal wieder aufgenommen werden kann, einem späteren Reichsgesetze vorbehalten werden soll. Immerhin geht die Bestimmung jedenfalls bis an die äußerste zulässige Grenze, da sie für eine unbestimmte Zeit, jedenfalls aber für die Dauer mehrerer Generationen, die Forderungen ihres wesentlichsten Inhalts, des Zahlungsanspruchs, entkleidet und damit ihren Gegenwartswert so gut wie völlig vernichtet. Doch bleiben sie wenigstens grundsätzlich bestehen und es ist durch Abs. 2 dem Schuldner die Möglichkeit genommen, sie in der Zwischenzeit durch Zahlung des Nennwerts zum Erlöschen zu bringen. Man wird sich deshalb schließlich wohl damit abfinden können, daß die Maßregel in dieser Form getroffen worden ist. Ihre moralische und politische Berechtigung noch zu erörtern, hat kaum einen praktischen Zweck mehr.

5. Auf Kredite, die auf anderem Wege als dem der Anleihe für die öffentlichen Körperschaften beschafft worden

sind, also namentlich auf Bankkredite, Kontrahierung von Verwaltungsschulden (Laband, Staatsrecht IV 362, II 188), unmittelbar durch Gesetz oder durch Dienstverträge entstandene Schulden (Ansprüche aus öffentlich-rechtlichen Versicherungen, Gehälter, Pensionen usw.) beziehen sich die Vorschriften des Artikels II nicht. Ihre Aufwertung richtet sich, soweit sie nicht unter die „Vermögensanlagen" im Sinne des Art. I fallen, nach allgemeinen Rechtsgrundsätzen. Nicht betroffen von den Vorschriften des Art. II werden auch die Schuldverschreibungen von Körperschaften des öffentlichen Rechts, die von diesen als Unternehmern wirtschaftlicher Betriebe ausgestellt sind; vergl. darüber § 1 Abs. 2 Ziff. 8 und Anm. 16 a dazu.

6. Aus der „Begründung":

„Die Entscheidung über die auf Reichsmark lautenden Anleihen des Reichs, der Länder und Gemeinden (Gemeindeverbände) kann zurzeit im Hinblick auf die gegenwärtige beschränkte Leistungsfähigkeit der öffentlichen Körperschaften und auf die Lasten, die dem Reiche aus dem Vertrage von Versailles erwachsen, nur in dem Sinne erfolgen, daß ein Anspruch weder auf Kapital noch auf Zinsen besteht. Die endgültige Entschließung darüber, ob die genannten öffentlichen Körperschaften nach Wiederherstellung ihrer finanziellen Leistungsfähigkeit und nach Abbürdung der im Augenblick nicht übersehbaren Schuldverpflichtungen an das Ausland in der Lage sind, die Zahlung von Kapital und Zinsen wieder aufzunehmen, und, wenn dies bejaht wird, in welchem Umfang die Zahlung möglich ist, muß der Zukunft und der Regelung durch ein späteres Reichsgesetz überlassen bleiben. In der Gegenwart kann nur dafür Sorge getroffen werden, daß der Wiederaufbau der öffentlichen Wirtschaft nicht unter der Aussetzung dieser Entschließung leidet. Aus diesem Grunde darf die Ungewißheit über das Schicksal der bestehenden Anleiheverpflichtungen nicht die durch die Kreditnot erzwungene Aufnahme neuer Anleihen gefährden. Reich, Länder und Gemeinden sollen daher in der Lage sein, bei der Begebung neuer Anleihen für diese den Vorrang vor den Verpflichtungen für Zins- und Tilgungsdienst der alten Anleihen vorzusehen."

§ 16.

Entw. § 10.

(I) Die Verzinsung und Einlösung von Anleihen des Reichs und der Länder, die vor dem Inkrafttreten dieser Verordnung aufgenommen worden sind und auf Reichsmark lauten, kann bis zur Erledigung sämtlicher Reparationsverpflichtungen nicht gefordert werden.[1]) Dies gilt nur für Schuldverschreibungen und Schuldbuchforderungen sowie für solche andere Anleihen, bei denen nicht eine Verpflichtung zur Rückzahlung der ganzen Anleihe innerhalb zweier Jahre nach der Aufnahme der Anleihe besteht.[2])

(II) In den Fällen des Abs. 1 ist der Gläubiger bis auf weiteres nicht verpflichtet, den Reichsmarkbetrag von Zins und Kapital zum Nennbetrag als Schulderfüllung anzunehmen.[3])

(III) Die Vorschriften der Abs. 1, 2 gelten auch für Gemeinden und Gemeindeverbände, soweit nicht durch Reichsgesetz etwas anderes bestimmt wird. In Einzelfällen kann die oberste Landesbehörde beim Vorliegen besonderer Verhältnisse für die Anleihe einer Gemeinde oder eines Gemeindeverbandes eine von den Vorschriften des Abs. 1 abweichende Regelung treffen.[4])

(IV) Die Verzinsung von Anleihen, die nach dem 1. Januar 1923 aufgelegt worden sind, wird durch die Bestimmungen der Abs. 1 bis 3 nicht berührt, soweit die Zinsen in Reichsmark zum Nennwert gezahlt werden.[5])

(V) Bei der Aufnahme neuer Anleihen kann bestimmt werden, daß sie mit Vorrang vor den im Abs. 1 bezeichneten Anleihen zu verzinsen und zu tilgen sind. Bei Anleihen der Gemeinden und Gemeindeverbände bedarf diese Bestimmung der Zustimmung der obersten Landesbehörde.[6])

(VI) Die Reichsregierung kann mit Zustimmung des Reichsrats die für Gemeinden geltenden Vorschriften der Abs. 1 bis 5 auf die Anleihen anderer öffentlich-rechtlicher Körperschaften und Anstalten sowie auf die im § 41 des Hypothekenbankgesetzes bezeichneten Schuldverschreibungen für anwendbar erklären.[7])

1. Den Gläubigern wird das Recht entzogen, innerhalb der bezeichneten Frist die **Verzinsung und Einlösung** der Anleihen zu fordern. Die „Einlösung", d. h. die Tilgung des Kapitals, zu fordern, stand nach den meisten, insbesondere den neueren, staatlichen Anleihebedingungen den Gläubigern nur in beschränktem Maße oder gar nicht zu; nach § 6 Abs. 2 der Reichsschuldenordnung war die Einräumung eines Kündigungsrechts für die Gläubiger ausgeschlossen; dadurch erhielten die Reichsschulden den Charakter von Rentenschulden (Laband, Staatsrecht Bd. 4 S. 367). Die Verzinsung geschah durch Einlösung der Zinsscheine (Kupons); auch diese zu fordern ist den Gläubigern bis auf weiteres verwehrt. — Die Befristung soll dauern **bis zur Erledigung sämtlicher Reparationsverpflichtungen.** Es sind das die ungeheuerlichen und in dem dort bestimmten Umfange und Maße niemals zu erfüllenden Verpflichtungen, die durch den Abschnitt VIII des Friedensvertrages über „Reparationen" Deutschland auferlegt sind. Es kann nur die Hoffnung ausgesprochen werden, daß die schließliche Festsetzung ihres Umfanges durch internationale Verständigung, die nicht nur in Deutschlands Interesse liegt, sie auf ein erfüllbares Maß herabsetze, so daß wenigstens für künftige Geschlechter noch einige Aussicht auf die Wiederaufnahme der Zahlungen für die alten Anleihen, denen freilich gemäß Abs. 5 in Zukunft noch neuere im Range für Verzinsung und Tilgung vorgesetzt werden können, besteht. Daß die Verjährung während der Zwischenzeit

nicht läuft, ist nicht besonders ausgesprochen, folgt aber aus den Vorschriften des BGB. (§ 202) ohne weiteres.

2. **Schuldverschreibungen,** vergl. Anm. 13 a zu § 1. — **Schuldbuchforderungen:** das sind die in das Reichsschuldbuch (RG. vom 31. Mai 1910, RGBl. S. 840) oder in ein Schuldbuch eines Landes eingetragenen, aus der Umwandelung von Schuldverschreibungen herrührenden Anleiheforderungen. — **Andere Anleihen** (d. h. solche, die nicht unter den Begriff der Schuldverschreibungen oder der Schuldbuchforderungen fallen) werden von dem Moratorium nur betroffen, wenn nicht eine Verpflichtung zur Rückzahlung der ganzen Anleihe innerhalb zweier Jahre nach der Aufnahme besteht. Ausgenommen sind also die kurzfristigen Anleihen, namentlich die Schatzanweisungen, das sind die für vorübergehenden Bedarf aufgenommenen Schulden, welche die „schwebende Schuld" der öffentlichen Körperschaft, im Gegensatz zu der „fundierten Schuld", bilden, soweit sie eine kürzere Umlaufsfrist als zwei Jahre haben. Auch die Schatzanweisungen sind Vermögensanlagen; sie fallen aber unter keine der in § 1 Abs. 2 Ziff. 1 bis 10 aufgeführten Arten von Vermögensanlagen und werden deshalb als „andere Vermögensanlagen" gemäß § 12 aufzuwerten sein.

3. Abs. 2 schützt den Gläubiger wenigstens vor dem rechtlichen Untergange seiner Forderung während des Moratoriums durch eine wider seinen Willen erfolgende Zahlung des entwerteten Nennbetrags in Papiermark. Über die Annahme der Zahlung vergl. Anm. 2 zu § 11. Die dort angeordnete Sonderwirkung der Zahlungsannahme findet hier keine Anwendung; es kann also das durch sie eingetretene Erlöschen der Forderung nach allgemeinen Rechtsgrundsätzen unter Umständen aus dem Gesichtspunkte der Bereicherung, des Irrtums oder einem sonstigen Rechtsgrunde (§ 779 BGB.) rückgängig gemacht werden.

4. Daß auch die Anleiheforderungen gegen **Gemeinden** und **Gemeindeverbände** dem Moratorium unterstellt werden (Abs. 3), kann unter Umständen besonders unbillig erscheinen, da es Ge-

meinden gibt, die auf Grund ihres nutzbringenden Sachvermögens (Wälder, Ländereien, Güter) recht wohl in der Lage sein würden, wenigstens die aufgewerteten Zinsen ihrer Anleiheschulden, wenn nicht das Kapital, den Gläubigern zu zahlen, ohne daß die ihnen obliegenden Aufgaben der öffentlichen Wohlfahrt dadurch Schaden erlitten. Das hat wohl der Gesetzgeber der VO. gefühlt und deshalb zwar als Regel ihre Unterstellung unter das Moratorium angeordnet, aber zugelassen, daß sie durch besondere Bestimmung von dem Moratorium ausgenommen werden können, und zwar nicht nur (was sich von selbst verstand) durch ein dies anordnendes **Reichsgesetz,** sondern auch, **bei Vorliegen besonderer Verhältnisse im Einzelfalle,** durch eine Anordnung der obersten Landesbehörde, also im Verwaltungswege. Die Anordnung kann eine von den Vorschriften der Abs. 1 und 2 abweichende Regelung treffen, also namentlich etwa Weiterzahlung der Zinsen zu einem geringeren Prozentsatze, unter von ihr zu bestimmender Aufwertung oder auch ohne solche, verordnen. Auffälligerweise ist aber auch Abweichung von der Vorschrift des Abs. 2 gestattet, und das kann nur bedeuten, daß der Schuldner durch die Anordnung der obersten Landesbehörde genötigt werden kann, Zins und Kapital zum Nennwerte als Erfüllung anzunehmen. Gegenüber dieser Bestimmung machen sich die gegen die Rechtsgültigkeit des Art. II im ganzen bestehenden Bedenken (Anm. 4 vor § 16) in erhöhtem Maße geltend; sie gibt einer Verwaltungsbehörde die Möglichkeit, dem Gläubiger den ihm nach allgemeinen Rechtsgrundsätzen zustehenden Aufwertungsanspruch endgültig und unwiderruflich zu entziehen, und dürfte insoweit in der Tat eine Abweichung von der Verfassung enthalten.

5. Abs. 4 läßt die Verpflichtung zur **Verzinsung** von Anleihen, die nach dem 1. Januar 1923 aufgelegt sind, unberührt, soweit die Zinsen in Reichsmark zum Nennwerte, also ohne Aufwertung, gezahlt werden. Eine Verpflichtung des Gläubigers, die Zinsen in diesem gänzlich entwerteten, zumeist in Papierscheinen gar nicht darstellbaren Be-

trage anzunehmen, wird dadurch nicht begründet. Er wird also seine Zinsscheine für bessere Zeiten aufheben können, sofern er nicht etwa Eintritt der Verjährung befürchten muß, was nicht ganz unzweifelhaft erscheint, da in diesem Falle eine Stundung nur für den Aufwertungsbetrag besteht, also wohl wenigstens der Anspruch auf den Nennbetrag verjähren würde, wogegen sich allerdings wieder einwenden ließe, daß er nicht in der Lage war, den Anspruch auf den Nennbetrag geltend zu machen, ohne dadurch den Anspruch auf die Aufwertung zu verlieren.

6. Abs. 5 gibt zur Erleichterung der Aufnahme neuen Kredits durch die öffentlichen Körperschaften während des ihnen bewilligten Moratoriums ihnen die rechtliche Möglichkeit, den Gläubigern der neuen Anleihen Verzinsung und Tilgung **mit Vorrang** vor den alten zuzusichern. Die rechtliche Natur dieses Vorranges kann zweifelhaft sein. Er würde wohl nur schuldrechtliche Wirkung zwischen den Gläubigern der alten Anleihen und den Schuldnern in dem Sinne haben, daß die Schuldner auch nach Fortfall der das Moratorium gemäß Abs. 1 begründenden Umstände die Verzinsung und Tilgung der alten Anleihen verweigern können mit Berufung darauf, daß sie die ihnen zu Gebote stehenden Mittel zur Verzinsung und Tilgung der neuen Anleihen verwenden müssen. Ein Recht auf vorzugsweise Befriedigung der neuen Anleihen im Konkurse, soweit ein solcher denkbar wäre (vergl. Anm. 2 vor § 16), dürfte dadurch nicht begründet werden.

7. Abs. 6 gibt der Reichsregierung die Befugnis, mit Zustimmung des Reichsrats die für Gemeinden geltenden Vorschriften der vorhergehenden Sätze auf die Anleihen anderer öffentlich-rechtlicher Körperschaften und Anstalten für anwendbar zu erklären. Darüber, welche Körperschaften usw. dafür in Frage kommen, vergl. Anm. 16 zu § 1. Die für Gemeinden geltenden Vorschriften sind die gleichen wie die für die Anleihen des Reiches und der Länder mit dem aus Abs. 3 sich ergebenden Unterschiede, daß durch Reichsgesetz oder bei Vorliegen besonderer Verhältnisse auch durch die oberste Landesbehörde eine abweichende Regelung

getroffen werden kann (vergl. Anm. 4), und ferner, daß es der Zustimmung der obersten Landesbehörde bedarf, um bei Aufnahme neuer Anleihen diesen den Vorrang vor den alten zu gewähren (Abs. 5, vergl. Anm. 6). Diese Abweichungen werden also auch zur Anwendung zu kommen haben, sofern die Reichsregierung von der Befugnis, das Moratorium auch auf andere Körperschaften des öffentlichen Rechts als Reich, Länder, Gemeinden und Gemeindeverbände auszudehnen, Gebrauch macht.

Artikel III.[1—3])

1. Art. III beschäftigt sich mit dem **„Geldentwertungsausgleich"**. Darunter versteht die VO. die Erhebung von gewissen Steuern oder Abgaben zugunsten des Reichs oder der Länder, die als Ausgleich dienen sollen für Gewinne, die infolge der durch die Geldentwertung (vergl. Einleitung unter IV) eingetretenen Vermögensverschiebungen einzelne Personen oder Personenvereinigungen auf Kosten anderer gemacht haben (Inflationsgewinne). Es handelt sich um eine Art von auf Billigkeitsgründen beruhenden Ansprüchen aus ungerechtfertigter Bereicherung (§§ 812 ff. BGB.), mit dem Unterschiede, daß das durch die Bereicherung Erlangte oder richtiger ein Teil davon herauszugeben ist nicht an denjenigen, auf dessen Kosten die Bereicherung erfolgt ist, sondern an das Reich oder die Länder als Vertreter der Gesamtheit der Staatsbürger. Es ist auch hier ein durchaus deutlich zum Ausdrucke kommender Sozialisierungsgedanke, der den Bestimmungen zugrunde liegt.

Solche Vermögensverschiebungen faßt die VO. in folgenden Richtungen ins Auge:

a) Vermögensverschiebungen, die dadurch eingetreten sind, daß Schuldner, die Schuldverschreibungen auf Reichsmark ausgestellt haben, diese Schuldverschreibungen infolge der eingetretenen Entwertung der Mark in Papiermark ohne oder mit geringerer Aufwertung ihres Nennbetrages zurückbezahlt haben oder zurückbezahlen können, als bei unbeschränkter Fortgeltung der allgemeinen Vorschriften des bürgerlichen Rechts der Fall gewesen sein würde. Der Ausgleich erfolgt hier durch eine zugunsten des Reiches zu erhebende **Obligationensteuer** (Art. III A 1, §§ 17 bis 23).

b) Vermögensverschiebungen, die dadurch entstanden sind, daß Schuldner Kredite, die sie während der Zeit der Geldentwertung aufgenommen und später infolge weiter fortgeschrittener Geldentwertung in Papiermark ohne oder mit geringerer als der den allgemeinen Vorschriften des bürgerlichen Rechts entsprechender Aufwertung haben zurückzahlen können. Zum Ausgleiche dieser Vermögensverschiebungen soll eine Steuer zugunsten des Reiches geschaffen werden, deren nähere Ausgestaltung noch vorbehalten ist, für deren Vorbereitung aber die VO. bereits gewisse Vorschriften gibt (Art. III A 2, § 24).

c) Vermögensverschiebungen, die dadurch entstanden sind, daß Personen oder Personenvereinigungen während der Zeit der Geldentwertung Notgeld ausgegeben haben, das sie dann in entwertetem Gelde zurückzahlen konnten. Hier soll ein Ausgleich geschaffen werden durch eine Steuer zugunsten des Reichs, zu deren Erhebung der Reichsfinanzminister unter Einhaltung gewisser ihm durch die VO. gegebener Richtlinien ermächtigt ist (Art. III A 3, § 25).

d) Vermögensverschiebungen, die zugunsten der Eigentümer von Grundstücken dadurch entstanden sind, daß sie die auf ihren Grundstücken ruhenden dinglichen Belastungen (Hypotheken, Grundschulden usw.), deren Betrag ihnen seinerzeit in Goldmark oder in weniger entwerteter Mark zugeflossen ist, infolge der seitdem eingetretenen Geldentwertung in einem Betrage zurückgezahlt haben oder noch zurückzahlen können, der auch bei Berücksichtigung der nunmehr durch Art. I geregelten Aufwertung eine dem empfangenen Betrage entsprechende Belastung des Grundstücks nicht mehr darstellt. Dieser Ausgleich soll erfolgen zugunsten der Länder:

α) bei bebauten Grundstücken durch eine „Aufwertungssteuer" oder Steuer vom Grundvermögen, deren nähere Ausgestaltung unter Einhaltung gewisser von der VO. gegebener Richtlinien den Ländern überlassen ist, in Verbindung mit der aber zugleich ein Abbau der Wohnungszwangswirtschaft durch allmähliche Angleichung der Mieten an die Friedensmiete zu erfolgen hat, durch den dem Hausbesitzer zugleich Ersatz für die von ihm zu entrichtende Steuer geboten werden soll (Art. III B 1, §§ 26 bis 32);

β) bei unbebauten Grundstücken, die mit Hypotheken usw. belastet sind oder seit Beginn der Geldentwertung gewesen sind, durch Erhebung einer in ihrem Höchstbetrage nach einem Hundertsatze des Betrags der dinglichen Lasten bemessenen Abgabe, deren nähere Ausgestaltung gleichfalls den Ländern überlassen ist (Art. III B 2).

e) Vermögensverschiebungen, die dadurch zugunsten von Personen oder Personenvereinigungen entstanden sind, daß diese aus den Forsten öffentlicher Körperschaften Holz bezogen und infolge Nichteinhaltung des Zahlungstermins oder Inanspruchnahme von Kredit bei der öffentlichen Körperschaft (Stundung des Kaufpreises) den Preis in entwertetem Gelde bezahlt haben. Auch hier soll der Ausgleich durch Erhebung einer Abgabe erfolgen, deren nähere Ausgestaltung den Landesregierungen überlassen ist, unter Einhaltung einer Höchstgrenze, und zwar zugunsten der öffentlichen Körperschaft (also in diesem einzigen Falle desjenigen, auf dessen Kosten die Bereicherung erfolgt ist) (Art. III B 3, § 37).

2. Auch gegenüber dem Art. III der VO., welcher Vorschriften steuerrechtlicher Natur enthält, ist das Bedenken erhoben worden, ob diese Vorschriften nicht Abweichungen von der Reichsverfassung bedeuten und deshalb nach Maßgabe des Ermächtigungsgesetzes (vergl. Anm. 4 vor § 1) unwirksam sind, und zwar im Hinblick auf Art. 134 R.V., der vorschreibt, daß alle Staatsbürger ohne Unterschied im Verhältnis ihrer Mittel zu allen öffentlichen Lasten nach Maßgabe der Gesetze beitragen. Diese Bedenken sind nur in zwei Richtungen verständlich: einmal in dem Sinne, daß Art. III selbst den darin bezeichneten persönlichen oder dinglichen Schuldnern (Schuldverschreibungsschuldnern, Eigentümern belasteter Grundstücke usw.) steuerliche Lasten auferlegt, die andere Staatsbürger nicht zu tragen haben; oder aber in dem Sinne, daß infolge teilweiser Wegsteuerung der diesen Schuldnern zugeflossenen Inflationsgewinne den Gläubigern der im Art. I bezeichneten Vermögensanlagen die ihnen gebührende Aufwertung ihrer Ansprüche eingeschränkt worden und dadurch die Steuerlast mittelbar ihnen auferlegt worden ist. In beiden Richtungen erscheinen die Bedenken abwegig. Art. 134 RV. will lediglich Steuerbefreiungen verbieten, die einzelnen mit Rücksicht auf ihre Person oder ihren Stand bisher zustanden oder in Zukunft gewährt werden könnten, z. B. die Steuerprivilegien der Fürsten und Standesherren. Er bedeutet aber keineswegs, daß alle Staatsbürger ohne Unterschied zu jeder einzelnen Last herangezogen werden müßten. Ein auf solcher Grundlage aufgebautes Steuersystem wäre eine Unmöglichkeit. Es ist vielmehr durchaus zulässig, daß einzelne Abgaben an bestimmte Verhältnisse derjenigen Staatsbürger, auf welche sie zutreffen, insbesondere an den Besitz gewisser Vermögensstücke (Grundstücke, Forderungen) oder an einen erlangten Gewinn beziehungsweise die Befreiung von einer Schuld geknüpft und nur den dadurch Betroffenen auferlegt werden, wie das in Art. I und III der VO. geschehen ist.

3. Aus der Begründung:

„Die im Artikel I vorgesehene Regelung beläßt den Schuldnern in erheblichem Umfang eine Spannung zwischen dem ursprünglichen Geldwert der Forderungen und dem Geldwert zur Zeit der Tilgung. Die finanzielle Notlage der öffentlichen Haushalte und die Gerechtigkeit erfordern, auf diese Spannung in den Grenzen des wirtschaftlich Erträglichen mit der Steuer zurückzugreifen. Dabei werden Unbilligkeiten vom Standpunkt der Gesamtheit aus nur dann ausgeglichen, wenn die Geldwertunterschiede insbesondere in den Fällen erfaßt werden, in denen die Markforderungen bereits getilgt sind und daher der Geldentwertungsgewinn dem Schuldner unverkürzt verbleibt. Soweit noch nicht in der Wirtschaft untergegangene Gewinne für die Besteuerung zur Verfügung stehen, mußte das überragende Interesse an der Deckung des Staatsbedarfs zu einem starken steuerlichen Zugriff führen (s. im einzelnen unten).

Die Regelung erstrebt grundsätzlich die Wegnahme eines Teils des Nutzens, der der Einzelwirtschaft aus der Geldentwertung zugeflossen ist, soweit diese Wegnahme steuertechnisch möglich und wirtschaftlich erträglich erscheint."

A. Geldentwertungsausgleich zugunsten des Reichs.

1. Geldentwertungsausgleich bei Schuldverschreibungen.

§ 17.

Entw. § 11.

Von solchen natürlichen Personen, Personenvereinigungen und juristischen Personen des Privatrechts, die zur Tilgung von Schuldverschreibungen berechtigt oder verpflichtet gewesen sind oder noch sind, wird eine Steuer nach den Bestimmungen der §§ 18 bis 23 erhoben.[1] [2]

1. Vergl. über die Berechtigung oder Verpflichtung zur Tilgung Anm. 1 zu § 20.

2. Zum Geldentwertungsausgleich bei Schuldverschreibungen (Obligationensteuer) sind durch den Reichsfinanzminister am 29. Februar 1924 Durchführungsbestimmungen erlassen worden, die im Reichsanzeiger vom gleichen Tage veröffentlicht worden sind. Sie sind als Anh. VII abgedruckt. Die Durchführungsbestimmungen stützen sich auf § 22 Abs. 2 bis 4 VO. (vergl. Anm. 1 dazu), die den Reichsfinanzminister zum Erlasse näherer Bestimmungen zu den dort bezeichneten einzelnen Punkten er-

mächtigen; ferner aber auch auf die der Reichsregierung erteilte allgemeine Ermächtigung in § 64 VO. In letzterer Beziehung vergl. Anm. 1 zu § 64.

§ 18.

Entw. § 12.

(I) Schuldverschreibungen im Sinne dieser Bestimmungen[1]) sind:

a) die im § 25 Abs. 1 zu a des Kapitalverkehrsteuergesetzes vom 8. April 1922 (Reichsgesetzbl. I S. 354) bezeichneten Schuld- oder Rentenverschreibungen inländischer Schuldner,[2])

b) schuldverschreibungsähnliche Aktien inländischer Aktiengesellschaften und Kommanditgesellschaften auf Aktien, soweit sie bis zum Inkrafttreten dieser Verordnung getilgt sind. Als schuldverschreibungsähnliche Aktien gelten Aktien, bei denen der Gewinnanteil und der Anteil am Liquidationserlöse sowie im Falle der Einziehung nach § 227 des Handelsgesetzbuchs der Rückzahlungsbetrag auf einen Hundertsatz des Nennbetrags beschränkt ist, es sei denn, daß es sich um Aktien handelt, die ein über die Vorschriften des § 252 Abs. 1 Satz 2, § 320 Abs. 3 des Handelsgesetzbuchs hinausgehendes Stimmrecht gewähren.[3])

(II) Zwischenscheine über Einzahlungen stehen den Verschreibungen oder Aktien gleich.[4])

1. Die VO. legt für die Heranziehung zu der Obligationensteuer einen besonderen Begriff der Schuldverschreibungen zugrunde („Schuldverschreibungen **im Sinne dieser Bestimmungen**"), der in § 18 unter a und b näher bestimmt wird.

2. § 25 Abs. 1 des Kapitalverkehrsteuergesetzes vom 8. April 1922 führt als der Wertpapiersteuer unterliegend **zu a** auf:

verzinsliche Schuldverschreibungen und Rentenverschreibungen inländischer und ausländischer Schuldner, falls sie

1. auf den Inhaber lauten oder
2. durch Indossament übertragbar sind oder
3. in Teilabschnitten ausgefertigt sind, und zwar auch dann, wenn sie nicht ausdrücklich als Teilschuldverschreibungen oder Teilrentenverschreibungen bezeichnet sind, oder
4. mit Zinsscheinen oder Rentenscheinen oder solchen Scheinen versehen sind, die den Schuldner berechtigen, an den Inhaber der Scheine Zinsen oder Renten zu zahlen.

Danach fallen unter die Steuerpflicht die auf Inhaber lautenden oder an Order gestellten (durch Indossament übertragbaren) Schuldverschreibungen, außerdem aber auch die auf Namen gestellten, wenn sie Teilschuldverschreibungen sind (vergl. über diesen Begriff Anm. 13a zu § 1), auch ohne daß sie sich als solche ausdrücklich bezeichnen, oder wenn sie mit Zins- oder Rentenscheinen versehen sind, die sich als Inhaber-Legitimationspapiere darstellen. (Die Wiedergabe von § 25 zu a Ziff. 4 Kapitalverkehrsteuergesetz in den Durchführungsbestimmungen, § 3 Abs. 1 a Ziff. 4, ist unvollständig; der letzte Satzteil ist weggeblieben.)

3. Unter b sind solche, gewöhnlich als „Aktien" bezeichnete Wertpapiere begriffen, die ihrem rechtlichen Wesen nach den Schuldverschreibungen nahestehen, da sie keinen Anspruch auf anteilsmäßige Beteiligung an dem Reingewinne und dem Liquidationserlöse geben, vielmehr in beiden Beziehungen, wie auch bei der in § 227 HGB. vorgesehenen Einziehung (Amortisation), mit einem Hundertsatze des Nennbetrags abgefunden werden. Es fallen darunter sowohl die „Genußscheine" wie die „Vorzugsaktien" (vergl. Anm. 13a zu § 1), letztere jedoch nicht, wenn der Vorzug sich auch darin bekundet, daß ihnen ein über das den Aktien gesetzlich zustehende Stimmrecht hinausgehendes Stimmrecht gewährt ist; Vorzugsaktien mit Vorzugsstimmrecht unterliegen also nicht der Steuer.

4. Den endgültigen Stücken sind die über auf die Schuldverschreibungen geleistete Einzahlungen ausgestellten Zwischenscheine, obwohl sie keine Wertpapiere (Wertträger) sind, gleichgestellt, da sie jene provisorisch vertreten.

§ 19.

Entw. § 13.

(I) Von der Steuer sind Grundkreditanstalten und Schiffsbeleihungsbanken befreit.[1])

(II) Der Steuer unterliegen ferner nicht:

a) Schuldverschreibungen, die vor dem 1. Januar 1918 getilgt worden sind,[2])

b) wertbeständige oder auf ausländische Währung lautende Schuldverschreibungen,[3])

c) Schuldverschreibungen, soweit für sie bebaute Grundstücke haften, die durch eine auf Grund der §§ 26 bis 32 erlassene Steuer besonders erfaßt werden.[4])

1. Über den Begriff der **„Grundkreditanstalten"** und der **„Schiffsbeleihungsbanken"** vergl. Anm. 13 zu § 1.

2. Die **vor dem 1. Januar 1918 getilgten** Schuldverschreibungen werden als von der Geldentwertung noch nicht betroffen angesehen; vergl. Anm. 5 zu § 2. Sie unterliegen deshalb der Steuer nicht. Vergl. Durchführungsbestimmungen § 6.

3. **„Wertbeständige"** Schuldverschreibungen sind solche, in denen entweder zwar die Zahlung einer Geldsumme in Reichswährung (jetzt Papiermark) versprochen, die Höhe dieser Geldsumme aber nicht durch Angabe eines festen Betrags (Nennbetrags) in Reichswährung, sondern durch Bezeichnung eines anderen wirtschaftlichen Gutes (Kohlen, Roggen, Kali, Dollar, Gold) als Wertmesser bestimmt ist, oder die in erster Linie überhaupt auf eine andere Leistung als Geld gehen, aber in der Weise, daß der Schuldner durch Zahlung eines Geldbetrags sich befreien kann, der in der vorher angegebenen Weise bestimmt ist. Volle

Wertbeständigkeit ist bei solchen Schuldverschreibungen keineswegs immer gesichert, da die als Wertmesser verwendeten Güter, abgesehen etwa vom Golde, auch ihrerseits einer Entwertung ausgesetzt sind. Für die VO. aber gelten sie als wertbeständig. Sie unterliegen deshalb keiner Aufwertung und infolgedessen auch nicht der Schuldverschreibungssteuer. — Schuldverschreibungen, die auf ausländische Währung lauten, sind wegen § 244 Abs. 2 BGB. gegenüber der Verschlechterung der inländischen Währung wertbeständig; sie unterliegen deshalb gleichfalls nicht der Aufwertung (vergl. Anm. 2 zu § 1) und infolgedessen nicht der Steuer. Vergl. Durchführungsbestimmungen § 7.

4. **Schuldverschreibungen, soweit für sie bebaute Grundstücke haften,** die durch eine auf Grund der §§ 26 bis 32 „erlassene" (d. h. angeordnete) Steuer erfaßt werden. Vergl. Anm. 2 zu § 26. Durch diese Befreiungsvorschrift soll eine Doppelbesteuerung der bebauten Grundstücke, die von der auf Grund der §§ 26 bis 32 VO. zu erhebenden Aufwertungssteuer oder Sondersteuer vom Grundvermögen erfaßt werden, vermieden werden. Schuldverschreibungen, für welche nur unbebaute Grundstücke haften, sind von der Schuldverschreibungssteuer nicht befreit; eine Doppelbesteuerung tritt dadurch nicht ein, da von der für solche Grundstücke zu erhebenden Geldentwertungsausgleichssteuer gemäß § 35 VO. die Eigentümer befreit sind, soweit die dingliche Last für Schuldverschreibungen begründet ist, die der Schuldverschreibungssteuer unterliegen. Die Schuldverschreibungssteuer geht also bei unbebauten Grundstücken der für die dingliche Belastung zu erhebenden vor, während bei bebauten Grundstücken das Umgekehrte der Fall ist. Haften für die gleichen Schuldverschreibungen auf Grund einer einheitlichen Belastung (Gesamthypothek, § 1132 BGB.) sowohl bebaute wie unbebaute Grundstücke, so haftet sowohl der bebaute wie der unbebaute Teil für den ganzen Betrag der Schuldverschreibungen. Die Steuer wird in solchem Falle nach dem Verhältnisse des Werts der bebauten zu den un-

bebauten Grundstücken teils als Schuldverschreibungssteuer, teils als dingliche Belastungssteuer zu erheben sein.

Die in den Durchführungsbestimmungen (§ 8 Abs. 2) hinzugefügte Bemerkung: „Diese Befreiung gilt nur insoweit, als die bebauten Grundstücke ausschließlich für Wohnzwecke genutzt sind und nicht einem Gewerbebetriebe dienen" hat in dieser Allgemeinheit keine rechtliche Grundlage. Denn auch soweit die dort genannten Voraussetzungen nicht vorliegen, können die bebauten Grundstücke der Besteuerung nach §§ 26 bis 32 VO. unterworfen werden (vergl. Anm. 2 zu § 26 am Schlusse) und würde deshalb eine Doppelbesteuerung eintreten, wenn auch die Schuldverschreibungssteuer für sie erhoben würde. Nur soweit bebaute Grundstücke nach Maßgabe der landesgesetzlichen Bestimmungen tatsächlich einer Besteuerung auf Grund der §§ 26 bis 32 nicht unterworfen werden — so in Preußen die land- und forstwirtschaftlichen Zwecken dienenden, vergl. Anm. 3 vor § 26 — greift auch die Steuerbefreiung nicht Platz.

§ 20.

Entw. § 14.

Steuerschuldner ist, wer zur Tilgung (Rückkauf, Einlösung, Einziehung) der Schuldverschreibungen nach den für sie gegebenen Bestimmungen verpflichtet oder berechtigt gewesen ist oder wem die Verpflichtung oder Berechtigung zur Tilgung obliegt.[1])

1. § 20 bestimmt, wer dem Steuerberechtigten (hier dem Reich) gegenüber zur Entrichtung der Steuer verpflichtet (**Steuerschuldner,** Steuerpflichtiger im Sinne der Reichsabgabenordnung § 79) ist. Die Vorschrift knüpft die Verpflichtung zur Entrichtung der Schuldverschreibungssteuer an die Person desjenigen, der **zur Tilgung der Schuldverschreibung verpflichtet oder berechtigt ist oder gewesen ist.** Zur Tilgung verpflichtet sind zunächst der Hauptschuldner oder die mehreren Hauptschuldner, die in der Regel Gesamtschuldner sein werden, also der oder die Aussteller der Schuldverschreibung; ferner derjenige, der die Schuld neben dem Hauptschuldner oder statt seiner übernommen hat (kumulative und befreiende Schuldübernahme, §§ 414 bis 416 BGB.). Der Bürge ist nicht zur Tilgung der Verbindlichkeit des Hauptschuldners, sondern nur zum Einstehen für die Erfüllung verpflichtet; er tilgt durch seine Zahlung nicht die Hauptschuld, diese geht vielmehr auf ihn über (Komm. v. RGR. zu § 765 Anm. 5; zu § 774 Anm. 1). Er kann deshalb nicht als Steuerschuldner angesehen werden. Außer dem zur Tilgung Verpflichteten soll auch der zur Tilgung Berechtigte Steuerschuldner sein. Aber derjenige, der in gewissen Fällen berechtigt ist, den Gläubiger zu befriedigen — der Ablösungsberechtigte (§§ 268, 1150, 1249 BGB.) — tilgt ebensowenig wie der Bürge die Forderung, diese geht vielmehr auf ihn über, bleibt also auch in diesem Falle bestehen (Komm. v. RGR. zu § 268 Anm. 3). Auch er kann somit nicht als Steuerschuldner gelten. Es ist deshalb nicht recht ersichtlich, wer außer den zur Tilgung Verpflichteten auf Grund einer Berechtigung zur Tilgung als Steuerschuldner in Betracht kommen soll. Doch kann sich eine solche Berechtigung für Dritte aus den für die Schuldverschreibungen geltenden Bestimmungen im einzelnen Falle ergeben. — Die Bestimmung führt als Tilgungsarten der Schuldverschreibungen, zu denen eine Verpflichtung oder Berechtigung bestehen kann, die **Einlösung**, den **Rückkauf** und die **Einziehung** an. Die Einlösung ist die natürliche und bestimmungsgemäße Tilgungsart durch Leistung des versprochenen Betrages; der Leistung gleich steht die Aufrechnung (§§ 387 ff.) und die Hinterlegung unter Ausschluß der Rücknahme, sofern die Voraussetzungen dafür vorliegen (§ 378 BGB.). Da aber die Schuldverschreibungen Wertträger sind, so kann ihr Erlöschen auch dadurch herbeigeführt werden, daß der Schuldner sie im Wege des Kaufes von dem Gläubiger erwirbt (Rückkauf), wodurch Konfusion eintritt, da Gläubiger und Schuldner die gleiche Person geworden ist (vergl. Komm. v. RGR. Vorbem. 2 vor § 241). — Einziehung ist der Erwerb eigener Aktien durch eine Aktiengesellschaft, der im regelmäßigen Geschäftsbetriebe nicht erfolgen soll, sondern nur unter bestimmten Voraussetzungen erfolgen darf zum Zwecke der Herabsetzung des Aktienkapitals oder aus verfügbarem Gewinne (Amortisation, §§ 226, 227 HGB.). — Die Hingabe an Erfüllungs Statt und der Erlaß (vergl. Durchführungsbestimmungen § 17 Abs. 1 b, c) kommen für die Frage, wer Steuerschuldner ist, nicht in Betracht, da weder eine Verpflichtung noch eine Berechtigung zu dieser Art der Tilgung besteht.

§ 21.

Entw. §§ 15, 17.

(I) Die Steuer beträgt 2 vom Hundert des um den Aufwertungsbetrag (§ 2 Abs. 1 Satz 1) verminderten Goldmarkbetrags der Schuldverschreibungen.[1] [2])

(II) Soweit die Schuldverschreibungen bereits am Tage des Inkrafttretens dieser Verordnung getilgt sind, erhöht sich die Steuer um den Betrag, um den der Goldwert des für die Tilgung aufgewendeten Betrags hinter dem Aufwertungsbetrage (§ 2 Abs. 1 Satz 1) zurückbleibt.[3])

1. § 21 enthält die Bestimmung über den **Steuersatz**. Er beträgt für diejenigen Schuldverschreibungen, die beim Inkrafttreten der VO. noch nicht getilgt waren, zwei vom Hundert des um den Aufwertungsbetrag verminderten Goldmarkbetrags. Die Begr. rechtfertigt diesen auffällig geringen Satz, mit dem die Inflationsgewinne der Obligationsschuldner, die sich aus der in Artikel I zu ungunsten der Gläubiger beschränkten Aufwertung ergeben, zu den Lasten der Allgemeinheit herangezogen werden, mit der Erwägung, daß die Schuldner andererseits als Gläubiger durch die Geldentwertung auch Verluste erlitten hätten und daß es nicht möglich sei, die Gegenrechnung dafür im einzelnen aufzustellen. Aber gewaltige Verluste durch die Inflation haben auch andere, insbesondere die Geldgläubiger, gehabt, ohne

daß ihnen Inflationsgewinne gegenüberständen! — Ein höherer Satz wird für die bei dem Inkrafttreten der VO. bereits getilgten Schuldverschreibungen erhoben (Abs. 2; vergl. Anm. 2).

2. Wie der **Goldmarkbetrag** der Schuldverschreibungen zu berechnen ist, wird in § 22 geregelt (vergl. Anm. 1 dazu). Behufs Berechnung der Steuer soll der festgestellte Steuerbetrag **um den Aufwertungsbetrag (§ 2 Abs. 1 Satz 1)** vermindert werden. Dadurch nimmt die Bestimmung Bezug auf den in § 2 Abs. 1 Satz 1 bestimmten festen Satz von fünfzehn vom Hundert des Goldmarkbetrags, auf den die in § 1 Abs. 2 unter 1 bis 3 bezeichneten dinglichen Ansprüche sowie die daselbst unter 6 bis 8 bezeichneten Schuldverschreibungen (sofern nicht auf Antrag des Schuldners eine Herabsetzung gemäß § 2 Abs. 1 Satz 2 erfolgt) regelmäßig aufgewertet werden. Dieser Hundertsatz bildet für die Berechnung der Schuldverschreibungssteuer den ausschließlichen Aufwertungsbetrag. Auch in Fällen, in denen die Schuldverschreibungen zu einem niederen oder höheren Satze aufgewertet werden, bleibt er als Grundlage der Steuerberechnung bestehen. Also auch wenn der Hundertsatz der Aufwertung gemäß § 2 Abs. 1 Satz 2 auf Antrag des Obligationsschuldners in Berücksichtigung seiner wirtschaftlichen Verhältnisse herabgesetzt worden ist, kann der Schuldner den vollen Satz von 15 v. H. bei Berechnung der Steuer von dem Goldmarkbetrage der Schuldverschreibung in Abzug bringen. Andererseits kann er auch keinen höheren Satz in Abzug bringen, wenn die Aufwertung auf einen höheren Hundertsatz stattfindet, was bei den der Schuldverschreibungssteuer unterliegenden Schuldverschreibungen einmal dann der Fall sein kann, wenn sie als „dinglich gesicherte Forderungen" nach § 3 VO., also nach allgemeinen Vorschriften, aufgewertet werden (vergl. darüber zu § 3 Anm. 1 und 2), ferner aber auch dann, wenn die Aufwertung, was gemäß § 13 VO. zulässig ist, durch Vereinbarung auf einen höheren Hundertsatz stattfindet. Diese Regelung ist augenscheinlich erfolgt, um eine feste und leicht zu handhabende Grundlage für die Berechnung der Steuer zu schaffen.

Eine erhebliche Unbilligkeit wird man angesichts des geringen Steuersatzes darin nicht finden können, weniger als in manchen anderen Vorschriften der VO., die ohne Rücksicht auf die Verhältnisse des Einzelfalls schematische durchschnittliche Regelungen, namentlich zu ungunsten der Gläubiger, treffen (vergl. namentlich § 2 und Anm. dazu.)

3. Für die vor dem Inkrafttreten der VO. **bereits getilgten** Schuldverschreibungen war in dem Entwurfe (§ 15) ein höherer Steuersatz als der für die noch nicht getilgten — 12 v. H. des Goldmarkbetrags — vorgesehen, wobei als Stichtag der 31. Dezember 1923 gelten sollte. In der Begründung war dieser Vorschlag mit der Erwägung gerechtfertigt, daß „bei den noch nicht zurückgezahlten (Schuldverschreibungen) noch die Aufwertung hinzukomme". Es war sonach im Entwurfe davon ausgegangen, daß bis zum Stichtage die Zurückzahlung zum Nennwerte ohne Aufwertung erfolgt sei. Diese Voraussetzung traf nicht zu, da vielfach, schon lange vor der Verordnung und auch schon vor dem Reichsgerichtsurteile vom 28. November 1923, die Obligationsschuldner sich veranlaßt gesehen hatten, ihren Gläubigern Rückzahlung mit allerdings meist sehr geringfügiger Aufwertung anzubieten, und damit auch bei vielen Gläubigern Erfolg gehabt hatten. Wohl mit Rücksicht darauf ist in der Gesetz gewordenen Fassung der VO. eine wesentliche Änderung eingetreten. Es wird nunmehr als Zusatz zu dem nach Abs. 1 zu zahlenden Satze von 2 v. H. als Steuer noch der Betrag gefordert, um den der Goldwert des für die Tilgung aufgewendeten Betrags hinter dem Aufwertungsbetrage des § 2 Abs. 1 Satz 1 (15 vom Hundert) zurückbleibt. Weggesteuert wird also der gesamte Unterschied zwischen dem nach den jetzigen Vorschriften die Regel bildenden Aufwertungsbetrage und dem für die Tilgung tatsächlich aufgewendeten Betrage. Die Durchführungsbestimmungen geben in den §§ 17 und 18 Vorschriften darüber, was als „Tilgung" und „Tilgungsaufwand" anzusehen ist. Als Tilgung soll danach außer der Zahlung des

Kapitals oder (bei Rentenschulden) des Ablösungsbetrags auch die Annahme an Erfüllungs Statt, die Aufrechnung, der Erlaß und die Konfusion gelten (vergl. Anm. 1 zu § 20). Maßgebend ist danach nicht der Betrag, den der Schuldner am Tage der Zahlung rechtlich zu zahlen verpflichtet gewesen wäre, also der Nennbetrag mit einer den damals in Geltung befindlichen allgemeinen Vorschriften entsprechenden Aufwertung, sondern der Betrag, den er tatsächlich bezahlt oder durch eine andere Leistung ersetzt hat, soweit dadurch Tilgung eingetreten ist, was voraussetzt, daß der Gläubiger die Leistung als Erfüllung angenommen hat. Hat also mit Einverständnis des Gläubigers der Schuldner eine geringere als die seiner Verpflichtung entsprechende Leistung oder gar keine Leistung gemacht (Fall des Erlasses), so wird ihm der dadurch erlangte Vorteil weggesteuert, obwohl er ihn nicht infolge der Geldentwertung, sondern durch den Erlaßwillen des Gläubigers erlangt hat. Nach dem Wortlaute der Vorschrift wird man das als dem Sinne der VO. entsprechend anerkennen müssen, deren Vorschriften sich ja durchweg nicht durch strenge Folgerichtigkeit auszeichnen. Ist weniger als der nach den allgemeinen Vorschriften damals geschuldete Betrag ohne Einverständnis des Gläubigers geleistet (z. B. nur der Nennbetrag hinterlegt), so wird, da der Gläubiger Teilzahlungen nicht anzunehmen brauchte, kein Teil der Forderung als getilgt anzusehen sein und diese daher bei Inkrafttreten der VO. noch bestanden haben, demgemäß Absatz 1 des § 20 anzuwenden sein. Die Aufwertung würde sich in solchem Falle nach den jetzigen Vorschriften richten. Gleiches muß gelten, wenn ein Bürge oder ein Ablösungsberechtigter die Schuldverschreibung eingelöst hat (vergl. Anm. 1 zu § 20). Ist mit Einverständnis des Gläubigers eine Zahlung als Abschlagszahlung erfolgt, so ist ein entsprechender Teil der Schuldverschreibung getilgt und wird für diesen Teil Abs. 2, im übrigen Abs. 1 anzuwenden sein. — Hinsichtlich der Bewertung der bei einer Tilgung durch Hingabe an Zahlungs Statt geleisteten Wertpapiere oder Waren sind in § 18 Abs. 2 der Durchführungsbestimmungen nähere Vorschriften getroffen. — Nicht zum Tilgungsaufwande sollen die zum Zwecke der Tilgung aufgewendeten Kosten gehören (§ 18 Abs. 3 der Durchführungsbestimmungen). Das dürfte aber wohl mit dem Begriffe „Aufwand" nicht zu vereinigen sein. Auch über den Tag, der als Tilgungstag zu gelten hat, ist dort Bestimmung getroffen (§ 19).

§ 22.

Entw. § 16.

(I) Als Goldmarkbetrag gilt bei Schuldverschreibungen, die vor dem 1. Januar 1918 begeben sind, der Nennbetrag.[1])

(II) Der Goldmarkbetrag von Schuldverschreibungen, die seit diesem Zeitpunkt begeben sind, wird dadurch festgestellt, daß der Nennbetrag nach dem Mittelkurse der amtlichen Notiz der Berliner Börse für den nordamerikanischen Dollar (Auszahlung New York) am Tage der Begebung in Goldmark umgerechnet wird. Für die Zeit, in der der nordamerikanische Dollar an der Berliner Börse amtlich nicht notiert wurde, bestimmt die Reichsregierung den maßgebenden Börsenkurs. Sind die Schuldverschreibungen zu einem über den Nennbetrag hinausgehenden Preise begeben, so ist zunächst das Aufgeld dem Nennbetrage hinzuzurechnen.[1])

(III) Der Reichsminister der Finanzen kann über die Feststellung des Goldmarkbetrags schuldverschreibungsähnlicher Aktien (§ 18 Abs. 1 zu b) besondere Bestimmungen erlassen.[1])

(IV) Der Goldwert des für die Tilgung von Schuldverschreibungen aufgewendeten Betrags (§ 21 Abs. 2) ist unter entsprechender Anwendung des Abs. 2 in Goldmark umzurechnen; der Reichsminister der Fi-

nanzen kann nähere Bestimmungen über die Feststellung des aufgewendeten Betrags erlassen.[1])

1. § 22 regelt die Art der Ermittelung des Goldmarkbetrags für die Berechnung der Steuer nach § 21. Die Vorschriften entsprechen in der Hauptsache den Vorschriften des § 4 Abs. 2 VO. über die Ermittelung des Goldmarkbetrags für die Aufwertung (vergl. zu § 4 Anm. 4). Statt des Tages der Ausgabe wird hier der Tag der „**Begebung**" als maßgebend bezeichnet. Darüber, was unter Begebung der Schuldverschreibungen zu verstehen ist, sind in § 12 der Durchführungsbestimmungen Vorschriften gegeben; sie sind nur für die Berechnung der Steuer, nicht für die Aufwertung bindend. Für die Umrechnung über den Dollar ist nicht, wie in § 4 (vergl. Anm. 4 dazu), „der letzte auf Grund der amtlichen Berliner Kurse für Auszahlung New York errechnete Mittelkurs" für maßgebend erklärt, sondern der Mittelkurs „am Tage der Begebung"; die zu § 2 Abs. 2 (Anm. 7) behandelte Zweifelsfrage kann daher hier nicht auftauchen. (Im Entwurfe entsprach die Fassung des Abs. 2 Satz 2 vollständig derjenigen des § 16 Abs. 2 Satz 1 — § 22 Abs. 2 Satz 1 der VO. —; aus welchem Grunde die Differenzierung erfolgt ist, läßt sich nicht aufklären.) Auch daß hier die Hinzurechnung des Aufgeldes (Agios) zu dem Nennbetrage *) vorgeschrieben ist (Abs. 2 Satz 3), bedeutet einen Unterschied. Die in den Durchführungsbestimmungen (§ 13 Abs. 2) vorgeschriebene Abrechnung des Disagio ist in der VO. nicht ausdrücklich vorgesehen, kann aber wohl als eine ihrem Sinne entsprechende Ergänzung gebilligt werden. Der Börsenkurs für die Zeit der Nichtnotierung des Dollars an der Berliner Börse ist in § 11 der Durchführungsbestimmungen bestimmt. Die in Abs. 3 dem Reichsfinanzminister vorbehaltene

---

*) Die Worte in Abs. 2 Satz 3 „des Nennbetrags" sind ein Druckfehler und durch die Verfügung des Finanzministers vom 4. März 1924 (abgedruckt nachstehend am Schlusse des Textes der VO.) in „dem Nennbetrage" berichtigt.

Bestimmung zur Festsetzung des Goldmarkbetrages schuldverschreibungsähnlicher Aktien (§ 18 Abs. 1 zu b) ist in den Durchführungsbestimmungen noch nicht enthalten. Die dem gleichen Minister in Abs. 4 vorbehaltene nähere Bestimmung des Tilgungsaufwandes (vergl. Anm. 3 zu § 21) ist in § 18 der Durchführungsbestimmungen enthalten.

§ 23.

Entw. § 18.

(I) Die Steuer des § 21 Abs. 1 ist am 1. März 1924, die Erhöhung des § 21 Abs. 2 zu je 2 vom Hundert des Goldmarkbetrags der Schuldverschreibungen am 1. Oktober 1924 und weiter in Abständen von je einem halben Jahre fällig; bleibt die Erhöhung oder ein Restbetrag der Erhöhung hinter 2 vom Hundert des Goldmarkbetrags der Schuldverschreibungen zurück, so ist der geringere Betrag zu dem maßgebenden Fälligkeitstage zu entrichten.[1])

(II) Der Reichsminister der Finanzen kann für das besetzte Gebiet die Fälligkeit abweichend festsetzen.[1])

1. § 23 regelt die **Fälligkeit** der Steuer. Nähere Bestimmungen darüber sind in den §§ 20, 21 der Durchführungsbestimmungen getroffen. Eine abweichende Festsetzung für das besetzte Gebiet (Abs. 2) ist in diesen Durchführungsbestimmungen nicht enthalten.

2. Geldentwertungsausgleich bei Inanspruchnahme von Krediten.

§ 24.[1])

Entw. § 19.

(I) Zur Durchführung der Vorbereitungsarbeiten für die Besteuerung des Geldwertunterschieds bei der Inanspruchnahme von Krediten während der Zeit der Geldentwertung (Wechselkrediten, Kontokorrentkrediten, Lombardkrediten usw.) können die Finanzbehörden Auskünfte und Gutachten jeder Art einfordern. Sämtliche Rechte, die den Finanzämtern im Steuerermittlungsverfahren zustehen, können von den Finanzbehörden für die Zwecke der Vorbereitungsarbeiten sinngemäß ausgeübt werden. Die Vorschriften des § 209 Abs. 1 der Reichsabgabenordnung finden keine Anwendung.

(II) Kaufleute (einschließlich der Handelsgesellschaften und der eingetragenen Genossenschaften), die bankmäßig Kredite gewähren, haben den Finanzbehörden jede zur Durchführung der Vorbereitungsarbeiten für die Besteuerung des Geldwertunterschieds dienliche Hilfe zu leisten, insbesondere Einsicht in ihre Bücher, Verhandlungen, Listen und Urkunden zu gewähren. Das gleiche gilt für die Reichsbank, für die Reichsdarlehnskassen und für die öffentlichen Sparkassen.

(III) Im übrigen finden auf die Durchführung der Vorbereitungsarbeiten für die Besteuerung des Geldwertunterschieds die Vorschriften der Reichsabgabenordnung, insbesondere der §§ 202, 377 entsprechende Anwendung.

1. Aus der Begründung:

„Die Erfassung des Geldwertunterschieds bei der Inanspruchnahme von sonstigen Krediten (Wechsel-, Darlehenskrediten, Zeitgeschäfte) erfordert umfangreiche Vorarbeiten. Um die technische Möglichkeit und Durchführbarkeit dieser Steuer zu prüfen, reichen die nach dem jetzigen Rechte bestehenden Befugnisse der Finanzbehörden nicht aus. Deshalb ist dafür Sorge getragen, daß die allgemeinen Rechte der Finanzbehörden in dem notwendigen weiteren Umfang schon für die Vorbereitung der Besteuerung zur Verfügung stehen und daß insbesondere diejenigen Stellen zur Hilfeleistung bei der Vorprüfung herangezogen werden können, bei denen allein die maßgebenden Unterlagen ruhen."

3. Geldentwertungsausgleich bei Ausgabe von Notgeld.

§ 25.[1])

Entw. § 20.

(I) Der Reichsminister der Finanzen wird ermächtigt, von solchen natürlichen Personen, Personenvereinigungen und juristischen Personen,[2]) die während der Zeit der Geldentwertung Notgeld ausgegeben haben, eine Steuer zu erheben.

(II) Die Steuer darf 80 vom Hundert des Betrags nicht übersteigen, der sich dadurch ergibt, daß der Goldmarkbetrag des Notgeldes im Zeitpunkt der Ausgabe um den Goldmarkbetrag des Notgeldes im Zeitpunkt der Einlösung vermindert wird. Die Goldmarkbeträge werden unter entsprechender Anwendung des § 22 Abs. 2 ermittelt.

1. Aus der Begründung:

„Bedeutende Gewinne wurden von denjenigen gemacht, die ohne Genehmigung des Reichsministers der Finanzen oder über den Umfang der Genehmigung hinaus Notgeld ausgegeben haben. Die Unternehmer haben mit diesem Notgeld zum Teil ihre Arbeiter entlohnen können. Sie waren dadurch in den Stand gesetzt, ihre Devisen und Warenbestände zu erhalten. Auf der andern Seite konnten sie das Notgeld mit einem ganz geringen Bruchteil des Wertes einlösen, den es zur Zeit der Ausgabe hatte. Ob eine Erfassung vom steuerlichen Standpunkt als wirtschaftlich angesehen werden kann, bedarf jedoch noch eingehender Prüfung. Aus diesem Grunde wird vorgeschlagen, den Reichsminister der Finanzen zur Erfassung des bei der Ausgabe des Notgeldes entstandenen Geldwertunterschieds zu ermächtigen. Das Notgeld von Reich, Ländern und Gemeinden (Gemeindeverbänden) war von der Besteuerung auszunehmen."

2. Im Entwurf (§ 20) war nur von juristischen Personen „des Privatrechts" die Rede. In der Begründung (vergl. Anm. 1) war gesagt, daß das Notgeld von Reich, Ländern und Gemeinden von der Besteuerung auszunehmen sei. Aus der Weglassung der Worte „des Privatrechts" in der VO. muß wohl entnommen werden, daß der Reichsfinanzminister ermächtigt sein soll, auch von Körperschaften des öffentlichen Rechts (vergl. über diesen Begriff Anm. 16 zu § 1) die Steuer zu erheben. Dabei werden namentlich die Handelskammern, die vielfach Notgeld ausgegeben haben, in Betracht kommen; aber auch Ländern und Gemeinden gegenüber würde die Besteuerung grundsätzlich zulässig sein.

B. Geldentwertungsausgleich zugunsten der Länder.

1. Geldentwertungsausgleich bei bebauten Grundstücken.1—3)

1. **„Geldentwertungsausgleich"**, vergl. Anm. 1 bis 3 vor § 17, insbesondere Anm. 1 unter d. Der Geldentwertungsausgleich **bei Grundstücken** soll zum Ausgleich dienen dafür, daß der Eigentümer die auf dem Grundstücke ruhenden, auf Reichsmark lautenden dinglichen Belastungen (Hypotheken usw.) infolge der Geldentwertung ohne oder mit nur geringfügiger Aufwertung, wie sie durch Art. I VO. geregelt ist, in Papiermark hat verzinsen und zurückzahlen können oder in Zukunft verzinsen und zurückzahlen kann. Der ihm dadurch entstehende Geldentwertungs-(Inflations-)Gewinn soll zu einem guten Teile zugunsten der öffentlichen Hand eingezogen werden (vergl. die Begründung in Anm. 2). Die Steuer ist also grundsätzlich eine solche, bei welcher der Grundstückseigentümer nicht nur als Steuerpflichtiger (Steuerschuldner), sondern auch als Steuerträger, d. h. als der-

jenige erscheint, dem wirtschaftlich die Steuer zur Last fallen soll. Dieser Grundsatz hat aber bei der Ausgestaltung der Steuer in der VO. eine eigenartige Umbiegung infolge der Verhältnisse erfahren, die bei vermieteten Grundstücken durch die zurzeit noch bestehende Zwangsbewirtschaftung des Mietwesens entstanden sind. Diese hat es mit sich gebracht, daß die Mieten bisher künstlich niedrig gehalten und dadurch die Erträgnisse der Hausgrundstücke herabgesetzt worden sind und daß demzufolge dem Entwertungsgewinne des Eigentümers an den Belastungen des Grundstücks eine gleichfalls mit der Geldentwertung zusammenhängende Einbuße an Grundstückserträgnissen (Mieten) gegenübersteht. Das ist der Grund, weshalb eine von der Regelung des Mietwesens unabhängige Besteuerung der Geldentwertungsgewinne bei belasteten bebauten Grundstücken, wenigstens soweit sie vermietet oder zur Vermietung bestimmt sind, zurzeit noch nicht erfolgen kann, vielmehr die Besteuerung des **„bebauten Grundbesitzes“**, die den Ländern überlassen wird, zunächst gemäß § 26 VO. „im Zusammenhange mit der Regelung des Mietwesens“ zu erfolgen hat. Die VO. sieht deshalb zunächst eine Regelung des Mietwesens durch die Länder vor, die zu einem allmählichen Abbau der Zwangsbewirtschaftung der Miete durch Annäherung an die Friedensmiete nach bestimmten, von der VO. gegebenen Richtlinien führen soll (§ 27). Bei Ausgestaltung der Steuer sodann ist es den Ländern überlassen, einen engeren oder weniger engen Zusammenhang mit der Regelung des Mietwesens herzustellen. Sie können nämlich entweder eine besondere Aufwertungssteuer oder aber eine Steuer vom Grundvermögen (Grundsteuer) in Anknüpfung an das bestehende Steuersystem erheben (§§ 28, 29). Für den ersteren Fall stellt die VO. (§ 30) besondere Grundsätze über die Anknüpfung der Steuer an die Friedensmiete und ihre Überwälzung auf die Mieter auf. Dabei ist, offenbar ebenfalls wegen des Zusammenhangs mit den Mieten, die Steuer grundsätzlich ebensowohl den unbelasteten wie den belasteten Grundstücken auferlegt, obwohl doch der Grundgedanke des Geldentwertungsausgleichs nur auf die letzteren zutrifft. Für nicht belastete Grundstücke ist dann freilich in § 28 Abs. 5 (vergl. Anm. 5 zu § 28) eine Herabminderung der Steuer vorgesehen. Diese ganze Regelung ist aber als provisorische gedacht; sie soll nur solange gelten, als die Zwangsbewirtschaftung der Mieten dauert, spätestens bis 31. März 1926, und auch schon früher außer Kraft gesetzt werden können (§ 32 Abs. 1). Bei ihrem Außerkrafttreten soll ein durch Reichsgesetz zu regelnder Geldentwertungsausgleich, entsprechend demjenigen bei unbebautem Grundbesitz, eintreten (§ 32 Abs. 2).

2. Aus der Begründung:

„Die starke Beteiligung der öffentlichen Hand rechtfertigt sich dadurch, daß die aus der Friedenszeit auf dem Hausbesitze ruhenden Hypothekenlasten heute auch bei Berücksichtigung der Aufwertung gemäß Art. I des Entwurfs eine nennenswerte Belastung nicht mehr darstellen. In der Friedenszeit waren etwa 20 bis 25 v. H. der Mieten für Betriebs- und Instandsetzungskosten aufzuwenden; der Rest diente zur Verzinsung des investierten Kapitals, von dem im allgemeinen höchstens ein Fünftel eigenes Kapital darstellte, während vier Fünftel fremdes Kapital waren. Es mußten demnach, wenn man 15 v. H. der Mieten für die Verzinsung des eigenen Kapitals in Ansatz bringt, unter normalen Verhältnissen 60 bis 65 v. H. der Mieten für den Zinsen- und Tilgungsdienst fremder Hypotheken aufgewendet werden. Selbst wenn man unter den heutigen Verhältnissen dem Hauseigentümer für Betriebs- und Instandsetzungskosten einen wesentlich höheren Prozentsatz der Mieten zubilligen muß, um die während des Bestehens der Zwangswirtschaft vielfach zurückgestellten Instandsetzungsarbeiten nachzuholen, so kommt demgegenüber die Belastung mit dem Zinsen- und Tilgungsdienste fremder Hypotheken aus der Friedenszeit überwiegend in Fortfall. Wollte man unter diesen Umständen die erhöhten Mieten im vollen Betrage dem Eigentümer zufließen lassen, so würde dieser in einer Zeit, in der alle sonstigen Vermögen infolge der Gestaltung unserer Wirtschaft erhebliche Substanzverluste erlitten haben, eine außergewöhnliche Begünstigung erfahren. Bei der außerordentlichen Finanznot der Länder und Gemeinden erschien es daher geboten, diese Quelle für die Zwecke der allgemeinen Finanzwirtschaft den Ländern und Gemeinden zu erschließen, zumal ein anderes Mittel, die Einnahmen und Ausgaben in den Haushaltungen der genannten öffentlichen Körperschaften in Ausgleich zu bringen, nicht vorhanden ist."

3. Zur Durchführung der Vorschriften der VO. über den Geldentwertungsausgleich bei bebauten Grundstücken ist **für Preußen** die Verordnung vom 1. April 1924 (GS. S. 191) ergangen, deren Abschnitt I (als Anh. VIII abgedruckt) eine als „Hauszinssteuer" bezeichnete Steuer einführt, die in Form eines Hundertsatzes der landesgesetzlichen Steuer vom Grundvermögen, und zwar in Höhe von 400 vom Hundert, erhoben werden soll (§ 2 Satz 1). Bebaute Grundstücke, die dauernd land- oder forstwirtschaftlichen Zwecken dienen, sollen der Steuer nicht unterliegen (§ 1; vergl. dazu Anm. 2 zu § 26 VO.). Für Grundstücke, die zur Vorkriegszeit oder zur Zeit ihrer Fertigstellung nicht oder nur gering dinglich belastet waren, ist, entsprechend § 28 Abs. 5 VO., eine Herabminderung der Steuer zugelassen (§ 2 Satz 2). Die §§ 3 bis 5 tragen den Vorschriften in § 28 Abs. 3 VO. über den Abzug laufender Geldverpflichtungen aus wertbeständigen Belastungen (vergl. Anm. 3 zu § 28) Rechnung. § 6 befreit Neubauten oder Umbauten, die nach dem 1. Juli 1918 bezugsfertig geworden sind, von der Steuer und trifft Zuständigkeitsvorschriften für die Regelung der Besteuerung der mit öffentlichen Beihilfen errichteten Neubauten, entsprechend § 29 VO.; vergl. Anm. 5 dazu. Die Regelung des Mietwesens, die gemäß § 26 VO. im Zusammenhange mit der Erhebung der Steuer erfolgen soll, enthält diese preußische Verordnung noch nicht. Es sind aber, wie aus Zeitungsnachrichten zu entnehmen ist, Bestimmungen über den am 1. April als Miete zu erhebenden Hundertsatz der Friedensmiete, und zwar für Miete und für Hauszinssteuer, entsprechend § 28 Abs. 2 Satz 2 (vergl. Anm. 2 zu § 28) getroffen worden.

Für Sachsen ist eine erste Notverordnung zur Ausführung der dritten Steuernotverordnung des Reiches am 28. März 1924 ergangen, welche den Geldentwertungsausgleich bei bebauten Grundstücken regelt (abgedruckt als Anh. IX). Sie bestimmt, daß neben der allgemeinen Steuer vom Grundvermögen von dem bebauten Grundbesitze eine „Aufwertungssteuer" erhoben wird, und zwar nach dem Nutzungswerte (Mietwerte), den die Gebäude am 1. Juli 1914 gehabt haben (§§ 1, 6). Die Steuer stellt sich also als besondere „Aufwertungssteuer" im Sinne der §§ 28 Abs. 1, 30 dar. Als Steuerschuldner ist der Eigentümer des Grundstücks bezeichnet, der sonach die Steuer zu entrichten hat, ohne Rücksicht darauf, ob die Gebäude vermietet sind oder nicht (§ 4). Der Mieter ist aber dem Vermieter gegenüber zur Entrichtung eines Betrages verpflichtet, welcher der auf den von ihm benutzten Raum entfallenden Aufwertungssteuer entspricht (§ 5). Die Steuer wird also, entsprechend § 30 Ziff. 1 VO., auf den Mieter abgewälzt. Die Steuer soll aus einer Staatssteuer und von den Gemeinden zu erhebenden Zuschlägen bestehen; ein Teil der Zuschläge ist zur Deckung des allgemeinen Finanzbedarfs der Gemeinden, einschließlich der ihnen durch § 42 VO. (vergl. Anm. 1 dazu) neu überwiesenen Aufgaben, ein anderer Teil zur Förderung des Wohnungsbaues zu verwenden (§§ 8, 9). Weitere nach der Miete bemessene Steuern dürfen während der Dauer der Erhebung der Aufwertungssteuer von den Gemeinden nicht erhoben werden (§ 11). Verminderungen der Steuer sind, entsprechend § 28 VO., in den §§ 12 und 13 der sächsischen Verordnung vorgesehen.

§ 26.

Entw. § 22.

(I) Die Länder und nach näherer Bestimmung des Landesrechts die Gemeinden (Gemeindeverbände) erheben [1]) im Zusammenhange mit der Regelung des Mietwesens von dem bebauten Grundbesitz [2]) eine Steuer.

(II) Das Aufkommen der Steuer soll zur Deckung des allgemeinen Finanzbedarfs der Länder und Gemeinden (Gemeindeverbände) sowie des Aufwandes dienen, der ihnen durch die Erfüllung der gemäß § 42 Abs. 1 zu selbständiger Regelung überlassenen Aufgaben erwächst. Die Länder und Gemeinden (Gemeindeverbände) werden — unbeschadet der Vorschrift des § 29 — mindestens 10 vom Hundert der aufkommenden Steuer zur Förderung der Neubautätigkeit verwenden.[8])

1. Die Länder **„erheben"** eine Steuer. Die Erhebung einer solchen Steuer ist also den Ländern zur Pflicht gemacht und es sind ihnen bestimmte Richtlinien vorgeschrieben, die sie bei der Erhebung einzuhalten haben. Im übrigen ist die Ausgestaltung der Steuer ihnen überlassen.

2. Die Steuer soll erhoben werden **„von dem bebauten Grundbesitze"**, zugleich aber **„im Zusammenhange mit der Regelung des Mietwesens"**. Schon dieser Wortlaut kann Zweifel erwecken in der Richtung, ob der *gesamte* bebaute Grundbesitz der hier geregelten Art der Besteuerung unterworfen werden soll, oder ob nicht die Hervorhebung des Zusammenhanges mit der Regelung des Mietwesens eine Einschränkung dieser Besteuerung auf *vermietete oder doch zur Vermietung bestimmte* Gebäude bedeutet. Diese Zweifel müssen noch verstärkt werden durch die — in Anm. 1 vor § 26 näher dargelegte — Veranlassung und Bedeutung der Anknüpfung der Besteuerung an die Regelung des Mietwesens und durch den engen sachlichen Zusammenhang, in welchem der Inhalt der Vorschriften der §§ 26 bis 32 mit dem Mietwesen, insbesondere mit der Zwangsbewirtschaftung der Mieten und mit der *„gesetzlichen Miete"* steht, ein Zusammenhang, der sich schon daraus ergibt, daß die Besteuerung auf Grund dieser Paragraphen nur solange Bestand haben soll, als eine gesetzliche Miete besteht (§ 32). Auch der Begriff der *„Friedensmiete"*, die im

Falle der besonderen Aufwertungssteuer nach § 30 der Maßstab für die Höhe der zu erhebenden Steuer sein soll, setzt eine Vermietung voraus, und es muß bei Anwendung auf nicht vermietete Grundstücke versucht werden, ihn durch einen anderen rechtsähnlichen Begriff zu ersetzen, wie auch die dort vorgeschriebene Abwälzung der Steuer „auf den Mieter" bei nicht vermieteten Grundstücken nicht erfolgen kann (vergl. Näheres darüber Anm. 2, 3 zu § 30). Darauf, daß die Ausdrücke „bebauter" und „unbebauter" Grundbesitz, die in den Überschriften vor § 26 und vor § 33 wiederkehren, nicht unbedingt und wörtlich maßgebend für den Inhalt der unter diesen Überschriften sich findenden Bestimmungen sind, hat schon der Reichsfinanzminister in dem Rundschreiben vom 27. Februar 1924 *) bei Erörterung einer anderen Frage hingewiesen und dabei auch darauf Bezug genommen, daß in § 33 nicht die unbebauten Grundstücke, sondern nur negativ diejenigen Grundstücke, die den Bestimmungen über den Geldwertausgleich bei bebauten Grundstücken (§§ 26 bis 32) nicht unterliegen, als Gegenstand der Besteuerung nach Maßgabe der §§ 33 ff. bezeichnet sind. Auch die gleichfalls vom Finanzminister erlassenen Durchführungsbestimmungen zum Geldentwertungsausgleich bei Schuldverschreibungen (Anh. VII) scheinen in § 8 Abs. 2 davon auszugehen, daß die Besteuerung der §§ 26 bis 32 nicht unbeschränkt auf den gesamten bebauten Grundbesitz anzuwenden sind (vergl. darüber Anm. 4 zu § 19). Es läge daher durchaus nicht fern, die VO. dahin auszulegen, daß nur die vermieteten oder zur Vermietung bestimmten Gebäude einstweilen — solange die Zwangsbewirtschaftung der Mieten dauert — nach den Vorschriften der §§ 26 bis 32 besteuert werden, während für alle Grundstücke, die nicht-Mietgrundstücke sind, sofort die Besteuerung nach §§ 33 ff. Platz greift, die ja auch für die Mietgrundstücke eintritt, sobald die Zwangsbewirtschaftung der Mieten aufgehört haben wird. Da-

*) Erwähnt bei Warneyer und Koppe, Aufwertung, S. 147.

durch würde eine klare und sachlich berechtigte Unterscheidung gemacht werden. Doch läßt sich andererseits nicht verkennen, daß es zu erheblichen praktischen Schwierigkeiten führen würde, wenn eine ganz anders geartete Besteuerung für jedes einzelne Gebäude oder gar für jeden einzelnen Gebäudeteil einträte, je nachdem er vermietet bezw. zur Vermietung bestimmt ist oder nicht. Es wird deshalb schließlich der Auslegung nicht entgegengetreten werden können, welche die Vorschriften der §§ 26 bis 32 auch auf andere bebaute Grundstücke als Mietgebäude anwenden will, wie das bereits in den preußischen und sächsischen Ausführungsbestimmungen (Anh. VIII, IX; vergl. Anm. 3 vor § 26) geschehen ist. In diesen Ausführungsverordnungen ist aber eine Einschränkung gegenüber dem Wortlaute des § 26 Abs. 1 in anderer Richtung gemacht, indem die dauernd land-, forstwirtschaftlichen und gärtnerischen Zwecken dienenden bebauten Grundstücke der Besteuerung auf Grund der hier in Frage stehenden Vorschriften reichsrechtlich nicht unterworfen sind. Das entspricht der in dem bereits erwähnten Rundschreiben des Reichsfinanzministers, der ja als der geistige Vater insbesondere für die steuerlichen Vorschriften der VO. anzusehen ist, vertretenen Auffassung, die er damit begründet, daß es den Ländern überlassen werden müsse, diese Frage im Einklang mit ihren Ertragsteuergesetzen zu regeln. Einen Ausdruck in der VO. selbst hat freilich diese Auffassung nicht gefunden. Dem Wunsche der Länder, „die Erfassung dieses Geldentwertungsausgleichs im Rahmen ihrer Ertragsteuergesetze zu regeln", würde auch die dem Wortlaute der VO. entsprechende Unterstellung der landwirtschaftlich usw. benutzten bebauten Grundstücke unter die Besteuerung der §§ 26 bis 32 nicht entgegenstehen, da sie nach § 28 Abs. 1 die Möglichkeit haben, die Steuer als „Grundsteuer" im Anschlusse an ihr Grundsteuersystem zu erheben. Auch trifft der sachliche Grund für diese Art der Besteuerung, soweit sie Mietgrundstücke sind, für sie in der gleichen Weise zu wie für andere Mietgrundstücke. Folgt man der Auffassung des Finanzministers, für die übrigens, wie nicht zu verkennen ist, die von ihm angeführten wirtschaftlichen Gründe einigermaßen sprechen, so würden diese Grundstücke, ohne Rücksicht auf die auch für sie noch bestehende Zwangsbewirtschaftung der Mieten, schon jetzt nach § 33 zu der dort vorgesehenen Abgabe herangezogen werden können. — Nicht für berechtigt kann auch die Auffassung angesehen werden, auf welche die gleichfalls schon erwähnten Durchführungsbestimmungen zum Geldentwertungsausgleich bei Schuldverschreibungen hindeuten, daß nämlich die Besteuerung nach §§ 26 bis 32 sich auf Wohnräume beschränken soll. Auch gewerblich und industriell benutzte Gebäude und Räume unterliegen nach den Bestimmungen des Reichsmietengesetzes der Zwangsbewirtschaftung und der gesetzlichen Miete (§ 10 RMG.) und können deswegen, solange diese besteht, nur nach Maßgabe der §§ 26 bis 32 zum Geldentwertungsausgleich herangezogen werden.

3. Auch die Art der **Verwendung** der zu erhebenden Steuer ist den Ländern bezw. Gemeinden durch die VO. einigermaßen vorgeschrieben. Es ist ihnen zwar im allgemeinen überlassen, das Aufkommen zur Deckung des allgemeinen Finanzbedarfs für sich selbst und ihre Gemeinden, namentlich aber zur Erfüllung der ihnen durch die Neuregelung des Finanzausgleichs (§ 42 Abs. 1 VO.) überwiesenen Aufgaben zu verwenden; doch müssen **mindestens 10 vom Hundert zur Förderung der Neubautätigkeit** Verwendung finden. Vergl. die preußische VO. § 2 Abs. 2, wonach die Hälfte des Aufkommens für die Neubautätigkeit verwendet wird und je ein Viertel dem Lande und den Gemeinden zur Erfüllung der besonderen, in § 42 VO. bezeichneten Aufgaben zufließt, also kein Teil für den allgemeinen Finanzbedarf reserviert ist. — Die Steuer kann auch als unmittelbare **Gemeindesteuer** erhoben werden (Abs. 1); wegen der näheren Bestimmungen darüber ist auf das „Landesrecht" verwiesen; nach § 31 VO. werden die Bestimmungen von den Landesregierungen getroffen werden können. — Für die **in § 29** bezeichneten Neubauten, die mit öffentlichen Beihilfen errichtet sind, ist dort vorgeschrieben, daß das Aufkommen aus ihrer

Besteuerung ausschließlich zur Förderung des Wohnungsbaues zu verwenden ist (vergl. Anm. 1 zu § 29).

§ 27.

Entw. § 23.

(I) Die Länder werden ermächtigt, die Mietzinsbildung abweichend von den Vorschriften des Reichsmietengesetzes vom 24. März 1922 (Reichsgesetzbl. I S. 273) zu regeln.[1])

(II) Wollen die Länder bei einer solchen Regelung vom bürgerlichen Rechte in anderer Weise abweichen, als dies im Reichsmietengesetze vorgesehen ist, so bedarf es der Zustimmung der Reichsregierung; die Reichsregierung kann insoweit mit Zustimmung des Reichsrats Grundsätze aufstellen.[2])

(III) Die Länder haben von der ihnen durch Abs. 1 erteilten Ermächtigung in der Weise Gebrauch zu machen, daß die Mieten allmählich gemäß der Entwicklung der allgemeinen Wirtschaftslage den Friedensmieten angenähert werden. Dabei sind neben den steuerlichen Bedürfnissen der Länder und Gemeinden auch die allgemeinen Interessen, insbesondere an der ordnungsgemäßen Unterhaltung und Instandsetzung der Häuser und die Leistungsfähigkeit der als Mieter in Betracht kommenden Bevölkerungskreise zu berücksichtigen.[3]) Als Friedensmiete gilt der Goldmarkbetrag des Mietzinses, der für die mit dem 1. Juli 1914 beginnende Mietzeit vereinbart war; die Länder treffen über die Festsetzung der Friedensmiete für besondere Fälle Bestimmung.[4]) [5])

1. § 27 ermächtigt die Länder, bei der nach § 26 im Zusammenhange mit der von ihnen zu erhebenden Steuer zu treffenden Regelung des Mietwesens die **Mietzinsbildung** abweichend von den

Vorschriften des Reichsmietengesetzes zu regeln. Das Reichsmietengesetz hat die Mietzinsbildung in den §§ 1 bis 16 geregelt. Die grundlegende Bestimmung ist die, daß durch Erklärung jeder Vertragspartei an die Stelle der vereinbarten Miete vom nächsten gesetzlich zulässigen Kündigungstermine ab die nach den Vorschriften des Gesetzes zu bemessende Miete (gesetzliche Miete) gesetzt werden kann (§ 1). Bei der Berechnung der gesetzlichen Miete ist von der Friedensmiete auszugehen und durch gewisse von dieser zu machende Abzüge die Grundmiete zu bilden (§ 2), zu welcher dann eine Reihe von Zuschlägen hinzutreten, die von den Mietern zu zahlen sind und Bestandteile der gesetzlichen Miete bilden. Dagegen sind die Kosten für Nebenleistungen getrennt von der gesetzlichen Miete zu berechnen (§ 12). Die Ermächtigung zur Abweichung von diesen Vorschriften ist jedoch nach zwei Richtungen eingeschränkt (Abs. 2 und 3):

2. a) Vom **bürgerlichen Rechte** in anderer Weise, als es im Reichsmietengesetze vorgesehen ist, abzuweichen, ist den Ländern nur mit Zustimmung der Reichsregierung gestattet. Das Reichsmietengesetz weicht hinsichtlich der Mietzinsbildung von den Vorschriften des bürgerlichen Rechts insofern ab, als für die Festsetzung der Miete nicht die Parteivereinbarungen, sondern auf einseitige Erklärung einer Partei hin bestimmte zwingende gesetzliche Vorschriften maßgebend sind. Abweichung vom bürgerlichen Rechte **in anderer Weise** würde z. B. vorliegen, wenn die Länder bestimmen wollten, daß die gesetzliche Miete nicht nur durch Erklärung einer Partei, sondern ohne weiteres für jedes Mietverhältnis an die Stelle der vereinbarten zu treten hat; dazu würde es der Zustimmung der Reichsregierung bedürfen. Desgleichen würde wohl eine zustimmungsbedürftige Abweichung vorliegen, wenn die Länder etwa bestimmen würden, daß die Vereinbarungen der Parteien über den Mietzins maßgebend bleiben sollen, soweit sie einen Mietzins festsetzen, der eine bestimmte Höhe nicht überschreitet. Auch diese Bestimmung würde in anderer (wenn auch nicht in weitergehender) Weise

vom bürgerlichen Rechte abweichen, als es das Reichsmietengesetz tut. Zu Änderungen der von dem allgemeinen bürgerlichen Rechte abweichenden Vorschriften anderer das Mietverhältnis betreffender Reichsgesetze, insbesondere des Mieterschutzgesetzes, etwa hinsichtlich der Kündigungsbefugnis, sind die Länder nicht ermächtigt.

3. b) Die Länder dürfen von der Ermächtigung in keiner anderen Weise Gebrauch machen als derart, daß die Mieten **allmählich den Friedensmieten angenähert werden.** Da die geltenden Mietsätze allgemein unter den Friedensmieten liegen, kommt also nur eine Erhöhung, nicht eine weitere Ermäßigung der Mieten in Frage. Die Annäherung an die Friedensmieten soll allmählich gemäß der Entwickelung der allgemeinen Wirtschaftslage erfolgen. Da diese nicht für längere Zeit mit Sicherheit vorausgesehen werden kann, wird nicht etwa von vornherein ein bestimmter Aufwertungsplan, der innerhalb einer festvorherbestimmten Zeit zur Angleichung an die Friedensmiete führen soll, zu entwerfen, sondern das Maß der Erhöhung in kürzeren Perioden von Zeit zu Zeit neu festzusetzen sein. Ein bestimmter Zeitpunkt, bis zu welchem die volle Angleichung erfolgt sein soll, ist deshalb in der VO. nicht vorgeschrieben. Neben den steuerlichen Bedürfnissen der Länder und Gemeinden sollen dabei auch die allgemeinen Interessen berücksichtigt werden, die einerseits die ordnungsmäßige Unterhaltung und Instandsetzung der Häuser und zu diesem Zwecke eine nicht zu niedrige Miete, andererseits Rücksichtnahme auf die wirtschaftliche Leistungsfähigkeit der als Mieter in Betracht kommenden Bevölkerungskreise und zu diesem Ende Verhütung eines zu raschen und zu starken Steigens der Mieten erfordern. Da als Mieter hauptsächlich Arbeitnehmer, Gehalts- und Lohnempfänger in Betracht kommen, wird die Erreichung der vollen Friedenshöhe der Mieten zur Voraussetzung haben müssen, daß auch die Gehälter und Löhne allgemein wieder die Friedenshöhe erreichen. Das bei der allmählichen Annäherung an die Friedensmiete zu beobachtende Schrittmaß ist den Ländern nur insoweit vorgeschrieben, als am 1. April 1924 dem Vermieter, nach Be-

richtigung der Steuer, 30 v. H. der Friedensmiete als Ersatz der Betriebs- und Instandhaltungskosten verbleiben müssen (vergl. § 28 Abs. 2 und Anm. 2 dazu); im übrigen haben es die Länder in der Hand, durch höhere oder niedere Bemessung der Steuern entweder ihre steuerlichen Bedürfnisse oder die Rücksicht auf die soziale Lage der Mieter in den Vordergrund zu stellen. Es liegt auch in der Hand der Länder, zu bestimmen, ob die Steuer einen Teil der gesetzlichen Miete bilden soll oder nicht und ob in letzterem Falle der Vermieter berechtigt sein soll, sie auf die Mieter besonders umzulegen. Doch muß die Steuer, wenn sie eine besondere Aufwertungssteuer ist, auf den Mieter abwälzbar sein (§ 30 Anm. 3).

4. § 2 des Reichsmietengesetzes legt für die Bestimmung der Friedensmiete den für die mit dem 1. Juli 1914 beginnende Mietzeit vereinbarten Mietzins in Reichsmark, also in Papiermark, zugrunde und suchte der Geldentwertung durch die von den Mietern zu zahlenden Zuschläge, deren Höhe periodisch festgesetzt wurde und die zum Teil nur als Berechnungsgeld galten, gerecht zu werden. Im Gegensatze hierzu bezeichnet § 27 Abs. 3 Satz 3 als Friedensmiete den **Goldmarkbetrag** des für den 1. Juli 1914 vereinbarten Mietzinses; der auf dieser Grundlage zu errechnende Mietzins muß also bei Zahlung in anderer Währung (Papiermark, Rentenmark) entsprechend deren Kurs umgerechnet werden, ist sonach wertbeständig. Eine besondere Festsetzung der Friedensmiete durch die Länder (das sind hier die Landesregierungen, § 31 VO.) wird namentlich erforderlich sein, wenn ein Gebäude oder Gebäudeteil am 1. Juli 1914 nicht vermietet war; es wird dann der ortsübliche Mietzins zugrunde zu legen sein (vergl. § 2 Abs. 4 Reichsmietengesetz).

5. Aus der Begründung:

„Unerläßliche Vorbedingung dafür, daß die Wohnungswirtschaft wieder auf eine gesunde Grundlage kommt, ist die Rückkehr zu der wirtschaftlichen Einsicht, daß ein angemessener Teil des Einkommens auf die Miete verwandt werden muß. Die Aufwendungen für die Miete müssen wieder im Haushalt des Mieters die dem Friedensstand entsprechende Bedeutung gewinnen. Nur dann wird der Mieter, der sich jetzt bei den unverhältnismäßig niedrigen Mieten häufig keinerlei Beschränkungen des Wohnraums auferlegt, unter dem Drucke der höheren Mieten sich bereit finden, den über sein Bedürfnis hinausgehenden Wohnraum zugunsten des allgemeinen Wohnungsmarkts zu opfern. Nur dann wird der Geldmarkt die nötige Anregung finden, um Kapitalien für die Belebung der Bautätigkeit flüssig zu machen.

Der Entwurf überläßt die Angleichung an die früheren Mietverhältnisse den Ländern, die ermächtigt werden, die Mietzinsbildung abweichend von den Vorschriften des Reichsmietengesetzes zu regeln. Diese Angleichung kann in einer für die Wirtschaft erträglichen Weise nur allmählich, entsprechend der allgemeinen Wirtschaftslage, vorgenommen werden. Ein Zeitpunkt, bis zu dem die volle Friedensmiete nach dem Stande vom 1. Juli 1914 in Goldmark erreicht sein muß, ist nicht vorgesehen.

Die steuerliche Erfassung ist in dem Entwurfe nur insoweit begrenzt, als dem Eigentümer von der Miete zur Deckung der Betriebs- und Instandsetzungskosten die Beträge verbleiben müssen, die nach den bestehenden Verhältnissen zur Erhaltung des Gebäudes erforderlich sind. Diese Beträge müssen am 1. April 1924 den Satz von 30. v. H. der Friedensmiete erreicht haben. Zu den Betriebskosten gehört auch die Verzinsung des Eigenkapitals."

§ 28.

Entw. § 24.

(I) Die Besteuerung kann in Form einer besonderen Aufwertungssteuer oder einer Steuer vom Grundvermögen erfolgen; im zweiten Falle muß eine getrennte Berechnung der auf Grund dieser Verordnung erhobenen Grundsteuer und der allgemeinen Grundsteuer vorgesehen sein.[1])

(II) Die Steuer soll so bemessen sein, daß durch die Miete mindestens die Betriebs- und Instandsetzungs-

kosten gedeckt werden, die nach den bestehenden Verhältnissen zur Erhaltung des Gebäudes erforderlich sind. Die dem Eigentümer hiernach verbleibenden Beträge müssen am 1. April 1924 30 vom Hundert der Friedensmiete erreicht haben.[3])

(III) Soweit vor dem Inkrafttreten dieser Verordnung auf einem Grundstück eine privatrechtliche wertbeständige Last gemäß der Verordnung über die Eintragung von Hypotheken in ausländischer Währung vom 13. Februar 1920 (Reichsgesetzbl. S. 231) oder dem Gesetz über wertbeständige Hypotheken vom 23. Juni 1923 (Reichsgesetzbl. I S. 407) eingetragen ist, vermindert sich auf Antrag die Steuer um den Wert der aus der Last sich ergebenden laufenden Geldverpflichtung. Das gleiche gilt für die auf Grund des Gesetzes über das Zusatzabkommen zum Abkommen vom 6. Dezember 1920 zwischen dem Deutschen Reiche und der Schweizerischen Eidgenossenschaft, betreffend schweizerische Goldhypotheken in Deutschland und gewisse Arten von Frankenforderungen an deutsche Schuldner vom 23. Juni 1923 (Reichsgesetzbl. II S. 284) aus der Umwandlung einer schweizerischen Goldhypothek entstandenen Frankengrundschulden. Zu den laufenden Geldverpflichtungen gehören in diesem Falle auch Tilgungsbeträge, die zur Abtragung der Frankengrundschuld angesammelt werden. Die näheren Bestimmungen darüber, in welcher Höhe Tilgungen als angemessen anzusehen sind, treffen die Landesregierungen. Soweit eine nicht wertbeständige privatrechtliche Last aufgewertet ist, vermindert sich auf Antrag die Steuer um den Wert der aus einer Aufwertung bis zu 15 vom Hundert des Nennbetrags in Goldmark sich ergebenden laufenden Geldverpflichtung; dies gilt nicht, soweit die Verpflichtungen den im § 5 Abs. 2 vorgesehenen Zinsbetrag übersteigen.[3])

(IV) Für den Fall, daß die hiernach erhobene Miete 70 vom Hundert der Friedensmiete übersteigt, vermindert sich auf Antrag des Eigentümers die Steuer im Verhältnis des Wertes seines Eigenkapitals zum Gesamtwert des Grundstücks, wobei der Betrag des Eigenkapitals um ein Drittel zu kürzen ist. Dem Antrag ist insoweit nicht zu entsprechen, als der Betrag der Steuer gegenüber dem Zustand bei einer 70 prozentigen Friedensmiete gekürzt werden würde. Für die Berechnung des Gesamtwerts und des Eigenkapitals ist der Stand vom 1. Juli 1914 maßgebend oder bei späterer Fertigstellung des Gebäudes der Stand im Zeitpunkt der Fertigstellung.[4])

(V) Bei Grundstücken, die zu dem im vorstehenden Absatz bezeichneten Zeitpunkt entweder unbelastet waren oder deren dingliche privatrechtliche Belastung nicht mehr als 20 vom Hundert des Gesamtwerts betrug, ist der Betrag der Steuer auf Antrag des Eigentümers unabhängig von der Überschreitung der 70 prozentigen Friedensmiete so weit herabzusetzen, daß er nicht mehr als 20 vom Hundert der Friedensmiete ausmacht. Soweit es sich hierbei um Gebäude handelt, die nicht vermietet sind (Eigenhaus, Eigenwohnung), können die Länder eine weitere Minderung der Steuer eintreten lassen.[5])

(VI) Soweit nach den Bestimmungen eines Landes über die Mietzinsbildung die Steuer nicht in der gesetzlichen Miete enthalten, der Vermieter aber berechtigt ist, sie auf die Mieter umzulegen, bleibt der Vermieter auch im Falle der Befreiung oder Minderung der Steuer gemäß Abs. 3, 4 und 5 zur Umlegung

eines der vollen Steuer entsprechenden Betrags berechtigt.[6])

1. Die Länder können die Besteuerungsform in der Weise wählen, daß sie entweder eine in ihrem Steuersystem noch nicht vorhandene, **besondere Aufwertungssteuer** schaffen, oder daß sie an die bei ihnen bereits bestehenden Steuern vom Grundvermögen anknüpfen und auch der neuen Steuer die Gestalt einer **Steuer vom Grundvermögen** geben. Im letzteren Falle muß die auf Grund der VO. zu erhebende Steuer vom Grundvermögen (Grundsteuer) von der allgemeinen Grundsteuer getrennt berechnet werden. Im übrigen richtet sich aber in diesem Falle die Erhebung der Steuer und ihre nähere Ausgestaltung, namentlich auch in bezug auf ihre Abwälzbarkeit, nach der allgemeinen Landes-Grundsteuer. Wählen die Länder dagegen die Form einer besonderen Steuer (Aufwertungssteuer), so sind sie hinsichtlich ihrer Ausgestaltung, insbesondere auch der Abwälzbarkeit auf die Mieter, durch § 30 beschränkt (vergl. Anm. 1 bis 3 dazu). — Preußen hat in der Verordnung vom 1. April 1924 (Anh. VIII; vergl. Anm. 3 vor § 26) augenscheinlich von dem Wege der Anknüpfung der Steuer an seine Grundsteuer Gebrauch gemacht, da es sie in einem Hundertsatze von der Grundsteuer erhebt. Damit steht allerdings nicht ganz im Einklang, daß es der Steuer einen besonderen Namen — „Hauszinssteuer" — gegeben hat.

2. Abs. 2 trifft Bestimmungen über die Bemessung der **Höhe der Steuer und der Miete,** die zueinander in einem wechselseitigen Verhältnis stehen sollen. Die Fassung der Bestimmungen ist aber eine recht wenig klare, und es bedarf zum Verständnis des Heranziehens der Begründung, die sich klarer ausdrückt (Anm. 5 zu § 27). Danach soll die steuerliche Erfassung insoweit begrenzt sein, daß dem Eigentümer von der Miete hinreichende Beträge zur Deckung der Betriebs- und Unterhaltungskosten verbleiben müssen, die nach den bestehenden Verhältnissen zur Erhaltung des Gebäudes erforderlich sind. Mit der allmählich steigenden Miete (§ 27 Abs. 3 und Anm. 3 dazu) kann also auch die Steuer staffelweise erhöht werden in der Weise, daß dem

Eigentümer immer die Betriebs- und Unterhaltungskosten verbleiben. Diese dem Eigentümer verbleibenden Beträge müssen aber bereits am 1. April 1924 30 v. H. der Friedensmiete erreicht haben. Das kann geschehen entweder durch entsprechend hohe Bemessung der Mieten oder durch entsprechend niedere Bemessung der Steuer. Als „**Betriebskosten**" sind in § 4 RMG. bezeichnet: „für das Haus zu entrichtende Steuern, öffentliche Abgaben, Versicherungsgebühren, Verwaltungskosten und ähnliche Unkosten". Dieser Begriff der Betriebskosten wird auch hier zugrunde zu legen sein. Im Entwurf (§ 24 Abs. 2) war vorgesehen, daß zu den Betriebskosten auch die Verzinsung aufgewerteter Hypotheken gehören solle sowie des Eigenkapitals, dessen Goldmarkbetrag mit 10 v. H. des üblicherweise bei Miethäusern im Frieden vorhandenen Eigenkapitals anzusetzen sei. Diese Vorschrift ist in der endgültigen Fassung der VO. weggefallen. Die Verzinsung des Aufwertungsbetrags aufgewerteter Hypotheken kann jetzt nach Abs. 3 durch Abzug von der Steuer berücksichtigt werden (vergl. Anm. 3); die des Eigenkapitals wird gemäß Abs. 4 daselbst berücksichtigt (vergl. Anm. 4). Eine Einrechnung in die Betriebskosten wird dadurch sowohl für die Verzinsung der Hypotheken wie für die des Eigenkapitals ausgeschlossen*) (a. M. für die Hypothekenzinsen Brumby in der Deutschen Allgemeinen Zeitung vom 29. Februar 1924).

3. Entsprechend den wertbeständigen Schuldverschreibungen (vergl. Anm. 3 zu § 19) sind **wertbeständige Lasten** (Belastungen) solche, bei denen entweder a) zwar eine Geldsumme in Reichswährung aus dem belasteten Gegenstande (Grundstück usw.) zu zahlen ist, die Höhe dieser Geldsumme aber nicht durch Angabe einer festbestimmten Anzahl von Reichsmark (Nennbetrag), sondern durch Bezeichnung eines anderen wirtschaftlichen Gutes (Kohlen, Roggen, Kali, Dollar, Gold) als Wert-

---

*) Die abweichende Bemerkung in der Begründung (Anm. 5 zu § 27) bezog sich auf den Entwurf und ist durch die Änderung gegenstandslos geworden.

messer bestimmt ist, oder b) die aus dem belasteten Gegenstande zu machende Leistung in erster Linie überhaupt nicht auf Geld gerichtet ist, aber der Schuldner sich durch Zahlung eines Geldbetrags in Reichswährung befreien kann, der in der vorher angegebenen Weise bestimmt ist. Derartige dingliche Belastungen waren nach den bisher geltenden liegenschaftsrechtlichen Vorschriften des BGB. unzulässig, da sie zu ihrer Entstehung durch Rechtsgeschäft der Eintragung im Grundbuche bedurften (§ 873 BGB), die Eintragungen im Grundbuche aber nur auf bestimmte Geldsummen in Reichswährung lauten durften (GBO. § 28 Satz 2). Das ist durch mehrere neuere gesetzliche Bestimmungen geändert worden. Es können jetzt wertbeständige dingliche Belastungen bestehen auf Grund der Verordnung vom 13. Februar 1920 und des Gesetzes vom 23. Juni 1923, die beide die Eintragung wertbeständiger Hypotheken ermöglichen (vergl. Anm. 10 zu § 2); ferner auf Grund des Zusatzabkommens vom 27. Juni 1923 zu dem deutsch-schweizerischen Abkommen vom 6. Dezember 1920, das die Umwandlung schweizerischer Goldhypotheken in Frankengrundschulden vorsieht (vergl. Anm. 1 zu § 15). Eine wertbeständige Belastung kann endlich auch entstehen durch Aufwertung einer nicht wertbeständigen Belastung gemäß § 2 Abs. 1 und 3 der dritten Steuernotverordnung, und zwar besteht eine solche Belastung für die Aufwertung bis zu 15 v. H., ohne daß sie eingetragen zu sein braucht (vergl. Anm. 10 zu § 2). Für diese Fälle ist in § 28 Abs. 3 eine Verminderung der Aufwertungssteuer vorgesehen, und zwar bei den wertbeständigen Hypotheken um den Wert der aus ihnen sich ergebenden *laufenden Geldverpflichtungen*, worunter *Zinsen* und *Amortisationsbeiträge* fallen werden; bei den schweizerischen Frankengrundschulden in gleicher Weise um den Betrag der Zinsen und der *Tilgungsbeiträge*, obgleich diese letzteren hier nicht fortlaufend bezahlt, sondern angesammelt werden; endlich bei den Aufwertungsbelastungen um den Wert der aus einer Aufwertung bis zu 15 v. H. sich ergebenden laufenden Geldverpflichtung. Eine über 15 v. H. hinausgehende Aufwertung, die gemäß § 13 VO. durch Vereinbarung erfolgt sein kann, kommt für die Verminderung der Steuer nicht in Betracht. Ebensowenig eine etwa durch Vereinbarung begründete Verpflichtung zur Zahlung höherer als der gesetzlichen Zinsen während der Stundungsfrist (§ 5 Abs. 2). — Die Steuerverminderungen treten nur **auf Antrag** ein, der beim Finanzamt vom Eigentümer zu stellen sein wird. Nur privatrechtliche Belastungen kommen für die hier in Frage stehende Steuerverminderung in Betracht, nicht öffentlich-rechtliche Lasten; inwiefern solche einen Steuerabzug begründen, bestimmt sich nach den allgemeinen und besonderen sonstigen steuerrechtlichen Vorschriften, insbesondere über Steuern aus dem Grundvermögen. — Der Grund für diese Bestimmungen ist darin zu suchen, daß die aus solchen wertbeständigen Belastungen sich ergebenden laufenden Geldverpflichtungen vom Eigentümer nicht zum Nennbetrage in entwerteter Papiermark, sondern nach Maßgabe des den Belastungen zugrunde gelegten mehr oder weniger stabilen Wertmessers berichtigt werden müssen, ein Geldentwertungsgewinn ihm also insoweit nicht zugeflossen ist.

4. Sehr schwer verständlich und kaum restlos erklärbar ist Abs. 4. Die Begründung läßt hier im Stich, da eine entsprechende Vorschrift im Entwurf noch nicht enthalten war. Zunächst muß wohl eine mangelhafte Fassung vorliegen, da das Wort „hiernach" nicht gut auf die unmittelbar vorhergehenden Absätze bezogen werden kann, die nicht bestimmen, welche Miete erhoben, sondern wie die Steuer bemessen werden soll. Unter der „hiernach erhobenen Miete" wird vielmehr die nach Maßgabe des § 27 auf Grund der dort vorbehaltenen landesgesetzlichen Bestimmungen sich ergebende gesetzliche Miete zu verstehen sein. (Bei dem Worte „erhoben" scheint allerdings eher an die Steuer als an die Miete gedacht zu sein.) Übersteigt diese Miete 70 v. H. der Friedensmiete, so soll auf Antrag eine Verminderung der Steuer eintreten in der Weise, daß sie im Verhältnis des in dem Grundstücke steckenden Eigenkapitals des Eigentümers (also des von dem Grundstücke dargestellten Kapitals abzüglich der Belastungen), das um ein Drittel zu kürzen ist, zu dem Gesamtwerte

des Grundstücks, beides nach dem Stande vor Kriegsbeginn, vermindert wird.

Beispiel: Grundstückswert 1914 100 000, Belastungen 10 000; Eigenkapital 90 000, davon $^2/_3$ = 60 000; Steuerverminderung 60 000 : 100 000 = $^6/_{10}$. Beträgt nun die Friedensmiete 5000 und die gesetzliche Miete 80 v. H. der Friedensmiete = 4000 und die zu erhebende Steuer 5 v. H. der Friedensmiete = 250, so kann diese Steuer auf $^6/_{10}$, also auf 150 Mark vermindert werden.

Die Steuerverminderung soll jedoch nach Satz 2 des Abs. 4 insoweit nicht bewilligt werden, als der Betrag der Steuer dadurch geringer werden würde als **„bei einer 70 prozentigen Friedensmiete"**, das soll heißen: bei einer gesetzlichen Miete von 70 v. H. der Friedensmiete. Diese Einschränkung ist nicht gut zu verstehen; denn die Aufwertungssteuer soll gemäß § 30 Ziff. 1 nach einem Hundertsatze von der Friedensmiete, nicht von der gesetzlichen Miete erhoben werden; ihr Betrag ist deshalb unabhängig davon, ob die gesetzliche Miete einen größeren oder geringeren Hundertsatz der Friedensmiete ausmacht. Der in Abs. 4 aufgestellte Rechtssatz erscheint aber überhaupt recht befremdlich, da bei größerer Annäherung der gesetzlichen Miete an die Friedensmiete der Eigentümer eine geringere Steuer zahlen soll. Sollte in solchem Falle sein aus dem Wegfalle der Belastungen entstandener Entwertungsgewinn wirklich geringer sein? Oder erfolgt die Verminderung der Steuer im Interesse des Mieters, der einen höheren Prozentsatz der Friedensmiete zahlen muß? Vergl. den Erklärungsversuch bei Brumby, Deutsche Allgemeine Zeitung vom 29. Februar 1924, der die Vorschrift „belustigend rätselhaft" nennt. Von anderer Seite (Hein in Deutsche Allgemeine Zeitung vom 21. März 1924) ist der ganze § 28 nicht mit Unrecht als „Monstrum" bezeichnet worden.

5. Für Grundstücke **ohne oder mit geringen** (weniger als 20 v. H. des Gesamtwerts des Grundstücks ausmachenden) **Belastungen** soll, auch ohne daß die 70 prozentige Friedensmiete

überschritten wird (vergl. Anm. 4), auf Antrag eine Herabsetzung der Steuer um soviel eintreten, daß sie nicht mehr als 20 v. H. der Friedensmiete ausmacht. Bei nicht vermieteten Grundstücken kann noch eine weitere Verminderung durch die Länder angeordnet werden. Vergl. aber dazu Anm. 1 zu § 26. Die Vorschrift des Abs. 5 ist im übrigen recht wohl erklärlich, da wegen der verhältnismäßig geringeren Belastungen auch der Geldentwertungsgewinn, der durch ihren Wegfall dem Eigentümer entstanden sein kann, verhältnismäßig geringer sein wird. Waren gar keine Belastungen vorhanden, so kann von einem solchen Geldentwertungsgewinne und von einer „Aufwertungssteuer" überhaupt nicht die Rede sein; die Steuer stellt sich in solchem Falle als eine reine Nutzungssteuer zu Lasten des Mieters oder sonstigen Nutzungsberechtigten dar, die mit dem Geldentwertungsausgleich für den Eigentümer nichts zu tun hat.

6. Ist nach den Bestimmungen eines Landes die Steuer nicht in der gesetzlichen Miete enthalten, der Vermieter aber berechtigt, sie auf die Mieter umzulegen, so soll er zur Umlegung eines der nach Abs. 1 und 2 zu bemessenden Steuer entsprechenden Betrages berechtigt sein, auch wenn er nach Abs. 3 bis 5 eine Minderung oder Befreiung von der Steuer erlangt hat. Die aus dem geringeren oder gar nicht vorhandenen Entwertungsgewinne des Eigentümers für ihn sich ergebende Steuerminderung oder Befreiung soll den Mietern nicht zugute kommen. Voraussetzung ist aber, daß auf Grund der landesgesetzlichen Bestimmung der Eigentümer zur Umlegung der Steuer auf die Mieter neben der gesetzlichen Miete für befugt erklärt ist; keineswegs ist aus der hier in Frage stehenden Vorschrift zu entnehmen, daß eine solche Befugnis ohne weiteres besteht. Vergl. Anm. 1 zu § 28.

§ 29.

Entw. § 24 Abs. 4, § 21.

Von der Besteuerung sind auszuschließen Neubauten oder durch Um- oder Einbauten neugeschaffene

Gebäudeteile, wenn der Bau erst nach dem 1. Juli 1918 bezugsfertig geworden ist, es sei denn, daß die Neubauten, Um- oder Einbauten mit Beihilfen aus öffentlichen Mitteln ausgeführt worden sind.[1]) Die aus der Besteuerung dieser Neubauten aufkommenden Steuerbeträge sind ausschließlich zur Förderung des Wohnungsbaues zu verwenden.[1]) An Stelle dieser Steuer können die Landesregierungen Grundstücke mit Gebäuden, die mit Beihilfen aus öffentlichen Mitteln errichtet worden sind, zur Förderung des Wohnungsbaues mit einer Grundschuld bis zu 40 vom Hundert des in Goldmark umgerechneten Wertes der Beihilfe oder bis zu einem [3]) entsprechenden Hundertsatz des Friedenswerts des Grundstücks belasten. Diese Belastung geht allen bisherigen Belastungen vor, mit Ausnahme der Belastung zugunsten der deutschen Rentenbank nach Maßgabe der Verordnung vom 15. Oktober 1923 (Reichsgesetzbl. I S. 963).[2]) Soweit auf dem Grundstück wertbeständige Beihilfehypotheken eingetragen oder soweit Beihilfebeträge zurückgezahlt worden sind, vermindert sich die Grundschuld um den entsprechenden Goldmarkwert.[4]) Die näheren Bestimmungen über die Berechnung des Goldmarkwerts der Beihilfen aus öffentlichen Mitteln oder über die Berechnung des Friedenswerts der Grundstücke, ferner über die Verzinsung und Ablösung der Last, über die Anrechnung eingetragener wertbeständiger Beihilfehypotheken und zurückgezahlter Beihilfebeträge und über die Verwendung der Gelder werden von den obersten Landesbehörden erlassen.[5]) [6])

1. Neu- oder Umbauten, die **nach dem 1. Juli 1918** bezugsfertig geworden sind, läßt die VO. von der Geldentwertungsausgleichsteuer frei; dadurch soll „ein neuer Anreiz für die Neu-

bautätigkeit geschaffen werden" (Begründung). Die Steuerbefreiung greift aber nicht Platz für solche Neu- oder Umbauten, **die mit Beihilfen aus öffentlichen Mitteln ausgeführt worden sind.** Mit solchen Mitteln ausgeführte Neu- und Umbauten unterliegen, falls nicht die in den Sätzen 3 ff. vorgesehene Ersatzbelastung eintritt (vergl. Anm. 2), der gleichen Besteuerung wie die älteren Bauten nach den Vorschriften der vorhergehenden Paragraphen. Dabei wird es in der Hand der Länder liegen, zu bestimmen, daß die Besteuerung nur im Verhältnisse der für den Bau verwendeten öffentlichen Beihilfen zu dem darauf verwendeten Privatkapital zu erfolgen hat. Das dürfte der Billigkeit entsprechen, da die Beihilfen ja wohl in den einzelnen Fällen im Verhältnis zu dem Gesamtaufwande verschieden hoch gewesen sind und häufig nur einen größeren oder geringeren Bruchteil des verwendeten Gesamtkapitals dargestellt haben werden. — Hinsichtlich der Verwendung der aus den mit öffentlichen Beihilfen errichteten Neubauten aufkommenden Steuer ist eine Abweichung von den Vorschriften des § 26 Abs. 2 (vergl. Anm. 3 dazu) in der Weise vorgeschrieben, daß die Erträge der Steuer **ausschließlich zur Förderung des Wohnungsbaues** zu verwenden sind. Wenn hier speziell der Wohnungsbau als Verwendungszweck erwähnt wird (nicht, wie in § 26, die „Neubautätigkeit" im allgemeinen), so rechtfertigt sich das dadurch, daß die Beihilfen wohl regelmäßig nur für Wohnungsbauten gewährt sein werden. — Unter „öffentlichen Mitteln" werden Mittel zu verstehen sein, die aus dem Vermögen oder den Einkünften des Reiches, der Länder, der Gemeinden und der sonstigen zur Aufbringung von Mitteln im Wege der öffentlichen Besteuerung berechtigten Körperschaften des öffentlichen Rechts (vergl. über diesen Begriff im übrigen Anm. 6 zu § 1) herrühren.

2. Die Sätze 3 bis 6 des Paragraphen geben den Landesregierungen die Möglichkeit, bei den mit öffentlichen Mitteln errichteten Neubauten den Ausgleich des Gewinnes, der den Eigentümern dadurch erwachsen ist, daß sie die ihnen gewährten Mittel in entwertetem Gelde zurückgezahlt haben oder dafür eine nur gering aufzuwertende Papiermarkhypothek eingetragen ist, gemacht haben (vergl. die Begründung Anm. 6), statt durch die gewöhnliche Besteuerung durch eine dingliche Belastung zu erfassen, die als wertbeständige Grundschuld den Grundstücken auferlegt wird, auf denen die Neubauten errichtet sind. Im Entwurfe (§ 21) war vorgesehen, daß der Geldentwertungsausgleich bei den mit öffentlichen Zuschüssen errichteten Gebäuden stets nur in dieser Weise, und zwar durch eine Belastung mit einer Grundschuld nicht bis zu, sondern in Höhe von 40 v. H. zugunsten des Reiches oder einer vom Reiche zu bestimmenden Stelle, erfolgen sollte. Nach der Gesetz gewordenen Vorschrift der VO. liegt es in der Hand der Landesregierungen, die Belastung innerhalb der Höchstgrenze von 40 v. H. nach dem Verhältnisse der Beihilfen zu dem sonstigen Kapitalaufwande (vergl. Anm. 1) abzustufen. Die Belastung bildet eine gesetzliche Grundschuld, die, ohne eingetragen zu sein, allen bisherigen Belastungen mit Ausnahme der Belastung zugunsten der Rentenbank vorgeht. Es ist auch nicht, wie in § 2 Abs. 3 für den Aufwertungsbetrag, eine Eintragung auf Antrag im Grundbuche vorgesehen; die Möglichkeit einer solchen Eintragung wird danach zu verneinen sein. Es darf nicht verkannt werden, daß dadurch ein für den Realkredit höchst bedenklicher Zustand geschaffen wird, da aus dem Grundbuche nicht ersichtlich ist, ob die Gebäude mit öffentlichen Mitteln errichtet sind und ob und in welcher Höhe eine Belastung besteht, während bei dem Aufwertungsbetrage sich doch wenigstens die aufzuwertenden Belastungen aus dem Grundbuche ergeben und der dinglich in Betracht kommende Höchstbetrag der Aufwertung feststeht. Der Kreditgeber wird künftig solche Neubauten nicht mehr beleihen können, ohne sich zu vergewissern, ob und in welcher Höhe sie mit öffentlichen Mitteln errichtet sind. — Die dinglichen Belastungen sollen, wie die Begründung (Anm. 6) ausführt, zur Deckung von Pfandbriefen dienen, mittels deren Kapital zur Förderung des zweitstelligen Realkredits als Grundlage für die künftige Förderung des Wohnungsbaues geschaffen werden soll.

3. In dem am 14. Februar 1924 veröffentlichten Texte der VO. findet sich statt der Worte „bis zu einem" das Wort „einen". Dieser offenbare Schreib- oder Druckfehler ist berichtigt worden durch die Verordnung des Finanzministers vom 4. März 1924 (abgedruckt am Schlusse des Textes).

4. Soweit der Ersatz für die gewährten Beihilfen von dem Eigentümer bereits in wertbeständiger Weise geleistet worden ist, besteht keine Veranlassung zu einem Geldentwertungsausgleich. Die VO. nimmt einen solchen Ersatz insoweit als erfolgt an, als für die geleisteten Beihilfen wertbeständige Hypotheken eingetragen oder Beihilfebeträge zurückgezahlt sind, selbstverständlich nur soweit, als der Goldmarkwert des eingetragenen oder zurückbezahlten Betrages den Goldmarkwert des Betrages der geleisteten Beihilfe deckt. Das ist in der Vorschrift zum Ausdruck gebracht dadurch, daß die Grundschuld sich in solchem Falle **„um den entsprechenden Goldmarkwert"** verringern soll.

5. Die näheren Bestimmungen über die in Satz 6 einzeln aufgezählten Punkte zur Ausführung der Vorschriften des § 29 sind den **obersten Landesbehörden**, also den einzelnen Ressortministern, nicht, wie im übrigen durch § 31, den **Landesregierungen** übertragen.

6. Aus der Begründung:

„Infolge der Geldentwertung ist es denjenigen, die Gebäude mit Hilfe von öffentlichen Zuschüssen errichtet haben, möglich gewesen, die Zuschüsse mit einem Bruchteil ihres Wertes zurückzuzahlen. Soweit keine Rückzahlung, sondern eine Verdinglichung des Zuschusses durch Eintragung einer Hypothek erfolgte, haben die Bauherren die Geldentwertung gleichfalls in vollem Umfang genutzt. Der Entwurf schlägt eine Erfassung dieses Nutzens durch Belastung der in Frage kommenden Grundstücke mit einer Grundschuld vor, deren Höhe auf 40 v. H. des in Goldmark umgerechneten Wertes des öffentlichen Zuschusses beschränkt ist. Diese Form der Erfassung ist gewählt, da das so zur Verfügung stehende dinglich gesicherte Kapital die Deckung für die Ausgaben von Pfandbriefen bilden soll, vermittels deren das zur Förderung des zweitstelligen Realkredits notwendige Kapital beschafft und damit eine gesunde Grundlage für die künftige Förderung des Wohnungsbaues hergestellt werden kann."

§ 30.

Entw. § 25.

Erfolgt die Erfassung in Form einer besonderen Aufwertungssteuer, so gelten folgende Grundsätze: [1])

1. Die Steuer ist in einem von den Ländern zu bestimmenden Hundertsatze der Friedensmiete zu erheben.[2]) Sie ist bei der den Ländern vorbehaltenen Regelung der Mietzinsbildung auf den Mieter zu überwälzen.[3])
2. Die Überlassung des Gebrauchs eines Gebäudes (Gebäudeteils) auf andere Weise als durch Mietvertrag (Pacht, Nießbrauch usw.) steht der Miete gleich.[4])
3. Folgende Befreiungen sind vorzusehen:
   a) öffentliche Körperschaften für die in ihrem Eigentume stehenden und von ihnen für öffentliche Zwecke benutzten Gebäude;
   b) inländische Personenvereinigungen und Vermögensmassen, die nach der Satzung, Stiftung oder sonstigen Verfassung ausschließlich gemeinnützigen, mildtätigen, ethischen oder religiösen Zwecken dienen, für die in ihrem Eigentume stehenden und von ihnen für diese Zwecke benutzten Gebäude;
   c) Botschaften, Gesandtschaften und Konsulate für die im Eigentume des Entsendestaats stehenden

und von ihnen für ihre Zwecke benutzten Gebäude, sofern Gegenseitigkeit gewährt wird. Liegen nur für einen Teil des Gebäudes die vorstehenden Voraussetzungen vor, so bezieht sich die Befreiung nur auf diesen Teil.[5])

1. § 30 findet nur Anwendung, falls die Länder bezw. Gemeinden die Erfassung des Geldentwertungsausgleichs bei bebauten Grundstücken nicht, was ihnen freisteht (§ 28 Abs. 1, Anm. 1 dazu), im Anschlusse an das bei ihnen bestehende Ertragssteuersystem in Form einer diesem entsprechenden Steuer vom Grundvermögen, sondern in Form einer **besonderen Aufwertungssteuer** gestalten. Wählen sie den ersteren Weg, so sind sie frei in der weiteren Ausgestaltung im einzelnen, die sich allerdings in das bei ihnen bestehende Ertragssteuersystem einfügen muß. Das gilt besonders für die Frage des *Maßstabes*, nach dem die Steuer zu erheben ist, und der wohl in der Regel ein Hundertsatz von dem Ertrags- oder Nutzungswerte sein wird, wie auch von der *Abwälzbarkeit* auf den Mieter. Wählen sie aber den Weg der *besonderen Aufwertungssteuer*, so sind sie in beiden Richtungen an die Vorschriften der VO. gebunden, nämlich:

2. a) Die Steuer muß **von einem Hundertsatze der Friedensmiete** erhoben werden. Wie dieser Hundertsatz berechnet werden soll, wenn das Grundstück zu dem für die Friedensmiete maßgebenden Zeitpunkte oder überhaupt nicht vermietet oder zum Vermieten bestimmt war, darüber sagt die VO. nichts. Es ist das ein starkes Argument für die Auffassung, daß nur Mietgrundstücke der Besteuerung nach Maßgabe der §§ 26 bis 32 unterworfen werden sollen (vergl. Anm. 2 zu § 26). Folgt man der Gegenauffassung, so muß an Stelle der Friedensmiete ein anderer Maßstab gefunden werden. Einen Anhalt dafür gibt § 2 Abs. 4 des Reichsmietengesetzes, der für den Fall, daß eine Friedensmiete nicht feststellbar ist, den *ortsüblichen Mietzins* für maßgebend erklärt, der für die mit dem 1. Juli 1914 beginnende

Zeit für Räume gleicher Art und Größe regelmäßig vereinbart war. Die sächsische Ausführungsverordnung (Anh. IX und Anm. 3 vor § 26), die den Weg der besonderen Aufwertungssteuer gewählt hat, bezeichnet in § 6 als Maßstab „den Nutzungswert (Mietwert), den die Gebäude am 1. Juli 1914 gehabt haben". Dagegen legt die preußische Ausführungsverordnung, entsprechend dem von ihr gewählten Wege des Anschlusses an die Grundsteuer, einen Hundertsatz der Steuer vom Grundvermögen als Maßstab zugrunde (Anh. VIII und Anm. 3 vor § 26).

3. b) Die Länder müssen bei der ihnen vorbehaltenen Regelung der Mietzinsbildung (vergl. § 27 Anm. 1) die Steuer auf den Mieter überwälzen. Auch hier ergibt sich wieder die Schwierigkeit, was bei Gebäuden, die nicht zur Vermietung bestimmt und auch nicht in anderer Weise einem anderen zum Gebrauche überlassen sind (vergl. Abs. 2 und Anm. 4), zu geschehen hat. Die Antwort wird nur lauten können, daß in solchem Falle eine Überwälzung unmöglich ist und die Vorschrift also nicht ausgeführt werden kann.

4. Der Fall einer anderweiten Überlassung zum Gebrauche ist der Vermietung gleichgestellt. Ist diese Überlassung eine entgeltliche (Pacht), so wird demgemäß der Hundertsatz der Steuer nach dem Friedensentgelte zu bestimmen und die Steuer auf den Pächter abzuwälzen sein. Schwieriger liegt die Sache bei dem in der VO. gleichfalls angeführten Nießbrauche; ist dieser mit der schuldrechtlichen Verpflichtung zur Zahlung einer Geldrente verbunden, so wird deren Friedensbetrag maßgebend sein, andernfalls der Nutzungswert an die Stelle treten müssen. Bei unentgeltlich oder durch einmalige Leistung (Kauf) bestelltem Nießbrauche wird von einer Überwälzung der Steuer auf den Nießbraucher keine Rede sein können.

5. Die unter Ziffer 3 vorgesehenen Befreiungen, die auf öffentlich-rechtlichen und wohlfahrtspolizeilichen Gründen beruhen, sind für die Länder zwingend.

§ 31.

Entw. § 26.

Die nach § 26 bis 30 erforderlichen Bestimmungen erlassen die Landesregierungen.

1. Die Bestimmung bedeutet, daß, soweit in den §§ 26 bis 30 der Erlaß von Bestimmungen den Ländern vorbehalten oder überwiesen ist, die Bestimmungen nicht auf dem Wege der Landesgesetzgebung zu erfolgen brauchen, sondern als Verwaltungsakte durch die **Landesregierungen** erlassen werden können. Welche Personen die Landesregierung bilden, bestimmt sich nach dem Staatsrecht des Landes; danach ist insbesondere zu entscheiden, ob ein einzelner Minister und welcher zur Vertretung der Landesregierung berechtigt ist.

Die Vorschrift des § 29 Abs. 6, welche die dort vorgesehenen Bestimmungen ausdrücklich den „obersten Landesbehörden" zuweist, wird als die speziellere Vorschrift durch § 31 nicht berührt, obgleich dieser Paragraph auch auf § 29 verweist.

§ 32.

Entw. § —.

(I) Die Bestimmungen der §§ 26 bis 31 gelten solange, als eine gesetzliche Miete in den betreffenden Landesteilen festgesetzt ist, jedoch nicht über den 31. März 1926 hinaus. Die Reichsregierung kann mit Zustimmung des Reichsrats die Bestimmungen zu einem früheren Zeitpunkt außer Kraft setzen.[1])

(II) Treten die Bestimmungen außer Kraft, so bleibt ein Geldentwertungsausgleich bei bebauten Grundstücken entsprechend dem Geldentwertungsausgleiche bei unbebauten Grundstücken (§§ 33 bis 36) vorbehalten; die näheren Vorschriften trifft ein Reichsgesetz.[2])

1. § 32 bringt den Zusammenhang der Besteuerung nach den §§ 26 bis 31 mit der Zwangsbewirtschaftung der Mieten und den dadurch bedingten provisorischen Charakter der ganzen Regelung zu besonders deutlichem Ausdruck. Die Regelung gilt nur solange, **als eine gesetzliche Miete in den betreffenden Landesteilen festgesetzt ist,** d. h. solange die Miete noch nicht der freien Vereinbarung der Parteien überlassen ist (Zwangsbewirtschaftung). Die Zwangsbewirtschaftung kann auch eine solche sein, die von den Bestimmungen des Reichsmietengesetzes abweicht, da die Länder nunmehr gemäß § 26 VO. zu solchen Abweichungen bei der Regelung der Mietzinsbildung befugt sind. Mit der Freigabe der Miete treten die Bestimmungen von selbst außer Kraft; außerdem aber spätestens **am 31. März 1926** und auch schon früher, falls die Reichsregierung mit Zustimmung des Reichsrats es anordnet. Eine Anordnung der obersten Landesbehörde, durch welche auf Grund des § 22 des Reichsmietengesetzes bestimmte Gemeinden oder Gemeindeteile von den Bestimmungen dieses Gesetzes ausgenommen werden, muß wohl so aufgefaßt werden, daß in dem „betreffenden Landesteile" (der Gemeinde) eine gesetzliche Miete nicht festgesetzt ist; eine solche Anordnung schließt deshalb für diese Gemeinden oder Gemeindeteile auch die Anwendung der §§ 26 bis 31 aus. Anders wenn die Anordnung sich nur auf „bestimmte Arten von Mieträumen" bezieht.

2. Für den Fall des Außerkrafttretens der Bestimmungen (Anm. 1) trifft Abs. 2 Vorsorge. Für diesen Fall treten nicht ohne weiteres die Bestimmungen der §§ 33 ff. an die Stelle, sondern es ist nur in Aussicht genommen, daß die Regelung der Besteuerung in diesem Falle in einer diesen Bestimmungen entsprechenden Weise erfolgen soll. Die näheren Vorschriften darüber (also die Ausführung des Programms) sind aber nicht den Ländern überlassen, sondern sollen durch ein Reichsgesetz getroffen werden.

2. Geldentwertungsausgleich bei unbebauten Grundstücken.[1])

1. Vergl. Anm. 2 zu § 33.

§ 33.

Entw. § 27.

(I) Die Länder sind berechtigt,[1]) von den Eigentümern solcher Grundstücke, die nicht den Bestimmungen über den Geldentwertungsausgleich bei bebauten Grundstücken (§§ 26 bis 32) unterliegen [2]) und die mit einer auf Reichsmark lautenden Hypothek, Reallast, Grundschuld oder Rentenschuld belastet sind oder in der Zeit seit dem 1. Januar 1919 belastet gewesen sind,[3]) eine Abgabe zu erheben.

(II) Die Höhe der Abgabe darf 2 vom Hundert des um den Aufwertungsbetrag (§ 2 Abs. 1 Satz 1) verminderten Goldmarkbetrags der dinglichen Lasten nicht übersteigen.[4])

(III) Soweit die dinglichen Lasten beim Inkrafttreten dieser Verordnung nicht mehr bestehen, kann die Steuer um den Betrag erhöht werden, um den der Goldwert des für die Tilgung aufgewendeten Betrags hinter dem Aufwertungsbetrage (§ 2 Abs. 1 Satz 1) zurückbleibt.[5])

(IV) Bei der Bemessung der Steuer ist auf die Leistungsfähigkeit der landwirtschaftlichen Betriebe Rücksicht zu nehmen.[4])

1. Während die Besteuerung des „bebauten Grundbesitzes" im Zusammenhange mit der Regelung des Mietwesens den Ländern zur Pflicht gemacht ist (vergl. Anm. 1 zu § 26), wird ihnen hier nur das Recht zur Erhebung einer Abgabe zugesprochen. Es steht also in ihrem Ermessen, ob sie von den

Eigentümern der hier in Frage stehenden Grundstücke eine Geldentwertungsausgleichssteuer überhaupt erheben wollen.

2. Der Geldentwertungsausgleich nach den Bestimmungen der §§ 33 ff. soll stattfinden für diejenigen Grundstücke, die nicht den Bestimmungen über den Geldentwertungsausgleich bei bebauten Grundstücken (§§ 26 bis 32) unterliegen. Darüber, welche Grundstücke den Bestimmungen über den Geldentwertungsausgleich bei bebauten Grundstücken unterliegen, vergl. Anm. 2 zu § 26. Alle nicht unter diese Vorschriften fallenden Grundstücke fallen unter die Vorschriften der §§ 33 ff. Würde man annehmen, daß nur Mietgrundstücke unter die Vorschriften der §§ 26 bis 32 fallen (vergl. Anm. 2 zu § 26), so würde für alle Grundstücke, auch bebaute, die nicht Mietgrundstücke sind, der Geldentwertungsausgleich nach den §§ 33 ff. zu regeln sein. Nimmt man an, daß land- und forstwirtschaftlich sowie gärtnerisch benutzte bebaute Grundstücke nicht unter die §§ 26 bis 32 fallen (vergl. ebenda), so regelt sich bei ihnen der Geldentwertungsausgleich nach §§ 33 ff. Soweit ferner das Reichsmietengesetz auf Grund Anordnung der obersten Landesbehörde gemäß § 22 daselbst für bestimmte Gemeinden oder Gemeindeteile nicht in Kraft gesetzt ist (vergl. Anm. 1 zu § 32), fallen auch die bebauten Grundstücke dieser Gemeinden unter die §§ 33 ff. Je nach dem Fortschreiten des Abbaues der Mietenzwangswirtschaft und der gesetzlichen Miete soll ferner nach § 32 (vergl. Anm. 2 dazu) ein den Vorschriften der §§ 33 ff. entsprechender Geldentwertungsausgleich an die Stelle desjenigen nach den §§ 26 bis 32 treten. Die Überschrift: „Geldentwertungsausgleich bei unbebauten Grundstücken" erschöpft sonach (wie bereits oben Anm. 2 zu § 26 bemerkt ist) nicht den Gegenstand der unter sie fallenden Bestimmungen.

3. Weitere Voraussetzung für die gegenständliche Anwendbarkeit der §§ 33 ff. ist, daß es sich um Grundstücke handelt, **die mit einer auf Reichsmark lautenden Hypothek, Reallast, Grundschuld oder Rentenschuld belastet** sind. Also im Gegensatze zu

den §§ 26 bis 32, die grundsätzlich (vergl. jedoch § 28 Abs. 4 und Anm. 5 dazu) für belastete und nicht belastete Grundstücke gelten, kommen hier nur Grundstücke in Betracht, auf denen durch die Geldentwertung entwertete Belastungen ruhen und deren Eigentümer durch die Entwertung dieser Belastungen Inflationsgewinne erzielt haben. Die Belastung muß zur Zeit des Inkrafttretens der VO. bestehen oder vorher seit dem 1. Januar 1919 noch bestanden haben; früher erloschene Belastungen kommen nicht in Betracht; ebensowenig nach dem Inkrafttreten der VO. begründete.

4. Als Höchstsatz der den Eigentümern der in Frage kommenden Grundstücke aufzuerlegenden Abgabe sind **zwei vom Hundert des um den Aufwertungsbetrag verminderten Goldmarkbetrages der dinglichen Lasten** festgesetzt. Das entspricht dem Normalsatze bei Schuldverschreibungen (§ 21) und bedeutet auch hier die Belassung des weitaus größten Teiles der Inflationsgewinne zugunsten der Eigentümer; über die dafür angeführten Gründe vergl. Anm. 1 zu § 21. Eine besondere Berücksichtigungsklausel ist jedoch in Abs. 4 noch für die landwirtschaftlichen Betriebe hinzugefügt; bei ihnen soll auf die Leistungsfähigkeit besondere Rücksicht genommen werden. Darüber, wie der Goldmarkbetrag der dinglichen Lasten zu berechnen ist, bestimmt § 34 (vergl. Anm. 1 dazu). Zu vermindern ist der Goldmarkbetrag um **den Aufwertungsbetrag des § 2 Abs. 1 Satz 1**, also den festen Satz von 15 v. H.; andere Aufwertungssätze kommen nicht in Betracht.

5. Die Vorschrift des Abs. 3 entspricht der in § 21 Abs. 2 (vergl. Anm. 3 dazu) für bei Inkrafttreten der VO. bereits getilgte Schuldverschreibungen gegebenen. Wie bei diesen, soll auch bei bereits getilgten dinglichen Lasten der Unterschied zwischen dem Betrage, den der Eigentümer hätte zahlen müssen, wenn die dingliche Last zur Zeit des Inkrafttretens der VO. noch nicht getilgt gewesen wäre, nämlich 15 v. H. ihres Goldmarkwertes (§ 2 Abs. 1 Satz 1), und dem ihm erwachsenen wirklichen Tilgungsaufwande weggesteuert werden.

§ 34.

Entw. § —

(I) Als Goldmarkbetrag gilt bei dinglichen Lasten, die vor dem 1. Januar 1918 begründet worden sind, der Nennbetrag.[1])

(II) Der Goldmarkbetrag der dinglichen Lasten, die seit diesem Zeitpunkt begründet worden sind, wird dadurch festgestellt, daß der Nennbetrag nach dem Mittelkurse der amtlichen Notiz der Berliner Börse für den nordamerikanischen Dollar (Auszahlung New York) am Tage der Eintragung der dinglichen Last in Goldmark umgerechnet wird. Für die Zeit, in der der nordamerikanische Dollar an der Berliner Börse amtlich nicht notiert wurde, bestimmt die Reichsregierung den maßgebenden Börsenkurs.[1])

1. Die Vorschriften über die Berechnung des Goldmarkbetrages entsprechen den für diese Berechnung bei Aufwertung dinglicher Ansprüche in § 2 Abs. 2 und für den Geldentwertungsausgleich bei Schuldverschreibungen in § 22 Abs. 2 gegebenen Vorschriften mit der Abweichung, daß an Stelle des Tages des Erwerbs des dinglichen Anspruchs durch den Gläubiger bezw. der Begebung der Schuldverschreibung hier der Tag der Eintragung der dinglichen Last maßgebend ist. Für vor dem 1. Januar 1918 eingetragene Lasten gilt auch hier der Nennbetrag als Goldmarkbetrag (Abs. 1). Die Umrechnung des Nennbetrags soll auch hier, entsprechend § 22 Abs. 2, **nach dem Mittelkurse** der amtlichen Notiz der Berliner Börse für den Dollar **am Tage der Eintragung** erfolgen, nicht, wie in § 2 Abs. 2, nach dem „letzten" Mittelkurs. Näheres vergl. Anm. 7 zu § 2 und Anm. 1 zu § 22.

§ 35.

Entw. § —.

(I) Von der Abgabe befreit sind:

a) Reich, Länder und Gemeinden (Gemeindeverbände),[1])

b) die Eigentümer von Grundstücken, soweit die dingliche Last für Schuldverschreibungen begründet worden ist, die der Besteuerung gemäß §§ 17 bis 23 unterliegen.[2])

(II) Andere Eigentümer, deren Abgabe insgesamt den Betrag von 100 Goldmark nicht übersteigt, können abgabefrei gelassen werden.

1. Die zur Steuererhebung Berechtigten **(Reich, Länder, Gemeinden)** sind im Verhältnis zueinander von der Abgabe befreit.

2. Eine Doppelbesteuerung soll vermieden werden. Das geschieht in der Weise, daß bei dinglich gesicherten Schuldverschreibungen, die der Schuldverschreibungssteuer unterliegen, die Besteuerung des Eigentümers des Grundstücks für die zur Sicherung der Schuldverschreibungen dienende dingliche Belastung nicht eintritt. Die Schuldverschreibungssteuer geht also der Belastungssteuer nach §§ 33 ff. vor, während umgekehrt die Geldentwertungsausgleichssteuer bei bebauten Grundstücken der Schuldverschreibungssteuer vorgeht (vergl. Anm. 4 zu § 19).

§ 36.

Entw. § 27 Abs. 2.

(I) Die erste Zahlung auf die Abgabe darf nicht vor dem 1. November 1925 fällig sein. Die auf die Erhöhung der Abgabe (§ 33 Abs. 3) zu entrichtenden Teilbeträge sind auf 2 vom Hundert des Goldmarkbetrags der dinglichen Last im Jahr zu bemessen. Mit Zustimmung des Reichsrats und eines Ausschusses des Reichstags kann die Entrichtung auf einen längeren Zeitraum erstreckt werden.

(II) Für Vorauszahlungen auf die Erhöhung der Abgabe (§ 33 Abs. 3) können Ermäßigungen bis zu 20 vom Hundert der Erhöhung gewährt werden.

(III) Im Falle der Vorauszahlung (Abs. 2) ist zuzulassen, daß die Entrichtung in Pfandbriefen von Realkreditanstalten erfolgt.

(IV) Der Ertrag der Abgabe ist nach Möglichkeit zur Förderung der landwirtschaftlichen Erzeugung zu verwenden.[1])

1. § 36 trifft Bestimmungen darüber, wann die nach den §§ 33 ff. zu entrichtende Abgabe fällig werden soll. Ob sie in Raten (Teilbeträgen) oder auf einmal zahlbar sein soll, ist den Ländern anheimgegeben; nur darf die **erste Zahlung**, sei sie Zahlung des Ganzen oder Teilzahlung, nicht vor 1. November 1925 fällig gestellt werden. Der Anfangstermin des Fälligwerdens ist also erheblich weiter hinausgeschoben wie bei der Obligationensteuer (§ 23), wohl weil es sich hier vorzugsweise um landwirtschaftliche Grundstücke handelt und auf die Leistungsfähigkeit der Landwirtschaft Rücksicht genommen werden soll, was ja auch in § 33 Abs. 4 zum Ausdruck kommt. — Nur für die **Erhöhung** der Abgabe, die nach § 33 Abs. 3 (vergl. Anm. 5 dazu) für die bereits bei dem Inkrafttreten der VO. getilgten dinglichen Lasten eintritt, ist die Erhebung in Teilbeträgen und die Höhe der einzelnen Teilbeträge durch die VO. festgelegt, und zwar auf jährlich 2 v. H. des Goldmarkbetrags der getilgten dinglichen Last, unter Zulassung der Erstreckung auf einen längeren Zeitraum (also der Festsetzung geringerer jährlicher Teilbeträge). Es wird dadurch dem Umstande Rechnung getragen, daß die Landwirte die dinglichen Belastungen ihrer Grundstücke zum größten Teile bereits getilgt und die dadurch gemachten Gewinne in ihren Betrieben angelegt haben und daß ihnen Zeit gelassen werden muß, die ihnen nachträglich dafür auferlegte Steuerbelastung aus den Betrieben wieder herauszuziehen. — Eine Abkürzung des Zeitraumes, innerhalb dessen die Erhöhung zu entrichten ist, durch die Länder ist nicht zulässig. Die freiwillige raschere Entrichtung kann jedoch befördert werden durch Gewährung von Vergünstigungen bei Vorauszahlungen in Gestalt

von Ermäßigungen und durch Zulassung der Entrichtung in Pfandbriefen (Abs. 2, 3). — Auch über die Verwendung des Ertrages der Abgabe ist zugunsten der Landwirtschaft Bestimmung getroffen (Abs. 4).

3. Geldentwertungsausgleich bei Holzverkäufen aus Forsten öffentlicher Körperschaften.

§ 37.

Entw. § 28.

(I) Die Landesregierungen sind berechtigt, eine Abgabe von den natürlichen Personen, Personenvereinigungen und juristischen Personen zu erheben, die aus den Forsten öffentlicher Körperschaften Holz bezogen und während der Zeit der Geldentwertung den beim Verkaufe vereinbarten Zahlungstermin nicht eingehalten oder den Kredit der öffentlichen Körperschaft für das Kaufgeld in Anspruch genommen haben. Ist der von der öffentlichen Körperschaft gewährte Kredit von dem Holzkäufer an seinen Abnehmer weitergegeben worden, so kann die Abgabepflicht auf den Abnehmer erstreckt werden. Die Abgabe darf 20 vom Hundert des Geldwertunterschieds nicht übersteigen, der sich infolge der Zahlungssäumnis oder der Kreditgewährung zugunsten des Abgabepflichtigen ergeben hat.

(II) Die Steuer ist zugunsten der öffentlichen Körperschaft zu verwenden, die den Kredit gewährt hat.

(III) Von der Abgabe sind Reich, Länder und Gemeinden (Gemeindeverbände) befreit.[1])

1. Aus der Begründung:

„Bei Holzverkäufen aus Staats- und Gemeindeforsten sowie aus Forsten sonstiger öffentlich-rechtlicher Körperschaften haben die Käufer regelmäßig langfristigen Kredit erhalten, der mit entwertetem Gelde abgedeckt wurde. Hier ist billigerweise eine Steuer angesetzt worden. Sie war den Ländern zuzuweisen mit Rücksicht darauf, daß die Lasten der Geldentwertung von ihnen oder den ihnen nachgeordneten Körperschaften getragen wurden."

Artikel IV.

Bewertung von Reichsmarkforderungen und -schulden für Steuern.

§ 38.[1])

Entw. § 29.

(I) Forderungen und Schulden, die auf Reichsmark lauten, und die bis zum 31. Dezember 1923 weder durch Vereinbarung noch durch rechtskräftige Entscheidung aufgewertet worden sind, sind bei der Vermögensteuerveranlagung zum 31. Dezember 1923 auch dann mit dem Papiermarknennbetrag unter Umrechnung in Goldmark gemäß Artikel II § 3 Abs. 1 Nr. 8 der Zweiten Steuernotverordnung vom 19. Dezember 1923 (Reichsgesetzbl. I S. 1205)[2]) zu bewerten, wenn die Möglichkeit einer Aufwertung besteht. Entsprechendes gilt für die in Schuldverschreibungen oder Pfandbriefen verbrieften Forderungen und Schulden, sofern nach den am 31. Dezember 1923 maßgebenden Bedingungen die Zinszahlung und die Rückzahlung des Kapitals ausschließlich auf Reichsmark abgestellt ist.

(II) Die Bestimmung des Abs. 1 findet auf die Erbschaftssteuerveranlagung bei Erwerben, für welche die Steuerschuld nach dem 30. Juni 1923 entstanden ist oder entsteht, mit der Maßgabe Anwendung, daß an Stelle des 31. Dezember 1923 der nach § 31 des Erbschaftssteuergesetzes maßgebende Zeitpunkt tritt.[3])

1. Aus der Begründung:

„Während die Frage der Aufwertung mit der größtmöglichen Beschleunigung geprüft werden soll, bedarf die Frage, mit welchem Betrage die auf Reichsmark lautenden Forderungen und Schulden sowie Schuldverschreibungen für die Vermögenssteuer anzusetzen sind, schon einer sofortigen Klärung, da ohne eine derartige Klärung eine Steuerveranlagung überhaupt nicht denkbar ist. Solange nicht feststeht, ob und in welchem Umfange eine Aufwertung tatsächlich erfolgen wird, kann die Regelung nur dahin vorgenommen werden, daß sowohl die Forderungen auf der einen Seite als auch die Schulden auf der anderen Seite nur mit dem Nennbetrag angesetzt werden können. Eine andere Regelung ist auch um deswillen nicht möglich, weil als feststehend angenommen werden muß, daß eine schematisch gleichmäßige Aufwertung der verschiedenen Arten von Forderungen und Schulden nicht in Frage kommen kann. Entsprechendes gilt auch für die Veranlagung zur Erbschaftssteuer."

2. Art. II § 3 Abs. 1 Nr. 8 der Zweiten Steuernotverordnung lautet:

„Ist ein für die Bewertung maßgebender Preis oder Wert in Papiermark oder einer sonstigen nicht auf Goldmark lautenden Rechnungseinheit ausgedrückt, so ist er in Goldmark umzurechnen. Für die Umrechnung der Goldmark ist der laufende Kurs (Mittelkurs) des Dollars an der Berliner Börse am letzten Tage des Monats Dezember 1923, an dem dieser festgestellt worden ist, maßgebend. Der Reichsminister der Finanzen hat den Umrechnungssatz abgerundet festzustellen und bekanntzugeben."

3. Der nach § 31 des Erbschaftssteuergesetzes maßgebende Zeitpunkt ist der Zeitpunkt des Entstehens der Steuerschuld.

Artikel V.

Finanzausgleich.[1])

1. Aus der Begründung:

„Auf dem Gebiete des Finanzausgleichs hat der Währungsverfall dazu geführt, daß das Reich durch die Gewährung der

Besoldungszuschüsse den Personaletat der Länder und Gemeinden (Gemeindeverbände) zum überwiegenden Teil übernommen und sie darüber hinaus durch Gewährung von Zuschüssen zu den Gehältern der Geistlichen und Kirchenbeamten sowie von Zuschüssen für solche Anstalten und Einrichtungen, die Aufgaben der öffentlichen Wohlfahrtspflege und des öffentlichen Schul- und Bildungswesens erfüllen, wesentlich entlastet hat (§§ 60, 61 des Finanzausgleichsgesetzes). Die Zuschußgewährung war notwendig, weil kein Steuersystem und keine noch so scharfen steuerlichen Anspannungen denkbar sind, die bei der reißenden Geldentwertung der zurückliegenden Zeit die Aufrechterhaltung einer geordneten Finanzwirtschaft hätten ermöglichen können; die Hilfe des Reichs, das allein über die Notenpresse verfügte, setzte bei den Personalaufwendungen ein, weil diese die für die Fortführung der Verwaltung unerläßlichsten und zugleich diejenigen Ausgaben waren, die dem sinkenden Geldwert am unmittelbarsten folgten. Darüber, daß das Zuschußsystem nur einen Ausweg aus der Währungsnot darstellte und daß das System den schwersten finanz- und verwaltungspolitischen Bedenken unterlag, bestand bei seiner Einführung allgemeines Einverständnis; hat doch der Reichstag den § 52 a des Gesetzes zur Änderung des Landessteuergesetzes nicht angenommen, ohne gleichzeitig die Reichsregierung zu ersuchen, „sobald die Verhältnisse es irgend gestatten, den Entwurf eines Gesetzes einzubringen, durch das die Zuschüsse an Länder und Gemeinden auf Grund des § 52 a allmählich herabgesetzt werden“. Die Notwendigkeit, die auf Goldrechnung umgestellten Haushaltspläne im Gleichgewichte zu halten, verbietet dem Reiche, sich weiterhin mit einer Ausgabe zu belasten, die unter finanzwirtschaftlichen Gesichtspunkten als einer der wesentlichsten Ausgabeposten in die Etats der Länder und Gemeinden gehört; ebenso erscheint auf seiten der Länder und Gemeinden nur dann, wenn sie ihren Personaletat wieder in voller Höhe übernehmen, die für die Balancierung ihrer Haushalte erforderliche Sparsamkeit in der Personalpolitik gewährleistet. Der Fortfall der Besoldungszuschüsse wird für Länder und

Gemeinden um so eher tragbar sein, je schärfer und rascher sie den Abbau ihres Personalbestandes vollziehen. Für den Ausfall finden sie in der Werterhöhung der Überweisungen aus den Reichssteuern einen Ausgleich; darüber hinaus werden sie selbst durch stärkste Anspannung ihrer Abgaben, durch restlose Ausschöpfung aller sonstigen Einnahmequellen sowie durch rücksichtslose Drosselung aller nicht unbedingt lebenswichtigen Aufgaben für die Deckung ihrer Personalausgaben Sorge zu tragen haben. Den Schwierigkeiten der Übergangszeit soll durch schrittweise Herabsetzung der Zuschüsse am 1. Februar und am 1. März 1924 Rechnung getragen werden (Artikel V § 31 Nr. 11 des Entwurfs." *)

§ 39.

Entw. § 31.

Das Finanzausgleichsgesetz [1]) wird wie folgt geändert:

1. Im § 16 wird das Wort „innere" gestrichen.
2. Im § 19 werden im Abs. 2
   a) die Worte „Erbschaftssteuer (§§ 32, 33)" gestrichen,
   b) hinter den Worten „Rennwettsteuer (§ 46)" die Worte eingestellt: „Börsensteuer (§ 46 a)".
3. § 20 erhält folgende Fassung:

„§ 20.

Das Aufkommen an Einkommensteuer und Körperschaftssteuer erhalten die Länder vom 1. Februar 1924 an in Höhe von 90 vom Hundert. Das den Ländern zustehende Aufkommen wird jeweils nach dem Verhältnis verteilt, das nach den Vorschriften der §§ 21 bis 30 zuletzt festgestellt worden ist (Verteilungsschlüssel)." [2])

---

*) = Art. V § 39 Nr. 14 zu b VO.

4. Die §§ 32, 33 (Erbschaftssteuer) werden gestrichen.[2])

5. Die Vorschriften der §§ 38 bis 44 werden durch folgende Vorschriften ersetzt:

„§ 38.

(I) Von dem Aufkommen an Umsatzsteuer erhalten die Länder vom 1. Februar 1924 ab bis zum Schlusse des Rechnungsjahrs 1924 für sich und ihre Gemeinden (Gemeindeverbände) 20 vom Hundert. Die Beteiligung der Gemeinden (Gemeindeverbände) regelt die Landesgesetzgebung.

(II) Der Gesamtbetrag des den Ländern zustehenden Anteils wird nach dem Verhältnis der Bevölkerungszahl verteilt. Für die Verteilung ist das Ergebnis der jeweils letzten Volkszählung maßgebend.“[2])

6. § 45 erhält folgende Fassung:

„§ 45.

(I) Das Aufkommen an Kraftfahrzeugsteuer auf Grund des Kraftfahrzeugsteuergesetzes vom 8. April 1922 (Reichsgesetzbl. S. 396) erhalten die Länder in voller Höhe abzüglich 4 vom Hundert für die Verwaltung der Steuer durch das Reich. Die eine Hälfte der Steuer ist nach der Bevölkerungszahl, die andere nach dem Gebietsumfang auf die einzelnen Länder zu verteilen.

(II) Die Länder haben die auf sie entfallende Steuer mindestens zur Hälfte zu Zwecken der öffentlichen Wegeunterhaltung zu verwenden.

(III) Die Kraftfahrzeugsteuer gilt als Reichssteuer im Sinne des § 1 Abs. 2 der Reichsabgabenordnung.“

7. Als § 46 a wird folgende Vorschrift eingestellt:

„§ 46 a.

Das Aufkommen an Börsensteuer (Börsenbesuchsteuer, Börsenzulassungsteuer) auf Grund des Artikels VII der Zweiten Steuernotverordnung vom 19. Dezember 1923 (Reichsgesetzbl. I S. 1205) erhalten die Länder in voller Höhe. Von dem Gesamtaufkommen erhält jedes Land die Beträge, die von den Finanzämtern in seinem Gebiet erhoben werden."

8. Als § 52 a wird folgende Vorschrift eingestellt:

„§ 52 a.

Ist ein selbständiger Gutsbezirk beteiligt, so bestimmt die Landesregierung die Stelle, die die Rechte ausübt, die nach §§ 48 bis 52 Gemeinden zustehen."

9. § 54 erhält folgende Fassung:

„§ 54.

(I) Die Anteile der Länder an der Grunderwerbsteuer (§§ 34, 35) werden von den Finanzämtern festgestellt, die für die Veranlagung zuständig sind. Die Feststellung erfolgt, sobald und soweit die Steuer entrichtet ist. Die Landesregierung oder die von ihr beauftragte Behörde ist berechtigt, Auskünfte sowie Einsicht in die Nachweisungen und Akten des Finanzamts zu verlangen.

(II) Sind an einem Steuerbetrage mehrere Länder oder Gemeinden (Gemeindeverbände) beteiligt, so stellt das Finanzamt gleichzeitig mit der Veranlagung das Beteiligungsverhältnis fest, nach dem das Aufkommen der Steuer auf die

Länder oder Gemeinden (Gemeindeverbände) zu verteilen ist. Die Vorschriften der §§ 49 bis 52 finden entsprechende Anwendung. Auf Grund des Beteiligungsverhältnisses stellt das Finanzamt die Anteile fest, sobald und soweit die Steuer entrichtet ist. In den Fällen des § 37 tritt an die Stelle des Finanzamts die Behörde, der die Geschäfte des Finanzamts übertragen worden sind."

10. Als § 55 a wird folgende Vorschrift eingestellt:

„§ 55 a.

Die Anteile der Länder an der Börsensteuer (§ 46 a) werden von den Finanzämtern festgestellt, die für die Erhebung zuständig sind. Die Vorschriften des § 54 Abs. 1 Satz 2, 3 finden Anwendung."

11. Der § 56 wird gestrichen.

12. Im § 57

a) werden im Abs. 1 die Worte „mit drei Vierteln des Aufkommens" ersetzt durch die Worte „mit neunzig vom Hundert des Aufkommens" und

b) im Abs. 2 die Worte „die Anteile der Länder an den Steuern auf Grund des Erbschaftssteuergesetzes (§§ 32, 33) und" gestrichen,

c) erhält Abs. 3 folgende Fassung:

„(III) Die Anteile der Länder an der Umsatzsteuer (§ 38), an der Kraftfahrzeugsteuer (§ 45), an der Rennwettsteuer (§ 46) und an der Börsensteuer (§ 46 a) werden zwei Wochen nach der Feststellung fällig."

d) wird Abs. 4 gestrichen.

13. Der § 58 wird gestrichen.

14. Im § 60

a) erhält Abs. 2 Satz 1 folgende Fassung:

„(II) Die Mehraufwendungen werden nach dem in Goldmark festgestellten Unterschiede zwischen den jeweiligen Ausgaben für Besoldungen, Bezüge und Vergütungen und den Beträgen berechnet, die von den Ländern und Gemeinden (Gemeindeverbänden) für Besoldungen, Bezüge und Vergütungen vor dem 1. Januar 1921 aus eigenen Mitteln zu tragen waren."

b) wird folgender Abs. 9 eingestellt:

„(IX) Die Zuschüsse nach Abs. 1, 2 mindern sich für die Zeit vom 1. Februar 1924 ab auf 50 vom Hundert und für die Zeit vom 1. März 1924 ab auf 25 vom Hundert der im Abs. 1, 2 bezeichneten Mehraufwendungen; sie fallen mit dem 1. April 1924 weg. Entsprechendes gilt für die Zuschüsse nach Abs. 8."

1. Gesetz über den Finanzausgleich zwischen Reich, Ländern und Gemeinden (Finanzausgleichsgesetz) in der Fassung der Bekanntmachung vom 23. Juni 1923 (RGBl. I S. 491).

2. Aus der Begründung:

„Die Rückübertragung der bezeichneten Aufgaben*) auf die Länder, die ihrerseits die Gemeinden (Gemeindeverbände) bei der Erfüllung heranziehen, macht eine Nachprüfung der Beteiligungsverhältnisse der drei Steuergläubiger an den Reichssteuern erforderlich. So wenig die Lösung des Entwurfs bei der gegenwärtigen Ungeklärtheit der finanziellen Lage und Undurchsichtigkeit

---

*) Vergl. § 42 VO. und Begründung dazu.

der wirtschaftlichen Verhältnisse unter allen Umständen als eine endgültige Lösung angesehen werden kann, so soll doch auf dem umstrittenen Boden im Sinne der Trennung der Steuerquellen ein Schritt vorwärts getan werden. Der Entwurf setzt den Anteil der Länder an der Einkommen- und Körperschaftssteuer — unter entsprechender Kürzung des Reichsanteils auf 10 v. H. — auf 90 v. H. herauf, er hebt die Erbschaftssteuer als Überweisungssteuer auf und beschränkt die Beteiligung der Länder und Gemeinden (Gemeindeverbände) an der Umsatzsteuer auf das Halb vom Hundert, das nach Artikel IV § 2 der Zweiten Steuernotverordnung vom 19. Dezember 1923 ((Reichsgesetzbl. I S. 1205) von den steuerpflichtigen Umsätzen des Kalenderjahrs 1924 über den bisherigen Satz hinaus zur Hebung kommt (Artikel V § 31 Nr. 2, 3, 4, 5.*)"

§ 40.

Entw. § 32.

Das Gesetz zur Änderung des Landessteuergesetzes vom 23. Juni 1923 (Reichsgesetzbl. I S. 483) wird wie folgt geändert:

1. Artikel IV erhält folgende Fassung:[1])

„Artikel IV.

(I) Die Verteilungsschlüssel für die Einkommensteuer und die Körperschaftssteuer werden im Kalenderjahre 1924 auf der Grundlage des Steuersolls festgestellt, das sich ergibt

1. aus den Steuerbeträgen, die bis zum 31. Januar 1924 veranlagt sind,

2. aus Veränderungen, die an veranlagten Steuerbeträgen bis zum 31. Januar 1924 eingetreten sind.

(II) Außer Betracht bleiben

1. das im Artikel II Abs. 2 und im Artikel III Abs. 2 bezeichnete Steuersoll,

---

*) des Entwurfs; § 39 Nr. 2, 3, 4, 5 VO.

2. Einkommensteuerbeträge, die für die Kalenderjahre 1923 und 1924 veranlagt sind,
3. Körperschaftssteuerbeträge, die für Wirtschafts-(Geschäfts-) Jahre veranlagt sind, die nach dem 30. Juni 1923 abliefen,
4. Veränderungen, die an den in Nr. 2 und 3 bezeichneten Steuerbeträgen bis zum 31. Januar 1924 eingetreten sind.

(III) Der Schlüsselanteil des einzelnen Landes ist aus der Gesamtheit der Rechnungsanteile seiner Gemeinden zu berechnen, soweit sie bis zum 31. Januar 1924 festgesetzt sind."

2. Hinter Artikel IV treten als Artikel IV a folgende Vorschriften:

„Artikel IV a.[2])

(I) Die Verteilungsschlüssel für die Einkommensteuer und die Körperschaftssteuer werden im Kalenderjahre 1925 auf der Grundlage des Steuersolls festgestellt, das sich ergibt

1. aus den Steuerbeträgen, die bis zum 31. Dezember 1924 veranlagt sind,
2. aus den Veränderungen, die bis zum 31. Dezember 1924 an veranlagten Steuerbeträgen eingetreten sind.

(II) Außer Betracht bleiben

1. das im Artikel IV Abs. 2 Nr. 1 bezeichnete Steuersoll,
2. die im Artikel IV Abs. 2 Nr. 2, 3 bezeichneten Steuerbeträge,
3. Veränderungen, die in den in Nr. 2 bezeichneten Steuerbeträgen bis zum 31. Dezember 1924 eingetreten sind."

(III) Der Schlüsselanteil des einzelnen Landes ist aus der Gesamtheit der Rechnungsanteile seiner Gemeinden zu berechnen, soweit sie bis zum 31. Dezember 1924 festgesetzt sind."

3. Im Artikel V werden [3])

a) im Satz 1 die Worte „1923 und 1924" ersetzt durch die Worte „1923, 1924 und 1925";

b) im Satz 3 hinter den Worten „drei Viertel" die Worte eingefügt „und vom 1. Februar 1924 ab neunzig vom Hundert".

Aus der Begründung:

1. Zu Artikel IV des Gesetzes zur Änderung des Landessteuergesetzes.

„Die Änderung ist notwendig geworden, weil die Finanzämter einzelner Bezirke mit den für die Feststellung des Verteilungsschlüssels notwendigen Arbeiten bis zum 31. Dezember 1923 nicht fertig geworden sind; zum 31. Januar 1924 ist mit dem Abschluß der Arbeiten zu rechnen. Die Ausschließung der Einkommensteuerbeträge für 1923 und 1924 und der Körperschaftssteuerbeträge für nach dem 30. Juni 1923 abgelaufene Wirtschaftsjahre muß vorgenommen werden, weil infolge der fortgeschrittenen Geldentwertung im Jahre 1923 die aus diesen Beträgen festgesetzten Rechnungsanteile zu denjenigen der Vorjahre in einem Mißverhältnisse stehen, das das Zustandekommen eines brauchbaren Verteilungsschlüssels ausschließt."

2. Zu Artikel IVa des Gesetzes zur Änderung des Landessteuergesetzes.

„Die Einfügung des Artikels IVa ist notwendig, damit nach dem 31. Januar 1924 eintretende Veränderungen und Berichtigungen bei den Ausschüttungen im Kalenderjahre 1925 Berücksichtigung finden."

3. Zu Artikel V des Gesetzes zur Änderung des Landessteuergesetzes.

„Da im Kalenderjahre 1924 eine Veranlagung nicht erfolgt, so müssen die Rechnungsanteile der Gemeinden des oberschlesischen Abstimmungsgebiets auch bei Feststellung des Verteilungsschlüssels im Kalenderjahre 1925 außer Betracht bleiben."

§ 41.[1])

Entw. § 33.

(I) Der § 2 der Verordnung über die Kohlenwirtschaft vom 13. Oktober 1923 (Reichsgesetzbl. I S. 945) / 18. Oktober 1923 (Reichsgesetzbl. I S. 979) erhält folgende Fassung:

„Das Kohlensteuergesetz vom 20. März 1923 (Reichsgesetzbl. I S. 193) wird mit Ausnahme der Vorschriften im § 25 des Gesetzes aufgehoben."

(II) Die Bestimmung des Abs. 1 tritt mit Wirkung vom 15. Oktober 1923 ab in Kraft.

1. Aus der Begründung:

„Die im § 25 des Kohlensteuergesetzes vom 20. März 1923 (Reichsgesetzbl. I S. 193) enthaltene Vorschrift, daß Länder und Gemeinden (Gemeindeverbände) Steuern auf Erzeugnisse des Kohlenbergbaues, auf die Kohlenbergwerke und ihre Erträge oder auf das Eigentum an Kohlenbergwerken nicht erheben sollen, sollte aufrechterhalten bleiben; der § 33 will die Verordnung über die Kohlenwirtschaft vom 13. Oktober 1923 (RGBl. I S. 945) / 18. Oktober 1923 (RGBl. I S. 979) in diesem Punkte berichtigen."

§ 42.[1])

Entw. § 34.

(I) Die Aufgaben der Wohlfahrtspflege, des Schul- und Bildungswesens und der Polizei werden den Ländern nach Maßgabe näherer reichsrechtlicher Vorschriften zu selbständiger Regelung und Erfüllung überlassen. Die Länder bestimmen, inwieweit die Gemeinden (Gemeindeverbände) an der Erfüllung der einzelnen Aufgaben zu beteiligen sind. Vor der Überlassung an die Länder werden die reichsrechtlichen Vorschriften, die dem Grundsatz des Satz 1 entgegenstehen, aufgehoben werden.

(II) Zu den Aufgaben der Wohlfahrtspflege im Sinne des Abs. 1 gehören

1. die Fürsorge für die Rentenempfänger der Invaliden- und Angestelltenversicherung, soweit sie nicht den Versicherungsträgern obliegt,
2. die Fürsorge für die Kleinrentner und die ihnen gleichgestellten Personen,
3. die soziale Fürsorge für Kriegsbeschädigte und Kriegshinterbliebene und die ihnen auf Grund der Versorgungsgesetze gleichgestellten Personen,
4. die Fürsorge für hilfsbedürftige Minderjährige,
5. die Wochenfürsorge,
6. die Flüchtlingsfürsorge,
7. die Leistungen nach dem Gesetz über die durch innere Unruhen verursachten Schäden vom 12. Mai 1920 (Reichsgesetzbl. S. 941) in der Fassung der Verordnung vom 8. Januar 1924 (Reichsgesetzbl. I S. 23).

(III) Mit der Übernahme der Aufgaben der Wohlfahrtspflege gehen ihre Lasten auf die nach Maßgabe einer besonderen Verordnung zu bildenden Fürsorgeverbände über. Die Kosten der Erfüllung der sonstigen im Abs. 1 bezeichneten Aufgaben fallen mit ihrer Übernahme den Ländern und nach näherer Bestimmung des Landesrechts den Gemeinden (Gemeindeverbänden) zur Last. Die Vorschriften des § 59 des Finanzausgleichsgesetzes bleiben unberührt.

1. Aus der Begründung:

„Da eine klare Scheidung der Aufgaben und eine scharfe Trennung der Verantwortlichkeiten die stärkste Gewähr für wirtschaftliches und sparsames Verwalten bietet, so werden den Ländern und Gemeinden in dem Entwurf (Artikel V § 34 *) wiederum diejenigen Aufgaben zur selbständigen Regelung und Erfüllung überlassen, die nach der geschichtlichen Entwickelung und auf Grund des bestehenden Rechtes als die ihrigen anzusehen sind: die Wohlfahrtspflege in dem im § 34 Abs. 2 **) bezeichneten Umfang, das Schul- und Bildungswesen und die Polizei. Die Entwickelung der letzten Jahre hat dazu geführt, daß das Reich einen maßgebenden Einfluß auf die Erfüllung aller dieser Aufgaben in Anspruch genommen und gleichzeitig die Verpflichtung zu mehr oder weniger weitgehender Beteiligung an den Kosten auf sich genommen hat. Es ist nunmehr eine Lösung der so geschaffenen Beziehungen herbeizuführen, indem die Länder und Gemeinden in sachlicher wie in organisatorischer Hinsicht das Selbstbestimmungsrecht auf den bezeichneten Gebieten wiedergewinnen und das Reich entsprechend von der Beteiligung an den Kosten entlastet wird."

Artikel VI.

Mitwirkung der Gemeindebehörden im Besteuerungsverfahren.[1])

§ 43.

Entw. § 35.

Die Reichsabgabenordnung wird wie folgt geändert:

1. Hinter dem § 23 wird folgender § 23 a eingefügt:

„§ 23 a.

(1) Bei den Steuern vom Einkommen und vom Vermögen (ausschließlich der Erbschaftssteuer) und bei der Umsatzsteuer soll das Finanzamt vor der Veranlagung die für den Steuerpflichtigen zuständige Gemeindebehörde hören. Der Vorsteher

---

*) Art. V § 42 VO. — **) § 42 Abs. 2 VO.

der Gemeindebehörde, sein Vertreter oder ein durch schriftlichen Auftrag der Gemeindebehörde ausgewiesener Beauftragter ist berechtigt, mit beratender Stimme an den Sitzungen des Steuerausschusses (§ 25) teilzunehmen, solange in den Sitzungen über die Veranlagung von Steuerpflichtigen, die in der Gemeinde ihren Wohnsitz, ihren ständigen Aufenthalt, ihren Sitz oder eine Niederlassung haben, beraten oder beschlossen wird.

(II) Die Vorschriften des § 10 Abs. 1, 3, 4 und des § 376 gelten auch für die Personen, die namens der Gemeinden im Besteuerungsverfahren mitwirken oder als Beamte, Angestellte oder Beauftragte von Gemeinden oder als Inhaber von Ehrenämtern Kenntnis über Verhältnisse, Geschäfts- oder Betriebsgeheimnisse eines Steuerpflichtigen erhalten."

2. Dem § 245 wird folgender Abs. 2 hinzugefügt:

„(II) Die Gemeindebehörde des Ortes, an dem der Steuerpflichtige seinen Wohnsitz, seinen ständigen Aufenthalt, seinen Sitz oder eine Niederlassung hat, kann beantragen, daß der Vorsteher des Finanzamts zur Herbeiführung einer höheren Veranlagung Berufung einlegt; dabei sind die Gründe anzugeben, aus denen die Gemeindebehörde die Veranlagung für zu niedrig hält. Lehnt der Vorsteher des Finanzamts den Antrag ab, so hat er seine Gründe der Gemeindebehörde mitzuteilen."

§ 44.

Entw. § 36.

Die Bestimmungen des § 43 treten einen Monat nach ihrer Verkündung in Kraft.

1. Aus der Begründung:

„Artikel VI will die Gemeindebehörden in weiterem Umfang, als es bisher schon geschehen ist, am Besteuerungsverfahren beteiligen. Dies entspricht dem finanziellen Interesse, das die Gemeinden an einer möglichst vollständigen Steuererfassung haben, und trägt dem Umstand Rechnung, daß die Gemeindebehörden infolge ihrer Kenntnis der örtlichen Verhältnisse in der Lage sind, den Finanzbehörden wertvolle Aufschlüsse zu geben. Nach dem Vorschlag des Entwurfs sollen bei den Steuern vom Einkommen und vom Vermögen (ausschließlich der Erbschaftssteuer) und bei der Umsatzsteuer die Gemeindebehörden vor der Veranlagung gehört werden. Die Gemeindebehörden sollen ferner befugt sein, an den Sitzungen der Steuerausschüsse teilzunehmen. Schließlich sollen auch für die vom Finanzamt zu treffende Entschließung, ob gegen eine unter Mitwirkung des Steuerausschusses vorgenommene Veranlagung Berufung einzulegen ist, die Anregungen der Gemeindebehörden nutzbar gemacht werden. Die Mitwirkung der Gemeindebehörden darf jedoch nicht zu einer Durchbrechung des Steuergeheimnisses führen. Dem vorzubeugen, ist der Zweck einer als § 23 a Abs. 2 der Reichsabgabenordnung einzufügenden besonderen Vorschrift."

Artikel VII.

Vereinfachung der Steuerrechtspflege.[1])

§ 45.

Entw. § 37.

Für die Steuern vom Einkommen und vom Vermögen bedarf es der Mitwirkung der im § 25 der Reichsabgabenordnung vorgesehenen Ausschüsse nicht:

1. wenn ein vorläufiger Steuerbescheid erlassen wird;
2. wenn ein Steuerbescheid erlassen wird, der sich auf die Anforderung vom Steuervorauszahlungen beschränkt;

3. wenn auf Grund des § 76 Abs. 1 Nr. 2 der Reichsabgabenordnung ein Steuerbescheid zurückgenommen oder geändert wird;
4. wenn im Falle des § 97 der Reichsabgabenordnung eine Nachveranlagung oder eine Neuveranlagung vorgenommen wird;
5. wenn über Erstattungsansprüche, die auf Rechtsgründe gestützt werden, entschieden wird;
6. wenn über Erinnerungen der im § 288 Abs. 3 Satz 3 und im § 293 Abs. 1 Satz 2 der Reichsabgabenordnung bezeichneten Art entschieden wird.

1. Aus der Begründung zu §§ 37 bis 47 des Entwurfs:

„Die Notlage des Reichs zwingt zu Sparmaßnahmen in allen Zweigen der staatlichen Betätigung.

Auch auf dem Gebiete der Steuerrechtspflege sind durchgreifende Maßnahmen geboten. Vereinfachung, Beschleunigung und Verbilligung des Verfahrens muß auch für die Steuerrechtspflege die Losung sein.

Unter diesem leitenden Gesichtspunkt wollen die Bestimmungen des Artikels VII gewürdigt werden."

§ 46.

Entw. § 38.

(I) Zu den Sitzungen der bei den Finanzämtern gebildeten Ausschüsse (§ 25 der Reichsabgabenordnung) werden jeweils zwei gewählte Mitglieder und ein ernanntes Mitglied geladen.

(II) Das Finanzamt bestimmt für das ganze Jahr im voraus, in welcher Reihenfolge die gewählten Ausschußmitglieder zu den Sitzungen herangezogen werden. Ist ein gewähltes Ausschußmitglied verhindert, an einer Sitzung teilzunehmen, so ist sein Vertreter (§ 9 der Verordnung vom 25. Mai 1920 — Reichsgesetzbl. S. 1118 —) heranzuziehen; ist auch der Vertreter verhindert, so wird das nächstfolgende Ausschußmitglied (Satz 1) herangezogen. Geht die Anzeige von der Verhinderung so spät ein, daß eine Einberufung nach den vorstehenden Grundsätzen nicht mehr möglich ist, oder bleibt ein Mitglied ohne Anzeige aus, so ist ein leicht erreichbares Mitglied heranzuziehen.

(III) Der Ausschuß ist beschlußfähig, wenn außer dem Vorsitzenden mindestens zwei Mitglieder anwesend sind (§ 30 Abs. 1 Satz 1 der Reichsabgabenordnung).

§ 47.

Entw. § 39.

Über die Berufung entscheidet:

1. wenn es sich um Steuern vom Einkommen oder vom Vermögen (einschließlich der Erbschaftssteuer) oder um Umsatzsteuer handelt: das Finanzgericht; die Befugnis des Vorsitzenden des Finanzgerichts, nach näherer Bestimmung des § 251 der Reichsabgabenordnung über die Berufung vorläufig zu entscheiden, bleibt unberührt;
2. wenn es sich nicht um die in Nr. 1 bezeichneten Steuern handelt: der Vorsitzende des Finanzgerichts.[1])

1. Aus der Begründung:

„Im Rechtsmittelverfahren nach der Reichsabgabenordnung ist zur Entscheidung über die Berufung das Finanzgericht zuständig, das aus zwei beamteten und drei ehrenamtlichen Mitgliedern besteht. Die Beteiligung der ehrenamtlichen Mitglieder will der Entwurf beibehalten für die großen Veranlagungssteuern, bei denen es sich darum handelt, die wirtschaftliche Lage und Leistungsfähigkeit eines Steuerpflichtigen zu beurteilen. Für die Steuern dagegen, bei denen die Steuerpflicht an einen einzelnen Rechtsvorgang anknüpft (Steuern vom Rechtsverkehre, zum Beispiel:

Erbschaftssteuer, Grunderwerbsteuer, Wechselsteuer, Kapitalverkehrsteuer, Kraftfahrzeugsteuer, Versicherungssteuer, Rennwett- und Lotteriesteuer), erscheint es mit Rücksicht auf die Notlage des Reichs geboten, von der Heranziehung ehrenamtlicher Mitglieder abzusehen, wie es für die indirekten Steuern, soweit sie zu den Verbrauchsabgaben zählen, bereits im § 219 der Reichsabgabenordnung vorgeschrieben ist. Der Verzicht auf die Mitwirkung der ehrenamtlichen Mitglieder erscheint als Notmaßnahme um so eher vertretbar, als es sich bei den in Betracht kommenden Steuerarten überwiegend um Rechtsfragen handelt."

§ 48.

Entw. § 40.

(I) Bei Berufungen, deren Beschwerdegegenstand keinen höheren Wert hat als 50 Goldmark, kann die Rechtsmittelbehörde (§ 47), ohne daß es einer weiteren Aufklärung des Sachverhalts oder einer Stellungnahme zu Rechtsfragen bedarf, nach freiem Ermessen entscheiden. Zur Begründung einer solchen Entscheidung genügt der Hinweis, daß auf Grund dieser Verordnung nach freiem Ermessen entschieden worden ist.

(II) Die Bestimmungen des Abs. 1 finden keine Anwendung, wenn die Einspruchsentscheidung zuungunsten des Steuerpflichtigen abgeändert wird.

(III) Der Reichsminister der Finanzen kann die im Abs. 1 Satz 1 bestimmte Wertgrenze ändern.[1])

1. Aus der Begründung:

„In bürgerlichen Rechtsstreitigkeiten ist Berufung nur dann zulässig, wenn der Beschwerdegegenstand mehr als fünfzig Goldmark wert ist, und Revision ist nur gegeben, wenn der Wert des Beschwerdegegenstandes höher ist als 1800 Goldmark. Auch für die Steuerrechtspflege kann an der Frage nicht vorübergegangen werden, ob es unter den gegenwärtigen Verhältnissen noch vertretbar ist, für alle Steuerrechtsstreitigkeiten ohne Rücksicht auf den Wert des Streitgegenstandes den Rechtsmittelzug durch alle Instanzen offenzuhalten. Ein Verzicht auf die Einführung von Rechtsmittelgrenzen, die als nächstliegende Lösung erscheinen könnte, kann nur dann in Frage kommen, wenn die Möglichkeit geschaffen wird, in der Berufungsinstanz in einem vereinfachten Verfahren zu entscheiden. Demgemäß sieht § 40 vor, daß die Berufungsinstanz bei Streitsachen, deren Beschwerdegegenstand nicht mehr wert ist als fünfzig Goldmark (also Objekten, bei denen in bürgerlichen Rechtsstreitigkeiten kein Rechtsmittel gegeben ist), nach freiem Ermessen, d. h. (§ 6 der Reichsabgabenordnung) nach Recht und Billigkeit zu entscheiden hat."

§ 49.

Entw. § 41.

Über Beschwerden, die sich gegen die Anordnung von Arresten richten (§ 351 Abs. 1 Satz 4, § 352 Satz 4 der Reichsabgabenordnung), kann der Vorsitzende des Finanzgerichts vorläufig entscheiden. Für das Verfahren, das im Falle der vorläufigen Entscheidung anzuwenden ist, gelten die Vorschriften des § 251 der Reichsabgabenordnung entsprechend.

§ 50.

Entw. § 42.

Hat im Besteuerungsverfahren ein Beteiligter aus Mutwillen oder in der Absicht, die Finanzbehörden irrezuführen, ein Rechtsmittel eingelegt, so kann die Rechtsmittelbehörde die im § 289 Abs. 2 der Reichsabgabenordnung vorgesehenen Gebühren bis auf das Doppelte erhöhen.

§ 51.

Entw. § 43.

(I) Ist Einspruch, Berufung, Anfechtung oder Rechtsbeschwerde eingelegt worden, so kann der Vorsitzende der Rechtsmittelbehörde verfügen, daß der Beschwerdeführer an die Kasse der Finanzbehörde, die für die Erhebung der Rechtsmittelkosten zuständig ist, einen Kostenvorschuß zu zahlen hat. In der Verfügung ist der zu zahlende Kostenvorschuß in Goldmark so hoch festzusetzen, daß die Kosten, die im Falle der Zurückweisung des Rechtsmittels dem Beschwerdeführer zur Last fallen, voraussichtlich aus dem Kostenvorschuß gedeckt werden können. In der Verfügung ist ferner eine Frist zu bestimmen, innerhalb deren der Nachweis, daß der Vorschuß gezahlt worden ist, dem Vorsitzenden der Rechtsmittelbehörde zu erbringen ist. Gegen die Verfügung ist ein Rechtsmittel oder ein sonstiger Rechtsbehelf nicht gegeben.

(II) Liegen die Voraussetzungen des § 50 vor, so ist das Rechtsmittel als unzulässig zu verwerfen, wenn der Nachweis, daß der Kostenvorschuß gezahlt worden ist, nicht rechtzeitig erbracht wird. Die Vorschriften der §§ 68, 69, 236 Abs. 2 der Reichsabgabenordnung finden entsprechende Anwendung.

(III) Werden die Kosten des Rechtsmittelverfahrens nicht dem Beschwerdeführer auferlegt, oder geht der Kostenvorschuß über den Betrag hinaus, den der Beschwerdeführer als Kosten des Rechtsmittelverfahrens zu zahlen hat, so ist ihm der zuviel gezahlte Goldmarkbetrag, ohne daß es eines Antrags bedarf, zu erstatten. Eine Verzinsung findet nicht statt.

§ 52.

Entw. § 44.

(I) Wird ein Rechtsmittel zurückgenommen, so wird über die Kosten des Rechtsmittelverfahrens nicht besonders entschieden. Die Kosten sind, wenn der Vorsteher des Finanzamts das Rechtsmittel eingelegt hatte, vom Reiche, in allen anderen Fällen von der Person zu tragen, in deren Namen das Rechtsmittel eingelegt worden war.

(II) Für das zurückgenommene Rechtsmittel wird der Wert des Streitgegenstandes, soweit erforderlich, von dem Vorsitzenden der Behörde festgestellt, gegen deren Entscheidung das Rechtsmittel gerichtet war.

(III) In geeigneten Fällen kann der Vorsitzende der Behörde, gegen deren Entscheidung das Rechtsmittel gerichtet war, die Gebühren für das Verfahren über das zurückgenommene Rechtsmittel bis auf die Hälfte ermäßigen; er kann auch Kostenfreiheit gewähren, wenn die Einlegung des Rechtsmittels auf entschuldbarer Unkenntnis der Verhältnisse oder auf Unwissenheit beruht. Der Behörde, die zur Entscheidung über das zurückgenommene Rechtsmittel berufen war, stehen die im Satz 1 bezeichneten Befugnisse nicht zu.

(IV) Gegen Verfügungen, durch die der Wert des Streitgegenstandes festgestellt wird (Abs. 2) oder eine Vergünstigung der im Abs. 3 Satz 1 bezeichneten Art versagt wird, ist ein Rechtsmittel oder ein sonstiger Rechtsbehelf nicht gegeben.

(V) Verfügungen, durch die der Wert des Streitgegenstandes festgestellt wird (Abs. 2), brauchen dem Schuldner nicht besonders bekanntgegeben zu werden; jedoch ist in dem Kostenfestsetzungsbescheide die Wertfestsetzung hervorzuheben. Entsprechendes gilt, wenn Vergünstigungen der im Abs. 3 Satz 1 bezeichneten Arten gewährt werden, oder wenn ein Antrag, mit dem der Kostenschuldner derartige Vergünstigungen nachsucht, abgelehnt wird.

§ 53.

Entw. § 45.

(I) Die Kosten des Rechtsmittelverfahrens und die einem Beteiligten zu erstattenden Auslagen werden festgesetzt:

1. in den Fällen des § 52 Abs. 1 Satz 1: von der Geschäftsstelle der Behörde, gegen deren Entscheidung das Rechtsmittel gerichtet war;
2. im übrigen: von der Geschäftsstelle der Behörde, die über die Kostenpflicht zuerst entschieden hat.

Zur Entscheidung über Erinnerungen (§ 288 Abs. 3 Satz 3, § 293 Abs. 1 Satz 2 der Reichsabgabenordnung) ist die im Satz 1 bezeichnete Behörde zuständig. Über Erinnerungen gegen Entscheidungen, die die Geschäftsstellen der Finanzgerichte über die Höhe der Kosten des Rechtsmittelverfahrens oder über die Erstattung der einem Beteiligten erwachsenen Auslagen getroffen haben, entscheidet der Vorsitzende des Finanzgerichts endgültig.

(II) Der Reichsminister der Finanzen kann anordnen, daß die Kosten des Rechtsmittelverfahrens und die den Beteiligten zu erstattenden Auslagen von der Geschäftsstelle der Behörde, die in erster Instanz entschieden hat, festgesetzt werden. Er kann die zur Durchführung einer solchen Anordnung erforderlichen Bestimmungen treffen.

(III) Die Kosten des Rechtsmittelverfahrens werden grundsätzlich von der Behörde, die in erster Instanz entschieden hat, erhoben. Hat jedoch in erster Instanz ein Landesfinanzamt oder ein Finanzgericht entschieden, so werden die Kosten von der Kasse des Finanzamts erhoben, von dem der Kostenschuldner zu besteuern ist.

(IV) Wird die Entscheidung über die Kosten des Rechtsmittelverfahrens oder über den Wert des Streitgegenstandes von einer Behörde getroffen, die nicht über das Rechtsmittel entschieden hat (Beispiel: § 243 Abs. 2 Satz 1 der Reichsabgabenordnung), so ist eine Mitteilung der Entscheidung an die Rechtsmittelbehörde nicht erforderlich.

§ 54.

Entw. § 46.

Die Reichsabgabenordnung wird wie folgt geändert:

1. Im § 251 Abs. 2 erhalten die Sätze 1, 2 folgende Fassung:

   „Ein ehrenamtliches Mitglied des Gerichts kann mit der schriftlichen Begutachtung befaßt werden. Tritt der Vorsitzende einem solchen Gutachten bei, so kann er ohne Zuziehung der Mitglieder über die Berufung vorläufig entscheiden."

2. Im § 289 erhält der Abs. 2 folgende Fassung:

   „Die Gebühr wird nach dem Werte des Streitgegenstandes nach § 8 des Gerichtskostengesetzes berechnet und beträgt:

   im Einspruchsverfahren, im Beschwerdeverfahren und im Anfechtungsverfahren das Doppelte der dort vorgeschriebenen Gebühr,

   im Berufungsverfahren das Dreifache,

   im Rechtsbeschwerdeverfahren das Vierfache."

3. Im § 295 Halbsatz 2 wird das Wort „Gebührenfreiheit" ersetzt durch das Wort „Kostenfreiheit".

4. Im § 462 wird das Wort „Verwaltungsstrafverfahren" ersetzt durch das Wort „Strafverfahren".

§ 55.

Entw. § 47.

(I) Die Bestimmungen dieses Artikels treten eine Woche nach ihrer Verkündung in Kraft.[1])

(II) Die Bestimmungen der §§ 45 bis 53 treten für die Zeit ihrer Geltung an die Stelle der entsprechenden Vorschriften der Reichsabgabenordnung.

(III) Der Reichsminister der Finanzen bestimmt, wann und inwieweit die Bestimmungen der §§ 45 bis 53 außer Kraft treten. Sie müssen außer Kraft gesetzt werden, wenn der Reichstag es verlangt.

1 Vergl. Anm. 1 zu § 65.

Artikel VIII.

Vereinfachung des Steuerstrafrechts.[1])

§ 56.

Entw. § 48.

Die Reichsabgabenordnung wird wie folgt geändert:

1. Im § 359

a) erhält der Abs. 1 folgende Fassung:

„Wer zum eigenen Vorteil oder zum Vorteil eines anderen nicht gerechtfertigte Steuervorteile erschleicht oder vorsätzlich bewirkt, daß Steuereinnahmen verkürzt werden, wird wegen Steuerhinterziehung mit Geldstrafe bestraft. Der Höchstbetrag der Geldstrafe ist unbeschränkt. Bei Zöllen und Verbrauchsabgaben ist die Geldstrafe mindestens auf das Vierfache des hinterzogenen Betrags zu bemessen, falls der Betrag der Steuerverkürzung oder des Steuervorteils festgestellt werden kann. Neben der

Geldstrafe kann auf Gefängnis bis zu zwei Jahren erkannt werden."

b) wird dem Abs. 5 folgender Satz 2 hinzugefügt:

„Auf Gefängnis darf jedoch nur erkannt werden, wenn der Vorsatz der Hinterziehung festgestellt wird."

2. Im § 360 Abs. 1 wird der Satz 2 gestrichen.

3. Im § 361 wird der Abs. 2 gestrichen.

4. Der § 362 wird gestrichen.

5. Der § 363 erhält folgende Fassung:

„Wenn wegen Steuerhinterziehung auf eine Geldstrafe von mehr als fünfhundert Goldmark oder neben Geldstrafe auf Gefängnis erkannt wird, kann im Straferkenntnis (Urteil, Strafbescheid, Niederschrift über eine Unterwerfungsverhandlung) angeordnet werden, daß die Bestrafung auf Kosten des Verurteilten bekanntzumachen ist."

6. Im § 367 Abs. 1 werden die Worte:

„wird, soweit in den einzelnen Gesetzen nichts Abweichendes vorgeschrieben ist, wegen Steuergefährdung mit einer Geldstrafe bestraft, die im Höchstbetrage halb so hoch ist wie die für die Steuerhinterziehung angedrohte Geldstrafe"

ersetzt durch die Worte:

„wird wegen Steuergefährdung mit Geldstrafe bis zu einhunderttausend Goldmark bestraft."

7. Der § 369 erhält folgende Fassung:

„(I) Wer im Inland wegen Steuerhinterziehung oder Steuerhehlerei bestraft worden ist, darauf abermals eine dieser Handlungen begangen hat und wegen derselben bestraft worden ist, wird, wenn er eine Steuerhinterziehung oder eine Steuerhehlerei begeht, mit Gefängnis bis zu fünf Jahren bestraft. Neben der Gefängnisstrafe ist auf Geldstrafe (§ 359 Abs. 1 Sätze 2, 3) zu erkennen. Sind mildernde Umstände vorhanden, so kann ausschließlich auf Geldstrafe (§ 359 Abs. 1 Sätze 2, 3) erkannt werden.

(II) Die Vorschriften des Abs. 1 finden Anwendung, auch wenn die früheren Strafen nur teilweise verbüßt oder ganz oder teilweise erlassen worden sind, bleiben jedoch ausgeschlossen, wenn seit der Verbüßung oder dem Erlasse der letzten Strafe bis zur Begehung der neuen Steuerhinterziehung oder Steuerhehlerei drei Jahre verflossen sind.

(III) Im Falle des § 359 Abs. 5 Satz 1 darf auf Gefängnis nur erkannt werden, wenn der Vorsatz der Hinterziehung festgestellt wird."

8. Hinter dem § 369 wird folgender § 369a eingefügt:

„§ 369a.

(I) Wer Steuerzeichen in der Absicht, daß sie als echt verwendet werden, fälschlich anfertigt oder verfälscht oder wer sich in dieser Absicht falsche Steuerzeichen dieser Art verschafft, wird mit Gefängnis nicht unter drei Monaten bestraft. Ebenso wird bestraft, wer vorsätzlich falsche Steuerzeichen als echt verwendet, feilhält oder in Verkehr bringt.

(II) Wer vorsätzlich bereits verwendete Steuerzeichen als gültig wiederverwendet oder in der

Absicht, daß sie als gültig wiederverwendet werden, sich verschafft, feilhält oder in Verkehr bringt, wird mit Geldstrafe bestraft. Der Höchstbetrag der Geldstrafe ist unbeschränkt. Neben der Geldstrafe kann auf Gefängnis bis zu zwei Jahren erkannt werden.

(III) Wer zum Zwecke der Fälschung von Steuerzeichen

1. Formen oder andere Gerätschaften, die zur Ausführung einer Steuerzeichenfälschung dienen können,
2. Papier, das einer zur Herstellung der Steuerzeichen bestimmten Papierart gleich oder zum Verwechseln ähnlich ist,

anfertigt, sich verschafft, feilhält oder einem anderen überläßt, wird mit Gefängnis bis zu zwei Jahren und mit Geldstrafe bis zu einhunderttausend Goldmark oder mit einer dieser Strafen bestraft. Den Formen oder Gerätschaften stehen die mit solchen Formen oder Gerätschaften hergestellten Abdrucke gleich.

(IV) Die falschen, wiederverwendeten oder zur Wiederverwendung bestimmten Steuerzeichen sind einzuziehen, auch wenn sie dem Täter nicht gehören. Das gleiche gilt für Formen, Gerätschaften, Abdrucke und Papier der im Abs. 3 bezeichneten Art."

9. Im § 373 werden die Worte: „bis zur Höhe des doppelten Betrags der verkürzten Beträge" ersetzt durch die Worte: „bis zu einhunderttausend Goldmark".

10. Im § 377 Abs. 1 Satz 1 werden die Worte: „Steuerermittlung oder Steueraufsicht" ersetzt durch

die Worte: „Besteuerung (einschließlich der Vorbereitung, Sicherung und Nachprüfung der Besteuerung)".

11. Im § 202 Abs. 1 werden die Worte: „bei Ermittlung von Steueransprüchen oder Durchführung der Steueraufsicht" ersetzt durch die Worte: „im Besteuerungsverfahren (einschließlich der Vorbereitung, Sicherung und Nachprüfung der Besteuerung)".

1. Aus der Begründung:

„Die Reichsabgabenordnung (§ 359) hat für das gesamte ihr angepaßte Reichssteuerrecht einen einheitlichen Tatbestand der Steuerhinterziehung geschaffen. Dagegen sind die Strafen, mit denen die Steuerhinterziehung bedroht ist, für die einzelnen Steuerarten besonders geregelt. Diese Zersplitterung hat — wie die anliegende Zusammenstellung zeigt — zu einer Buntscheckigkeit des Steuerstrafrechts geführt, die weder sachlich gerechtfertigt noch der praktischen Handhabung des Steuerstrafrechts förderlich ist.

Es besteht kein innerer Grund dafür, daß das Strafensystem ein anderes sein soll, je nachdem, ob der Steuerpflichtige den Fiskus um die Einkommensteuer oder um die Wechselsteuer, um die Umsatzsteuer oder um die Leuchtmittelsteuer betrogen hat. Der vorliegende Entwurf sieht daher für die Hinterziehung aller Steuerarten einen einheitlichen Strafrahmen vor."

§ 57.

Entw. § 49.

(I) Die Bestimmungen des § 56 treten eine Woche nach ihrer Verkündung in Kraft.[1])

(II) Gleichzeitig treten außer Kraft:

1. die Vorschriften der Steuergesetze (§§ 2, 3 der Reichsabgabenordnung) insoweit, als sie den Vorschriften der §§ 359 bis 361, §§ 363, 367, 369, 369 a,

373 der Reichsabgabenordnung in der Fassung des § 56 zuwiderlaufen;

2. die Vorschriften der Steuergesetze (§§ 2, 3 der Reichsabgabenordnung) insoweit, als sie (außer dem § 359 Abs. 1 Satz 3 der Reichsabgabenordnung in der Fassung des § 56) Mindestgrenzen für die Geldstrafen setzen, die bei Steuerhinterziehung zu verhängen sind;
3. die §§ 53 a bis 53 f des Einkommensteuergesetzes, §§ 79 bis 82 des Kapitalverkehrsteuergesetzes, § 22 des Wechselsteuergesetzes.

(III) Unberührt bleiben jedoch bis zur Anpassung an die Reichsabgabenordnung die Strafvorschriften des Vereinszollgesetzes, des Tabaksteuergesetzes, des Weinsteuergesetzes und des Beförderungssteuergesetzes (Gesetz vom 8. April 1917 — Reichsgesetzbl. S. 329 —).

1. Vergl. Anm. 1 zu § 65.

Artikel IX.

Schlußbestimmungen.

§ 58.

Entw. § 50.

Soweit das Reich dingliche Belastungen zur Erfüllung allgemeiner dringlicher Aufgaben des Reichs durch Gesetz anordnet, gehen diese Lasten der Besteuerung nach §§ 26 bis 36 vor.

1. Vergl. Anm. 1, 2 vor § 26; Anm. 1 zu § 33. Es handelt sich um den Geldentwertungsausgleich bei bebauten und unbebauten Grundstücken. Der zu diesen Zwecken erfolgenden Besteuerung sollen dingliche Belastungen, die das Reich zur Erfüllung allgemeiner dringlicher Aufgaben des Reichs durch Gesetz anordnet,

vorgehen. Ein solches „Vorgehen" kann zunächst insoweit in Frage kommen, als auch die Besteuerung im Wege einer dinglichen Belastung erfolgt. Das geschieht im Falle des § 29 bei der Besteuerung der mit Beihilfen aus öffentlichen Mitteln errichteten Gebäude, sofern die Landesregierungen solche Gebäude zum Zwecke des Geldentwertungsausgleichs mit einer Grundschuld belasten. Vergl. Anm. 2 zu § 29. Im übrigen entsteht durch die Besteuerung nur eine Geldforderung gegen den Eigentümer, deren Beitreibung aus dem Grundstücke gemäß § 345 RAbgO. nach den Vorschriften für gerichtliche Zwangsvollstreckungen, also nach Maßgabe der ZPO. (§§ 864 ff.) und des ZwVerstG. erfolgt; dabei gehen nach § 10 Nr. 3 ZwVerstG. die Ansprüche auf Entrichtung der öffentlichen Lasten des Grundstücks wegen der laufenden und der aus den letzten zwei Jahren rückständigen Beträge den Ansprüchen aus Rechten an dem Grundstücke, also den dinglichen Belastungen (§ 10 Nr. 4), vor. Nach § 58 VO. treten aber die Besteuerungsansprüche der Länder und Gemeinden aus den §§ 26 bis 36 hinter die durch Reichsgesetz zur Erfüllung von Reichsaufgaben angeordneten Belastungen zurück. Eine solche Belastung ist angeordnet durch die (einem Reichsgesetze gleichstehende) VO. über Errichtung der Deutschen Rentenbank vom 15. Oktober 1923 (RGBl. I S. 963). Daß diese Belastung der Grundschuld vorgeht, mit welcher die mit öffentlichen Beihilfen errichteten Grundstücke gemäß § 29 VO. belastet werden können, ist bereits in § 29 Satz 4 gesagt. Weitere derartige Belastungen stehen namentlich in Aussicht, falls das in dem Sachverständigengutachten vorgeschlagene Reparationsabkommen zustande kommt, das Hypotheken auf deutsche Grundstücke zur Sicherung der Reparationsleistungen vorsieht.

§ 59.

Entw. § 51.

Der Reichsminister der Finanzen wird ermächtigt, zu bestimmen, daß für steuerliche Zwecke Erklärungen über Beteiligungen an ausländischen Unternehmungen

jeglicher Art und die darüber bestehenden Vereinbarungen abzugeben sind. Er kann die Erklärungen auch weiter als auf die nach Satz 1 zu machenden Angaben ausdehnen. Die Richtigkeit und Vollständigkeit der Erklärungen ist an Eides Statt zu versichern.

§ 60.

Entw. § 52.

(I) Die Steuerpflichtigen sind nicht berechtigt, mit Ansprüchen, die sich gegen eine Betriebsverwaltung (Eisenbahnverwaltung oder Postverwaltung) des Reichs richten, gegen Steueransprüche des Reichs aufzurechnen.[1])

(II) Die Bestimmung des Abs. 1 tritt mit Wirkung vom 20. November 1923 ab in Kraft. Ist nach dem 19. November 1923, aber vor der Verkündung dieser Verordnung mit einem Anspruch, der sich gegen eine Betriebsverwaltung des Reichs richtet, aufgerechnet worden, so ist dadurch der Steueranspruch des Reichs nicht erloschen. Im Falle des Satzes 2 hat der Steuerpflichtige für die Zeit von der Entstehung des Anspruchs, der sich gegen die Betriebsverwaltung des Reichs richtet, bis zum Inkrafttreten dieser Verordnung Zuschläge oder Zinsen nicht zu entrichten.[2])

(III) Der Reichsminister der Finanzen bestimmt, wann und inwieweit die Bestimmung des Abs. 1 außer Kraft tritt.[3])

1. Nach § 103 der Reichsabgabenordnung sind die Steuerpflichtigen berechtigt, gegen Steueransprüche des Reichs mit unbestrittenen oder rechtskräftig festgestellten Gegenforderungen aufzurechnen. Danach konnte, da der Reichsfiskus ein einheitliches

Rechtssubjekt ist, gegen Ansprüche des Steuerfiskus auch mit solchen Ansprüchen aufgerechnet werden, die gegen andere Reichsverwaltungen bestanden, also auch mit privatrechtlichen Entschädigungsforderungen, insbesondere auch solchen, die gegen eine Betriebsverwaltung des Reiches, wie es die Eisenbahn- und die Postverwaltung sind, gerichtet waren. Diese Aufrechnungsbefugnis schließt § 60 hinsichtlich solcher Betriebsverwaltungen aus. Es beruht das auf der in der letzten Zeit durchgeführten Trennung des Haushalts der Eisenbahn- und Postverwaltung von dem allgemeinen Reichshaushalt, die für die Sanierung der Reichsfinanzen erforderlich war. Eine solche Trennung ließe sich nicht durchführen, wenn Forderungen und Schulden, die den Spezialhaushalt betreffen, und solche des allgemeinen Haushalts gegeneinander aufgerechnet werden könnten. Übrigens ist durch die VO. vom 12. Februar 1924 (RGBl. S. 57) für die Verwaltung und den Betrieb der Reichseisenbahnen ein selbständiges Unternehmen, das eine vom Reiche getrennte juristische Person darstellt, geschaffen und bestimmt worden, daß alle Forderungen und Schulden des Reichs, die mit dem Reichseisenbahnunternehmen verbunden sind, auf diese juristische Person übergehen; dadurch ist bereits eine Befreiung des Reichs von solchen Schulden eingetreten und die Aufrechnung mit ihnen gegen Steuerforderungen ausgeschlossen. Die Aufrechnung mit Forderungen gegen andere Betriebsverwaltungen des Reiches außer Eisenbahn und Post bleibt auch weiter zulässig.

2. Der Vorschrift des Abs. 1 ist durch Abs. 2 rückwirkende Kraft verliehen auf den 20. November 1923. Seit diesem Zeitpunkte bis zum Inkrafttreten der VO. erklärte Aufrechnungen sollen nicht die der Aufrechnung sonst zukommende Rechtswirkung (§ 389 BGB.) haben, daß die Forderung des Reichs erloschen ist. Die bereits erloschenen Forderungen des Reichs werden also dadurch wieder ins Leben gerufen; das Reich schafft sich selbst aus gesetzgeberischer Machtvollkommenheit Ansprüche gegen die einzelnen. Darüber, ob das im Wege der VO. zulässig war, können

Zweifel bestehen (vergl. Anm. 4 vor § 1). Die Bestimmung sagt **nichts** darüber, was mit den gleichfalls erloschenen Forderungen **der einzelnen gegen das Reich** geschieht. Es ist aber selbstverständlich, daß auch diese wieder ins Leben gerufen erden können. Der rechtsgeschäftliche Zweck der durch die Aufrechnungserklärung erfolgten Aufgabe der eigenen Forderung der einzelnen war das Erlöschen der Gegenforderung des Reiches; da dieser mit der Leistung nach dem Inhalte des Rechtsgeschäfts bezweckte Erfolg nicht eingetreten ist, kann das von dem Reiche auf Kosten der einzelnen Erlangte (das Erlöschen ihrer Forderung) zurückgefordert werden (§ 812 BGB.). Das wird nach den allgemeinen Rechtsgrundsätzen gegebenenfalls (d. h. soweit der Fiskus bereichert ist) in aufgewertetem Betrage, und zwar unbeschränkt durch die Aufwertungsvorschriften des ersten Artikels der VO., geschehen können, da es sich nicht um Vermögensanlagen handelt (vergl. Anm. 5 zu § 12). — Nach Satz 3 des Absatzes ist das Wiederaufleben der Steuerforderungen des Reichs insofern eingeschränkt, als etwa sonst zu zahlende **Zuschläge und Zinsen** nicht zu entrichten sind. Insoweit, als der Steuerpflichtige dadurch Zuschläge und Zinsen erspart, wird sich sein Bereicherungsanspruch wegen des Erlöschens seiner Forderungen mindern.

3. Die dem Reichsfinanzminister vorbehaltene Außerkraftsetzung der Bestimmung könnte dahin gedeutet werden, daß diese nur als vorübergehende Sparmaßregel gedacht ist. Doch würde das mit der oben (Anm. 1) dargelegten Veranlassung und dem Zwecke der Bestimmung schwerlich in Einklang stehen. Eine Aufhebung auf diesem Wege ist deshalb wohl kaum zu erwarten.

§ 61.

Entw. § 53.

Das Reichsgesetz über die Erhebung einer Abgabe zur Förderung des Wohnungsbaues in der Fassung der Bekanntmachung vom 28. März 1923 (Reichsgesetzbl. I S. 238) tritt mit Ablauf des 31. März 1924 außer Kraft. Den Ländern bleibt es überlassen, die

Veranlagung und Erhebung der Wohnungsbauabgabe schon für eine frühere Zeit einzustellen.[1])

1. Das **Gesetz über Erhebung einer Abgabe zur Förderung des Wohnungsbaues** hatte u. a. eine durch die Länder zu erhebende Abgabe, zu welcher die Gemeinden Zuschläge zu erheben hatten, eingeführt, die den an vor 1. Juli 1918 fertiggestellten Gebäuden Nutzungsberechtigten auferlegt war und lediglich zur Förderung der Wohnungsbeschaffung und der Siedlung verwendet werden sollte. Diese Abgabe ist mit Wirkung vom 1. April 1924 aufgehoben. Sie ist durch die Vorschriften über die Besteuerung des bebauten Grundbesitzes zum Zwecke des Geldentwertungsausgleichs (§§ 26 bis 32) ersetzt.

§ 62.

Entw. § 54.

§ 2 des Gesetzes über Maßnahmen gegen die wirtschaftliche Notlage der Presse vom 21. Juli 1922 (Reichsgesetzbl. I S. 629) / 3. März 1923 (Reichsgesetzbl. I S. 159) tritt mit Ablauf des 31. Dezember 1923 außer Kraft, unbeschadet der Durchführung des Veranlagungs- und Erhebungsverfahrens für die Zeit bis zum 31. Dezember 1923.[1])

1. Das **Gesetz über Maßnahmen gegen die wirtschaftliche Notlage der Presse** hatte in § 2 die Erhebung einer Abgabe für die Veräußerung von Holz aus forstwirtschaftlich bewirtschafteten Grundstücken zugunsten der „Rückvergütungskasse der deutschen Presse" und die Verwendung dieser Abgabe zu Rückvergütungen auf Druckpapier für die Presse angeordnet. Diese Abgabe ist mit Wirkung vom 1. Januar 1924 aufgehoben.

§ 63.

Entw. § 55.

(I) Die Zweite Steuernotverordnung vom 19. Dezember 1923 (Reichsgesetzbl. I S. 1205) wird wie folgt geändert:

1. Im Artikel I § 1 Abs. 2 Satz 1 treten an Stelle der Worte „anderweit festsetzen“ folgende Worte: „besonders festsetzen; dies gilt auch für Einkommensteuerpflichtige, die erhöhte Vorauszahlungen nach dem Gesetze vom 9. Juli 1923 (Reichsgesetzbl. I S. 556) / 11. August 1923 (Reichsgesetzbl. I S. 773) nicht zu entrichten hatten.“
2. Im Artikel II
   a) erhält § 14 folgende Fassung:

      „Neuveranlagungen gemäß §§ 25, 26 des Vermögensteuergesetzes finden nicht statt.“

   b) wird im § 15 folgender Abs. 3 angefügt:

      „(III) In den Fällen des Abs. 2 ist mit der Abgabe der Steuererklärung der Betrag nachzuzahlen, um den der nach Abs. 1 zu entrichtende Betrag den nach Abs. 2 zu entrichtenden Betrag übersteigt.“

(II) Die Bestimmungen des Abs. 1 treten mit Wirkung vom 22. Dezember 1923 ab in Kraft.

§ 64.

Entw. § 56.

(I) Die Reichsregierung wird ermächtigt, die zur Durchführung dieser Verordnung erforderlichen Rechtsverordnungen und allgemeinen Verwaltungsvorschriften zu erlassen; sie kann, soweit es sich als notwendig erweisen sollte, für besondere Fälle allgemeine Anordnungen ergänzenden oder abweichenden Inhalts treffen. Sie kann ferner bestimmen, daß Zuwiderhandlungen gegen die Durchführungsbestimmungen mit Geldstrafe und Gefängnis oder mit einer dieser Strafen bestraft werden.[1])

(II) Der Reichsminister der Finanzen wird ermächtigt, mit Zustimmung des Reichsrats und eines Ausschusses des Reichstags die im § 23 vorgesehenen Fristen mit Rücksicht auf die Gestaltung der allgemeinen Wirtschaftslage abzuändern.

1. Soweit § 64 die Reichsregierung ermächtigt, die zur Durchführung der VO. erforderlichen **allgemeinen Verwaltungsvorschriften** zu erlassen, dürfte diese Selbstermächtigung der Regierung über den Zeitpunkt des Erlöschens des Ermächtigungsgesetzes hinaus nicht zu beanstanden sein. Sie findet ihre rechtliche Begründung in Art. 77 RVerf., der der Reichsregierung die Befugnis gibt, die zur Ausführung der Reichsgesetze erforderlichen allgemeinen Verwaltungsvorschriften zu erlassen. Nachdem die VO. rechtzeitig vor Erlöschen des Ermächtigungsgesetzes als Gesetz in Kraft getreten war, kann alles, was zu ihrer Ausführung erforderlich ist, auch nach dem Erlöschen jenes Gesetzes durch die Reichsregierung angeordnet werden. Aber die Reichsregierung geht über die ihr durch das Ermächtigungsgesetz erteilten Befugnisse hinaus, wenn sie sich auch dazu ermächtigt, nach Erlöschen des Ermächtigungsgesetzes noch **Rechtsverordnungen** zu erlassen, die **zur Durchführung der VO.** erforderlich sein könnten. Eine Befugnis zum Erlaß solcher Rechtsverordnungen ist ihr durch die Verfassung nicht verliehen. Der Erlaß von solchen ist vielmehr ein Akt der gesetzgebenden Gewalt, die dem Reichstage zusteht. Diese gesetzgebende Gewalt hat der Reichstag nur für eine bestimmte Zeit in den Grenzen des Ermächtigungsgesetzes der Reichsregierung übertragen; es liegt nicht in der Macht der Reichsregierung, sie sich auf eine weitere Zeit hinaus selbst zu erteilen. Das sind einfache und klare Sätze des Staatsrechts, die wohl kaum ernstlich in Frage gestellt werden können (in diesem Sinne auch Lehmann, Aufwertung von Markforderungen und Besteuerung des Inflationsgewinnes, in „Steuer und Wirtschaft" 1924 Nr. 3 Sp. 252; vergl. über den Unterschied von Ausführungs- und Rechtsverordnungen Laband, Staatsrecht, 5. Aufl., Bd. II S. 85 ff.). Es würden hiernach alle noch etwa von der Reichsregierung zu erlassenden Verordnungen rechtsunwirksam sein, welche neues Recht schaffen würden, sei es, indem sie von den rechtlichen Vorschriften der VO. Abweichendes bestimmen oder in dieser nicht enthaltene und von dem sonstigen Rechte abweichende Rechtssätze öffentlich-rechtlichen oder privatrechtlichen Inhalts aufstellten. Das gilt natürlich ganz besonders von der Schaffung strafrechtlicher Normen, die sich die Regierung in § 64 Abs. 1 Satz 2 noch ausdrücklich zuschreibt. Es ist dringend zu wünschen, daß die Regierung von solchem Vorhaben ablasse und weitere Rechtsnormen, die etwa zur Ausführung der VO. noch erforderlich sein sollten, der ordentlichen Gesetzgebung überlasse, damit nicht noch weitere Rechtsunsicherheit entstehe an Stelle der Rechtssicherheit, die auf dem Gebiete der Aufwertung herzustellen als rechtfertigender Dringlichkeitsgrund für die Form und den Inhalt der VO. angegeben worden ist, ohne daß jedoch, wie am Schlusse dieser Erläuterungen als Ergebnis festgestellt werden muß, dieses Ziel auch nur annähernd erreicht worden wäre!

§ 65.

Entw. § 57.

Diese Verordnung tritt, soweit nicht ein anderer Zeitpunkt bestimmt ist, mit dem Tage der Verkündung in Kraft.[1])

1. Der Ausdruck **„mit dem Tage der Verkündung"** weist darauf hin, daß die VO. mit dem Beginne des Verkündungstages, also des 14. Februar 1924, hat in Kraft treten sollen und in Kraft getreten ist (RGZ. 91, 339; RGSt. 57, 49). Sonach wird in allen Fällen, in denen ein Rechtsvorgang „vor dem Inkrafttreten der VO." erfolgt sein muß, diese Voraussetzung nur erfüllt sein, wenn er sich spätestens am 13. Februar 1924 vollzogen hat; so die in §§ 1 Abs. 1, 15, 16, 28 Abs. 3 VO. bezeichneten Rechtsvorgänge. Wenn in § 33 Abs. 3 die dort bezeichnete Rechtswirkung davon abhängig gemacht ist, daß die dinglichen Lasten „beim Inkrafttreten der VO." nicht

mehr bestehen, so ergibt sich aus dem gleichen Gesichtspunkte, daß sie spätestens am 13. Februar 1924 erloschen sein müssen. Eine Ausnahme muß das Inkrafttreten mit Beginn des Tages erleiden für Strafvorschriften wegen Art. 116 RVerf., der eine Rückwirkung bei solchen Vorschriften nicht zuläßt; sie können deshalb nicht vor dem Zeitpunkte der tatsächlichen Verkündung in Kraft treten (RGSt. 57, 49). Doch hat die VO. das Inkrafttreten der Strafvorschriften des Art. VIII noch weiter hinausgeschoben, nämlich auf „eine Woche nach ihrer Verkündung" (§ 57); damit wird, entsprechend § 65, gemeint sein: „eine Woche nach Beginn des Verkündungstages"; sie sind sonach mit dem Beginne des 21. Februar 1924 in Kraft getreten, da der Grundsatz der Nichtrückwirkung dabei nicht mehr in Frage kommt. Soweit jedoch die Vorschriften sich als das „mildere Strafgesetz" im Sinne des § 2 St G B. darstellen, werden sie auch auf solche strafbare Handlungen anzuwenden sein, die in der Zeit vom Beginne des 14. bis zum Beginne des 21. Februar 1924 begangen worden sind. — „**Etwas anderes**" ist außer in § 57 noch bestimmt in § 55 hinsichtlich der Vorschriften des Art. VII.

Berlin, den 14. Februar 1924.

Der Reichskanzler.
Marx.

Der Reichsminister der Finanzen.
Dr. Luther.

Der Reichsminister der Justiz.
Emminger.

Berichtigung.

(RGBl. 1924 I S. 172.)

In der Dritten Steuernotverordnung vom 14. Februar 1924 (RGBl. I S. 74) ist im § 9 Abs. 4 Satz 3 an die Stelle von „§ 1 Abs. 1 Satz 2": „§ 2 Abs. 1 Satz 2"; im § 9 Abs. 4 Satz 5 an die Stelle von „§ 28 Abs. 2": „§ 28 Abs. 2, 3"; im § 22 Abs. 2 Satz 3 an die Stelle von „des Nennbetrags": „dem Nennbetrage" und im § 29 Satz 3 an die Stelle des Wortes „einen" vor „entsprechenden Hundertsatz": „bis zu einem" zu setzen.

Berlin, den 4. März 1924.

Der Reichsminister der Finanzen.

In Vertretung:

Zapf.

Anhänge.

I. Urteil des 5. Zivilsenats des Reichsgerichts vom 28. November 1923 in Sachen Stolz (Beklagter und Revisionskläger) gegen Reinshagen (Kläger und Revisionsbeklagter) — V 31/1923 —.

Das Urteil des 18. Zivilsenats des Kammergerichts in Berlin vom 25. November 1922 wird aufgehoben und die Sache zur anderweiten Verhandlung und Entscheidung an das Berufungsgericht zurückverwiesen. Die Entscheidung über die Kosten der Revisionsinstanz wird dem Endurteil vorbehalten.

Von Rechts wegen.

Tatbestand.

Der Kläger ist Eigentümer eines im Grundbuche des vormaligen deutschen Bezirksgerichts von Lüderitzbucht Bd. I Bl. 26 eingetragenen Grundstücks, der Beklagte seit dem Jahre 1913 als Gläubiger einer auf diesem in Abt. III Nr. 3 vermerkten Hypothek von 13 000 ℳ eingetragen. Die Forderung ist am 1. April 1920 fällig geworden. Der Kläger hat dem Beklagten für Hauptforderung und rückständige Zinsen einen Betrag von 18 980 ℳ durch eine Bank überwiesen. Er begehrt deshalb die Verurteilung des Beklagten zur Herausgabe des Hypothekenbriefs und zur Löschungsbewilligung. Der Beklagte verweigert diese, da die Schuld in der im früheren deutschen Schutzgebiete Südwestafrika geltend gewesenen Hartgeldwährung oder in entsprechenden Kurswerten zu entrichten sei. Das Landgericht hat ihn nach dem Klageantrage verurteilt, das Kammergericht seine Berufung zurückgewiesen. Mit der Revision beantragt er, dieses Urteil aufzuheben und nach seinem Berufungsantrage (auf Abweisung der Klage) zu erkennen. Der Kläger bittet um Zurückweisung des Rechtsmittels.

Entscheidungsgründe.

Die angefochtene Entscheidung wird durch die ihr vom Kammergerichte gegebene Begründung nicht getragen und kann nicht aufrechterhalten bleiben. Das Kammergericht geht davon aus, daß mangels einer ausdrücklichen Vereinbarung nach der Natur der Sache und dem zu vermutenden vernünftigen Willen der Parteien für das unter deutschen Reichsangehörigen in Berlin begründete Darlehn und die Bestellung der Hypothek mit dem im damaligen deutschen Schutzgebiete Südwestafrika belegenen Grundstücke ein anderes als das deutsche Recht, insbesondere englisches Recht, nicht in Frage komme sowie daß nicht ein besonderes deutsches Kolonialrecht, sondern deutsches Inlandsrecht zur Anwendung zu gelangen habe.

(Folgt Erörterung der Bedenken, welche gegen die Annahme des Berufungsgerichts bestehen, daß Berlin Erfüllungsort und deshalb das im eigentlichen Reichsgebiete geltende deutsche Recht anzuwenden sei. Ob diese Bedenken für sich allein zur Aufhebung des Berufungsurteils nötigen würden, läßt das Reichsgericht dahingestellt, um dann wie folgt fortzufahren:)

Denn wenn selbst diese Bedenken . . . für sich allein nicht zur Aufhebung des angefochtenen Urteils nötigen würden, so muß dieses doch in jedem Falle der Aufhebung verfallen, mag nun Lüderitzbucht oder Berlin als Erfüllungsort zu gelten haben:

im ersteren Falle, weil nach dem im früheren Schutzgebiete Südwestafrika in Geltung gewesenen Rechte, wenigstens nach den Gesetzen und Reichskanzlerverordnungen, Papiergeld kein gesetzliches Zahlungsmittel darstellte, der Beklagte also zu dessen Annahme nicht verpflichtet wäre,

im zweiten Falle, weil das Kammergericht ohne weiteres davon ausgegangen ist, daß nach deutschem Rechte der Kläger auch trotz der inzwischen eingetretenen Entwertung des Papiergeldes befugt sei, den Beklagten mit solchem zum Nennbetrag der Darlehnsforderung rechtswirksam zu befriedigen.

Im einzelnen ist dabei von folgendem auszugehen:

A. Falls Lüderitzbucht Erfüllungsort war . . .

B. Falls Berlin Erfüllungsort war.

In diesem Falle, wenn also lediglich das im eigentlichen Reichsgebiete geltende Recht der Entscheidung zugrunde zu legen ist, war eine Stellungnahme zu der Frage geboten, ob nach diesem Rechte der Beklagte als Hypothekengläubiger mit Rücksicht auf die starke Entwertung des deutschen Papiergeldes eine Aufwertung seiner hypothekarisch gesicherten Forderung beanspruchen kann.

Mit ausdrücklichen Worten hatte der Beklagte im vorliegenden Falle in den Vorinstanzen die Frage der Hypothekenaufwertung allerdings nicht zur Entscheidung gestellt. Aber er hatte doch schon in der Klagebeantwortung darauf hingewiesen, es könne ihm nicht zugemutet werden, die Zahlung in minderwertigem deutschen Papiergelde anzunehmen, da er dadurch auf einen erheblichen Teil des Wertes seiner Forderung verzichten müßte. Weiter hatte er im Schriftsatze vom 4. November 1920 ausgeführt: es wäre der reine Hohn, wenn die Eigentümer südwestafrikanischer Grundstücke berechtigt wären, ihre Hypothekengläubiger in fast wertlos gewordener deutscher Papiermark abzufinden, und sie sich den aus der Umgestaltung der politischen Verhältnisse entstandenen Wertzuwachs allein zuführen wollten. Damit hatte er seinen Standpunkt hinreichend deutlich zum Ausdruck gebracht, daß er sich nach dem geltenden Rechte für befugt erachtete, bei Zahlung in Papiergeld die Entrichtung eines entsprechend höheren Betrages als den Nennwert der Forderung zu beanspruchen. Daraus entsprang die Verpflichtung des Gerichts, dieses Verlangen des Beklagten nach allen in Betracht kommenden rechtlichen Gesichtspunkten zu prüfen.

Aus der rein negativen Bemerkung des Kammergerichts am Ende seiner Urteilsgründe: der Beklagte selbst stelle nicht in Abrede, daß die Zahlung in Papiermark dem geltenden deutschen Münzgesetze entsprochen habe, ist nichts Gegenteiliges zu entnehmen. Dem Wortlaute nach bezog sich diese Erklärung des Beklagten nur auf das deutsche Münzgesetz, also die Frage der Währung, nicht auf die Frage der Hypothekenaufwertung; mit diesem Vermerke ist also keinesfalls bestimmt zum Ausdruck gebracht, daß der Beklagte den Gesichtspunkt der Hypothekenaufwertung, der nach dem oben Ausgeführten ebenfalls zu prüfen war, von der gerichtlichen Entscheidung hätte ausnehmen, auf eine Prüfung nach dieser Richtung hätte verzichten wollen.

Es kann auch nicht angenommen werden, daß die Geldentwertung bei der Fälligkeit der Hypothek (am 1. April 1920) so gering gewesen wäre, daß die rechtliche Möglichkeit einer Aufwertung der Hypothekenforderung von vornherein ausscheiden müßte.

Denn schon damals hatte der Lebenshaltungsindex sich auf rund 10 erhöht; die Goldmark ist (bei einem Stande des Dollars für den April 1920 von etwa 60 *M* — im Februar und März 1920 hatte er noch höher gestanden — und des Pfund Sterling von 270 *M*) für April 1920 auf rund 15 *M* berechnet. Die Kaufkraft des Papiergeldes war also am 1. April 1920 bereits in nicht unerheblichem Maße verringert. Immerhin wird es zunächst Sache des Berufungsgerichts sein, darüber zu entscheiden, ob die tatsächlichen Voraussetzungen für eine Aufwertung der Hypothekenforderung (über die weiter unten noch näher zu sprechen ist) zu jener Zeit vorlagen. Dabei wird es Gelegenheit haben, eine Unklarheit in seinem Tatbestande zu beheben, die die Revision nicht ohne Grund rügt. Dort ist nämlich als unstreitig mitgeteilt, daß das in Rede stehende Darlehn am 1. April 1920 „zurückgezahlt" sei; das stimmt nicht überein mit der Behauptung der — im selben Tatbestande in Bezug genommen — Klagebeantwortung, der Kläger habe eine solche Rückzahlung in Papiergeld zwar versucht, der Beklagte die Annahme dieser Zahlung aber zurückgewiesen, und auch nicht mit dem Tatbestande des kammergerichtlichen Urteils vom 22. Januar 1921, nach welchem die Verweigerung ihrer Annahme unbestritten war.

Sollte das Berufungsgericht dabei zu dem Ergebnisse gelangen, daß die tatsächlichen Voraussetzungen einer Aufwertung der Forderung im Frühjahr 1920 nach Lage der Verhältnisse noch nicht gegeben waren und daß der Beklagte durch die Weigerung der Annahme des ihm angebotenen Papiergeldbetrages in Annahmeverzug geraten war, so wird es weiter zu untersuchen haben, ob der Beklagte dadurch schlechthin das Recht verloren hat, mit Rücksicht auf die später eingetretene, überaus große Entwertung der deutschen Währung die Aufwertung seiner Forderung zu fordern (vergl. zu dieser Frage das Urteil des Feriensenats des Reichsgerichts vom 6. August 1923 — II 215. 23 — in RGZ. Bd. 106 S. 422).

Die rechtliche Möglichkeit einer Aufwertung von Hypothekenforderungen ist nach dem geltenden deutschen Rechte, insbesondere nach § 242 BGB., anzuerkennen. Es kommt dafür gerade bei Hypothekenforderungen in Betracht, daß der Schuldner regelmäßig in dem — wenigstens wenn man die Berechnung in Papiergeld zugrunde legt — erheblich gestiegenen Werte des Grundstücks einen entsprechenden Ausgleich erhalten hat. Ob eine solche Wertsteigerung auch bei dem hier in Rede stehenden, in Lüderitzbucht belegenen Grundstücke eingetreten ist, wird gegebenenfalls vom Kammergericht festzustellen sein.

Unerheblich ist es, ob — wie der Kläger hervorhebt — die Zulässigkeit einer Hypothekenaufwertung als solcher im Jahre 1920 bereits in der Rechtswissenschaft erkannt war oder ob diese Erkenntnis erst später, unter dem Einfluß der immer mehr gesteigerten Geldentwertung, sich durchgesetzt hat. Unrichtige Rechtsauffassungen des Jahres 1920 können jetzt nicht mehr ausschlaggebend sein.

Nach § 242 BGB. ist zu berücksichtigen, was Treu und Glauben mit Rücksicht auf die Verkehrssitte im einzelnen Falle erfordern. Diese erfordern billige Rücksichtnahme auf die Interessen beider Teile. Daraus folgt, daß nicht schlechthin der Grundsatz aufgestellt werden kann, daß allgemein jede Hypothekenforderung ohne weiteres aufgewertet werden müsse oder daß bei allen die Aufwertung in gleichem Maße, etwa gar im Wertverhältnis der Papiermark zur Goldmark, stattzufinden habe. Es werden vielmehr neben dem — bei Zugrundelegung der Papiermarkrechnung — gesteigerten Werte des Grundstücks, der hauptsächlich von Bedeutung sein wird, auch die anderen Umstände des Falles in Betracht kommen müssen, z. B. je nach der Sachlage die wirtschaftliche Leistungsfähigkeit des Schuldners, ferner der Umstand, ob es sich um landwirtschaftliche, industrielle oder städtische Grundstücke handelt; ebenso werden die Lasten, namentlich öffentlicher Art, die dem Grundbesitz auferlegt sind, bei Mietgrundstücken auch die Verminderung ihres Ertrages durch die zum Schutze der Mieter ergangenen Bestimmungen Berücksichtigung verdienen.

Die Bestimmungen des deutschen Währungsrechts stehen der Zulässigkeit der Aufwertung nicht entgegen. Zwar sind nach dem Gesetze über die Abänderung des Bankgesetzes vom 1. Juni 1909 (RGBl. S. 515) die Noten der Reichsbank gesetzliches Zahlungsmittel. Das gleiche gilt bis auf weiteres für die Reichskassenscheine nach dem Gesetze vom 4. August 1914 (RGBl. S. 347). Durch § 2 dieses Gesetzes ist ferner bis auf weiteres die Pflicht der Reichsbank zur Einlösung ihrer Noten aufgehoben; vergl. ferner das Gesetz vom gleichen Tage im RGBl. S. 326 und die Bundesratsverordnung vom 28. September 1914 (RGBl. S. 417). Aber alle diese Bestimmungen beruhten auf der zur Zeit ihres Erlasses bei dem gesunden Zustande der deutschen Volkswirtschaft durchaus begründeten Auffassung, daß die Banknoten und die

Kassenscheine an Wert dem Metallgelde gleichstanden. Noch die Verordnung vom 28. September 1914 ist damit begründet, daß der Verkehr die Vollwertigkeit der Noten unbeschränkt anerkenne und daß die vorübergehende Außerkraftsetzung der Goldklausel den Gläubiger in keiner Weise benachteilige (Denkschrift über wirtschaftliche Maßnahmen aus Anlaß des Krieges; Drucksachen des Reichstages, 13. Legislaturperiode, II. Session, Nr. 26 S. 7). An eine wesentliche Entwertung des Papiergeldes, noch dazu an eine derart hohe, wie sie nach dem unglücklichen Ausgange des Weltkrieges und nach dem Umsturze immer mehr und mehr Wirklichkeit geworden ist, hat also der Gesetzgeber beim Erlasse jener Vorschriften nicht gedacht. Nach dem Eintritte des Verfalls der Papiermark entstand nunmehr ein Widerstreit zwischen diesen Währungsvorschriften einerseits, auf der anderen Seite denjenigen sonstigen Gesetzesbestimmungen, die verhüten wollen, daß der Schuldner in der Lage sei, sich seiner Verbindlichkeiten in einer Weise zu entledigen, die mit den Anforderungen von Treu und Glauben sowie mit der Verkehrssitte nicht vereinbar ist, also namentlich mit der das Rechtsleben beherrschenden Vorschrift des § 242 BGB. Bei diesem Widerstreit muß diese letztere Vorschrift den Vorrang haben und müssen die Währungsvorschriften zurücktreten, weil, wie dargetan, bei ihrem Erlasse die Möglichkeit eines derartigen Währungsverfalls, infolgedessen die aus den Währungsbestimmungen sich ergebenden Folgerungen mit den Grundsätzen von Treu und Glauben sowie der Billigkeit nicht mehr vereinbar sind, nicht in Betracht gezogen, ein starres Festhalten an ihnen für diesen Fall also nicht vorgesehen war. Tatsächlich hat denn die Reichsgesetzgebung in der letzten Zeit immer mehr und mehr gezeigt, daß sie den Grundsatz „Mark gleich Mark" nicht ohne Einschränkung aufrechterhalte, weil eben gegenüber den Anforderungen des Wirtschaftslebens, dem Einflusse der Veränderung der wirtschaftlichen Verhältnisse an den Währungsgesetzen, soweit sie die Papiermark der Goldmark gleichstellen, nicht mehr festgehalten werden kann. So bildet nach § 16 des Finanzausgleichsgesetzes vom 23. Juni 1923 (RGBl. I S. 494) zur Feststellung des steuerbaren Wertzuwachses im Falle des Überganges von Grundstückseigentum bei dem Erwerbs- und dem Verkaufspreis die innere Kaufkraft der Mark an den beiden Zeitpunkten die Grundlage der Wertbemessung. Nach § 1 des Gesetzes über die anderweitige Festsetzung von Geldbezügen aus Altenteilsverträgen vom

18. August 1923 (RGBl. I S. 815) können die obersten Landesbehörden bestimmen, daß solche Geldleistungen (ebenso die Versorgungsansprüche, welche einzelnen Familiengliedern gegenüber den Inhabern von bisherigen Stammgütern und Familienfideikommissen zustehen) entsprechend den veränderten Verhältnissen anderweit festgesetzt werden, soweit dies der Billigkeit entspricht; in § 4 daselbst ist auch die Erweiterung eines dinglichen Rechtes für solche Geldleistungen zugelassen, dabei im Abs. 2 die Erhöhung infolge der allgemeinen Geldentwertung berücksichtigt und in Abs. 3 eine Eintragung der Erweiterung an der nächstbereiten Stelle im Grundbuche vorgesehen. Die Verordnung des Reichspräsidenten über Steueraufwertung usw. vom 11. und 18. Oktober 1923 (RGBl. I S. 939 und 979; vergl. auch ihre Durchführungsbestimmungen das. S. 951, S. 1032, S. 1089, S. 1098) schreibt in § 2 vor, daß bei gewissen Steuern die Zahlung auch dann nach dem Goldwert zu leisten ist, wenn die Steuer selbst nicht in Gold berechnet wird, und läßt in § 10 für Nachforderungen von Steuern, bei denen die Schuld vor dem 1. September 1923 entstanden ist, eine Aufwertung des Steuerbetrages unter Berücksichtigung der seit der Entstehung der Steuerschuld eingetretenen Geldentwertung zu. Nach Art. IV des Gesetzes über Vermögensstrafen und Bußen vom 13. Oktober 1923 (RGBl. I S. 943) ändert sich, falls nach der Verurteilung zu einer in einem bestimmten Geldbetrage ausgedrückten Vermögensstrafe oder nach der Festsetzung einer an den Verletzten zu zahlenden Buße eine Veränderung des Geldwertes eintritt, der zu zahlende Betrag in dem gleichen Verhältnis, in dem sich die vom Statistischen Reichsamt veröffentlichte Reichsrichtzahl für die Lebenshaltungskosten seit dem Erlasse der Entscheidung ändert, durch welche die Vermögensstrafe oder Buße festgesetzt worden ist. Ähnlich treten nach der vierten Verordnung zur Erhöhung der Gerichtskosten vom 30. Oktober 1923 (RGBl. I S. 1040; vergl. auch die entsprechende Verordnung über die Gebühren der Gerichtsvollzieher, das. S. 1042, und die dritte Verordnung zur Entlastung der Gerichte vom gleichen Tage, das. S. 1041) an die Stelle der im Gerichtskostengesetze ziffermäßig bestimmten Gebührensätze und Wertgrenzen die Beträge, die sich durch Vervielfältigung der (näher bestimmten) Grundzahlen mit der jeweiligen Teuerungszahl ergeben. Die große Zahl dieser Anpassungsvorschriften

(deren Aufführung unschwer noch erweitert werden könnte; vergl. § 2 der Verordnung über die Berechnung des Preises bei der Lieferung von elektrischer Arbeit usw. vom 24. Oktober 1923, RGBl. I S. 997; § 1b des Tabaksteuergesetzes in der Fassung vom 30. Oktober 1923, RGBl. I S. 1045, u. a. m.) zeigt deutlich, daß sie nicht für besondere Verhältnisse besondere, vom allgemeinen Recht abweichende Regeln treffen, aus denen sich ein Rückschluß darauf ergeben könnte, daß in anderen Fällen eine Aufwertung nicht zulässig sei; sie lassen vielmehr klar erkennen, daß der Gesetzgeber den Grundsatz, daß die Papiermark mit befreiender Wirkung zu ihrem Nennwert in Zahlung gegeben werden dürfe, durchbrochen hat, weil er ihn den tatsächlichen wirtschaftlichen Verhältnissen gegenüber aufgeben mußte.

In gleicher Richtung hat sich die Rechtsprechung des Reichsgerichts in immer steigendem Maße bewegt. So ist im Urteil vom 27. Juni 1922 (RGZ. Bd. 104 S. 394) hinsichtlich der Rückgewähr von Pachtinventar ausgesprochen, daß die Goldmark, die der früheren Schätzung zugrunde lag, und die Papiermark, in der jetzt die Ausgleichung erfolgen muß, trotz ihrer gesetzlichen Gleichstellung wirtschaftlich nicht vergleichbar sind. Ähnlich ist für Ansprüche aus Unterhalts- und Altenteilsverträgen mehrfach entschieden, daß, falls der Stand des Geldwertes sich nachträglich derart geändert hat, daß es dem Berechtigten auch nicht annähernd mehr möglich ist, aus der ziffermäßig festgesetzten Rentensumme sich das bestimmte Maß des zum Lebensunterhalt Notwendigen zu verschaffen, durch Zahlung einer summenmäßig gleichbleibenden Rente nicht mehr das geleistet wird, was die Vertragschließenden gewollt haben, und daher der Berechtigte grundsätzlich einen Anspruch darauf hat, daß die vereinbarte Rente der verminderten Kaufkraft des Geldes entsprechend erhöht wird (Warneyer, Ergänzungsband 1921 Nr. 99, 1923 Nr. 3 und Nr. 36; Urteile des jetzt erkennenden Senats vom 22. September 1923 — V 427. 23 — und vom 3. Oktober 1923 — V 865. 22 —). In RGZ. Bd. 106 S. 7 ist für langfristige Grundstückskaufverträge anerkannt, daß eine infolge der Geldentwertung eingetretene erhebliche Verschiebung des Wertverhältnisses zwischen Leistung und Gegenleistung den Einwand der veränderten Umstände rechtfertigen kann, weil infolge des Sturzes der Mark die Geldleistungen wirtschaftlich nur noch einen geringen Bruchteil des Wertes darstellen, der vor Jahren bei ihrer Vereinbarung der Bemessung der Gegenleistung zugrunde gelegt wurde, und weil mit der grundstürzenden

Verschlechterung der deutschen Währung die Geschäftsgrundlage, auf der die beiderseitigen Leistungen bestimmt worden sind, weggefallen ist (auch Warneyer 1923 Nr. 29). Weiter ist im Urteile vom 16. März 1923 — VII 156. 22 — (auszugsweise in JurW. 1923 S. 919 wiedergegeben) für den Fall einer vor mehreren Jahren erfolgten Sicherungsübereignung der Standpunkt des Klägers (des Übereignenden), daß er die Aufwendungen des damaligen Beklagten nur zu dem Nennbetrage zu erstatten brauche, den dieser aufgewendet hatte, für ungerechtfertigt erklärt mit der Begründung: der Kläger verstoße gegen Treu und Glauben, indem er den Beklagten, der seine Auslagen in vollwertigem Gelde gemacht habe, nunmehr mit einer Summe abfinden wolle, die nur einen kleinen Bruchteil des vom Beklagten aufgewendeten Vermögenswertes darstelle. Auch in der Rechtsprechung der Strafsenate des Reichsgerichts ist wiederholt der Unterschied zwischen Nennwert und Verkehrswert, Papiermark und Goldmark anerkannt worden (RGSt. Bd. 56 S. 309, 310; Bd. 57 S. 35, 40).

Die vorerwähnten Urteile der Zivilsenate des Reichsgerichts behandeln zwar Ansprüche aus gegenseitigen Verträgen, während hier ein Darlehn gegen Hypothekbestellung in Frage steht. Es kann aber nach dem oben Ausgeführten keinen begründeten Bedenken unterliegen, auf Grund des § 242 BGB. die in jenen Entscheidungen anerkannte Zulässigkeit der Aufwertung der Forderung auch bei hypothekarisch gesicherten Darlehnsforderungen für gegeben zu erklären. Auch beim Darlehn besteht seinem Wesen nach die Voraussetzung einer Gleichwertigkeit zwischen Leistung und Gegenleistung; auch bei ihm soll die Substanz dem Gläubiger erhalten bleiben. Das tritt deutlich zutage in der Vorschrift des § 607 BGB., nach welcher der Darlehnsempfänger verpflichtet ist, dem Darleiher das Empfangene in Sachen von gleicher Art, Güte und Menge zurückzugewähren. Auch bei Darlehnsgeldschulden geht also die Verpflichtung des Schuldners (und regelmäßig auch der Vertragswille der Parteien) auf Rückzahlung des Geldes nicht nur in gleicher Menge, sondern weiter in gleicher Güte. Wenn die Beteiligten den zurückzuzahlenden Betrag in der Währung ihres Landes bezeichnen, so tun sie das in dem Vertrauen, daß diese Währung einen innerhalb der Grenzen gewisser normaler Schwankungen festen und beständigen Wertmesser darstellt. In gewissem Umfange wird allerdings der Grundsatz, daß der Empfänger eines Gelddarlehns das Empfangene in

Sachen von gleicher Güte zurückzugewahren habe, durch die Währungsvorschriften durchbrochen. Denn der Gesetzgeber gibt dadurch, daß er den gesetzlichen Zahlungsmitteln einen Zwangskurs verleiht, seinen Willen kund, daß, wenigstens unter normalen wirtschaftlichen Verhältnissen, eine Zahlung mit ihnen als Zahlung in der in § 607 BGB. erforderten „Güte" zu gelten habe. Insoweit trifft es zu, daß der Gläubiger bei der Gewährung von Kredit die Gefahr einer Geldentwertung zu tragen hat. Aber dieser Grundsatz muß aus den schon oben dargelegten Erwägungen zurücktreten, falls er infolge einer außerordentlich starken, beim Erlaß der Währungsvorschriften nicht vorausgesehenen Entwertung der gesetzlichen Zahlungsmittel zu Ergebnissen führen würde, die mit § 242 BGB. nicht mehr vereinbar wären. Bei welchem Grade der Geldentwertung sich die Notwendigkeit einer Aufwertung der Forderung des Gläubigers als dem Gesetze entsprechend herausstellt, wird im einzelnen Falle nach den Grundsätzen von Treu und Glauben zu ermessen sein.

Zur Bejahung der Zulässigkeit der Aufwertung gelangt man übrigens auch in wesentlich gleicher Weise auf dem Wege der ergänzenden Auslegung des Vertrags, wenn nämlich vom Gericht geprüft wird, was die Parteien in Gemäßheit des gesamten Vertragszweckes vereinbart haben würden, wenn sie die Möglichkeit einer außergewöhnlich hohen Geldentwertung vorausgesehen, diesen Fall gleichfalls geregelt hätten und dabei dem Gebote von Treu und Glauben gefolgt wären (§ 157 BGB.), und wenn untersucht wird, ob nach diesem Parteiwillen beim Vertragsschlusse der Gläubiger Befriedigung nur nach dem Nennwerte des damals festgesetzten Betrages zu beanspruchen haben sollte, ganz gleichgültig, welchen wirtschaftlichen Wert das gesetzliche Zahlungsmittel jeweils haben würde, oder ob die Absicht dahin ging, daß bei außerordentlicher Entwertung desselben der Anspruch des Gläubigers sich gegenüber der ziffermäßigen Festlegung der Geldsumme im Vertrage in angemessenem Umfange vergrößern sollte. Die Zulässigkeit einer Vereinbarung des letzteren Inhalts ist bereits in RGZ. Bd. 100 S. 79, 81 anerkannt. Die Währungsvorschriften stehen dem keineswegs entgegen, daß die Geltung des Zwangskurses vertraglich wegbedungen wird und daß eine solche Wegbedingung stillschweigend erfolgt. Weder aus dem Wortlaute noch aus dem Zwecke der Gesetze vom 1. Juni 1909 oder vom 4. August 1914 kann entnommen werden, daß für Reichsbanknoten oder Reichskassenscheine ein Zwangskurs in dem Sinne eingeführt werden sollte, daß damit eine, ausdrückliche oder stillschweigende, abweichende Vereinbarung hinsichtlich der Höhe des vom Schuldner zu leistenden Betrages ausgeschlossen wurde.

Nach alledem muß die rechtliche Zulässigkeit einer Aufwertung hypothekarisch gesicherter Darlehnsforderungen mit Rücksicht auf die starke Entwertung des deutschen Papiergeldes bejaht werden.

Nur eine solche bildet hier den Gegenstand des Rechtsstreits. Demgemäß bedarf es hier keiner Stellungnahme zu der Frage der Zulässigkeit einer Aufwertung bei anderen als Hypothekenforderungen, insbesondere bei Anleiheforderungen von Privatunternehmungen oder Körperschaften des öffentlichen Rechtes, bei Sparkassenguthaben, Pfandbriefforderungen usw.

Weiter braucht im vorliegenden Urteile nicht entschieden zu werden, welche Folgerungen aus der Aufwertung der Hypothekenforderungen, deren Zulässigkeit nach der schuldrechtlichen Seite anzuerkennen ist, in bezug auf deren dingliche Sicherung sich ergeben; insbesondere kann von einer Erörterung der Frage abgesehen werden, ob dem Hypothekengläubiger für seine aufgewertete Forderung ein unmittelbares dingliches Recht an dem Grundstück, gegebenenfalls ob ihm ein solches dingliches Recht an derselben Rangstelle wie die bereits für ihn eingetragene Hypothek, also mit dem Vorrange vor den dieser nachstehenden dinglich Berechtigten, zuzubilligen ist, oder ob dem Bestimmungen des Liegenschaftsrechts, namentlich der Grundsatz der Spezialität, entgegenstehen würden. Ebensowenig braucht für den vorliegenden Rechtsstreit entschieden zu werden, welche Ansprüche etwa aus dem Gesichtspunkte der ungerechtfertigten Bereicherung hergeleitet werden können und wie die Rechtslage sich gestaltet, wenn der Eigentümer und der persönliche Schuldner nicht oder nicht mehr dieselbe Person ist.

Im vorliegenden Falle verlangt nicht der Gläubiger Befriedigung aus dem Grundstück für seine aufgewertete Forderung oder dingliche Sicherstellung ihres aufgewerteten Teils; vielmehr klagt der Schuldner, der zugleich der Eigentümer des belasteten Grundstückes ist, gegen den Gläubiger auf Einwilligung in die Löschung der Hypothek und Zurückgabe des Hypothekenbriefes gegen Zahlung des Nennbetrages der Hypothekenforderung in der im Frühjahr 1920 in Deutschland geltenden gesetzlichen Währung. Dieses Klagebegehren ist, wenn — wie vom Berufungsgericht noch zu prüfen ist — auch die tatsächlichen Voraussetzungen einer Aufwertung der Hypothekenforderung gegeben sind, in jedem Falle ungerechtfertigt. Durch den schuldrechtlichen Vertrag der Parteien, der der Umwandlung der Eigentümergrundschuld von 13 000 ℳ in eine Hypothek für eine gleichhohe Darlehnsforderung des Beklagten zugrunde lag, hatte der Kläger sich seinerzeit verpflichtet, für die ganze Forderung des Beklagten Sicherheit durch eine Hypothek zu gewähren. Wenn diese Forderung sich durch die infolge des Verfalles der deutschen Währung notwendig werdende Aufwertung ziffermäßig erweitert hat, so ergeben die Gebote von Treu und Glauben die persönliche Verpflichtung des Schuldners, die hypothekarische Belastung seines Grundstücks für diese Forderung fortbestehen zu lassen solange, bis der Gläubiger wegen seiner ganzen Forderung befriedigt ist, und es würde mit diesen Geboten nicht vereinbar sein, wenn er die Löschung der Hypothek lediglich gegen Zahlung des Nennbetrages in der eingetragenen Höhe beansprucht. Unter allen Umständen ist aber auch dem Gläubiger das Recht zuzugestehen, wegen seiner aufgewerteten persönlichen Forderung, die, sofern sie nicht bereits fällig war, durch die Kündigung der Hypothek von seiten des Schuldners fällig geworden ist und aus demselben rechtlichen Verhältnisse, aus der Darlehnshingabe und dem dieser zugrunde liegenden Vertrage, hervorgegangen ist, die Löschungsbewilligung und die Herausgabe des Hypothekenbriefes in Ausübung des Zurückbehaltungsrechts gemäß § 273 BGB. zu verweigern. Richtig ist zwar, daß der Gläubiger wegen anderer Ansprüche gegen den Eigentümer die Aushändigung der in § 1144 BGB. bezeichneten Urkunden nicht versagen darf, weil ein solches Recht den tatsächlichen Erfolg haben würde, daß der Gläubiger wegen der anderen Ansprüche ebenfalls durch die Hypothek gesichert wäre (RGR. Komm. Anm. 2 zu § 1144 BGB. am Ende); hier steht aber gerade eine Forderung aus dem Darlehn, zu dessen Sicherheit die Hypothek bestellt war, in Frage.

Danach kann auch bei Anwendung des im Reichsgebiete geltenden deutschen Rechtes die Entscheidung des Kammergerichts nicht aufrechterhalten bleiben.

II. Urteile des 5. Zivilsenats des Reichsgerichts vom 16. Januar 1924.

(Auszüge.)

1. In Sachen Ulrici (Beklagter und Revisionskläger) gegen Hackenbroich (Kläger und Revisionsbeklagter) — V 660/1922 —.

Aus den Gründen:

... Der Einwand, daß eine Kündigung der Hypothek nicht in wirksamer Weise erfolgt sei, ist von der Revision nicht mehr vorgebracht, inzwischen auch gegenstandslos geworden, da eine Kündigung jedenfalls in der Klage enthalten war.

In der Hauptsache kann aber die Vorentscheidung weder zur Klage noch zur Widerklage aufrechterhalten werden.

Für die Entscheidung zur Klage bedarf es nicht einmal einer Stellungnahme zu der unter den Parteien streitigen Frage, ob in der Schuldurkunde vom 11. Juli 1910 eine Goldklausel (Goldmünzklausel) oder aber eine Goldwertklausel vereinbart ist. Die Aufhebung und Zurückverweisung hinsichtlich der Klage ist bereits deshalb notwendig, weil das Oberlandesgericht nicht geprüft hat, ob nicht in jedem Falle schon wegen der starken Entwertung des deutschen Papiergeldes der Beklagte eine Aufwertung seiner hypothekarisch gesicherten Forderung beanspruchen kann. Diese Frage mußte um so mehr geprüft werden, als der Beklagte von Anfang an (bereits im Schriftsatze vom 19. Mai 1921) sich dagegen gewendet hatte, daß er eine Zahlung des Nennbetrages seiner Forderung in deutschem Papiergelde als Befriedigung gelten lassen solle.

Die rechtliche Zulässigkeit der Aufwertung einer hypothekarisch gesicherten Darlehnsforderung mit Rücksicht auf die starke Entwertung des deutschen Papiergeldes hat der erkennende Senat mit ausführlicher Begründung in einem Urteile vom 28. November 1923 — V 31. 23 — (das u. a. in der JurW. 1924 S. 38 und in der Deutschen Juristenzeitung 1924 S. 57 abgedruckt ist und demnächst in der amtlichen Sammlung der Entscheidungen des Reichsgerichts veröffentlicht werden wird), insbesondere auf Grund des § 242 BGB., dargelegt und dabei hervorgehoben, daß gerade bei solchen Hypothekenforderungen der Schuldner in dem — wenigstens wenn man die Berechnung in Papiergeld zugrunde legt — regelmäßig erheblich gestiegenen Werte des Grundstücks einen entsprechenden Ausgleich erhalten haben wird. Dort ist auch darauf hingewiesen, daß nicht schlechthin jede Hypothekenforderung ohne weiteres aufgewertet werden muß und daß auch nicht bei allen die Aufwertung im gleichen Maße, etwa gar im Wertverhältnisse der Papiermark zur Goldmark, stattzufinden hat, daß vielmehr neben dem — bei Zugrundelegung der Papiermarkrechnung — gesteigerten Grundstückswerte, der hauptsächlich von Bedeutung sein wird, auch die anderen Umstände des Falles, u. a. die wirtschaftliche Leistungsfähigkeit des Schuldners, die Lasten, namentlich öffentlicher Art, die dem Grundbesitz auferlegt sind, bei Mietgrundstücken auch die Verminderung ihres Ertrages durch die zum Schutze der Mieter ergangenen Bestimmungen, Berücksichtigung verdienen.

Falls hiernach die tatsächlichen Voraussetzungen einer Aufwertung gegeben sind (was vorliegendenfalls vom Tatrichter noch nicht geprüft ist), so ist (wie ebenfalls im Urteile vom 28. November 1923 näher gezeigt ist) das Verlangen des Eigentümers, der zugleich der persönliche Schuldner ist, auf Löschungsbewilligung und Herausgabe des Hypothekenbriefes gegen Zahlung des Nennbetrages der Hypothekenforderung in Papiergeld ungerechtfertigt, der Gläubiger bis zur Befriedigung auch wegen der aufgewerteten Forderung zur Verweigerung dieser Leistungen befugt.

Hinsichtlich der Widerklage streiten die Parteien darüber, ob die unter Nr. 3 der Schuldurkunde vom 11. Juli 1910 getroffene Vertragsbestimmung eine Goldmünzklausel (die den Geldbetrag der Forderung in seiner Höhe nicht berührt und lediglich bestimmt, daß die Zahlung in Goldmünzen deutscher Währung zu erfolgen hat, also eine Zahlung in etwaigen anderen gesetzlich an sich zulässigen Zahlungsmitteln ausgeschlossen sein soll) oder eine Goldwertklausel (Vereinbarung, daß ein Geldbetrag geschuldet wird, dessen Höhe, in Währung ausgedrückt, sich nach dem jeweiligen Kurse des vom Schuldner anzuschaffenden Goldes richtet) enthält; vergl. zu diesem Unterschiede RGZ. Bd. 50 S. 145, Bd. 101 S. 141, Bd. 103 S. 384, Bd. 104 S. 352; KGJ. Bd. 21 A S. 322, Bd. 48 S. 219. Von diesen Entscheidungen beschäftigen die älteren sich vorwiegend damit, daß die Goldwertklausel im Grundbuch nicht eingetragen werden kann. Das ist hier für die Entscheidung selbst nicht von Bedeutung, da hier Gläubiger und Schuldner noch dieselben Personen sind, die das persönliche Schuldverhältnis im Jahre 1910 begründet haben; für die Höhe des nach diesem dem Gläubiger zustehenden Zahlungsanspruchs kommt es nicht darauf an, inwieweit er dessen dingliche Sicherung durch hypothekarische Eintragung verlangen könnte. Wesentlich kann die Frage der Eintragbarkeit aber sein für die Auslegung der Urkunde vom 11. Juli 1910; denn da diese von einem deutschen Notar zum Zwecke der Eintragung auch dieser Nebenbestimmungen in das Grundbuch aufgenommen ist, so läßt sich aus ihr sehr wohl der Schluß rechtfertigen, daß die Vereinbarung so getroffen ist, daß sie eintragungsfähig war, also im Sinne einer Goldmünzklausel, nicht einer Goldwertklausel.

So hat sie auch das Oberlandesgericht ausgelegt. Seine Auslegung begegnet keinem rechtlichen Bedenken. Die Angriffe der Revision gegen sie können nicht für gerechtfertigt erachtet werden. Daß das Berufungsgericht bei ihr nicht den Sinn und Zweck der Vereinbarung und die von den Parteien verfolgten wirtschaftlichen Gesichtspunkte berücksichtigt hätte, ist seinen Urteilsgründen nicht zu entnehmen. Dafür, daß die Parteien die, in einem vorgedruckten Schuldurkundenformular enthaltene Klausel anders als in ihrem gewöhnlichen Wortsinne verstanden hätten, fehlt es an genügendem Anhalt; gegen eine solche Annahme spricht insbesondere der schon hervorgehobene Umstand, daß sie in demselben Vertragsvordrucke die Eintragung der Bestimmung in das Grundbuch beantragt haben, die bei einer Goldwertklausel unzulässig gewesen wäre. Unbegründet ist auch der Vorwurf, daß das im Schriftsatz vom 10. Mai 1922 enthaltene Beweisangebot (Eideszuschiebung) über die Vereinbarung einer Goldwertklausel prozeßordnungswidrig behandelt sei. In den Gründen des Berufungsurteils ist diese Eideszuschiebung ausdrücklich erwähnt, also nicht übersehen; im Anschluß daran ist ausgeführt, daß der klare Wortlaut der notariellen Urkunde, die die endgültige und vollständige Zusammenfassung des maßgebenden Parteiwillens enthalte, der erwähnten Behauptung des Beklagten entgegenstände; das kann nur dahin verstanden werden, daß das Oberlandesgericht die Behauptung der Vereinbarung einer Goldwertklausel für voll widerlegt erachtet hat, so daß die Eideszuschiebung nach § 446 ZPO. unzulässig war.

Bei dieser Sachwürdigung des Berufungsurteils bedarf es keiner Erörterung, wie die Rechtslage wäre, wenn lediglich eine Goldwertklausel vereinbart wäre, ob namentlich auch eine solche Klausel von der Bundesratsverordnung vom 28. September 1914 (RGBl. S. 417) betroffen wird. Vorliegendenfalls handelt es sich, wie schon nach dem Wortlaute der Urkunde („Alle Zahlungen . . . sind . . . in deutschen Reichsgoldmünzen . . . zu leisten . . .") außer Zweifel steht, um eine vor dem 31. Juli 1914 getroffene Vereinbarung, nach welcher eine Zahlung „in Gold" zu erfolgen hat. Es könnte sich sonach höchstens fragen, ob diese Klausel, selbst wenn sie als sog. Goldwertklausel zu verstehen wäre, nicht dennoch nach Wortlaut und Sinn jener Bundesratsverordnung unter sie fallen müßte. Nach der Auslegung, die das Oberlandesgericht ihr in rechtlich nicht anfechtbarer Weise gegeben hat, kann daran keinesfalls ein Zweifel bestehen, daß die Vereinbarung auf Grund der erwähnten Bundesratsverordnung bis auf weiteres und daher noch jetzt nicht verbindlich, somit der Anspruch des Beklagten auf Befriedigung auf diejenige Leistung beschränkt ist, die er in Ermangelung der Klausel zu beanspruchen hätte. Seit dem Erlasse des Urteils RGZ. Bd. 101 S. 141, 146 hat sich aber mit dem immer stärker zutage tretenden Verfall der deutschen Währung auch immer mehr die Notwendigkeit und Richtigkeit derjenigen Rechtsauffassung herausgestellt, welche die Aufwertung der persönlichen Forderung zuläßt (vergl. das schon erwähnte Urteil vom 28. November 1923), infolge deren der Schuldner also nicht mehr berechtigt ist, die Hypothek bei Fälligkeit in Papiergeld zum Nennbetrage abzudecken. Bei der Bemessung der Aufwertung ist gemäß § 242 BGB. zu berücksichtigen, was Treu und Glauben mit Rücksicht auf die Verkehrssitte im einzelnen Falle erfordern; es sind also, wie die Revision insoweit mit Recht hervorhebt, auch die wirtschaftlichen Gesichtspunkte zu beachten, welche die Parteien bei der Begründung des Schuldverhältnisses verfolgt haben. In dieser Hinsicht kommt in Betracht, daß die Vereinbarung auch einer Goldmünzklausel, mindestens in einer großen Anzahl von Fällen, wirtschaftlich dem Zwecke dienen sollte, den Gläubiger gegen eine mögliche Entwertung des sonstigen Währungsgeldes zu schützen, daß somit der Schuldner bei ihr eine weitergehende, strengere Verpflichtung eingegangen ist als bei einem gewöhnlichen, dieser Vereinbarung entbehrenden Schuldverhältnis. Dieser Umstand darf jedenfalls bei der tatsächlichen Bemessung der Aufwertung nicht außer Betracht bleiben; er kann, und wird sogar in vielen Fällen, es rechtfertigen, dem Schuldner gegenüber einem Gläubiger, der sich Zahlung in Gold ausbedungen hat, nach Lage des Falls beim billigen Ausgleiche der beiderseitigen Interessen eine höhere Zahlung zuzumuten, als sie ihm einem anderen Gläubiger gegenüber obliegen würde.

2. In Sachen Henning (Beklagter und Revisionskläger) gegen Matzen (Kläger und Revisionsbeklagter) — V 111/1923 —.

Aus den Gründen:

Diese Ausführungen könnten indessen dem Rechtsmittel nicht zum Erfolge verhelfen. Selbst wenn die Bestimmung, daß der Schuldner sich auf Rechtswohltaten nicht berufen dürfe, im Jahre 1885 in Geltung geblieben sein sollte, so wäre sie jedenfalls insoweit, als sie die Zahlung „in Gold" betrifft, nach der Bundesratsverordnung vom 28. September 1914 bis auf weiteres unverbindlich. Denn sie ist insoweit nur eine Verstärkung der Goldklausel, ein Teil derselben; sie hat also jedenfalls insoweit durch die erwähnte Verordnung zurzeit ihre Bedeutung verloren.

Wohl aber beschweren die Beklagten sich mit Recht darüber, daß der Vorderrichter sie ohne weiteres für verpflichtet erklärt hat, die Zahlung der Hypothekenforderungen mit Papiermark zum Nennbetrage als Erfüllung anzunehmen, ohne zu prüfen, ob sie nicht mit Rücksicht auf die starke Entwertung des deutschen Papiergeldes wenigstens eine Aufwertung ihrer hypothekarisch gesicherten Forderung beanspruchen können. Da sie ihrerseits eine Widerklage auf Zahlung in Gold oder entsprechenden Kurswerten nicht erhoben haben, so genügt es zur Rechtfertigung ihres Antrages auf Klageabweisung bereits, wenn nur ihr Aufwertungsverlangen begründet, demgemäß das Klagebegehren auf Löschungsbewilligung usw. gegen die Hinterlegung von Papiergeld zum eingetragenen Nennbetrage ihrer Forderungen sich als unberechtigt erweist.

Der jetzt erkennende Senat hat nun bereits in einem zum Abdruck bestimmten Urteil vom 28. November 1923 — V 31. 23 — (vergl. JurW. 1924 S. 38, Deutsche Juristenzeitung 1924 S. 57) mit ausführlicher Begründung dargelegt, daß die rechtliche Zulässigkeit einer Aufwertung von Hypothekenforderungen, insbesondere von hypothekarisch gesicherten Darlehnsforderungen, nach dem geltenden deutschen Rechte, namentlich nach § 242 BGB., anzuerkennen ist. Es kommt dafür gerade bei Hypothekenforderungen in Betracht, daß der Schuldner regelmäßig in dem, wenn man die Berechnung in Papiergeld zugrunde legt, erheblich gestiegenen Werte des Grundstückes einen entsprechenden Ausgleich erhalten hat; inwieweit dies auch hier der Fall ist, ist bisher nicht erörtert, daher nötigenfalls aufzuklären.

§ 242 BGB. erfordert billige Rücksichtnahme auf die Interessen beider Teile. Daraus folgt, daß nicht schlechthin der Grundsatz aufgestellt werden kann, daß allgemein jede Hypothekenforderung ohne weiteres aufgewertet werden muß oder daß bei allen die Aufwertung im gleichen Maße stattzufinden habe. Es werden vielmehr neben dem bei Zugrundelegung der Papiermarkrechnung regelmäßig gesteigerten Werte des Grundstücks, der hauptsächlich von Bedeutung sein wird, auch die übrigen Umstände des Falles in Betracht kommen müssen, z. B. je nach der Sachlage die wirtschaftliche Leistungsfähigkeit des Schuldners, auch die Lasten, namentlich öffentlicher Art, die dem Grundbesitz auferlegt sind. Rechtsgrundsätzlich muß aber die Zulässigkeit einer Aufwertung hypothekarisch gesicherter Darlehnsforderungen mit Rücksicht auf die starke Entwertung des deutschen Papiergeldes bejaht werden. Wenn, wie im vorliegenden Falle, Zahlung in Gold vereinbart war, so wird sogar, wie der erkennende Senat in einem Urteile vom 16. Januar 1924 — V 750. 23 — näher dargelegt hat, wenigstens in vielen Fällen anzunehmen sein, daß der Gläubiger wirtschaftlich dadurch gegen eine mögliche Entwertung des sonstigen deutschen Währungsgeldes geschützt sein sollte; dieser Umstand darf jedenfalls bei der tatsächlichen Bemessung der Aufwertung nicht außer Betracht bleiben; er kann, und wird sogar in vielen Fällen, es rechtfertigen, dem Schuldner gegenüber dem Gläubiger, der sich Zahlung in Gold ausbedungen hat, beim billigen Ausgleiche der Interessen beider Teile eine höhere Zahlung zuzumuten, als sie ihm einem anderen Gläubiger gegenüber obliegen würde.

Das Reichsgericht hat in dem Urteile vom 28. November 1923 weiter ausgesprochen, daß, falls die tatsächlichen Voraussetzungen einer Aufwertung der Hypothekenforderung gegeben waren, das Verlangen des Grundstückseigentümers auf Einwilligung in die Löschung der Hypothek und Herausgabe der in § 1144 BGB. bezeichneten Urkunden gegen Zahlung des Nennbetrages der Hypothekenforderung in den jetzigen gesetzlichen Zahlungsmitteln (Papiermark) ungerechtfertigt war, weil durch den dem Rechtsverhältnis der Parteien zugrunde liegenden schuldrechtlichen Vertrag der Eigentümer sich verpflichtet hatte, für die ganze Forderung des Gläubigers Sicherheit durch Hypothek zu gewähren, und weil, wenn sich diese Forderung durch die infolge des Verfalls der deutschen Währung notwendig werdende Aufwertung ziffermäßig vermindert hat, die Gebote von Treu und

Glauben die persönliche Verpflichtung des Eigentümers ergeben, die hypothekarische Belastung des Grundstücks für diese Forderung solange fortbestehen zu lassen, bis der Gläubiger wegen seiner ganzen Forderung befriedigt ist. Unter allen Umständen ist dem Gläubiger das Recht zugestanden, wegen seiner fälligen und aus demselben rechtlichen Verhältnisse hervorgegangenen aufgewerteten persönlichen Forderung die Löschungsbewilligung usw. in Ausübung des Zurückbehaltungsrechts nach § 273 BGB. zu verweigern.

Die Anwendung dieser Grundsätze auf den vorliegenden Fall unterliegt keinem rechtlichen Bedenken. Der Sachverhalt war in dem am 28. November 1923 entschiedenen Rechtsstreit zwar insofern etwas anders geartet, als damals seit der Bestellung der streitigen Hypothek (durch Umwandlung einer früheren Eigentümergrundschuld) Gläubiger und Schuldner dieselben Personen geblieben waren, während hier unstreitig, auch nach der Vereinbarung der Rückzahlung „in landesüblicher Goldmünze", sowohl der Eigentümer wie die Gläubiger sich geändert haben. Die Rechtslage wird dadurch aber nicht wesentlich beeinflußt. Denn auf der Gläubigerseite sind die Beklagten durch Abtretung und Erbgang, und zwar schon im Jahre 1902, vor dem Beginn der Geldentwertung, an die Stelle des ursprünglichen Gläubigers in das schuldrechtliche Verhältnis eingetreten, also befugt, die aus diesem sich ergebenden Ansprüche, auch den auf Aufwertung der Forderung, gegen den Schuldner geltend zu machen. Ebenso ist auf der Schuldnerseite der jetzige Kläger in die Rechtsverbindlichkeiten seiner Rechtsvorgänger gegenüber dem Gläubiger eingetreten, da er selbst nicht behauptet hat, etwa beim Erwerb des Grundstücks die persönliche Schuldverbindlichkeit nicht übernommen zu haben. Es bedarf daher, jedenfalls zurzeit, keiner Erörterung, wie die Rechtslage in einem Falle der nur dinglichen Haftung des Eigentümers sich gestalten würde.

Sollte das Berufungsgericht bei der erneuten Verhandlung zu dem Ergebnisse gelangen, daß — wie der Vertreter des Klägers vor dem Revisionsgerichte ausgeführt hat — die tatsächlichen Voraussetzungen einer Aufwertung zu der Zeit, als der Kläger den Beklagten den Hypothekenbetrag anbot und ihn sodann hinterlegte, noch nicht gegeben waren, sowie daß die Beklagten damals in Annahmeverzug geraten sind, so wird es weiter zu prüfen haben, ob die Beklagten dadurch schlechthin das Recht verloren haben, mit Rücksicht auf die spätere Entwertung der deutschen

Währung eine Aufwertung ihrer Forderungen zu verlangen; vergl. dazu RGZ. Bd. 106 S. 422, ferner ein zum Abdruck bestimmtes Urteil vom 2. Oktober 1923 — II 165. 23 —.

3. In Sachen Conrades (Beklagter und Revisionskläger) gegen Schwartz (Kläger und Revisionsbeklagter) — V 603/1923 —.

Aus den Gründen:

... Das Oberlandesgericht hat angenommen, daß nach dem geltenden deutschen Rechte, welches allein es seiner Entscheidung zugrunde zu legen habe, keine Möglichkeit gegeben sei, die Beklagten vor dem Vermögensverluste zu schützen, den sie durch den Rückempfang der Hypothekenforderungen in den zurzeit geltenden Zahlungsmitteln zum Nennwert haben würden, sie vielmehr eine solche Rückzahlung als Erfüllung annehmen müßten.

Diese Rechtsauffassung trifft nicht zu. Vielmehr ist, wie der erkennende Senat in einem zum Abdruck bestimmten Urteil vom 28. November 1923 — V 31. 23 (vergl. auch JurW. 1924 S. 38, Deutsche Juristenzeitung 1924 S. 57) mit ausführlicher Begründung dargelegt hat, die rechtliche Möglichkeit einer Aufwertung von Hypothekenforderungen, insbesondere auch hypothekarisch gesicherten Darlehnsforderungen, nach dem geltenden deutschen Rechte, namentlich nach § 242 BGB., anzuerkennen. Es kommt dafür gerade bei Hypothekenforderungen in Betracht, daß der Schuldner regelmäßig in dem — wenigstens wenn man die Berechnung in Papiergeld zugrunde legt — erheblich gestiegenen Werte des Grundstücks einen entsprechenden Ausgleich erhalten hat; inwieweit letzteres auch vorliegendenfalls zutrifft, ist bisher nicht erörtert, daher nötigenfalls aufzuklären. § 242 BGB. erfordert eine billige Rücksichtnahme auf die Interessen beider Teile. Daraus folgt, daß nicht schlechthin der Grundsatz aufgestellt werden kann, daß allgemein jede Hypothekenforderung ohne weiteres aufgewertet werden müsse oder daß bei allen die Aufwertung im gleichen Maße, etwa gar im Wertverhältnis der Papiermark zur Goldmark, stattzufinden habe. Es werden vielmehr neben dem — bei Zugrundelegung der Papiermarkrechnung — gesteigerten Werte des Grundstücks, der hauptsächlich von Bedeutung sein wird, auch die übrigen Umstände des Falls in Betracht kommen müssen, z. B. je nach der Sachlage die wirtschaftliche Leistungsfähigkeit des Schuldners, ferner der Umstand, ob es sich um landwirtschaftliche, industrielle oder städtische Grundstücke handelt;

ebenso werden die Lasten, namentlich öffentlicher Art, die dem Grundbesitz auferlegt sind, bei Mietgrundstücken auch die Verminderung ihres Ertrages durch die zum Schutze der Mieter ergangenen Bestimmungen Berücksichtigung verdienen. Rechtsgrundsätzlich muß aber die Zulässigkeit einer Aufwertung hypothekarisch gesicherter Darlehnsforderungen mit Rücksicht auf die starke Entwertung des deutschen Papiergeldes bejaht werden.

Das Reichsgericht hat in dem vorbezeichneten Urteil weiter auseinandergesetzt, daß, falls auch die tatsächlichen Voraussetzungen der Aufwertung einer Hypothekenforderung gegeben waren, das — auch dort gestellte — Verlangen des Grundstückseigentümers auf Bewilligung der Löschung der Hypothek und Herausgabe der in § 1144 BGB. erwähnten Urkunden gegen Zahlung lediglich des Nennbetrages der Forderung in den jetzigen gesetzlichen Zahlungsmitteln (Papiergeld) ungerechtfertigt war, weil durch den den Rechtsbeziehungen der Parteien zugrunde liegenden schuldrechtlichen Vertrag der Eigentümer sich verpflichtet hatte, für die ganze Forderung des Gläubigers Sicherheit durch Hypothek zu gewähren, und weil, wenn sich diese Forderung durch die infolge des Verfalls der deutschen Währung notwendig werdende Aufwertung ziffermäßig erweitert, die Gebote von Treu und Glauben die persönliche Verpflichtung des Eigentümers ergeben, die hypothekarische Belastung des Grundstücks für diese Forderung fortbestehen zu lassen solange, bis der Gläubiger wegen seiner ganzen Forderung befriedigt ist. Unter allen Umständen ist dem Gläubiger das Recht zugestanden worden, wegen seiner fälligen und aus demselben rechtlichen Verhältnisse hervorgegangenen aufgewerteten persönlichen Forderung die Löschungsbewilligung usw. in Ausübung des Zurückbehaltungsrechts gemäß § 273 BGB. zu verweigern.

Die Anwendung dieser Grundsätze auch auf den vorliegenden Rechtsstreit begegnet keinem rechtlichen Bedenken. Zwar lag in dem am 28. November 1923 entschiedenen Falle der Sachverhalt insofern etwas anders, als damals seit der Bestellung der streitigen Hypothek (durch Umwandlung einer früheren Eigentümergrundschuld) Gläubiger und Schuldner dieselben Personen geblieben waren, während hier nach der Angabe der Klage die Hypotheken ursprünglich einer anderen Gläubigerin zugestanden hatten. Die Rechtslage wird dadurch indessen nicht wesentlich beeinflußt. Denn mit der Abtretung der Forderungen, mit der gemäß § 401 BGB. die Hypotheken auf die beklagte Ehefrau als die neue Gläubigerin übergegangen sind, ist diese an die Stelle der bisherigen Gläubigerin getreten (§ 398 BGB.), also grundsätzlich (vorbehaltlich besonderer Fälle, etwa des weiter unten zu erwähnenden eines Erwerbs der Hypotheken nach dem Eintritt der Geldentwertung) befugt, die aus dem Schuldverhältnisse sich ergebenden Ansprüche, auch den auf Aufwertung der Forderungen, der Klägerin gegenüber geltend zu machen.

Ein Wechsel auf der Schuldnerseite ist hier nicht behauptet; insbesondere hat die Klägerin nicht vorgebracht, daß sie etwa das Grundstück nach dessen Belastung mit den streitigen Hypotheken erworben hätte und dabei in die persönliche Schuldverbindlichkeit nicht eingetreten sei. Es bedarf daher, jedenfalls zurzeit, keiner Erörterung, wie die Rechtslage in einem solchen Falle sich gestalten würde, ebensowenig einer Prüfung, wie das Aufwertungsverlangen der Beklagten zu beurteilen wäre, wenn sie die Hypotheken erst nach dem Eintritte der Geldentwertung, etwa gar lediglich gegen Gewährung von Papiergeld zum Nennbetrage der Forderungen erworben hätte; denn auch in dieser Hinsicht sind Behauptungen nicht aufgestellt.

III. Eingabe des Vorstandes des Richtervereins beim Reichsgericht an den Reichsjustizminister, betreffend das angeblich geplante Verbot der Hypothekenaufwertung. Vom 8. Januar 1924.

Nach Zeitungsnachrichten erwägt die Reichsregierung eine Maßnahme, durch die eine Aufwertung von Hypotheken (und wohl auch anderer Geldansprüche) verboten werden soll. Der unterzeichnete Vorstand des Richtervereins des Reichsgerichts würde glauben, gegen seine Pflicht zu verstoßen, wenn er es unterließe, seine warnende Stimme hiergegen zu erheben.

Niemand wird dem Reichsgericht den Vorwurf machen, daß es vorschnell und unüberlegt die Gleichung Mark gleich Mark aufgegeben habe. Langsam und vorsichtig hat es zunächst auf einzelnen Rechtsgebieten die Notwendigkeit einer Aufwertung anerkannt. Aber immer entschlossener und allgemeiner hat sich die neue Auffassung durchgesetzt. Von besonderer Bedeutung ist die

Entscheidung des 5. Zivilsenats vom 28. November 1923, die im Grundsatz dem Schuldner die Befugnis abspricht, eine in besserem Geld begründete Schuld in entwerteter Papiermark abzutragen und die Löschung der Hypothek zu fordern. Die zurückhaltende Art, wie dieses Urteil begründet ist, ist ein Zeugnis davon, wie sehr sich der Senat seiner Verantwortung angesichts der Tragweite der Entscheidung bewußt gewesen ist.

Wenn der höchste Gerichtshof des Reiches nach sorgfältiger Erwägung des Für und Wider zu einer solchen Entscheidung gelangt ist, so glaubt er von der Reichsregierung erwarten zu dürfen, daß die von ihm vertretene Auffassung nicht durch einen Machtspruch des Gesetzgebers umgestoßen wird.

Gestützt ist die Entscheidung auf den großen Gedanken von Treu und Glauben, der unser Rechtsleben beherrscht, gestützt auf die Erkenntnis, daß ein ferneres Festhalten an der Vorstellung, Mark sei gleich Mark, zu einem höchsten Maße des Unrechts führen würde, unerträglich in einem Rechtsstaat. Von demselben Gedanken war aber zugleich die Auffassung des Gerichts über das Maß der gebotenen Aufwertung getragen: wonach die Folgen der Geldentwertung angemessen auf Gläubiger und Schuldner zu verteilen sind, dem Gläubiger also — wenigstens für die Regel — keine volle Umwertung auf dem Goldfuße zukommt.

Dieser Gedanke von Treu und Glauben steht außerhalb des einzelnen Gesetzes, außerhalb einer einzelnen positiv-rechtlichen Bestimmung. Keine Rechtsordnung, die diesen Ehrennamen verdient, kann ohne jenen Grundsatz bestehen. Darum darf der Gesetzgeber nicht ein Ergebnis, das Treu und Glauben gebieterisch fordern, durch sein Machtwort vereiteln.

Das ist der Gedankengang, der für das weite Gebiet der Geldentwertungsfrage beim Reichsgericht immer allgemeineren Eingang gefunden hat. Darum ist die Kunde von der geplanten gesetzgeberischen Maßnahme in den Kreisen des Reichsgerichts mit Befremden aufgenommen worden.

Auch in der Tages- und Fachpresse ist scharfer Widerspruch erhoben worden, zum Teil gestützt auf die Behauptung, starke Einflüsse eigensüchtiger Art seien die treibenden Kräfte. Es ist dem unterzeichneten Vorstand eine ernste Sorge, die Reichsregierung möchte solchen Einflüssen nachgebend eine Rechtslage herbeiführen, die gegen Treu und Glauben verstieße.

Eine gesetzgeberische Maßnahme, die die Betroffenen schädigt, kann sich vom Standpunkte des Ganzen nachträglich als unzweckmäßig herausstellen. Der Gefahr solcher Mißgriffe kann kein Gesetzgeber entgehen. Aber ein schwerer Stoß nicht nur für das Ansehen der Regierung, sondern für das Rechtsgefühl im Volke und für den Glauben an das Recht wäre es, wenn es dazu kommen müßte, daß jemand, der sich im Rechtsstreit auf die neue gesetzliche Vorschrift beriefe, damit von den Gerichten mit der Begründung abgewiesen würde, seine Berufung auf die Vorschrift verstoße gegen Treu und Glauben.

Schon ist in der Öffentlichkeit mehrfach und eindringlich die Frage erörtert worden, ob nicht der geplante Eingriff selbst als ein Verstoß gegen Treu und Glauben, als unsittlich seiner unsittlichen Folgen wegen, als eine verfassungswidrige Enteignung oder als eine dem verfassungsmäßig gewährleisteten Grundsatz der Allgemeinheit der Besteuerung hohnsprechende Steuer rechtsunwirksam wäre. Die ernste Gefahr einer solchen oder ähnlichen richterlichen Beurteilung der geplanten Maßnahme — auch durch das höchste Gericht — besteht, und sie besteht auch dann, wenn die Regierung, unter dem Druck der aufgetretenen Widerstände die ursprünglich geplante Schroffheit mildernd, die im Recht begründete Aufwertung nur zum Teil verbieten sollte.

Der unterzeichnete Vorstand bittet, dieses Bild von der Stimmung beim Reichsgericht so ernst, wie es geschildert ist, zu würdigen.

Leipzig, den 8. Januar 1924.

Der Vorstand des Richtervereins des Reichsgerichts.

IV. Antwort des Reichsjustizministers.

Auf das an den Herrn Reichskanzler gerichtete und hierher weitergeleitete Schreiben vom 8. Januar beehre ich mich folgendes ergebenst zu erwidern: In dem Schreiben warnt der Richterverein die Reichsregierung vor Maßnahmen, die einen schweren Stoß nicht nur für das Ansehen der Reichsregierung, sondern für das Rechtsgefühl im Volke und für den Glauben an das Recht bedeuten könnten. Damit sind die hohen Güter treffend gekennzeichnet, deren Erhaltung im Lebensinteresse des deutschen Volkes liegt, und ich danke dem Richterverein dafür, daß er sich mit der Reichsregierung für dieses Ziel einsetzt. Gerade deshalb aber, weil über das gemeinsame Ziel volle Klarheit besteht, halte ich es für meine Pflicht, meiner Sorge Ausdruck zu geben, daß einzelne Ausführungen des gef. Schreibens geeignet sein könnten, in der entgegengesetzten Richtung zu wirken. Anlaß zu der Warnung bieten dem Richterverein Zeitungsnachrichten über eine in Aussicht stehende Regelung der Aufwertungsfrage, also nicht verbürgte Kundgebungen über noch nicht abgeschlossene Erwägungen der Reichsregierung zur Lösung einer Frage, deren Notwendigkeit ebenso allgemein anerkannt wird, wie andererseits über die Zweckmäßigkeit der Art der Regelung die Ansichten geteilt sind, geteilt auch nach der Verkündung des Reichsgerichtsurteils, dessen Bedeutung nach dem Wesen des Richterspruchs darin liegt, mit der Autorität des höchsten Gerichtshofes die gegenwärtige Rechtslage festzustellen und damit eine zweifelsfreie Grundlage für die künftige Gesetzgebung zu geben. Es hieße diese Bedeutung verkennen, wollte man in der Abänderung eines vom Reichsgericht maßgebend ausgelegten Gesetzes eine Umstoßung der Auffassung des Reichsgerichts durch Machtspruch des Gesetzgebers finden. Auf der andern Seite würde es zur Auflösung der Rechtsordnung und zu einer unheilvollen Erschütterung des Staatsgefüges führen, wollte ein Gericht für sich das Recht in Anspruch nehmen, ein verfassungsmäßig zustande gekommenes Gesetz nicht anzuwenden, weil es nach der Ansicht der Mehrheit seiner Mitglieder nit dem allgemeinen Sittengesetz nicht im Einklang stehe. Kundgebungen aus den verschiedensten Kreisen der Bevölkerung bestätigen die Einmütigkeit der Überzeugung, daß es dem schwer um seine Existenz und für seine Erneuerung ringenden deutschen Volke jeden Halt nehmen müßte, wollte man nur einen Zweifel daran bestehen lassen, daß sich das Leben des einzelnen und der Gesamtheit nach den Gesetzen zu richten hat und die Gerichte nach den bestehenden Gesetzen Recht sprechen. Ich würde es tief bedauern, wenn nach dieser Richtung die Ausführungen des gef. Schreibens zu Mißverständnissen Anlaß geben sollten, und weiß mich mit dem Richterverein in dem Wunsche einig, solchen Mißdeutungen durch offene Aussprache vorzubeugen. Ich habe deshalb die Veröffentlichung dieses Schreibens veranlaßt.

V. Erklärung des Reichsjustizministers vom 18. Januar 1924.

(Nach der „Deutschen Juristenzeitung" 1924 Sp. 1221.)

Die Entscheidung des Reichsgerichts vom 28. November 1923 hält eine Aufwertung der Hypothekenforderungen unter Berücksichtigung der persönlichen Verhältnisse von Gläubiger und Schuldner sowie unter Berücksichtigung der öffentlichen Lasten des Grundstücks nach Lage des Einzelfalls für berechtigt.

Die Durchführung dieses Grundsatzes allein der Rechtsentwicklung zu überlassen, würde bedeuten, Deutschland in den nächsten Monaten in Millionen von Prozessen zu stürzen. Auch ein beabsichtigtes vereinfachtes Verfahren zur Regelung dieser Streitfragen würde für sich allein dieser Gefahr nicht begegnen.

Es erscheint daher notwendig, ein mehr das Durchschnittliche berücksichtigendes Verfahren zu schaffen sowie eine Unterbrechung der bereits zahlreich anhängig gewordenen Prozesse herbeizuführen.

Bei Berechnung des Durchschnittssatzes wird zu berücksichtigen sein, daß für die Landwirtschaft jetzt schwere wirtschaftliche Verhältnisse entstanden sind, daß der städtische Grundbesitz infolge der Inflation vollständig verarmt und der Wert seiner Anwesen schwer herabgedrückt ist, ferner, daß bereits bisher die dem gesamten Grundbesitz auferlegten erheblichen Steuerlasten zum Teil mit der durch die Papiergeldwirtschaft herbeigeführten allgemeinen Entschuldung begründet worden sind.

Eine alsbaldige rasche Klärung erscheint auch deshalb notwendig, damit nicht aus der Ungeklärtheit steuerliche Verluste für Reich, Länder und Gemeinden entstehen; dies um so mehr, als die Lage der Reichsfinanzen nach wie vor eine sehr ernste ist.

Hierüber kann auch das scheinbar günstige Ergebnis der ersten Steuerdekade des Jahres 1924 nicht hinwegtäuschen. Denn es traf eine Reihe von Steuerfälligkeitsterminen mit der Tatsache zusammen, daß in dieser Dekade keine Gehaltszahlungen an die Beamten und vergleichsweise nur geringe Überweisungen an die Länder vorzunehmen waren. In Wirklichkeit macht der Überschuß der ersten Dekade nur etwa den dritten Teil der in der folgenden Dekade fällig werdenden Besoldungszahlungen und Überweisungen an die Länder aus.

Eine Aufwertung der Schuldverpflichtungen von Reich, Ländern und Gemeinden kommt nach den Grundsätzen der reichsgerichtlichen

Entscheidung nicht in Frage, da diese öffentlichen Schuldner infolge des verlorenen Krieges und der Verpflichtungen aus dem Friedensvertrage zahlungsunfähig sind."

VI. Entwurf einer Dritten Steuernotverordnung, in der Presse veröffentlicht am 2. Februar 1924.

Auf Grund des Ermächtigungsgesetzes vom 8. Dezember 1923 (Reichsgesetzbl. I S. 1179) wird nach Anhörung eines Ausschusses des Reichstags und eines Ausschusses des Reichsrats von der Reichsregierung folgendes verordnet:

Artikel I.
Aufwertung.
§ 1.

(1) Vor dem 1. Januar 1923 begründete Ansprüche aus einer der nachstehenden Vermögensanlagen auf Zahlung einer in Reichswährung ausgedrückten Geldsumme werden nach Maßgabe der §§ 2 bis 7 abgewickelt:

1. Hypotheken, Grundschulden und Rentenschulden,
2. Reallasten, wenn sie die Zahlung von Geld zum Gegenstand haben,
3. Pfandrechte an im Schiffsregister eingetragenen Schiffen und an Bahneinheiten,
4. durch Hypothek, Schiffspfandrecht oder Bahnpfandrecht gesicherte Forderungen,
5. Pfandbriefe der Grundkreditanstalten (Landschaften, Stadtschaften, Hypothekenbanken) und Schiffsbeleihungsbanken,
6. andere Schuldverschreibungen auf den Inhaber, wenn sie von natürlichen Personen, Vereinigungen oder juristischen Personen des Privatrechts ausgegeben sind, mit Ausnahme der im § 41 des Hypothekenbankgesetzes bezeichneten Schuldverschreibungen,
7. Darlehen, die nicht unter Ziff. 4 fallen, wenn sie von einer natürlichen Person, Personenvereinigung oder juristischen Person des Privatrechts aufgenommen und nicht früher als sechs Monate nach der Hingabe rückzahlbar sind oder gekündigt werden können.

(2) Hat der Gläubiger eine Zahlung vor dem 31. Dezember 1923 als Erfüllung angenommen, so finden die Vorschriften dieses

Artikels keine Anwendung; insoweit kann mit Rücksicht auf die Geldentwertung ein höherer Betrag als der Nennbetrag (Aufwertung) auch als ungerechtfertigte Bereicherung oder auf Grund einer Anfechtung wegen Irrtums oder aus einem anderen Rechtsgrunde nicht verlangt werden. Findet durch diese Regelung ein anhängiger Rechtsstreit seine Erledigung, so trägt jede Partei die ihr entstandenen außergerichtlichen Kosten; die Gerichtskosten werden niedergeschlagen.

§ 2.

(1) Ansprüche der im § 1 Ziff. 1, 2, 3, 4, 6, 7 bezeichneten Art werden auf 10 v. H. des Goldmarkbetrages aufgewertet. Der Schuldner kann eine Herabsetzung des Aufwertungsbetrages verlangen, wenn dies mit Rücksicht auf seine Vermögenslage zur Abwendung einer offenbar groben Unbilligkeit unabweisbar erscheint.

(2) Als Goldmarkbetrag gilt bei Ansprüchen der im § 1 Ziff. 1, 2, 3, 4, 7 bezeichneten Art, die der Gläubiger vor dem 1. Januar 1919 erworben hat, der Nennbetrag. Der Goldmarkbetrag von Ansprüchen, die der Gläubiger seit diesem Zeitpunkt erworben hat, wird dadurch festgestellt, daß der Nennbetrag nach dem Mittelkurs der amtlichen Notiz der Berliner Börse für den nordamerikanischen Dollar am Tage des Erwerbes in Goldmark umgerechnet wird; an die Stelle des Nennbetrages tritt der Erwerbspreis, wenn er niedriger ist. Bei Schuldverschreibungen (§ 1 Ziff. 6), die vor dem 1. Januar 1919 ausgegeben sind, gilt als Goldmarkbetrag der Nennbetrag. Für nach diesem Zeitpunkt ausgegebene Schuldverschreibungen wird der Goldmarkbetrag entsprechend der Vorschrift des Satz 2 Halbsatz 1 festgestellt.

(3) In den Fällen des § 1 Ziff. 1, 2 ist der Aufwertungsbetrag auf Antrag des Gläubigers an der nächstbereiten Stelle im Grundbuch einzutragen. Die Entstehung des Anspruches ist von der Eintagung nicht abhängig. Entsprechendes gilt für Pfandrechte an im Schiffsregister eingetragenen Schiffen.

(4) Besteht Streit darüber, wie hoch der Aufwertungsanspruch nach der Vorschrift der Abs. 1, 2 zu beziffern ist, so entscheidet ausschließlich die Aufwertungsstelle (§ 6).

(5) Ist die Aufwertung durch ein Sondergesetz, durch eine ausdrücklich bei der Begründung des Rechts getroffene Vereinbarung oder durch ein Urteil, das beim Inkrafttreten dieser Verordnung rechtskräftig war, geregelt, so behält es hierbei sein Bewenden.

§ 3.

Der Anspruch auf Herabsetzung des Aufwertungsbetrages (§ 2) kann nur geltend gemacht werden:

1. auf Grund einer Vereinbarung, die bis zum 31. Dezember 1924 bei der Aufwertungsstelle (§ 6) angemeldet ist,
2. auf Grund einer Entscheidung der Aufwertungsstelle oder auf Grund eines vor ihr abgeschlossenen Vergleiches, sofern das Verfahren vom Schuldner oder vom Gläubiger vor dem 31. Dezember 1924 bei dieser Stelle anhängig gemacht ist.

§ 4.

(1) Ansprüche aus Pfandbriefen werden nur aufgewertet, wenn der Gläubiger nachweist, daß er oder sein Erblasser sie seit dem 1. Januar 1919 im Besitz oder auf Grund gesetzlichen Zwanges zur mündelsicheren Anlage erworben und seit dem Erwerbe im Eigentum behalten hat. Dem gesetzlichen Zwang steht der Zwang durch die Vorschriften der Satzung, Stiftung oder sonstigen Verfassung einer inländischen Personenvereinigung, Körperschaft oder Vermögensmasse gleich, die ausschließlich gemeinnützigen, mildtätigen, ethischen oder religiösen Zwecken dienen. Die Vorschriften des § 2 Abs. 5, § 3 gelten entsprechend.

(2) Die Aufwertung erfolgt in der Weise, daß die zur vorzugsweisen Befriedigung der Pfandbriefgläubiger dienende und nach Maßgabe dieser Verordnung aufgewertete Deckung nach Abzug eines Beitrages zu den Verwaltungskosten gleichmäßig unter die nach Abs. 1 Berechtigten verteilt wird. Übersteigt der hiernach auf den einzelnen Berechtigten entfallende Betrag 10 v. H. des Goldmarkbetrages seiner Pfandbriefforderung, so fällt der Überschuß dem Reiche zur Verstärkung der aus der Vorschrift des § 21 fließenden Mittel zu.

(3) Die Reichsregierung trifft die näheren Bestimmungen über die Art und das Verfahren der Verteilung sowie über einen etwaigen vom Schuldner zu der Teilungsmasse zu leistenden Beitrag. Die Reichsregierung oder die von ihr bestimmte Stelle gibt Grundsätze für die Bemessung des Verwaltungskostenbeitrags.

§ 5.

(1) Die Zahlung der aufgewerteten Kapitalbeträge kann nicht vor dem 1. Januar 1929 verlangt werden.

(2) Die aufgewerteten Ansprüche sind bis zum 31. Dezember 1924 unverzinslich. Rückständige Zinsen gelten als mit dem In-

krafttreten dieser Verordnung erlassen. Vom 1. Januar 1925 ab beträgt der Zinssatz 1 v. H.; er erhöht sich in jedem weiteren Jahr um je 1 v. H. bis zur Erreichung des vereinbarten Zinssatzes.

(3) Abweichende Vereinbarungen sind zulässig.

§ 6.

Die Reichsregierung bezeichnet die für die Durchführung des Aufwertungsverfahrens zuständigen Stellen (Aufwertungsstelle) und regelt das Verfahren. Die Zuständigkeit der Aufwertungsstelle kann auch für Ansprüche vereinbart werden, auf die sich die Vorschriften dieses Artikels nicht erstrecken. Die Aufwertungsstelle erhebt nach Maßgabe der Durchführungsbestimmungen eine Gebühr, die für Ansprüche bis zu 10 v. H. tunlichst niedrig zu bemessen ist.

§ 7.

In bürgerlichen Rechtsstreitigkeiten ist das Verfahren auf Antrag auszusetzen, soweit die Entscheidung davon abhängig, in welcher Höhe ein Anspruch der in § 1 bezeichneten Art aufzuwerten ist. Dies gilt nicht, soweit die Verpflichtung zur Aufwertung auf einem der im § 2 Abs. 5 bezeichneten Rechtsgründe beruht. Die Vorschrift des § 302 der Zivilprozeßordnung bleibt unberührt. Der Antrag auf Aussetzung kann vor dem Gerichtsschreiber zu Protokoll erklärt werden, wenn die Klage vor dem Inkrafttreten dieser Verordnung erhoben ist.

§ 8.

(1) Für auf Reichsmark lautende Ansprüche aus Guthaben bei öffentlichen Sparkassen und aus Lebensversicherungsverträgen gilt die Vorschrift des § 7 entsprechend, sofern nicht die Aufwertung durch eine ausdrücklich bei der Begründung des Rechts getroffene Vereinbarung geregelt ist.

(2) Aus dem aufgewerteten Vermögen der Sparkassen sind nach näherer Vorschrift der Landesregierung die in der Zeit vom 1. Januar 1919 bis 1. Januar 1923 auf Grund gesetzlicher Vorschriften mündelsicher angelegt gewesenen Vermögen bis zum Betrage von 10 v. H. des Goldmarkbetrages aufzuwerten. Im übrigen fällt der aufgewertete Betrag dem Garantieverband zur Verwendung für gemeinnützige Zwecke zu, soweit nicht die Landesgesetzgebung etwas anderes bestimmt. Die Reichsregierung kann mit Zustimmung des Reichsrats Grundsätze für die Art der Verwendung aufstellen. § 4 Abs. 1 Satz 2 gilt entsprechend.

(3) Bei Lebensversicherungsgesellschaften bestimmt die Reichsregierung oder eine von ihr bezeichnete Stelle, in welcher Weise

das aufgewertete Vermögen zugunsten der Versicherten zu verwenden ist. Ist das aufgewertete Vermögen einer Lebensversicherungsgesellschaft so geringfügig, daß die Aufteilung auf die Versicherten nicht angezeigt erscheint, so fällt es dem Reiche zur Verwendung für gemeinnützige Zwecke nach Maßgabe des § 4 Abs. 2 Satz 2 zu.

§ 9.

Die Reichsregierung kann Bestimmungen treffen:

1. über die Abwickelung anderer als der im § 1 bezeichneten Vermögensanlagen,
2. über die Verwendung von Vermögen von anderen als öffentlichen Sparkassen, soweit das Vermögen gemäß dieser Verordnung aufgewertet ist.

Artikel II.

Öffentliche Anleihen.

§ 10.

(1) Vor dem Inkrafttreten dieser Verordnung aufgenommene und auf Reichsmark lautende Anleihen des Reiches, der Länder und Gemeinden (Gemeindeverbände) werden bis zur Erledigung sämtlicher Reparationsverpflichtungen nicht verzinst und nicht eingelöst.

(2) Bei der Aufnahme neuer Anleihen kann bestimmt werden, daß sie mit Vorrang vor den im Abs. 1 bezeichneten Anleihen zu verzinsen und zu tilgen sind. Bei Anleihen der Gemeinden (Gemeindeverbände) bedarf die Bestimmung der Zustimmung der obersten Landesbehörden.

(3) Die Reichsregierung kann mit Zustimmung des Reichsrats die für Gemeinden geltenden Vorschriften der Abs. 1, 2 auf die Anleihen anderer öffentlich-rechtlicher Körperschaften für anwendbar erklären.

(4) Ein späteres Reichsgesetz regelt, ob, wie und wann der Zinsen- und Tilgungsdienst wieder aufgenommen wird.

Artikel III.

A. Geldentwertungsausgleich zugunsten des Reichs.

1. Geldentwertungsausgleich bei Schuldverschreibungen.

§ 11.

Von solchen natürlichen Personen, Personenvereinigungen und juristischen Personen des Privatrechts, die zur Tilgung von Schuldverschreibungen berechtigt oder verpflichtet gewesen sind oder noch sind, wird eine Steuer nach den Bestimmungen der §§ 1 bis 18 erhoben.

§ 12.

(1) Schuldverschreibungen im Sinne dieser Bestimmungen sind

a) die im § 25 Abs. 1 zu a des Kapitalverkehrssteuergesetzes vom 8. April 1922 (Reichsgesetzbl. I S. 354) bezeichneten Schuld- oder Rentenverschreibungen inländischer Schuldner,

b) schuldverschreibungsähnliche Aktien inländischer Aktiengesellschaften und Kommanditgesellschaften auf Aktien, soweit sie bis zum 31. Dezember 1923 getilgt sind. Als schuldverschreibungsähnliche Aktien gelten Aktien, bei denen der Gewinnanteil und der Anteil am Liquidationserlöse sowie im Falle der Einziehung nach § 227 des Handelsgesetzbuchs der Rückzahlungsbetrag auf einen Hundertsatz des Nennbetrages beschränkt ist, es sei denn, daß es sich um Aktien handelt, die ein über die Vorschriften des § 252 Abs. 1 Satz 2, § 320 Abs. 3 des Handelsgesetzbuchs hinausgehendes Stimmrecht gewähren.

(2) Zwischenscheine über Einzahlungen stehen den Verschreibungen oder Aktien gleich.

§ 13.

(1) Von der Steuer sind Grundkreditanstalten (Landschaften, Stadtschaften, Hypothekenbanken) und Schiffsbeleihungsbanken befreit.

(2) Der Steuer unterliegen ferner nicht:

a) Schuldverschreibungen, die vor dem 1. Januar 1919 getilgt worden sind,

b) wertbeständige oder auf ausländische Währung lautende Schuldverschreibungen,

c) Schuldverschreibungen, soweit für sie bebaute Grundstücke haften, die durch eine auf Grund der §§ 21 bis 26 erlassene Steuer besonders erfaßt werden.

§ 14.

Steuerschuldner ist, wer zur Tilgung (Rückkauf, Einlösung, Einziehung) der Schuldverschreibungen nach den für sie gegebenen Bestimmungen verpflichtet oder berechtigt gewesen ist, oder wem die Verpflichtung oder Berechtigung zur Tilgung obliegt.

§ 15.

(1) Die Steuer wird vom Goldmarkbetrage der Schuldverschreibungen berechnet.

(2) Sie beträgt:

a) soweit die Schuldverschreibungen am 31 Dezember 1923 noch nicht getilgt waren, 2 v. H.,

b) soweit die Schuldverschreibungen bis zu diesem Zeitpunkt getilgt sind, 12 v. H.

§ 16.

(1) Als Goldmarkbetrag gilt bei Schuldverschreibungen, die vor dem 1. Januar 1919 begeben sind, der Nennbetrag.

(2) Der Goldmarkbetrag von Schuldverschreibungen, die seit diesem Zeitpunkt begeben sind, wird dadurch festgestellt, daß der Nennbetrag nach dem Mittelkurs der amtlichen Notiz der Berliner Börse für den nordamerikanischen Dollar am Tage der Begebung in Goldmark umgerechnet wird. Sind die Schuldverschreibungen zu einem über den Nennbetrag hinausgehenden Preis begeben, so ist zunächst das Aufgeld dem Nennbetrage hinzuzurechnen.

(3) Der Reichsminister der Finanzen kann über die Feststellung des Goldmarkbetrages schuldverschreibungsähnlicher Aktien (§ 12 Abs. 1 zu b) besondere Bestimmungen erlassen.

§ 17.

(1) Zur Berechnung der Steuer kann von dem Goldmarkbetrag (§ 16) der gesamten Schuldverschreibungen der Goldwert des Betrags abgezogen werden, der zur Tilgung der Schuldverschreibungen bis zum 31. Dezember 1923 aufgewendet worden ist. Der aufgewendete Betrag ist unter entsprechender Anwendung des § 16 Abs. 2 in Goldmark umzurechnen.

(2) Der Reichsminister der Finanzen kann nähere Bestimmungen über die Feststellung der aufgewendeten Beträge erlassen.

§ 18.

(1) Die Steuer ist fällig

a) im Falle des § 15 Abs. 2 zu a am 1. März 1924,

b) im Falle des § 15 Abs. 2 zu b in Höhe von je 2 v. H. des Goldmarkbetrags der Schuldverschreibung (§ 16) am 1. März 1924, am 1. Oktober 1924, am 1. April 1925, am 1 Oktober 1925, am 1. April 1926 und am 1. April 1927.

(2) Wird die Steuer im Falle des § 15 Abs. 2 zu b in voller Höhe bis zum 1. März 1924 entrichtet, so ermäßigt sie sich um 20 v. H. des nach §§ 15 bis 17 zu bemessenden Betrags.

(3) Der Reichsminister der Finanzen kann für das besetzte Gebiet die Fälligkeit abweichend festsetzen.

2. Geldentwertungsausgleich bei Inanspruchnahme von Krediten.

§ 19.

(1) Zur Durchführung der Vorbereitungsarbeiten für die Besteuerung des Geldwertunterschiedes bei der Inanspruchnahme von Krediten während der Zeit der Geldentwertung (Wechselkrediten, Kontokorrentkrediten, Lombardkrediten usw.) können die Finanzbehörden Auskünfte und Gutachten jeder Art einfordern. Sämtliche Rechte, die den Finanzämtern im Steuerermittlungsverfahren zustehen, können von den Finanzbehörden für die Zwecke der Vorbereitungsarbeiten sinngemäß ausgeübt werden. Die Vorschriften des § 209 Abs. 1 der Reichsabgabenordnung finden keine Anwendung.

(2) Kaufleute (einschließlich der Handelsgesellschaften und der eingetragenen Genossenschaften), die bankmäßig Kredite gewähren, haben den Finanzbehörden jede zur Durchführung der Vorbereitungsarbeiten für die Besteuerung des Geldwertunterschieds dienliche Hilfe zu leisten, insbesondere Einsicht in ihre Bücher, Verhandlungen, Listen und Urkunden zu gewähren. Das gleiche gilt für die Reichsbank, für die Reichsdarlehnskassen und für die öffentlichen Sparkassen.

(3) Im übrigen finden auf die Durchführung der Vorbereitungsarbeiten für die Besteuerung des Geldwertunterschieds die Vorschriften der Reichsabgabenordnung, insbesondere der §§ 202, 377, entsprechende Anwendung.

3. Geldentwertungsausgleich bei Ausgabe von Notgeld.

§ 20.

(1) Der Reichsminister der Finanzen wird ermächtigt, von solchen natürlichen Personen, Personenvereinigungen und juristischen Personen des Privatrechts, die während der Zeit der Geldentwertung Notgeld ausgegeben haben, eine Steuer zu erheben.

(2) Die Steuer darf 80 v. H. des Betrags nicht übersteigen, der sich dadurch ergibt, daß der Goldmarkbetrag des Notgeldes im Zeitpunkt der Ausgabe um den Goldmarkbetrag des Notgeldes im Zeitpunkt der Einlösung vermindert wird. Die Goldmarkbeträge werden unter entsprechender Anwendung des Artikels I § 15 Abs. 2 ermittelt.

4. Geldentwertungsausgleich bei den mit öffentlichen Zuschüssen errichteten Gebäuden.

§ 21.

(1) Zur Förderung des Wohnungsbaues werden Grundstücke mit Gebäuden, die mit Hilfe von öffentlichen Zuschüssen errichtet worden sind, zugunsten des Reichs oder einer von der Reichsregierung zu bestimmenden Stelle mit einer Grundschuld in Höhe von 40 v. H. des in Goldmark umgerechneten Wertes des öffentlichen Zuschusses belastet. Diese Belastung geht allen bisherigen Belastungen im Range vor, mit Ausnahme der Belastung zugunsten der Deutschen Rentenbank nach Maßgabe der Verordnung vom 15. Oktober 1923 (Reichsgesetzbl. I S. 963). Soweit auf dem Grundstück wertbeständige Beihilfehypotheken eingetragen oder soweit Beihilfebeträge zurückgezahlt worden sind, vermindert sich die Grundschuld um den entsprechenden Goldmarkwert.

(2) Die näheren Bestimmungen über die Berechnung des Goldmarkwertes der öffentlichen Zuschüsse, über die Verzinsung und Ablösung der Last, über die Anrechnung eingetragener wertbeständiger Beihilfehypotheken und zurückgezahlter Beihilfebeträge und über die Verwendung der Gelder erläßt der Reichsarbeitsminister mit Zustimmung des Reichsministers der Finanzen.

B. Geldentwertungsausgleich zugunsten der Länder.

1. Geldentwertungsausgleich bei bebauten Grundstücken.

§ 22.

(1) Die Länder und nach näherer Bestimmung des Landesrechts die Gemeinden (Gemeindeverbände) sind berechtigt, im Zusammenhange mit der Regelung des Mietwesens von dem bebauten Grundbesitze vom 1. Januar 1924 ab eine Steuer zu erheben.

(2) Das Aufkommen der Steuer soll zur Deckung des allgemeinen Finanzbedarfs der Länder und Gemeinden (Gemeindeverbände) dienen, insbesondere im Hinblick auf die ihnen durch Artikel V § 34 Abs. 1 zu selbständiger Regelung und Erfüllung überlassenen Aufgaben. Die Länder und Gemeinden (Gemeindeverbände) sind verpflichtet, mindestens 10 v. H. der aufkommenden Steuer zur Förderung der Neubautätigkeit zu verwenden.

§ 23.

(1) Die Länder werden ermächtigt, die Mietzinsbildung abweichend von den Vorschriften des Reichsmietengesetzes vom 24. März 1922 (Reichsgesetzbl. I S. 273) zu regeln.

(2) Wollen die Länder bei einer solchen Regelung vom bürgerlichen Rechte in anderer Weise abweichen, als dies im Reichsmietengesetz vorgesehen ist, so bedarf es der Zustimmung der Reichsregierung; die Reichsregierung kann insoweit mit Zustimmung des Reichsrats Grundsätze aufstellen.

(3) Die Länder haben von der ihnen durch Abs. 1 erteilten Ermächtigung in der Weise Gebrauch zu machen, daß die Mieten allmählich gemäß der Entwicklung der allgemeinen Wirtschaftslage den Friedensmieten angeglichen werden. Dabei sind neben den steuerlichen Bedürfnissen der Länder und Gemeinden auch die allgemeinen Interessen, insbesondere an der ordnungsgemäßen Unterhaltung und Instandsetzung der Häuser und die Leistungsfähigkeit der als Mieter in Betracht kommenden Bevölkerungskreise, zu berücksichtigen. Als Friedensmiete gilt der Goldmarkbetrag des Mietzinses, der für die mit dem 1. Juli 1914 beginnende Mietzeit vereinbart war; die Länder treffen über die Festsetzung der Friedensmiete für besondere Fälle Bestimmung.

§ 24.

(1) Die Besteuerung kann in Form einer besonderen Aufwertungssteuer oder einer Steuer vom Grundvermögen erfolgen; im zweiten Falle muß eine getrennte Berechnung der auf Grund dieser Verordnung erhobenen Grundsteuer und der allgemeinen Grundsteuer vorgesehen sein.

(2) Die Steuer muß so bemessen werden, daß dem Eigentümer von der Miete zur Deckung der Betriebs- und Instandsetzungskosten die Beträge verbleiben, die nach den bestehenden Verhältnissen zur Erhaltung des Gebäudes erforderlich sind. Zu den Betriebskosten gehört auch die Verzinsung aufgewerteter Hypotheken sowie des Eigenkapitals, dessen Goldmarkbetrag mit 10 v. H. des üblicherweise bei Mietshäusern im Frieden vorhandenen Eigenkapitals anzusetzen ist; für die Verzinsung gilt § 5 Abs. 2 entsprechend. Die dem Eigentümer hiernach verbleibenden Beträge müssen am 1. April 1924 30 v. H. der Friedensmiete erreicht haben.

(3) Soweit auf einem Grundstück eine privatrechtliche wertbeständige Last vor dem 1. Januar 1924 eingetragen ist, vermindert

sich auf Antrag die Steuer um den Wert der aus der Last sich ergebenden laufenden Geldverpflichtung. Soweit eine nicht wertbeständige privatrechtliche Last aufgewertet ist, vermindert sich auf Antrag die Steuer um den Wert der aus einer Aufwertung bis zu 10 v. H. des Nennbetrags in Goldmark sich ergebenden laufenden Geldverpflichtung; dies gilt nicht, soweit die Verpflichtungen den im § 5 vorgesehenen Zinsbetrag übersteigen. Die Goldklausel gilt nicht als wertbeständige Eintragung im Sinne dieser Vorschrift.

(4) Von der Besteuerung sind auszuschließen Neubauten oder durch Um- oder Einbauten neugeschaffene Gebäudeteile, wenn der Bau erst nach dem 1. Juli 1918 bezugsfertig geworden ist.

(5) Die Länder bestimmen, inwieweit in den Fällen, in denen ein Gebäude nicht vermietet ist (Eigenhaus, Eigenwohnung) oder in denen eine dingliche privatrechtliche Last am 1. Juli 1914 oder bei späterer Fertigstellung des Gebäudes im Zeitpunkt der Fertigstellung nicht oder nur in geringer Höhe bestanden hat, eine Befreiung oder Minderung der Steuer eintreten kann. Die Reichsregierung kann mit Zustimmung des Reichsrats Grundsätze hierüber aufstellen.

(6) Soweit nach den Bestimmungen eines Landes über die Mietzinsbildung die Steuer nicht in der gesetzlichen Miete enthalten, der Vermieter aber berechtigt ist, sie auf die Mieter umzulegen, bleibt der Vermieter auch im Falle der Befreiung oder Minderung der Steuer gemäß Abs. 3, 4, 5 zur Umlegung des vollen Steuerbetrages berechtigt.

§ 25.

Erfolgt die Erfassung in Form einer besonderen Aufwertungssteuer, so gelten folgende Grundsätze:

1. Die Steuer ist in einem von den Ländern zu bestimmenden Hundertsatze der Friedensmiete zu erheben. Sie ist ein Teil der gesetzlichen Miete (§ 1 Reichsmietengesetz).
2. Die Überlassung des Gebrauchs eines Gebäudes (Gebäudeteils) auf andere Weise als durch Mietvertrag (Pacht, Nießbrauch usw.) steht der Miete gleich.
3. Folgende Befreiungen sind vorzusehen:
   a) öffentliche Körperschaften für die in ihrem Eigentum stehenden und von ihnen für öffentliche Zwecke benutzten Gebäude;
   b) inländische Personenvereinigungen und Vermögensmassen, die nach der Satzung, Stiftung oder sonstigen Verfassung

ausschließlich gemeinnützigen, mildtätigen, ethischen oder religiösen Zwecken dienen, für die in ihrem Eigentume stehenden und von ihnen für diese Zwecke benutzten Gebäude;

c) Botschaften, Gesandtschaften und Konsulate für die im Eigentume des Entsendestaats stehenden und von ihnen für ihre Zwecke benutzten Gebäude, sofern Gegenseitigkeit gewährt wird.

Liegen nur für einen Teil des Gebäudes die vorstehenden Voraussetzungen vor, so bezieht sich die Befreiung nur auf diesen Teil.

§ 26.

Die nach §§ 22 bis 25 erforderlichen Bestimmungen erlassen die Landesregierungen.

2. Geldentwertungsausgleich bei unbebauten Grundstücken.

§ 27.

(1) Die Länder werden nach näherer Bestimmung eines Reichsgesetzes von den Eigentümern solcher Grundstücke, die nicht den Bestimmungen über den Geldentwertungsausgleich bei bebauten Grundstücken (§§ 22 bis 26) unterliegen und die mit einer auf Reichsmark lautenden Hypothek, Reallast, Grundschuld oder Rentenschuld belastet sind oder in der Zeit seit dem 1. Januar 1919 belastet gewesen sind, eine Abgabe erheben.

(2) Der Entwurf des Reichsgesetzes ist so rechtzeitig vorzulegen, daß die Länder die erste Zahlung auf die Abgabe am 1. November 1925 erheben können.

3. Geldentwertungsausgleich bei Holzverkäufen aus Forsten öffentlicher Körperschaften.

§ 28.

(1) Die Länder sind berechtigt, eine Abgabe von den Personen, Personenvereinigungen und juristischen Personen zu erheben, die aus den Forsten öffentlicher Körperschaften Holz bezogen und während der Zeit der Geldentwertung den Kredit der öffentlichen Körperschaft für das Kaufgeld in Anspruch genommen haben. Die Abgabe darf 20 v. H. des Geldwertunterschiedes, der sich infolge der Kreditgewährung zugunsten der Käufer ergeben hat, nicht übersteigen.

(2) Die Steuer ist zugunsten der öffentlichen Körperschaft zu verwenden, die den Kredit gewährt hat.

(3) Von der Abgabe sind Reich, Länder und Gemeinden (Gemeindeverbände) befreit.

Artikel IV.

Bewertung von Reichsmarkforderungen und -schulden für Steuern.

§ 29.

(1) Forderungen und Schulden, die auf Reichsmark lauten und die bis zum 31. Dezember 1923 weder durch Vereinbarung noch durch rechtskräftige Entscheidung aufgewertet worden sind, sind bei der Vermögenssteuerveranlagung zum 31. Dezember 1923 auch dann mit dem Papiermarknennbetrag unter Umrechnung in Goldmark gemäß Artikel II § 3 Abs. 1 Nr. 8 der Zweiten Steuernotverordnung vom 19. Dezember 1923 (Reichsgesetzbl. I S. 1205) zu bewerten, wenn die Möglichkeit einer Aufwertung besteht. Entsprechendes gilt für die in Schuldverschreibungen oder Pfandbriefen verbrieften Forderungen und Schulden, sofern nach den am 31. Dezember 1923 maßgebenden Bedingungen die Zinszahlung und die Rückzahlung des Kapitals ausschließlich auf Reichsmark abgestellt ist.

(2) Die Bestimmung des Abs. 1 findet auf die Erbschaftssteuerveranlagung bei Erwerbern, für welche die Steuerschuld nach dem 30. Juni 1923 entstanden ist oder entsteht, mit der Maßgabe Anwendung, daß an Stelle des 31. Dezember 1923 der nach § 31 des Erbschaftssteuergesetzes maßgebende Zeitpunkt tritt.

§ 30.

(1) Die Bestimmung des § 29 Abs. 1 findet auf die im Artikel I § 34 der Zweiten Steuernotverordnung vorgesehene, in Goldmark aufzustellende Eröffnungsbilanz entsprechende Anwendung.

Artikel V.

Finanzausgleich.

§ 31.

Das Finanzausgleichsgesetz wird wie folgt geändert:

1. Im § 16 wird das Wort „innere" gestrichen.
2. Im § 19
   a) werden im Abs. 2 die Worte „Erbschaftssteuer (§§ 32, 33)" gestrichen;

b) erhält Abs. 3 folgende Fassung:

„Die Gemeinden (Gemeindeverbände) erhalten Anteile an der Umsatzsteuer (§ 38)."

3. § 20 erhält folgende Fassung:

„§ 20.

(1) Das Aufkommen an Einkommensteuer und Körperschaftssteuer erhalten die Länder vom 1. Februar 1924 an in Höhe von neunzig vom Hundert. Sind Gemeinden mit der Erhebung betraut, so beträgt der Anteil des Landes an dem auf diese Gemeinden entfallenden Steuersoll einundneunzig vom Hundert. Soweit Gemeinden im übrigen bei der Verwaltung der Einkommensteuer und der Körperschaftssteuer mitwirken, steht ihnen ein Anspruch auf Entschädigung gemäß § 22 Abs. 2 der Reichsabgabenordnung nicht zu.

(2) Das den Ländern zustehende Aufkommen (Abs. 1) wird jeweils nach dem Verhältnis verteilt, das nach den Vorschriften der §§ 21 bis 30 zuletzt festgestellt worden ist (Verteilungsschlüssel)."

4. Die §§ 32, 33 (Erbschaftssteuer) werden gestrichen.

5. Die Vorschriften der §§ 38 bis 44 werden durch folgende Vorschriften ersetzt:

„§ 38.

(1) Das Aufkommen aus der Erhöhung der allgemeinen Umsatzsteuer um ½ v. H., die im Artikel IV § 2 der Zweiten Steuernotverordnung vom 19. Dezember 1923 (Reichsgesetzbl. I S. 1205) vorgesehen ist, erhalten die Länder und Gemeinden.

(2) Von dem im Abs. 1 bezeichneten Aufkommen erhalten die Länder zwei Fünftel und die Gemeinden drei Fünftel. Der Gesamtbetrag des den Ländern zustehenden Anteils wird nach dem Verhältnis der Bevölkerungszahl verteilt. Das gleiche gilt für den Gesamtbetrag des den Gemeinden zustehenden Anteils. Für die Verteilung ist das Ergebnis der jeweils letzten Volkszählung maßgebend.

§ 39.

(1) Die Landesgesetzgebung kann bestimmen, daß die auf die Gemeinden des Landes entfallenden Anteile ganz oder teilweise nach einem anderen als dem im § 38 Abs. 2 bezeichneten Schlüssel verteilt werden.

(2) Die Landesgesetzgebung kann ferner bestimmen, daß die Anteile der Gemeinden ganz oder teilweise an die Gemeindeverbände abzuführen sind.

§ 40.

Den Gemeinden im Sinne der §§ 38, 39 stehen die selbständigen Gutsbezirke gleich. Die Landesgesetzgebung kann bestimmen, daß die auf selbständige Gutsbezirke entfallenden Anteile zugunsten der Gemeinden und Gemeindeverbände zu verteilen sind."

6. § 45 erhält folgende Fassung:

„§ 45.

(1) Das Aufkommen an Kraftfahrzeugsteuer auf Grund des Kraftfahrzeugsteuergesetzes vom 8. April 1922 (Reichsgesetzbl. S. 396) erhalten die Länder in voller Höhe abzüglich 4 v. H. für die Verwaltung der Steuer durch das Reich. Die eine Hälfte der Steuer ist nach der Bevölkerungszahl, die andere nach dem Gebietsumfang auf die einzelnen Länder zu verteilen.

(2) Die Länder haben die auf sie entfallende Steuer mindestens zur Hälfte zu Zwecken der öffentlichen Wegehaltung zu verwenden.

(3) Die Kraftfahrzeugsteuer gilt als Reichssteuer im Sinne des § 1 Abs. 2 der Reichsabgabenordnung."

7. § 54 erhält folgende Fassung:

„§ 54.

(1) Die Anteile der Länder an der Grunderwerbsteuer (§§ 34, 35) werden von den Finanzämtern festgestellt, die für die Veranlagung zuständig sind. Die Feststellung erfolgt, sobald und soweit die Steuer entrichtet ist. Die Landesregierung oder die von ihr beauftragte Behörde ist berechtigt, Auskünfte sowie Einsicht in die Nachweisungen und Akten des Finanzamts zu verlangen.

(2) Sind an einem Steuerbetrage mehrere Länder oder Gemeinden (Gemeindeverbände) beteiligt, so stellt das Finanzamt gleichzeitig mit der Veranlagung das Beteiligungsverhältnis fest, nach dem das Aufkommen der Steuer auf die Länder oder Gemeinden (Gemeindeverbände) zu verteilen ist. Die Vorschriften der §§ 49 bis 52 finden entsprechende Anwendung. Auf Grund des Beteiligungsverhältnisses stellt das Finanzamt die Anteile fest, sobald und soweit die Steuer entrichtet ist. In den Fällen des § 37 tritt an die Stelle des Finanzamts die Behörde, der die Geschäfte des Finanzamts übertragen worden sind."

8. Im § 55 erhalt Satz 1 folgende Fassung:

„Die Anteile der Länder und Gemeinden an der Umsatzsteuer (§ 38) sowie die Anteile der Länder an der Kraftfahrzeugsteuer (§ 45) und an der Rennwettsteuer (§ 46) werden von dem Reichsminister der Finanzen festgestellt."

9. Der § 56 wird gestrichen.

10. Im § 57

a) werden im Abs. 1 die Worte „mit drei Vierteln des Aufkommens" ersetzt durch die Worte „mit dem im § 20 Abs. 1 Satz 1, 2 bezeichneten Teile des Aufkommens" und

b) im Abs. 2 die Worte „die Anteile der Länder an den Steuern auf Grund des Erbschaftssteuergesetzes (§§ 32, 33) und" gestrichen,

c) erhält Abs. 3 folgende Fassung:

„(3) Die Anteile der Länder und Gemeinden an der Umsatzsteuer (§ 38) sowie die Anteile der Länder an der Kraftfahrzeugsteuer (§ 45) und an der Rennwettsteuer (§ 46) werden zwei Wochen nach der Feststellung fällig."

d) wird Abs. 4 gestrichen.

11. Im § 60

a) erhält Abs. 1 Satz 3 folgende Fassung:

„Den werbenden Betrieben werden gleichgestellt Sparkassen und sonstige Kreditunternehmungen sowie Theater, Orchester und ähnliche Anstalten und Einrichtungen."

b) erhält Abs. 2 Satz 1 folgende Fassung:

„(2) Die Mehraufwendungen werden nach dem in Goldmark festgestellten Unterschiede zwischen den jeweiligen Ausgaben für Besoldungen, Bezüge und Vergütungen und den Beträgen berechnet, die von den Ländern und Gemeinden (Gemeindeverbänden) für Besoldungen, Bezüge und Vergütungen vor dem 1. Januar 1921 aus eigenen Mitteln zu tragen waren."

c) werden Abs. 2 Satz 4 und Abs. 3 gestrichen,

d) werden im Abs. 4 die Worte „Abs. 1 bis 3" beide Male ersetzt durch die Worte „Abs. 1, 2",

e) wird folgender Abs. 9 eingestellt:

„(9) Die Zuschüsse nach Abs. 1, 2 mindern sich für die Zeit vom 1. Februar 1924 ab auf 50 v. H. und für die Zeit vom 1. März 1924 ab auf 25 v. H. der im Abs. 1, 2 bezeichneten Mehraufwendungen; sie fallen mit dem 1. April 1924 weg. Entsprechendes gilt für die Zuschüsse nach Abs. 8."

12. Die §§ 65 bis 67 werden gestrichen.

§ 32.

Das Gesetz zur Änderung des Landessteuergesetzes vom 23. Juni 1923 (Reichsgesetzbl. I S. 483) wird wie folgt geändert:

1. Artikel IV erhält folgende Fassung:

„Artikel IV.

(1) Die Verteilungsschlüssel für die Einkommensteuer und die Körperschaftssteuer werden im Kalenderjahre 1924 auf der Grundlage des Steuersolls festgestellt, das sich ergibt

1. aus den Steuerbeträgen, die bis zum 31. Januar 1924 veranlagt sind,
2. aus Veränderungen, die an veranlagten Steuerbeträgen bis zum 31. Januar 1924 eingetreten sind.

(2) Außer Betracht bleiben

1. das im Artikel II Abs. 2 und im Artikel III Abs. 2 bezeichnete Steuersoll,
2. Einkommensteuerbeträge, die für die Kalenderjahre 1923 und 1924 veranlagt sind,
3. Körperschaftssteuerbeträge, die für Wirtschafts- (Geschäfts-) Jahre veranlagt sind, die nach dem 30. Juni 1923 abliefen,
4. Veränderungen, die an den in Nr. 2 und 3 bezeichneten Steuerbeträgen bis zum 31. Januar 1924 eingetreten sind."

2. Hinter Artikel IV treten als Artikel IVa folgende Vorschriften:

„Artikel IVa.

(1) Die Verteilungsschlüssel für die Einkommensteuer und die Körperschaftssteuer werden im Kalenderjahre 1925 auf der Grundlage des Steuersolls festgestellt, das sich ergibt

1. aus den Steuerbeträgen, die bis zum 31. Dezember 1924 veranlagt sind,
2. aus den Veränderungen, die bis zum 31. Dezember 1924 an veranlagten Steuerbeträgen eingetreten sind.

(2) Außer Betracht bleiben

1. das im Artikel IV Abs. 2 Nr. 1 bezeichnete Steuersoll,
2. die im Artikel IV Abs. 2 Nr. 2, 3 bezeichneten Steuerbeträge,
3. Veränderungen, die in den in Nr. 2 bezeichneten Steuerbeträgen bis zum 31. Dezember 1924 eingetreten sind."

4. Im Artikel V werden
   a) im Satz 1 die Worte „1923 und 1924" ersetzt durch die Worte „1923, 1924 und 1925";
   b) im Satz 3 hinter den Worten „drei Viertel" die Worte eingefügt „und vom 1. Februar 1924 ab neunzig vom Hundert".

§ 33.

(1) Der § 2 der Verordnung über die Kohlenwirtschaft vom 13. Oktober 1923 (Reichsgesetzbl. I S. 945)/18. Oktober 1923 (Reichsgesetzbl. I S. 979) erhält folgende Fassung:

„Das Kohlensteuergesetz vom 20. März 1923 (Reichsgesetzbl. I S. 193) wird mit Ausnahme der Vorschriften im § 25 des Gesetzes aufgehoben."

(2) Die Bestimmung des Abs. 1 tritt mit Wirkung vom 15. Oktober 1923 ab in Kraft.

§ 34.

(1) Die Aufgaben der Wohlfahrtspflege, des Schul- und Bildungswesens und der Polizei werden den Ländern nach Maßgabe näherer reichsrechtlicher Vorschriften zu selbständiger Regelung und Erfüllung überlassen. Die Länder bestimmen, inwieweit die Gemeinden (Gemeindeverbände) an der Erfüllung der einzelnen Aufgaben zu beteiligen sind. Vor der Überlassung an die Länder werden die reichsrechtlichen Vorschriften, die dem Grundsatz des Satz 1 entgegenstehen, aufgehoben werden.

(2) Zu den Aufgaben der Wohlfahrtspflege im Sinne des Abs. 1 gehören insbesondere

1. die Fürsorge für die Rentenempfänger der Invaliden- und Angestelltenversicherung, soweit sie nicht den Versicherungsträgern obliegt,
2. die Fürsorge für die Kleinrentner und die ihnen gleichgestellten Personen,
3. die soziale Fürsorge für Kriegsbeschädigte und Kriegshinterbliebene und die ihnen auf Grund der Versorgungsgesetze gleichgestellten Personen,
4. die Fürsorge für hilfsbedürftige Minderjährige,
5. die Wochenfürsorge,
6. die Flüchtlingsfürsorge,
7. die Leistungen nach dem Gesetz über die durch innere Unruhen verursachten Schäden vom 12. Mai 1920 (Reichsgesetzbl. S. 941) in der Fassung der Verordnung vom 8. Januar 1924 (Reichsgesetzbl. I S. 23).

(3) Mit der Übernahme der Aufgaben der Wohlfahrtspflege gehen ihre Lasten auf die nach Maßgabe einer besonderen Verordnung zu bildenden Fürsorgeverbände über. Die Kosten der Erfüllung der sonstigen im Abs. 1 bezeichneten Aufgaben fallen mit ihrer Übernahme den Ländern und nach näherer Bestimmung des Landesrechts den Gemeinden (Gemeindeverbänden) zur Last. Die Vorschriften des § 59 des Finanzausgleichsgesetzes bleiben unberührt.

Artikel VI.

Mitwirkung der Gemeindebehörden im Besteuerungsverfahren.

§ 35.

Die Reichsabgabenordnung wird wie folgt geändert:

1. Hinter dem § 23 wird folgender § 23a eingefügt:

„§ 23a.

(1) Bei den Steuern vom Einkommen und vom Vermögen (ausschließlich der Erbschaftssteuer) und bei der Umsatzsteuer soll das Finanzamt vor der Veranlagung die für den Steuerpflichtigen zuständige Gemeindebehörde hören. Der Vorsteher der Gemeindebehörde, sein Vertreter oder ein durch schriftlichen Auftrag der Gemeindebehörde ausgewiesener Beauftragter ist berechtigt, mit beratender Stimme an den Sitzungen des Steuerausschusses (§ 25 der Reichsabgabenordnung) teilzunehmen, solange in den Sitzungen über die Veranlagung von Steuerpflichtigen, die in der Gemeinde ihren Wohnsitz, ihren ständigen Aufenthalt, ihren Sitz oder eine Niederlassung haben, beraten oder beschlossen wird.

(2) Die Vorschriften des § 10 Abs. 1, 3, 4 und des § 376 der Reichsabgabenordnung gelten auch für die Personen, die namens der Gemeinden im Besteuerungsverfahren mitwirken oder als Beamte, Angestellte oder Beauftragte von Gemeinden oder als Inhaber von Ehrenämtern Kenntnis über Verhältnisse, Geschäfts- oder Betriebsgeheimnisse eines Steuerpflichtigen erhalten."

2. Dem § 245 wird folgender Abs. 2 hinzugefügt:

„(2) Die Gemeindebehörde des Ortes, an dem der Steuerpflichtige seinen Wohnsitz, seinen ständigen Aufenthalt, seinen Sitz oder eine Niederlassung hat, kann beantragen, daß der Vorsteher des Finanzamts zur Herbeiführung einer höheren Veranlagung Berufung einlegt; dabei sind die Gründe anzugeben, aus denen die Gemeindebehörde die Veranlagung für zu niedrig hält. Lehnt der Vorsteher des Finanzamts den Antrag ab, so hat er seine Gründe der Gemeindebehörde mitzuteilen."

§ 36.

Die Bestimmungen des § 35 treten eine Woche nach ihrer Verkündung in Kraft.

Artikel VII.

Vereinfachung der Steuerrechtspflege.

§ 37.

Für die Steuern vom Einkommen und vom Vermögen bedarf es der Mitwirkung der im § 25 der Reichsabgabenordnung vorgesehenen Ausschüsse nicht:

1. wenn ein vorläufiger Steuerbescheid erlassen wird;
2. wenn ein Steuerbescheid erlassen wird, der sich auf die Anforderung von Steuervorauszahlungen beschränkt;
3. wenn auf Grund des § 76 Abs. 1 Nr. 2 der Reichsabgabenordnung ein Steuerbescheid zurückgenommen oder geändert wird;
4. wenn im Falle des § 97 der Reichsabgabenordnung eine Nachveranlagung oder eine Neuveranlagung vorgenommen wird;
5. wenn über Erstattungsansprüche, die auf Rechtsgründe gestützt werden, entschieden wird;
6. wenn über Erinnerungen der im § 288 Abs. 3 Satz 3 und im § 293 Abs. 1 Satz 2 der Reichsabgabenordnung bezeichneten Art entschieden wird.

§ 38.

(1) Zu den Sitzungen der bei den Finanzämtern gebildeten Ausschüsse (§ 25 der Reichsabgabenordnung) werden jeweils zwei gewählte Mitglieder und ein ernanntes Mitglied geladen.

(2) Das Finanzamt bestimmt für das ganze Jahr im voraus, in welcher Reihenfolge die gewählten Ausschußmitglieder zu den Sitzungen herangezogen werden. Ist ein gewähltes Ausschußmitglied verhindert, an einer Sitzung teilzunehmen, so ist sein Vertreter (§ 9 der Verordnung vom 25. Mai 1920 — Reichsgesetzbl. S. 1118 —) heranzuziehen; ist auch der Vertreter verhindert, so wird das nächstfolgende Ausschußmitglied (Satz 1) herangezogen. Geht die Anzeige von der Verhinderung so spät ein, daß eine Einberufung nach den vorstehenden Grundsätzen nicht mehr möglich ist, oder bleibt ein Mitglied ohne Anzeige aus, so ist ein leicht erreichbares Mitglied heranzuziehen.

(3) Der Ausschuß ist beschlußfähig, wenn außer dem Vorsitzenden mindestens zwei Mitglieder anwesend sind (§ 30 Abs. 1 Satz 1 der Reichsabgabenordnung).

§ 39.

Über die Berufung entscheidet:

1. wenn es sich um Steuern vom Einkommen oder vom Vermögen (ausschließlich der Erbschaftssteuer) oder um Umsatzsteuer handelt: das Finanzgericht; die Befugnis des Vorsitzenden des Finanzgerichts, nach näherer Bestimmung des § 251 der Reichsabgabenordnung über die Berufung vorläufig zu entscheiden, bleibt unberührt;
2. wenn es sich nicht um die in Nr. 1 bezeichneten Steuern handelt: der Vorsitzende des Finanzgerichts.

§ 40.

(1) Bei Berufungen, deren Beschwerdegegenstand keinen höheren Wert hat als fünfzig Goldmark, kann die Rechtsmittelbehörde (§ 39), ohne daß es einer weiteren Aufklärung des Sachverhalts oder einer Stellungnahme zu Rechtsfragen bedarf, nach freiem Ermessen entscheiden. Zur Begründung einer solchen Entscheidung genügt der Hinweis, daß auf Grund dieser Verordnung nach freiem Ermessen entschieden worden ist.

(2) Der Reichsminister der Finanzen kann die im Abs. 1 Satz 1 bestimmte Wertgrenze ändern.

§ 41.

Über Beschwerden, die sich gegen die Anordnung von Arresten richten (§ 351 Abs. 1 Satz 4, § 352 Satz 4 der Reichsabgabenordnung), kann der Vorsitzende des Finanzgerichts vorläufig entscheiden. Für das Verfahren, das im Falle der vorläufigen Entscheidung anzuwenden ist, gelten die Vorschriften des § 251 der Reichsabgabenordnung entsprechend.

§ 42.

Hat im Besteuerungsverfahren ein Beteiligter aus Mutwillen oder in der Absicht, die Finanzbehörden irrezuführen, ein Rechtsmittel eingelegt, so kann die Rechtsmittelbehörde die im § 289 Abs. 2 der Reichsabgabenordnung vorgesehenen Gebühren bis auf das Doppelte erhöhen.

§ 43.

(1) Ist Einspruch, Berufung, Anfechtung oder Rechtsbeschwerde eingelegt worden, so kann der Vorsitzende der Rechtsmittelbehörde

verfügen, daß der Beschwerdeführer an die Kasse der Finanzbehörde, die für die Erhebung der Rechtsmittelkosten zuständig ist, einen Kostenvorschuß zu zahlen hat. In der Verfügung ist der zu zahlende Kostenvorschuß in Goldmark so hoch festzusetzen, daß die Kosten, die im Falle der Zurückweisung des Rechtsmittels dem Beschwerdeführer zur Last fallen, voraussichtlich aus dem Kostenvorschuß gedeckt werden können. In der Verfügung ist ferner eine Frist zu bestimmen, innerhalb deren der Nachweis, daß der Vorschuß gezahlt worden ist, dem Vorsitzenden der Rechtsmittelbehörde zu erbringen ist. Gegen die Verfügung ist ein Rechtsmittel oder ein sonstiger Rechtsbehelf nicht gegeben.

(2) Wird der Nachweis, daß der Kostenvorschuß gezahlt worden ist, nicht rechtzeitig erbracht, so ist das Rechtsmittel als unzulässig zu verwerfen. Die Vorschriften der §§ 68, 69, 236 Abs. 2 der Reichsabgabenordnung finden entsprechende Anwendung.

(3) Werden die Kosten des Rechtsmittelverfahrens nicht dem Beschwerdeführer auferlegt, oder geht der Kostenvorschuß über den Betrag hinaus, den der Beschwerdeführer als Kosten des Rechtsmittelverfahrens zu zahlen hat, so ist ihm der zuviel gezahlte Goldmarkbetrag, ohne daß es eines Antrages bedarf, zu erstatten. Eine Verzinsung findet nicht statt.

§ 44.

(1) Wird ein Rechtsmittel zurückgenommen, so wird über die Kosten des Rechtsmittelverfahrens nicht besonders entschieden. Die Kosten sind, wenn der Vorsteher des Finanzamts das Rechtsmittel eingelegt hatte, vom Reiche, in allen anderen Fällen von der Person zu tragen, in deren Namen das Rechtsmittel eingelegt worden war.

(2) Für das zurückgenommene Rechtsmittel wird der Wert des Streitgegenstandes, soweit erforderlich, von dem Vorsitzenden der Behörde festgestellt, gegen deren Entscheidung das Rechtsmittel gerichtet war.

(3) In geeigneten Fällen kann der Vorsitzende der Behörde, gegen deren Entscheidung das Rechtsmittel gerichtet war, die Gebühren für das Verfahren über das zurückgenommene Rechtsmittel bis auf die Hälfte ermäßigen; er kann auch Kostenfreiheit gewähren, wenn die Einlegung des Rechtsmittels auf entschuldbarer Unkenntnis der Verhältnisse oder auf Unwissenheit beruht. Der Behörde, die zur Entscheidung über das zurückgenommene Rechtsmittel berufen war, stehen die im Satz 1 bezeichneten Befugnisse nicht zu.

(4) Gegen Verfügungen, durch die der Wert des Streitgegenstandes festgestellt wird (Abs. 2) oder eine Vergünstigung der im Abs. 3 Satz 1 bezeichneten Art versagt wird, ist ein Rechtsmittel oder ein sonstiger Rechtsbehelf nicht gegeben.

(5) Verfügungen, durch die der Wert des Streitgegenstandes festgestellt wird (Abs. 2), brauchen dem Schuldner nicht besonders bekanntgegeben zu werden; jedoch ist in dem Kostenfestsetzungsbescheide die Wertfestsetzung hervorzuheben. Entsprechendes gilt, wenn Vergünstigungen der im Abs. 3 Satz 1 bezeichneten Arten gewährt werden, oder wenn ein Antrag, mit dem der Kostenschuldner derartige Vergünstigungen nachsucht, abgelehnt wird.

§ 45.

(1) Die Kosten des Rechtsmittelverfahrens und die einem Beteiligten zu erstattenden Auslagen werden festgesetzt:

1. in den Fällen des § 44 Abs. 1 Satz 1: von der Geschäftsstelle der Behörde, gegen deren Entscheidung das Rechtsmittel gerichtet war;
2. im übrigen: von der Geschäftsstelle der Behörde, die über die Kostenpflicht entschieden hat.

Zur Entscheidung über Erinnerungen (§ 288 Abs. 3 Satz 3, § 293 Abs. 1 Satz 2 der Reichsabgabenordnung) ist die im Satz 1 bezeichnete Behörde zuständig. Über Erinnerungen gegen Entscheidungen, die die Geschäftsstellen der Finanzgerichte über die Höhe der Kosten des Rechtsmittelverfahrens oder über die Erstattung der einem Beteiligten erwachsenen Auslagen getroffen haben, entscheidet der Vorsitzende des Finanzgerichts endgültig.

(2) Der Reichsminister der Finanzen kann anordnen, daß die Kosten des Rechtsmittelverfahrens und die den Beteiligten zu erstattenden Auslagen von der Geschäftsstelle der Behörde, die in erster Instanz entschieden hat, festgesetzt werden. Er kann die zur Durchführung einer solchen Anordnung erforderlichen Bestimmungen treffen.

(3) Die Kosten des Rechtsmittelverfahrens werden grundsätzlich von der Behörde, die in erster Instanz entschieden hat, erhoben. Hat jedoch in erster Instanz ein Landesfinanzamt oder ein Finanzgericht entschieden, so werden die Kosten von der Kasse des Finanzamts erhoben, von dem der Kostenschuldner zu besteuern ist.

(4) Wird die Entscheidung über die Kosten des Rechtsmittelverfahrens oder über den Wert des Streitgegenstandes von einer

Behörde getroffen, die nicht über das Rechtsmittel entschieden hat (Beispiel: § 243 Abs. 2 Satz 1 der Reichsabgabenordnung), so ist eine Mitteilung der Entscheidung an die Rechtsmittelbehörde nicht erforderlich.

§ 46.

Die Reichsabgabenordnung wird wie folgt geändert:

1. Im § 251 Abs. 2 erhält der Satz 1 folgende Fassung:
„Ein ehrenamtliches Mitglied des Gerichts kann mit der schriftlichen Begutachtung befaßt werden."

2. Im § 289 erhält der Abs. 2 folgende Fassung:
„Die Gebühr wird nach dem Werte des Streitgegenstandes nach § 8 des Gerichtskostengesetzes berechnet und beträgt:
im Einspruchsverfahren, im Beschwerdeverfahren und im Anfechtungsverfahren das Doppelte der dort vorgeschriebenen Gebühr,
im Berufungsverfahren das Dreifache,
im Rechtsbeschwerdeverfahren das Vierfache."

3. Im § 295 Halbsatz 2 wird das Wort „Gebührenfreiheit" ersetzt durch das Wort „Kostenfreiheit".

4. Im § 462 wird das Wort „Verwaltungsstrafverfahren" ersetzt durch das Wort „Strafverfahren".

§ 47.

(1) Die Bestimmungen dieses Artikels treten eine Woche nach ihrer Verkündung in Kraft.

(2) Die Bestimmungen der §§ 37 bis 45 treten für die Zeit ihrer Geltung an die Stelle der entsprechenden Vorschriften der Reichsabgabenordnung.

(3) Der Reichsminister der Finanzen bestimmt, wann die Bestimmungen der §§ 37 bis 45 außer Kraft treten.

Artikel VIII.

Vereinfachung des Steuerstrafrechts.

§ 48.

Die Reichsabgabenordnung wird wie folgt geändert:

1. Im § 359
a) erhält der Abs. 1 folgende Fassung:
„Wer zum eigenen Vorteil oder zum Vorteil eines anderen nicht gerechtfertigte Steuervorteile erschleicht oder vorsätzlich bewirkt, daß Steuereinnahmen verkürzt werden,

wird wegen Steuerhinterziehung mit Geldstrafe bestraft. Der Höchstbetrag der Geldstrafe ist unbeschränkt. Bei Zöllen und Verbrauchsabgaben ist die Geldstrafe mindestens auf das Vierfache des hinterzogenen Betrags zu bemessen, falls der Betrag der Steuerverkürzung oder des Steuervorteils festgestellt werden kann. Neben der Geldstrafe kann auf Gefängnis bis zu zwei Jahren erkannt werden."

b) wird dem Abs. 5 folgender Satz 2 hinzugefügt:

„Auf Gefängnis darf jedoch nur erkannt werden, wenn der Vorsatz der Hinterziehung festgestellt wird."

2. Im § 360 wird

a) im Abs. 1 der Satz 2 gestrichen;

b) im Abs. 2 der Halbsatz 2 gestrichen und hinter dem Worte „Versuch" der Strichpunkt ersetzt durch einen Punkt.

3. Im § 361 wird der Abs. 2 gestrichen.

4. Der § 362 wird gestrichen.

5. Der § 363 erhält folgende Fassung:

„Wenn wegen Steuerhinterziehung auf eine Geldstrafe von mehr als fünfhundert Goldmark erkannt wird, kann im Straferkenntnis (Urteil, Strafbescheid, Niederschrift über eine Unterwerfungsverhandlung) angeordnet werden, daß die Bestrafung auf Kosten des Verurteilten bekanntzumachen ist."

6. Im § 367 Abs. 1 werden die Worte:

„wird, soweit in den einzelnen Gesetzen nichts Abweichendes vorgeschrieben ist, wegen Steuergefährdung mit einer Geldstrafe bestraft, die im Höchstbetrage halb so hoch ist wie die für die Steuerhinterziehung angedrohte Geldstrafe"

ersetzt durch die Worte:

„wird wegen Steuergefährdung mit Geldstrafe bis zu einhunderttausend Goldmark bestraft".

7. Der § 389 erhält folgende Fassung:

„(1) Wer im Inland wegen Steuerhinterziehung oder Steuerhehlerei bestraft worden ist, darauf abermals eine dieser Handlungen begangen hat und wegen derselben bestraft worden ist, wird, wenn er eine Steuerhinterziehung oder eine Steuerhehlerei begeht, mit Gefängnis bis zu fünf Jahren bestraft. Neben der Gefängnisstrafe ist auf Geldstrafe (§ 359 Abs. 1, Sätze 2, 3) zu erkennen. Sind mildernde für Formen, Gerätschaften, Abdrucke und Papier der im Abs. 3 bezeichneten Art.

(5) Sind wegen Steuerhinterziehung Strafen verwirkt, so werden sie neben den in den Abs. 1 bis 4 vorgesehenen Strafen verhängt."

9. Im § 377 Abs. 1 Satz 1 werden die Worte „Steuerermittlung oder Steueraufsicht" ersetzt durch die Worte „Besteuerung (einschließlich der Vorbereitung, Sicherung und Nachprüfung der Besteuerung)".

10. Im § 202 Abs. 1 werden die Worte „bei Ermittlung von Steueransprüchen oder Durchführung der Steueraufsicht" ersetzt durch die Worte „im Besteuerungsverfahren (einschließlich der Vorbereitung, Sicherung und Nachprüfung der Besteuerung)".

§ 49.

(1) Die Bestimmungen des § 48 treten eine Woche nach ihrer Verkündung in Kraft.

(2) Gleichzeitig treten außer Kraft:

1. die Vorschriften der Steuergesetze (§§ 2, 3 der Reichsabgabenordnung) insoweit, als sie den Vorschriften der §§ 359 bis 361, §§ 363, 367, 369, 369 a der Reichsabgabenordnung in der Fassung des § 48 zuwiderlaufen;
2. die Vorschriften der Steuergesetze (§§ 2, 3 der Reichsabgabenordnung) insoweit, als sie (außer dem § 359 Abs. 1 Satz 3 der Reichsabgabenordnung in der Fassung des § 48) Mindestgrenzen für die Geldstrafen setzen, die bei Steuerhinterziehung zu verhängen sind;
3. die §§ 53 a bis 53 f des Einkommensteuergesetzes, §§ 79 bis 82 des Kapitalverkehrsteuergesetzes, § 22 des Wechselsteuergesetzes.

(3) Unberührt bleiben jedoch die Strafvorschriften des Vereinszollgesetzes, des Tabaksteuergesetzes, des Weinsteuergesetzes und des Beförderungssteuergesetzes (Gesetz vom 8. April 1907 — Reichsgesetzbl. S. 329 —).

Artikel IX.

Schlußbestimmungen.

§ 50.

Soweit das Reich dingliche Belastungen zur Erfüllung allgemeiner bringlicher Aufgaben des Reichs durch Gesetz anordnet, gehen diese Lasten der Besteuerung nach Artikel III §§ 21 bis 27 vor.

§ 51.

Der Reichsminister der Finanzen wird ermächtigt, zu bestimmen, daß für steuerliche Zwecke Erklärungen über Beteiligungen an ausländischen Unternehmungen jeglicher Art und die darüber bestehenden Vereinbarungen abzugeben sind. Er kann die Erklärungen auch weiter als auf die nach Satz 1 zu machenden Angaben ausdehnen. Die Richtigkeit und Vollständigkeit der Erklärungen ist an Eides Statt zu versichern.

§ 52.

(1) Die Steuerpflichtigen sind nicht berechtigt, mit Ansprüchen, die sich gegen eine Betriebsverwaltung (Eisenbahnverwaltung oder Postverwaltung) des Reichs richten, gegen Steueransprüche des Reichs aufzurechnen.

(2) Die Bestimmung des Abs. 1 tritt mit Wirkung vom 20. November 1923 ab in Kraft. Der Reichsminister der Finanzen bestimmt, wann die Bestimmung des Abs. 1 außer Kraft tritt.

§ 53.

Das Reichsgesetz über die Erhebung einer Abgabe zur Förderung des Wohnungsbaues in der Fassung der Bekanntmachung vom 28. März 1923 (Reichsgesetzbl. I S. 238) tritt mit Wirkung vom 1. Januar 1924 ab außer Kraft. Den Ländern bleibt es überlassen, die Veranlagung und Erhebung der Wohnungsbauabgabe schon für eine frühere Zeit einzustellen.

§ 54.

§ 2 des Gesetzes über Maßnahmen gegen die wirtschaftliche Notlage der Presse vom 21. Juli 1922 (Reichsgesetzbl. I S. 629) / 3. März 1923 (Reichsgesetzbl. I S. 159) wird mit Wirkung vom 1. Januar 1924 ab aufgehoben.

§ 55.

(1) Die Zweite Steuernotverordnung vom 19. Dezember 1923 (Reichsgesetzbl. I S. 1205) wird wie folgt geändert:

1. Im Artikel I § 1 Abs. 2 Satz 1 treten an Stelle der Worte „anderweit festsetzen" folgende Worte: „besonders festsetzen; dies gilt auch für Einkommensteuerpflichtige, die erhöhte Vorauszahlungen nach dem Gesetze vom 9. Juli 1923 (Reichsgesetzbl. I S. 556) / 11. August 1923 (Reichsgesetzbl. I S. 773) nicht zu entrichten hatten."

Umstände vorhanden, so kann ausschließlich auf Geldstrafe (§ 359 Abs. 1, Sätze 2, 3) erkannt werden.

(2) Die Vorschriften des Abs. 1 finden Anwendung, auch wenn die früheren Strafen nur teilweise verbüßt oder ganz oder teilweise erlassen worden sind, bleiben jedoch ausgeschlossen, wenn seit der Verbüßung oder dem Erlasse der letzten Strafe bis zur Begehung der neuen Steuerhinterziehung oder Steuerhehlerei drei Jahre verflossen sind.

(3) Im Falle des § 359 Abs. 5 Satz 1 darf auf Gefängnis nur erkannt werden, wenn der Vorsatz der Hinterziehung festgestellt wird."

8. Hinter dem § 369 wird folgender § 369 a eingefügt:

„§ 369 a.

(1) Wer Steuerzeichen in der Absicht, daß sie als echt verwendet werden, fälschlich anfertigt oder verfälscht oder wer sich in dieser Absicht falsche Steuerzeichen dieser Art verschafft, wird mit Gefängnis nicht unter drei Monaten bestraft. Ebenso wird bestraft, wer vorsätzlich falsche Steuerzeichen als echt verwendet, feilhält oder in Verkehr bringt.

(2) Wer vorsätzlich bereits verwendete Steuerzeichen als gültig wiederverwendet oder in der Absicht, daß sie als gültig wiederverwendet werden, sich verschafft, feilhält oder in Verkehr bringt, wird mit Gefängnis bis zu sechs Monaten oder mit Geldstrafe bis zu einhunderttausend Goldmark bestraft.

(3) Wer zum Zwecke der Fälschung von Steuerzeichen

1. Formen oder andere Gerätschaften, die zur Ausführung einer Steuerzeichenfälschung dienen können,
2. Papier, das einer zur Herstellung der Steuerzeichen bestimmten Papierart gleich oder zum Verwechseln ähnlich ist,

anfertigt, sich verschafft, feilhält oder einem anderen überläßt, wird mit Gefängnis bis zu zwei Jahren oder mit Geldstrafe bis zu einhunderttausend Goldmark bestraft. Den Formen oder Gerätschaften stehen die mit solchen Formen oder Gerätschaften hergestellten Abdrucke gleich.

(4) Die falschen, wiederverwendeten oder zur Wiederverwendung bestimmten Steuerzeichen sind einzuziehen, auch wenn sie dem Täter nicht gehören. Das gleiche gilt

2. Im Artikel II

a) erhält § 14 folgende Fassung:

„Neuveranlagungen gemäß §§ 25, 26 des Vermögensteuergesetzes finden nicht statt."

b) wird im § 15 folgender Abs. 3 angefügt:

„(3) In den Fällen des Abs. 2 ist mit der Abgabe der Steuererklärung der Betrag nachzuzahlen, um den der nach Abs. 1 zu entrichtende Betrag den nach Abs. 2 zu entrichtenden Betrag übersteigt."

(2) Die Bestimmungen des Abs. 1 treten mit Wirkung vom 22. Dezember 1923 ab in Kraft.

§ 56.

(1) Der Reichsminister der Finanzen wird ermächtigt, die zur Durchführung und Ergänzung dieser Verordnung erforderlichen Verwaltungs- und Rechtsvorschriften zu erlassen. Er kann ferner bestimmen, daß Zuwiderhandlungen gegen die Durchführungsbestimmungen mit Geldstrafe oder Gefängnis oder mit einer dieser Strafen bestraft werden.

(2) Der Reichsminister der Finanzen wird ermächtigt, mit Zustimmung des Reichsrats und eines Ausschusses des Reichstages die im Artikel III § 18 vorgesehenen Fristen mit Rücksicht auf die Gestaltung der allgemeinen Wirtschaftslage abzuändern.

§ 57.

Diese Verordnung tritt, soweit nicht ein anderer Zeitpunkt bestimmt ist, mit Wirkung vom 1. Januar 1924 ab in Kraft.

VII. Durchführungsbestimmungen zum Geldentwertungsausgleich bei Schuldverschreibungen (Obligationensteuer).

Vom 29. Februar 1924. (Deutscher Reichs- und Preußischer Staatsanzeiger 1924 Nr. 51.)

Auf Grund des Artikels III § 22 Abs. 2 bis 4 und des Artikels IX § 64 Abs. 1 der Dritten Steuernotverordnung vom 14. Februar 1924 (RGBl. I S. 74) sowie des Artikels XVIII § 1 Abs. 5 der Zweiten Steuernotverordnung vom 19. Dezember 1923 (RGBl. I S. 1205) wird folgendes bestimmt:

A. Zuständigkeit.

§ 1.

Sachliche Zuständigkeit.

Die Obligationensteuer auf Grund der Dritten Steuernotverordnung (VO.) wird von den Finanzämtern, denen die Verwaltung der Gesellschaftssteuer des Kapitalverkehrsteuergesetzes übertragen ist, verwaltet.

§ 2.

Örtliche Zuständigkeit.

(1) Örtlich zuständig ist das Finanzamt, in dessen Bezirk der Steuerpflichtige seinen Wohnsitz hat. Bei Personenvereinigungen und juristischen Personen ist das Finanzamt örtlich zuständig, in dessen Bezirk sich der Ort der Leitung befindet. Liegt der Ort der Leitung im Ausland, der Sitz aber im Inland, so ist der Sitz maßgebend.

(2) Die §§ 57 bis 61 der Reichsabgabenordnung finden Anwendung.

B. Gegenstand der Besteuerung. Steuerpflichtige Personen. Befreiungen.

§ 3.

Schuldverschreibungen. (§ 18 VO.)

(1) Schuldverschreibungen im Sinne der Obligationensteuer sind:

a) verzinsliche Schuldverschreibungen und Rentenverschreibungen inländischer Schuldner, falls sie
   1. auf den Inhaber lauten oder
   2. durch Indossament übertragbar sind oder
   3. in Teilabschnitten ausgefertigt sind, und zwar auch dann, wenn sie nicht ausdrücklich als Teilschuldverschreibungen oder Teilrentenverschreibungen bezeichnet sind, oder
   4. mit Zins- oder Rentenscheinen versehen sind (§ 25 Abs. 1 zu a KVStG.);

b) schuldverschreibungsähnliche Aktien inländischer Aktiengesellschaften und Kommanditgesellschaften auf Aktien, soweit sie bis zum 14. Februar 1924 getilgt sind. Als schuldverschreibungsähnliche Aktien gelten Aktien, bei denen der Gewinnanteil und der Anteil am Liquidationserlös sowie im Falle der Einziehung nach § 227 des Handelsgesetzbuchs der Rückzahlungsbetrag auf einen Hundertsatz des Nennbetrags beschränkt ist, es sei denn, daß es sich um Aktien handelt, die ein über die Vorschriften des § 252 Abs. 1 Satz 2

§ 320 Abs. 3 des Handelsgesetzbuchs hinausgehendes Stimmrecht gewähren;

c) Zwischenscheine über Einzahlungen auf die Verschreibungen zu a und b.

§ 4.

Steuerschuldner.

(1) Steuerschuldner ist, wer zur Tilgung der Schuldverschreibungen nach den für sie gegebenen Bestimmungen verpflichtet oder berechtigt gewesen ist, oder wem die Verpflichtung oder Berechtigung zur Tilgung obliegt (§ 20 VO.).

(2) Im Falle der Rechtsnachfolge sind neben den Personen, die die Schuldverschreibungen begeben haben, auch die Rechtsnachfolger Steuerschuldner. Dies gilt insbesondere für

a) den Erwerber eines Handelsgeschäfts,

b) den Erben,

c) die aufnehmende Gesellschaft im Falle der Verschmelzung von Aktiengesellschaften oder Kommanditgesellschaften auf Aktien wegen der von dem früheren Inhaber, von dem Erblasser oder von der aufgenommenen Gesellschaft begebenen Schuldverschreibungen.

§ 5.

Befreiungen.

(1) Von der Steuer sind Grundkreditanstalten und Schiffsbeleihungsbanken befreit (§ 19 Abs. 1 VO.).

(2) Als Grundkreditanstalten gelten insbesondere

a) Aktiengesellschaften und Kommanditgesellschaften auf Aktien, bei denen der Gegenstand des Unternehm ns in der hypothekarischen Beleihung von Grundstücken und der Ausgabe von Schuldverschreibungen auf Grund der erworbenen Hypotheken besteht, sofern dem Unternehmen die nach § 1 des Hypothekenbankgesetzes erforderliche Genehmigung erteilt ist,

b) die nach § 45 des Hypothekenbankgesetzes zugelassenen Hypothekenbanken und eingetragenen Genossenschaften (z. B. Bayerische Landwirtschaftsbank e. G. m. b. H.),

c) die Stadtschaften und Landschaften.

§ 6.

(1) Der Steuer unterliegen nicht Schuldverschreibungen, soweit sie vor dem 1. Januar 1918 getilgt worden sind (§ 19 Abs. 2 zu a VO.).

(2) Die Befreiung kann nur insoweit in Anspruch genommen werden, als die Tilgung bis zum 31. Dezember 1917 erfolgt ist.

Sind vor dem 1. Januar 1918 ausgegebene Schuldverschreibungen zum Teil bis zum 31. Dezember 1917 getilgt, so fällt der vor dem 1. Januar 1918 noch nicht getilgte Betrag unter die Steuer.

§ 7.

(1) Der Steuer unterliegen wertbeständige oder auf ausländische Währung lautende Schuldverschreibungen nicht (§ 19 Abs. 2 zu b VO.).

(2) Als wertbeständig gelten Schuldverschreibungen, wenn in ihnen die Zahlung einer Geldsumme versprochen wird, deren Höhe nicht durch Angabe eines festen Betrags in Reichsmark, sondern durch Bezeichnung des Maßstabs bestimmt ist, nach dem der geschuldete Geldbetrag zu errechnen ist (z. B. Goldmarkobligationen sowie Obligationen, bei denen die ausländische Währung den Maßstab für eine geschuldete Reichsmarksumme bildet). Das gleiche gilt, wenn in der Schuldverschreibung eine andere Leistung versprochen wird, der Schuldner sich aber durch Zahlung eines Geldbetrages befreien kann, dessen Höhe durch Bezeichnung des Berechnungsmaßstabs bestimmt ist (Kohle-, Kali-, Roggen- usw. Anleihen).

§ 8.

(1) Der Steuer unterliegen nicht Schuldverschreibungen, soweit für sie bebaute Grundstücke haften, die durch eine auf Grund der §§ 26 bis 32 VO. erlassene besondere Steuer erfaßt werden (§ 19 Abs. 2 zu c VO.).

(2) Diese Befreiung gilt nur insoweit, als die bebauten Grundstücke ausschließlich für Wohnzwecke genutzt sind und nicht einem Gewerbebetrieb dienen.

C. Berechnung der Steuer. Fälligkeit.

§ 9.

Einfache Steuer.

Die einfache Steuer beträgt 2 v. H. des um den Aufwertungsbetrag — 15 v. H. — (§ 2 Abs. 1 Satz 1 VO.) verminderten Goldmarkbetrags der Schuldverschreibungen, d. i. 1,7 v. H. ihres vollen Goldmarkbetrags (§ 21 Abs. 1 VO.).

§ 10.

Goldmarkbetrag.

(1) Der Goldmarkbetrag von Schuldverschreibungen, die vor dem 1. Januar 1918 begeben sind, ist gleich dem Nennbetrag (§ 22 Abs. 1 VO.).

(2) Der Goldmarkbetrag der seit dem 1. Januar 1918 begebenen Schuldverschreibungen wird durch Umrechnung des Nennbetrags über den Dollarmittelkurs (§ 1) am Tage der Begebung (§ 12) in Goldmark (1 Goldmark = $^{10}/_{42}$ Dollar) festgestellt. Die Goldmarkbeträge sind auf volle Goldmark nach unten abzurunden.

§ 11.

Dollarkurs.

(1) Als Dollarkurs gilt der Mittelkurs der amtlichen Berliner Notiz des nordamerikanischen Dollar für Auszahlungen New York am Tage der Begebung.

(2) Für die Zeit vom 1. Januar 1918 bis zum 31. Januar 1920, während der Dollar an der Berliner Börse amtlich nicht notiert worden ist, werden folgende Börsenkurse für den Dollar festgesetzt, denen jeweils der Umrechnungssatz für 1 Goldmark beigefügt ist:

Monat	1918		1919		1920	
	1 Dollar in Papiermark (Dollarkurs)	1 Goldmark in Papiermark	1 Dollar in Papiermark (Dollarkurs)	1 Goldmark in Papiermark	1 Dollar in Papiermark (Dollarkurs)	1 Goldmark in Papiermark
Januar	—	—	8,19	1,95	64,89	15,45
Februar	—	—	9,03	2,15		
März	5,25	1,25	10,50	2,50		
April	—	—	12,60	3,00		
Mai	—	—	12,81	3,05		
Juni	—	—	14,07	3,35		
Juli	5,88	1,40	15,12	3,60		
August	6,09	1,45	18,90	4,50		
September	6,51	1,55	23,94	5,70		
Oktober	6,51	1,55	26,88	6,40		
November	7,35	1,75	38,22	9,10		
Dezember	8,40	2,00	46,83	11,15		

§ 12.
Begebung.

(1) Als Tag der Begebung gilt der Tag, an dem die ersten Zahlungen auf die Schuldverschreibungen geleistet worden sind. Sind die Schuldverschreibungen an einem früheren Tage erstmals ausgegeben, veräußert, verpfändet oder zum Gegenstand eines Geschäfts unter Lebenden gemacht worden, so gilt der erste dieser Tage als Tag der Begebung.

(2) Sind anläßlich einer einheitlichen Darlehnsaufnahme Schuldverschreibungen in Teilabschnitten mit oder ohne Bezeichnung als Teilschuldverschreibungen (Partialobligationen) begeben worden, so ist maßgebend der erste Tag, an dem Schuldverschreibungen dieser Ausgabe (Emission, Serie, Gruppe) begeben worden sind.

§ 13.
Aufgeld.

(1) Sind Schuldverschreibungen zu einem über den Nennbetrag hinausgehenden Preis (Aufgeld, Agio) begeben worden, so ist das Aufgeld zunächst dem Nennbetrag hinzuzurechnen und alsdann aus dem Gesamtbetrag der Goldmarkbetrag festzustellen.

(2) Sind die Schuldverschreibungen zu einem geringeren Preis als dem Nennbetrag (mit Disagio) begeben worden, so kann vor der Umrechnung das Disagio vom Nennbetrag abgesetzt werden.

§ 14.
Schuldverschreibungsähnliche Aktien.

Der Goldmarkbetrag schuldverschreibungsähnlicher Aktien ist unter entsprechender Anwendung der §§ 9 bis 13 zu berechnen.

§ 15.
Erhöhung der Steuer.

Die Steuer erhöht sich, soweit die Schuldverschreibungen in der Zeit vom 1. Januar 1918 bis zum 14. Februar 1924 getilgt worden sind, um den Betrag, um den der Goldwert des für die Tilgung aufgewendeten Betrags (Tilgungsaufwand) hinter 15 v. H. des Goldmarkbetrags der Schuldverschreibungen (Aufwertungsbetrag — § 2 Abs. 1 Satz 1 VO.) zurückbleibt (§ 21 Abs. 2 VO.). Die Erhöhung der Steuer und der Tilgungsaufwand müssen zusammen stets 15 v. H. des vollen Goldmarkbetrags der Schuldverschreibungen ergeben, die in der Zeit vom 1. Januar 1918 bis zum 14. Februar 1924 getilgt worden sind.

§ 16.

Goldwert des Tilgungsaufwands.

(1) Der Goldwert der für die Tilgung (§ 17) aufgewendeten Beträge (§ 18) wird durch Umrechnung über den Dollarmittelkurs am Tage der Tilgung (§ 19) in Goldmark (1 Goldmark = $^{10}/_{42}$ Dollar) festgestellt.

(2) § 11 findet entsprechende Anwendung.

§ 17.

Tilgung.

(1) Als Tilgung von Schuldverschreibungen gilt der Rechtsvorgang, durch den der Anspruch aus der Schuldverschreibung auf Leistung des Kapital- oder Ablösungsbetrags (Hauptforderung) erlischt. Hierher gehören insbesondere

a) Zahlung des Kapital- oder Ablösungsbetrags an den Gläubiger (z. B. Einlösung von Schuldverschreibungen oder Einziehung von schuldverschreibungsähnlichen Aktien bei Fälligkeit, auf Grund von Auslosung oder Kündigung),
b) Annahme einer anderen als der geschuldeten Leistung an Erfüllungs Statt durch den Gläubiger (z. B. Umtausch von Markobligationen gegen Wertpapiere desselben oder eines anderen Schuldners, Leistung von Waren statt des Kapitalbetrags),
c) Hinterlegung durch den Schuldner unter Ausschluß der Rücknahme der hinterlegten Sache,
d) Aufrechnung,
e) Erlaß,
f) Vereinigung von Schuld und Forderung in einer Person (z. B. Erwerb von Schuldverschreibungen durch den Schuldner mittels Ankaufs).

(2) Als Tilgung ist es nicht anzusehen, wenn beschädigte oder verunstaltete Schuldverschreibungen zurückgegeben oder abhanden gekommene oder vernichtete Schuldverschreibungen für kraftlos erklärt werden, sofern an ihrer Stelle neue Verschreibungen ausgegeben werden.

§ 18.

Feststellung des Tilgungsaufwands.

(1) Als Tilgungsaufwand gilt der Wert der an den Gläubiger bewirkten Leistung.

(2) Sind Wertpapiere oder Waren geleistet worden, die einen Kurswert haben, so ist der Kurs — bei verschiedenen Kursen an

einer Börse der niedrigste Kurs — am Tage der Tilgung (§ 19) maßgebend. Bei Notizen an verschiedenen Börsenplätzen entscheidet der Berliner, andernfalls der niedrigste Kurs. Für ausländische Zahlungsmittel ist der Mittelkurs der amtlichen Notiz an der Berliner Börse maßgebend. Hat keine Notiz am Tage der Tilgung stattgefunden, so entscheidet die nächste Notiz. Ist dieser Kurs offenbar unbillig, so kann der Wert am Tage der Tilgung zugrunde gelegt werden. Im übrigen finden für die Wertermittlung die Vorschriften der §§ 137 bis 141, 143 ff. der Reichsabgabenordnung entsprechende Anwendung.

(3) Nicht zum Tilgungsaufwand gehören die anläßlich der Tilgung aufgewendeten Kosten (z. B. Provisionen, Zinsen, Porti und sonstige Spesen).

§ 19.

Tag der Tilgung.

Als Tag der Tilgung gilt der Tag, an dem der Anspruch auf die Hauptforderung aus der Schuldverschreibung erlischt (§ 17). Sind Schuldverschreibungen auf einen bestimmten Tag oder von einem bestimmten Tage ab zur Rückzahlung gekündigt worden, so gilt als Tag der Tilgung frühestens der Tag, auf den gekündigt ist oder von dem ab die Schuldverschreibungen zum Zwecke der Einlösung vorzulegen oder einzureichen sind.

§ 20.

Fälligkeit.

(1) Die einfache Steuer (§ 9) ist am 1. März 1924 fällig und ohne Aufforderung an die Kasse des zuständigen Finanzamts zu zahlen.

(2) Die Erhöhung der Steuer (§ 15) ist in Höhe von je 2 v. H. des vollen Goldmarkbetrags der Schuldverschreibungen am 1. Oktober 1924 und weiter in Abständen von je einem halben Jahre fällig und an den Fälligkeitstagen ohne besondere Aufforderung an die Kasse des zuständigen Finanzamts zu zahlen. Bleibt die Erhöhung oder ein Restbetrag der Erhöhung hinter 2 v. H. des vollen Goldmarkbetrags der Schuldverschreibung zurück, so ist der geringere Betrag zu dem maßgebenden Fälligkeitstage zu entrichten.

(3) Da der Höchstbetrag der Erhöhung der Steuer 15 v. H. des vollen Goldmarkbetrags der Schuldverschreibungen nicht überschreiten kann, müssen die letzten Beträge der Erhöhung bis spätestens 1. April 1928 entrichtet sein.

§ 21.

Folgen nicht rechtzeitiger Zahlung.

(1) Wird eine Zahlung, die nach §§ 17 bis 23 VO. zu leisten ist, nicht rechtzeitig entrichtet, so ist für jeden auf den Zeitpunkt der Fälligkeit folgenden angefangenen halben Monat ein Zuschlag in Höhe von 5 v. H. des Rückstands zu zahlen. Als Zahlungen im Sinne dieser Bestimmung gelten auch die Zuschläge gemäß § 170 Abs. 2 der Reichsabgabenordnung, aber nicht Geldstrafen. Als halber Monat gilt ein Zeitraum von 15 Tagen; hat ein Monat mehr als 30 Tage, so wird der 31. Tag nicht gerechnet. Wird die Zahlung innerhalb der auf den Zeitpunkt der Fälligkeit folgenden Woche entrichtet, so wird ein Zuschlag nicht erhoben.

(2) Der Zuschlag wird nur von vollen Goldmark des rückständigen Betrags und nur dann erhoben, wenn der rückständige Betrag 10 Goldmark übersteigt.

(3) Gegen die Anforderung des Zuschlags steht nur die Beschwerde offen.

(4) Soweit ein Zuschlag erhoben wird, findet eine Verzinsung der rückständigen Beträge nicht statt.

D. Ermittlung der Steuerpflichtigen. Veranlagung.

§ 22.

Steuerliste.

(1) Die Finanzämter haben die Steuerpflichtigen, zu deren Veranlagung sie zuständig sind, in eine Steuerliste aufzunehmen. Als Vorbild dient Muster 1.*)

(2) Die Steuerliste ist am 30. September 1925 zu schließen. Später bekanntwerdende Fälle oder Änderungen des Solls sind in eine Nachtragsliste einzutragen, die unter Verwendung eines entsprechend zu überschreibenden Musters der Steuerliste zu führen ist.

§ 23.

Personen und Personenvereinigungen, die geschäftsmäßig Darlehen gegen Hingabe von Schuldverschreibungen gewähren oder vermitteln oder den Zinsen- oder Kapitaleinlösungsdienst von Schuldverschreibungen übernehmen, haben den Finanzämtern auf deren Antrag ein Verzeichnis der der Steuer unterliegenden Schuldverschreibungen mitzuteilen, bei deren Begebung oder bei deren Zinsen oder Kapitaleinlösungsdienst sie, sei es als Über-

*) Die Muster sind hier nicht abgedruckt.

nehmer oder Vermittler (Emittent, Konsortialmitglied, Zeichnungsstelle), sei es als Zahlstellen (Annahmestellen oder in ähnlicher Weise), sei es in anderer Weise beteiligt waren oder noch sind.

§ 24.

Die Finanzämter haben von Amts wegen in geeigneter Weise die erforderlichen Ermittelungen anzustellen (z. B. unter Zuhilfenahme der für die Versteuerung von Wertpapieren angelegten Listen, Durchsicht des Reichsanzeigers usw.).

§ 25.

Steuererklärung.

(1) Der Steuerpflichtige hat ohne besondere Aufforderung dem zuständigen Finanzamt bis zum 1. März 1924 eine Steuererklärung (§ 27) abzugeben. In dieser ist gesondert der Nennbetrag der Schuldverschreibungen anzugeben, für die Befreiung nach § 19 Abs. 2 zu c VO. unter Berücksichtigung der Bestimmungen in § 8 beansprucht wird. Die Verpflichtung zur Abgabe einer Steuererklärung erstreckt sich auch auf diejenigen natürlichen Personen, Personenvereinigungen und juristischen Personen des Privatrechts, die Schuldverschreibungen begeben haben, auf die die Bestimmungen des § 19 Abs. 2 zu c VO. zutreffen.

(2) Die Steuererklärung zum 1. März 1924 kann auf den Teil beschränkt werden, der für die einfache Steuer maßgebend ist. Die Angaben zu dem Teil, der sich auf die Erhöhung der Steuer bezieht, sind spätestens bis zum 1. Mai 1924 in einer neuen Steuererklärung nachzuholen. Die Verpflichtung zur Entrichtung der einfachen Steuer am 1. März 1924 bleibt unberührt.

§ 26.

(1) Zur Abgabe der Steuererklärung sind verpflichtet:

a) bei natürlichen Personen:
der Steuerpflichtige,

b) bei Personenvereinigungen oder Zweckvermögen ohne eigene Rechtspersönlichkeit:
die Vorstände oder Geschäftsführer oder, soweit solche nicht vorhanden sind, die Mitglieder oder Beteiligten,

c) bei juristischen Personen:
die gesetzlichen Vertreter.

(2) Prokuristen und Handlungsbevollmächtigte sind zur Abgabe der Steuererklärung nicht berechtigt.

§ 27.

Als Vorbild für die Steuererklärung dient Muster 2.*) Die Steuererklärung ist von den zur Abgabe der Steuererklärung verpflichteten Personen (§ 26) eigenhändig zu unterschreiben. Sie muß die Versicherung enthalten, daß die Angaben nach bestem Wissen und Gewissen gemacht sind.

§ 28.

(1) Der rechtzeitige Eingang der Steuererklärungen ist zu überwachen. Dies gilt insbesondere für die Ergänzung der Steuererklärung im Falle des § 25 Abs. 2.

(2) Bei nicht rechtzeitigem Eingang der Steuererklärung sind die im § 202 der Reichsabgabenordnung vorgesehenen Maßnahmen gegen die zur Abgabe der Steuererklärung verpflichteten Personen zu treffen.

§ 29.

(1) Das Finanzamt hat die eingegangenen Steuererklärungen nach Form und Inhalt zu prüfen.

(2) Trägt das Finanzamt Bedenken gegen die Richtigkeit der Erklärung, so ist nach §§ 204 ff., §§ 172 ff. der Reichsabgabenordnung zu verfahren.

§ 30.

Steuerbescheid.

(1) Nach Abschluß der Ermittelungen hat das Finanzamt die Steuer zu berechnen und festzusetzen. Dem Steuerpflichtigen ist ein schriftlicher Steuerbescheid zu erteilen. Als Vorbild dient Muster 3.*)

(2) Der Bescheid ist vor Absendung zunächst der Kasse zur Eintragung in das Sollbuch vorzulegen. Die Kasse bescheinigt auf dem Bescheid die Nummer des Sollbuchs und gibt ihn der Veranlagungsstelle mit einem Vermerk über die Höhe der bereits geleisteten Zahlungen und der noch an den einzelnen Zahlungsterminen (§ 23 VO.) zu entrichtenden Beträge zurück. Die Veranlagungsstelle stellt den Steuerbescheid nach Vermerk der Sollbuchnummer in der Steuerliste zu. Bei allen die Festsetzung ändernden oder bestätigenden Verfügungen ist entsprechend zu verfahren. Die Kasse hat die Ergänzung des Sollbuchs auf der Verfügung zu bescheinigen.

---

*) Die Muster sind hier nicht abgedruckt.

(3) Soweit von dem Steuerpflichtigen lediglich die einfache Steuer (§ 9) zu entrichten ist und der von ihm hierauf eingezahlte Steuerbetrag sich mit der festgesetzten Steuer deckt, genügt eine formlose Mitteilung an den Steuerschuldner, die ebenfalls vor Absendung der Kasse vorzulegen ist.

E. Erhebung der Steuer.

§ 31.

Für die Erhebung der Steuer werden von der Kasse des Finanzamts zwei Bücher geführt, ein Sollbuch und ein Einnahmebuch.

§ 32.

Sollbuch.

(1) Als Vorbild für das Sollbuch dient Muster 4.*) Das Sollbuch bildet die Grundlage für die Überwachung des rechtzeitigen und vollständigen Steuereingangs. Die Eintragungen erfolgen auf Grund der der Kasse zugehenden Steuerbescheide oder der formlosen Mitteilung.

(2) Für jeden Steuerpflichtigen ist in dem Sollbuch ein Konto anzulegen. Zwischen den einzelnen Konten ist genügend Raum für Änderungen zu lassen.

(3) Am 30. Juni 1928 ist das Sollbuch zu schließen.

§ 33.

Einnahmebuch.

Als Vorbild für das Einnahmebuch dient Muster 5.*) Das Einnahmebuch ist am Ende jedes Monats und Vierteljahres aufzurechnen und am 31. März abzuschließen.

F. Schlußbestimmungen.

§ 34.

Die Durchführungsbestimmungen treten mit Wirkung vom 29. Februar 1924 in Kraft.

Berlin, den 29. Februar 1924.

Der Reichsminister der Finanzen.
Dr. Luther.

---

*) Die Muster sind hier nicht abgedruckt.

VIII. Preußische Verordnung zur Ausführung der Dritten Steuernotverordnung des Reichs (Preußische Steuernotverordnung). Vom 1. April 1924.

(Gesetzsammlung S. 191.)

Das Staatsministerium erläßt gemäß Artikel 55 der Verfassung in Übereinstimmung mit dem Ständigen Ausschusse des Landtags die folgende Verordnung mit Gesetzeskraft:

I. Abschnitt.
Hauszinssteuer.

§ 1.

Zur Durchführung des Geldentwertungsausgleichs wird im Zusammenhange mit der Regelung des Mietwesens von den in Preußen belegenen bebauten Grundstücken, die nicht dauernd land- oder forstwirtschaftlichen oder gärtnerischen Zwecken zu dienen bestimmt sind, vom 1. April 1924 ab eine besondere Steuer (Hauszinssteuer) erhoben, die zur Förderung der Neubautätigkeit und zur Deckung der durch die Dritte Steuernotverordnung des Reichs notwendig gewordenen Ausgaben, insbesondere für Aufgaben der Wohlfahrtspflege (§ 42 der Dritten Steuernotverordnung), verwendet werden soll.

§ 2.

(1) Die Steuer beträgt 400 vom Hundert der nach den Vorschriften des Gesetzes vom 14. Februar 1923 (Gesetzsamml. S. 29) und seiner Abänderungen veranlagten vorläufigen Steuer vom Grundvermögen.

(2) Die Hälfte des Aufkommens ist für die Neubautätigkeit zu verwenden, je ein Viertel fließt dem Lande und den Gemeinden (Gemeindeverbänden) zur Deckung der übrigen in dem § 1 genannten Ausgaben zu.

(3) Bei Grundstücken, die am 1. Juli 1914 mit dinglichen privatrechtlichen Lasten nicht oder mit nicht mehr als 20 vom Hundert des Wertes belastet waren, ist die Steuer auf Antrag um ein Viertel herabzusetzen. Ist das Gebäude erst nach dem 1. Juli 1914 fertiggestellt worden, so tritt an Stelle dieses Tages der Zeitpunkt der Fertigstellung.

§ 3.

(1) Die Steuer vermindert sich auf Antrag um die laufende Geldverpflichtung, die sich ergibt aus einer am 13. Februar 1924 auf dem Grundstücke ruhenden privatrechtlichen wertbeständigen Last gemäß der Reichsverordnung über die Eintragung von Hypotheken in ausländischer Währung vom 13. Februar 1920 (Reichsgesetzbl. S. 231) oder dem Reichsgesetz über wertbeständige Hypotheken vom 23. Juni 1923 (Reichsgesetzbl. I S. 407) oder aus einer zum gleichen Zeitpunkt auf dem Grundstücke ruhenden Reallast, bei der die in Geld zu entrichtende wiederkehrende Leistung nach einem wertbeständigen Maßstabe im Sinne des genannten Reichsgesetzes bestimmt ist.

(2) Entsprechendes gilt für laufende Geldverpflichtungen aus einer auf Grund des Reichsgesetzes über das Zusatzabkommen vom 6. Dezember 1920 zwischen dem Deutschen Reiche und der Schweizerischen Eidgenossenschaft, betreffend schweizerische Goldhypotheken in Deutschland und gewisse Arten von Frankenforderungen an deutsche Schuldner, vom 23. Juni 1923 (Reichsgesetzbl. II S. 284) aus der Umwandlung einer schweizerischen Goldhypothek entstandenen Frankengrundschuld. Zu den laufenden Geldverpflichtungen gehören auch Rücklagen, die zur Abtragung der Frankengrundschuld angesammelt werden. Der Finanzminister bestimmt, bis zu welcher Höhe Rücklagen als angemessen anzusehen sind.

§ 4.

Die Steuer vermindert sich auf Antrag um die laufende Geldverpflichtung, die sich daraus ergibt, daß eine auf dem Grundstücke ruhende nicht wertbeständige Last nach den Vorschriften des Artikels 1 der Dritten Steuernotverordnung des Reichs aufgewertet wird. Dabei bleibt eine über 15 vom Hundert des Goldmarkbetrags hinausgehende Aufwertung außer Betracht. Die laufende Geldverpflichtung wird nur insoweit berücksichtigt, als ihre Erfüllung nach § 5 der Dritten Steuernotverordnung des Reichs verlangt werden kann.

§ 5.

(1) Der Jahresbetrag der nach den §§ 3 und 4 dieser Verordnung zu berücksichtigenden laufenden Geldverpflichtungen wird nach näherer Bestimmung des Finanzministers auf die monatlich zu entrichtenden Steuerbeträge gleichmäßig verteilt.

(2) Bei Gesamthypotheken (§ 1132 des Bürgerlichen Gesetzbuchs) sind die Minderungen gemäß §§ 3 und 4 auf die einzelnen

Grundstücke nach dem Verhältnisse des ungeminderten Steuerbetrags zu verteilen.

§ 6.

(1) Neubauten und durch Um- oder Einbauten neu geschaffene Gebäudeteile sind von der Steuer befreit, wenn der Bau nach dem 1. Juli 1918 bezugsfertig geworden ist.

(2) Die näheren Vorschriften über die Besteuerung der mit Beihilfen aus öffentlichen Mitteln ausgeführten Neu-, Um- und Einbauten und die Belastung der mit derartigen Neubauten besetzten Grundstücke mit einer Grundschuld gemäß § 29 der Dritten Steuernotverordnung des Reichs werden von den zuständigen Ministern getroffen. Diese Vorschriften sind dem Landtage vorzulegen und auf sein Verlangen abzuändern oder außer Kraft zu setzen.

§ 7.

(1) Die Vorschriften des § 2 Abs. 3, der §§ 3 bis 14, des § 15 Abs. 1 und der §§ 16, 17 und 20 des Gesetzes über die Erhebung einer vorläufigen Steuer vom Grundvermögen vom 14. Februar 1923 (Gesetzsamml. S. 29) in der Fassung der Verordnung vom 22. Oktober 1923 (Gesetzsamml. S. 478) und des Gesetzes vom 28. Februar 1924 (Gesetzsamml. S. 119) finden auf die Hauszinssteuer sinngemäß Anwendung.

(2) Die Steuerausschüsse und die Berufungsausschüsse für die Steuer vom Grundvermögen sind auch im Veranlagungs- und Rechtsmittelverfahren für die Hauszinssteuer zuständig.

(3) Eines besonderen Veranlagungsbeschlusses für die Hauszinssteuer bedarf es nicht. Der 15. April 1924 gilt als Tag der Zustellung des Veranlagungsbescheids im Sinne des § 231 der Reichsabgabenordnung. Wird dem Steuerpflichtigen ein Veranlagungsbescheid mitgeteilt, so beginnt die Frist zur Einlegung des Einspruchs erst mit Ablauf des Tages der Mitteilung.

(4) Rechtsmittel gegen die Veranlagung zur Hauszinssteuer dürfen nicht damit begründet werden, daß die zugrunde gelegte vorläufige Steuer vom Grundvermögen unrichtig veranlagt sei.

§ 8.

(1) Anträge gemäß § 2 Abs. 3 und den §§ 3 und 4 dieser Verordnung sind beim Vorsitzenden des Steuerausschusses anzubringen. Gegen seine Entscheidung finden die gleichen Rechtsmittel wie gegen die Veranlagung statt.

(2) Der Finanzminister kann für die Anbringung der Anträge Fristen vorschreiben.

§ 9.

Die Erhebung der Steuern gemäß den §§ 1 bis 8 dieser Verordnung endet mit dem im § 32 Abs. 1 der Dritten Steuernotverordnung des Reichs angegebenen Zeitpunkte.

II. Abschnitt.
Finanzausgleich.

§ 10.

Das Preußische Ausführungsgesetz zum Finanzausgleichsgesetze vom 30. Oktober 1923 (Gesetzsamml. S. 487) wird wie folgt geändert:

1. Im § 1 werden hinter die Worte „vom 23. Juni 1923 (Reichsgesetzbl. I S. 494)" die Worte „in der Fassung der Dritten Steuernotverordnung" eingeschaltet; die Zahl „55" wird durch die Zahl „50" ersetzt.

2. Hinter § 1 wird folgender § 1a eingeschaltet:

Von dem nach § 38 des Finanzausgleichsgesetzes in der Fassung der Dritten Steuernotverordnung dem Lande zustehenden Anteil an der Umsatzsteuer erhalten die Gemeinden und Landkreise drei Fünftel (Gemeindeanteil an der Umsatzsteuer).

3. Im § 3 werden hinter das Wort „Finanzausgleichsgesetzes" die Worte „in der Fassung der Dritten Steuernotverordnung" eingefügt.

4. Im § 6 wird die Zahl „55" durch „50" und die Zahl „48" durch „44", die Zahl „3½" durch „3" ersetzt.

5. Im § 7 werden die Worte „Als Anteil an der Umsatzsteuer erhalten die Gemeinden" durch die Worte „Von den im § 1a festgesetzten Gemeindeanteil an der Umsatzsteuer erhalten die Gemeinden (Gutsbezirke)" ersetzt.

6. Hinter § 21 wird folgender § 21a eingefügt:

Die Minister des Innern und der Finanzen werden ermächtigt, vom 1. Mai 1924 ab für das Rechnungsjahr 1924 ein Drittel des dem Lande überwiesenen Aufkommens an Kraftfahrzeugsteuer der Rheinprovinz, der Provinz Westfalen und dem Bezirksverbande des Regierungsbezirkes Wiesbaden für besondere Zwecke des Wegebaues und der Wegeunterhaltung zu überweisen.

7. Der § 33 wird mit Wirkung vom 1. April 1924 ab aufgehoben.

§ 11.

(1) Der zur Förderung der Neubautätigkeit bestimmte Teil der Hauszinssteuer (§ 2 Abs. 2) fällt zu einem Viertel dem Staate, zu drei Vierteln nach Maßgabe des örtlichen Aufkommens den Stadt- und Landkreisen zu. Der Regierungspräsident und im Bereiche des Siedlungsverbandes Ruhrkohlenbezirk der Verbandspräsident kann auf Antrag bestimmen, daß kreisangehörige Städte, Ämter und Landbürgermeistereien mit mehr als 10 000 Einwohnern im Umfang ihres örtlichen Aufkommens an die Stelle der Landkreise treten. Die zuständigen Minister werden ermächtigt, Richtlinien für die Verwendung des zur Förderung der Neubautätigkeit bestimmten Teiles der Hauszinssteuer zu erlassen.

(2) Gemeinden und Gemeindeverbände, die die ihnen nach Abs. 1 zufließenden Beträge nicht innerhalb einer von der Kommunalaufsichtsbehörde zu bestimmenden angemessenen Frist zur Förderung der Neubautätigkeit verwenden, haben die nichtverwendeten Beträge an den Staat zur Verstärkung der ihm für den genannten Zweck zur Verfügung stehenden Mittel abzuführen.

§ 12.

Von dem Gemeindeanteil an der Hauszinssteuer (§ 2 Abs. 2) erhalten die Stadt- und Landkreise die eine Hälfte nach Maßstabe des örtlichen Aufkommens. Die andere Hälfte wird, soweit sie in den Landkreisen aufkommt, auf diese nach dem Maßgabe der Bevölkerungszahl, soweit sie in den Stadtkreisen aufkommt, auf diese nach dem Maßstabe der veredelten Bevölkerungszahl (§ 10 des Preußischen Ausführungsgesetzes zum Finanzausgleichsgesetze) verteilt.

§ 13.

Inwieweit die Landkreise an ihrem Anteile die Gemeinden (Gutsbezirke, engeren Gemeindeverbände) zu beteiligen haben, die selbst Bezirksfürsorgeverbände sind oder den Fürsorgeaufwand ganz oder zum Teil selbst zu tragen haben, bestimmen die zuständigen Minister nach Maßgabe der gesetzlichen Vorschriften zur Ausführung der Reichsverordnung über die Fürsorgepflicht vom 13. Februar 1924.

III. Abschnitt.

Schlußbestimmungen.

§ 14.

Die Vorschriften des § 10 treten mit dem 1. Februar 1924, die der §§ 11 bis 13 mit dem 1. April 1924 in Kraft.

§ 15

Die Ausführung dieser Verordnung liegt den Ministern der Finanzen und des Innern ob.

Berlin, den 1. April 1924.

Das Preußische Staatsministerium.

(Siegel.) Braun. Severing. v. Richter.

IX. Sächsische Erste Notverordnung zum Vollzuge der Dritten Steuernotverordnung und des Finanzausgleichsgesetzes. Vom 28. März 1924.

Das Gesamtministerium hat auf Grund von Artikel 40 der Verfassung des Freistaats Sachsen folgende Notverordnung beschlossen:

Geldentwertungsausgleich bei bebauten Grundstücken.

§ 1.

In Übereinstimmung mit Artikel III B 1 der Dritten Steuernotverordnung vom 14. Februar 1924 (RGBl. I S. 74) wird von dem bebauten Grundbesitze neben der allgemeinen Steuer vom Grundvermögen eine Aufwertungssteuer nach den nachstehenden Vorschriften erhoben.

Steuerpflicht.

§ 2.

(1) Der Aufwertungssteuer unterliegen

a) die in Sachsen gelegenen Gebäude (Gebäudeteile) jeder Art, die bis zum 1. Juli 1918 fertiggestellt gewesen sind, und

b) Neubauten oder durch Um- oder Einbauten neugeschaffene Gebäudeteile, wenn der Bau erst nach dem 1. Juli 1918 fertiggestellt worden ist, sofern sie mit Beihilfen aus öffentlichen Mitteln ausgeführt worden sind.

(2) Ausgenommen von der Besteuerung sind Gebäude (Gebäudeteile), soweit sie land- oder forstwirtschaftlichen oder gärtnerischen Zwecken zu dienen bestimmt sind.

§ 3.

Von der Aufwertungssteuer sind befreit:

1. Gebäude, die Bestandteile von solchen Grundstücken bilden,

die nach § 3 a oder b des Grundsteuergesetzes vom 7. Oktober 1921 (GBl. S. 327) von der Grundsteuer befreit sind;

2. die im Eigentum inländischer Personenvereinigungen und Vermögensmassen stehenden Gebäude, sofern diese Personenvereinigungen und Vermögensmassen nach ihrer Satzung, Stiftung oder sonstigen Verfassung ausschließlich gemeinnützigen mildtätigen, ethischen oder religiösen Zwecken dienen, sowei, die Gebäude für diese Zwecke benutzt werden;

3. die im Eigentume des Entsendestaats stehenden Gebäude der Gesandtschaften und Konsulate, die von ihnen für ihre Zwecke benutzt werden, sofern Gegenseitigkeit gewährt wird.

Steuerschuldner.

§ 4.

(1) Steuerschuldner ist, wer zur Zeit der Fälligkeit der Steuer Eigentümer des Grundstücks ist. Der Inhaber des Gebäudes (Gebäudeteils) haftet neben dem Eigentümer als Gesamtschuldner in Höhe des Teiles der Aufwertungssteuer, der dem Verhältnisse des Nutzungswerts des von ihm benutzten Grundstücksteils zum Gesamtnutzungswerte des Grundstücks entspricht. Die Haftung erlischt, insoweit der Steueranteil an den Eigentümer abgeführt worden ist.

(2) Miteigentümer haften als Gesamtschuldner. Nachfolger im Eigentume, mit Ausnahme der Erwerber in der Zwangsversteigerung, haften für die Steuerrückstände ihrer Vorgänger mit diesen als Gesamtschuldner.

§ 5.

(1) Der Mieter ist dem Vermieter gegenüber zur Entrichtung eines Betrags verpflichtet, welcher der auf den von ihm benutzten Raum entfallenden Aufwertungssteuer entspricht; dies gilt auch dann, wenn im Einzelfalle keine oder eine ermäßigte Steuerpflicht besteht.

(2) Ist der Gebrauch eines Gebäudes (Gebäudeteils) auf andere Weise als durch Mietvertrag (Pacht, Nießbrauch usw.) einem Dritten gegen Entgelt überlassen, so gilt Abs. 1 entsprechend.

Maßstab und Steuersatz.

§ 6.

(1) Die Aufwertungssteuer wird nach dem Nutzungswerte (Mietwerte) erhoben, den die Gebäude (Gebäudeteile) am 1. Juli 1914 gehabt haben.

(2) Für die Bewertung der in § 2 unter a bezeichneten Gebäude (Gebäudeteile) sind die Vorschriften der §§ 17 bis 22 und 27 der Verordnung zur Ausführung des Gesetzes über eine Wohnungsbauabgabe vom 4. August 1922 (GBl. S. 415) maßgebend.

(3) Soweit auf Grund der in Abs. 2 genannten Bestimmungen für Gebäude (Gebäudeteile) ein von der durch die Mieteinigungsämter endgültig festgesetzten Friedensmiete abweichender Nutzungswert festgestellt worden ist, tritt auf Antrag des Steuerschuldners die festgesetzte Friedensmiete an dessen Stelle.

(4) Die Steuerbehörden sind berechtigt, in besonderen Fällen, in denen die Veranlagung nach den in Abs. 2 genannten Bestimmungen zu einem unbilligen Ergebnisse führt, die Veranlagung nach dem Mietwerte vorzunehmen, der für gleichartige Gebäude am 1. Juli 1914 ortsüblich oder angemessen gewesen ist.

(5) Für die Bewertung der in § 2 unter b erwähnten Gebäude (Gebäudeteile) ist der vom zuständigen Ministerium festgelegte Friedensmietwert maßgebend.

§ 7.

Die Aufwertungssteuer setzt sich aus der Staatssteuer (§ 8) und den dazu erhobenen Zuschlägen (§ 9) zusammen.

§ 8.

Die Staatssteuer beträgt jährlich fünf vom Hundert des Nutzungswerts (§ 6).

§ 9.

(1) Die Gemeinden haben zur Deckung des allgemeinen Finanzbedarfs einschließlich des Aufwandes, der ihnen durch Beteiligung an der Erfüllung der in § 42 Abs. 1 der Dritten Steuernotverordnung erwähnten Aufgaben entsteht, einen Zuschlag in gleicher Höhe der Staatssteuer sowie einen weiteren Zuschlag von fünf vom Hundert des Nutzungswertes zu erheben. Der Ertrag dieses letzteren Zuschlags ist zur Förderung des Wohnungsbaues zu verwenden.

(2) In den selbständigen Gutsbezirken erheben die Bezirksverbände die Zuschläge. Für den Zuschlag des allgemeinen Finanzbedarfs gelten die Bestimmungen der §§ 10 bis 14 des Vollzugsgesetzes vom 12. August 1920 zum Landessteuergesetze (GVBl. S. 311).

(3) Der Ertrag der Aufwertungssteuer aus den in § 2 unter b genannten Gebäuden (Gebäudeteilen) fließt den Gemeinden (Bezirksverbänden) in voller Höhe zu. Er ist ausschließlich zur Förderung des Wohnungsbaues zu verwenden.

(4) Die Wirkung der Rechtsmittel gegen die Staatssteuer erstreckt sich auf die Zuschläge. Eine besondere Anfechtung der Zuschläge durch Rechtsmittel findet nur insoweit statt, als es sich um das Recht der Gemeinden (Bezirksverbände) auf Erhebung der Zuschläge handelt.

§ 10.

(1) Diejenigen Gemeinden (Bezirksverbände), in denen keine Wohnungsnot besteht, oder die das Aufkommen aus den für den Wohnungsbau bestimmten Steuerbeträgen wegen seiner geringen Höhe nicht zweckmäßig verwenden können, haben die bei ihnen aufgekommenen, für den Wohnungsbau bestimmten Steuerbeträge an den Landeswohnungsverband abzuführen.

(2) Das Arbeits- und Wohlfahrtsministerium trifft Anordnungen über die Verwaltung und Verwendung der in Abs. 1 genannten Mittel und ordnet die Verfassung des Landeswohnungsverbandes entsprechend, auch erläßt es Bestimmungen darüber, unter welchen Voraussetzungen eine Wohnungsnot in einer Gemeinde anzuerkennen oder die zweckmäßige Verwendung der für den Wohnungsbau bestimmten Mittel durch die Gemeinde als nicht möglich anzusehen ist.

§ 11.

(1) Die Gemeinden und Bezirksverbände dürfen für die Dauer der Erhebung der in dieser Verordnung vorgeschriebenen Aufwertungssteuer keine weiteren nach der Miete bemessenen Steuern (Mietsteuer, Miet- oder Pachtwertsteuer, Bauwertsteuer) und auch keine Wohnungsluxussteuern von den Mietern erheben.

(2) Als Steuern im Sinne des Abs. 1 gelten solche Steuern nicht, die für die gewerbsmäßige Gewährung eingerichteter Schlaf- und Wohnräume in Gasthöfen, Pensionen oder Privathäusern zur Benutzung bei vorübergehendem Aufenthalt erhoben werden. Als vorübergehender Aufenthalt ist ein solcher anzusehen, der nach den Umständen bei Beginn des Aufenthalts auf nicht länger als auf drei Monate berechnet ist.

§ 12.

Die Aufwertungssteuer vermindert sich auf Antrag des Steuerpflichtigen:

1. bei Grundstücken, auf denen vor dem 14. Februar 1924 oder in den bisherigen Beihilfeverfahren eine privatrechtliche wertbeständige Last gemäß der Verordnung über die Eintragung von Hypotheken in ausländischer Währung vom 13. Februar

1920 (RGBl. I S. 231) oder dem Gesetz über wertbeständige Hypotheken vom 23. Juni 1923 (RGBl. I S. 407) eingetragen ist, um den Wert der aus der Last sich ergebenden laufenden Geldverpflichtung. Das gleiche gilt für die auf Grund des Gesetzes über das Zusatzabkommen zum Abkommen vom 6. Dezember 1920 zwischen dem Deutschen Reiche und der Schweizerischen Eidgenossenschaft, betreffend schweizerische Goldhypotheken in Deutschland und gewisse Arten von Frankenforderungen an deutsche Schuldner, vom 23. Juni 1923 (RGBl. II S. 284) aus der Umwandlung einer schweizerischen Goldhypothek entstandenen Frankengrundschulden. Zu den laufenden Geldverpflichtungen gehören in diesem Falle auch Tilgungsbeträge, die zur Abtragung der Frankengrundschuld angesammelt werden. In welcher Höhe Tilgungen als angemessen anzusehen sind, bestimmt das Finanzministerium;

2. bei Grundstücken, auf denen eine privatrechtliche nicht wertbeständige, aber aufgewertete Last ruht, um den Wert der laufenden Geldverpflichtung, die sich aus einer Aufwertung bis zu 15 vom Hundert des Nennbetrags in Goldmark ergibt. Soweit diese Verpflichtungen den in § 5 Abs. 2 der Dritten Steuernotverordnung vorgesehenen Zinsbetrag übersteigen, bleiben sie unberücksichtigt;

3. bei Grundstücken, die gewerblichen Zwecken dienen, sofern sie für Schuldverschreibungen haften, die nach den Bestimmungen der §§ 18 bis 23 der Dritten Steuernotverordnung besteuert werden, um den Betrag der jeweils bis zum Fälligkeitstermine der Aufwertungssteuer entrichteten Obligationensteuer.

§ 13.

Bei Gebäuden, die am 1. Juli 1914 entweder unbelastet waren oder deren dingliche privatrechtliche Belastung nicht mehr als 20 vom Hundert des Gesamtwerts betrug, ist der Betrag der Aufwertungssteuer auf Antrag des Steuerschuldners soweit herabzusetzen, daß er nicht mehr als 20 vom Hundert des Nutzungswerts (§ 6) ausmacht.

§ 14.

(1) Die Aufwertungssteuer ist in monatlichen Teilbeträgen jeweils bis zum 5. des Monats, erstmalig am 15. April 1924, zu entrichten. Das Finanzministerium wird ermächtigt, statt der monatlichen Einhebung eine abweichende Zahlung einzuführen oder zuzulassen.

(2) Wird die Aufwertungssteuer nicht rechtzeitig entrichtet, so ist für jeden auf den Zeitpunkt der Fälligkeit folgenden angefangenen halben Kalendermonat ein Zuschlag von fünf vom Hundert des Rückstandes an Steuer und Zuschlag zu zahlen.

(3) Der Zuschlag wird nur von vollen Goldmark des rückständigen Betrags und nur dann erhoben, wenn der rückständige Betrag zehn Goldmark übersteigt.

(4) Die Vorschriften des § 4 finden auf diesen Zuschlag Anwendung.

§ 15.

Die Verwaltung und Veranlagung der Aufwertungssteuer liegt den Grundstücksbehörden ob. Soweit nicht in dieser Verordnung oder in den hierzu erlassenen Ausführungsbestimmungen etwas anderes bestimmt ist, finden hierbei die Vorschriften des zweiten Teiles der Reichsabgabenordnung (§§ 51 bis 354) sinngemäß Anwendung. An die Stelle der Finanzämter treten die Grundsteuerbehörden (§ 16 des Grundsteuergesetzes vom 7. Oktober 1921), an die Stelle der Landesfinanzämter und der Finanzgerichte die Steuerdirektion, an die Stelle des Reichsministers der Finanzen das Finanzministerium; die auf das Reich bezüglichen Vorschriften gelten für den Staat.

§ 16.

Ein Steuerbescheid wird, sofern keine Nachveranlagung zu erfolgen hat (§ 19), nicht erteilt. Die Aufwertungssteuer ist von dem Steuerschuldner auf Grund des ihm nach § 28 Abs. 2 der Ausführungsverordnung zum Gesetz über eine Wohnungsbauabgabe vom 4. August 1922 bekanntgemachten Nutzungswerts seines Gebäudes zu berechnen und unaufgefordert an die zuständige Grundsteuerhebestelle abzuführen. Der Steuerbetrag ist auf volle zehn Pfennig nach unten abzurunden.

§ 17.

(1) Gegen den auf Grund des § 28 Abs. 2 der Ausführungsverordnung zum Gesetz über eine Wohnungsbauabgabe dem Steuerpflichtigen oder seinem Vorgänger im Eigentume zugefertigten Bescheid steht dem Steuerpflichtigen der Einspruch erneut zu. Diese Einspruchsfrist endet am 15. Mai 1924. Die Einspruchsentscheidung unterliegt der Berufung.

(2) Über den Einspruch entscheidet die Grundsteuerbehörde, über die Berufung die Steuerdirektion.

§ 18.

Gegen die Entscheidung der Steuerdirektion kann von den Beteiligten die Entscheidung des Oberverwaltungsgerichts durch Erhebung der Anfechtungsklage angerufen werden. Die §§ 30 Abs. 2, 31 Abs. 1 und 32 des Grundsteuergesetzes finden entsprechende Anwendung.

§ 19.

(1) Nachveranlagungen finden statt:

1. wenn ein Gebäude, das nach den Bestimmungen dieser Verordnung der Aufwertungssteuer unterliegt, nicht für die Zwecke der Wohnungsbauabgabe veranlagt oder im Rechtsmittelverfahren oder auf Grund eines Freistellungsbescheids zu Unrecht von der Abgabe befreit worden ist;
2. wenn der Nutzungswert des Gebäudes niedriger festgesetzt worden ist, als dies nach den Vorschriften dieser Verordnung zu geschehen hat;
3. wenn die Voraussetzungen der Steuerfreiheit (§ 2 Abs. 2, § 3) ganz oder teilweise wegfallen;
4. wenn die wirtschaftliche Einheit mehrerer Gebäude, für die ein einheitlicher Nutzungswert veranlagt ist, aufgelöst wird und die Teile in das Eigentum verschiedener Personen über gehen;
5. wenn ein Gebäude nach der allgemeinen Veranlagung oder einer Nachveranlagung wesentlich umgestaltet oder die Art der Benutzung wesentlich geändert worden ist;
6. wenn ein Gebäude, für das ein einheitlicher Nutzungswert veranlagt war, teilweise (zum Beispiel durch Brand, Einsturz) unbenutzbar wird oder nach § 2 Abs. 2 teilweise Steuerfreiheit eintritt;
7. wenn der Steuerschuldner auf Grund des § 6 Abs. 3 eine Nachveranlagung beantragt.

(2) Die durch die Nachveranlagung eintretende Änderung des Steuerbetrags tritt mit dem Steuertermin in Kraft, der dem maßgebenden Ereignisse folgt.

§ 20.

Das Ergebnis der Nachveranlagung und der auf Grund der Nachveranlagung zu entrichtende Aufwertungssteuerbetrag sind dem Steuerpflichtigen mittels einer verschlossenen Zuschrift bekanntzumachen. Gegen diesen Bescheid stehen dem Steuerpflichtigen die Rechtsmittel der §§ 17 und 18 zu.

§ 21.

(1) Andere als die in §§ 17 und 20 bezeichneten Verfügungen der Steuerbehörden, insbesondere die Entscheidungen über die in § 6 Abs. 3, §§ 12 und 13 geregelten Anträge, unterliegen der Beschwerde.

(2) Auf das Beschwerdeverfahren findet § 33 Abs. 2 bis 4 des Grundsteuergesetzes Anwendung.

§ 22.

Die in § 6 Abs. 3, §§ 12 und 13 geregelten Befreiungs- und Ermäßigungsanträge sind bis zum 15. Mai 1924 oder, soweit es sich um Nachveranlagungsfälle handelt, bis zum Ablaufe der regelmäßigen Rechtsmittelfrist zu stellen. Nach Ablauf dieser Frist kann der Anspruch auf Befreiung oder Ermäßigung jeweils nur mit Wirkung für den nächstfolgenden Steuertermin geltend gemacht werden.

Strafvorschriften.

§ 23.

(1) Die Hinterziehung der Aufwertungssteuer wird mit einer Geldstrafe vom fünf- bis zwanzigfachen Betrage der hinterzogenen Aufwertungssteuer (§ 7) bestraft. Neben der Geldstrafe kann auf Gefängnis erkannt werden, unbeschadet der Vorschriften in § 5 des Einführungsgesetzes zum Strafgesetzbuche.

(2) Die Vorschriften des dritten Teiles der Reichsabgabenordnung über das Strafrecht und das Strafverfahren (§§ 355 bis 443) finden mit Ausnahme der §§ 365, 366, 368, 370 bis 372, 379, 380, 425, 433 und 440 sinngemäß Anwendung. § 15 Satz 3 gilt entsprechend.

(3) Die wegen Zuwiderhandlungen gegen diese Verordnung erkannten Geldstrafen fließen der Staatskasse zu.

Schlußvorschriften.

§ 24.

(1) Diese Verordnung, mit deren Ausführung das Finanzministerium beauftragt wird, tritt mit dem 1. April 1924 in Kraft. Ihre Bestimmungen gelten solange, als eine gesetzliche Miete in Sachsen festgesetzt ist, jedoch nicht über den 31. März 1926 oder den in § 32 Abs. 1 Satz 2 der Dritten Steuernotverordnung erwähnten früheren Zeitpunkt hinaus.

(2) Das Gesetz über eine Wohnungsbauabgabe vom 2. Juniii

1922 (GBl. S. 207) wird, soweit nicht § 6 dieser Verordnung einschlägt, mit Wirkung vom 1. April 1924 ab aufgehoben.

(3) Die auf Grund des Gesetzes über eine Wohnungsbauabgabe eingelegten und beim Inkrafttreten dieser Verordnung noch anhängigen Rechtsmittel gelten als erledigt, soweit sie sich nicht auf der Geldentwertung angepaßte Zuschläge der Gemeinden beziehen. Kosten bleiben außer Ansatz.

§ 25.

(1) Von dem zur Förderung des Wohnungsbaues zu verwendenden Zuschlage haben die Gemeinden einen vom Arbeits- und Wohlfahrtsministerium und vom Finanzministerium zu bestimmenden Hundertsatz an den Staat und den Landeswohnungsverband abzuführen. Dieser Betrag ist ausschließlich zur Verzinsung und Tilgung der Beträge zu verwenden, die seit Beginn des Rechnungsjahrs 1924 vom Staate und dem Landeswohnungsverbande für Baubeihilfen aufgewendet worden sind. Gemeinden, die nicht dem Landeswohnungsverband angehören, haben zu den für diesen bestimmten Beträgen nicht beizutragen.

(2) Die näheren Bestimmungen treffen die beteiligten Ministerien.

§ 26.

Die für den Wohnungsbau aufzuwendenden Steuererträge müssen, auch wenn sie aus der Tilgung von Baubeihilfen später zurückfließen, dauernd zur Förderung der Wohnungswirtschaft verwendet werden.

Dresden, den 28. März 1924.

Gesamtministerium.
Heldt, Ministerpräsident.

X. Rundschreiben des Reichsfinanzministers an die Landesregierungen vom 27. Februar 1924 — III B k 2201 —.

Die Frage, ob die ländlichen Wohn- und Wirtschaftsgebäude den Vorschriften über den Geldentwertungsausgleich bei bebauten Grundstücken (§§ 26 bis 32) oder den Vorschriften über den Geldentwertungsausgleich bei unbebauten Grundstücken (§§ 33 bis 36) unterliegen, ist in der Verordnung absichtlich offengelassen worden. Da nach den Ertragsteuergesetzen der Länder in der Regel zwischen den der Gebäudesteuer unterliegenden städtischen Grundstücken und den der Grundsteuer unterliegenden ländlichen Grundstücken unterschieden wird, erschien es zweckmäßig, es den Ländern zu überlassen, diese Frage im Einklang mit ihren Ertragsteuergesetzen zu regeln. Dies war um so mehr angezeigt, als bei der Anhörung des Reichsrats von der Mehrheit der Länder gewünscht wurde, die steuerliche Erfassung dieses Geldentwertungsausgleichs im Rahmen der bestehenden Ertragsteuern der Länder zu ermöglichen. Würde unter diesen Umständen von Reichs wegen eine Regelung etwa dahin getroffen worden sein, daß die ländlichen Wohn- und Wirtschaftsgebäude oder nur die ländlichen Wohngebäude nach den Vorschriften über den Geldentwertungsausgleich bei bebauten Grundstücken zu behandeln seien, so hätten sich hieraus Schwierigkeiten in solchen Ländern ergeben können, mit deren Ertragsteuersystem diese Regelung im Widerspruch gestanden hätte. Der Unterscheidung in den Überschriften zwischen „bebauten" und „unbebauten" Grundstücken darf meines Erachtens für die Beantwortung dieser Frage keine ausschlaggebende Bedeutung zukommen, zumal die Vorschrift des § 33 Abs. 1 — ohne zwischen bebauten und unbebauten Grundstücken zu unterscheiden — alle diejenigen Grundstücke den Bestimmungen der §§ 33 bis 36 unterwirft, die nicht den Bestimmungen über den Geldentwertungsausgleich bei bebauten Grundstücken unterliegen.

Hiernach würden gegen die Ansicht Bedenken nicht zu erheben sein, das Schwergewicht bei der Entscheidung auf die wirtschaftliche Zusammengehörigkeit von Gebäude und Grundstück zu legen. Geht man davon aus, daß die innerhalb eines land- oder forstwirtschaftlichen Betriebes aufgenommenen Hypotheken in der Regel den Gesamtbetrieb als wirtschaftliche Einheit belasten, so erscheint es folgerichtig, daß der Geldentwertungsausgleich für die infolge der Inflationswirtschaft eingetretene Entlastung gleichmäßig für die zu dieser Wirtschaftseinheit gehörigen Grundstücke erfolgt. Abgesehen davon, daß eine gesonderte steuerliche Behandlung der Wohn- und Wirtschaftsgebäude eine rechnerische Verteilung der Hypothekenbelastung auf die Wohn- und Wirtschaftsgebäude einerseits und auf die übrigen land- und forstwirtschaftlichen Grundstücke andererseits zur Voraussetzung hätte, wodurch die technische Durchführung der Steuerveranlagung wesentlich erschwert würde, würde durch die Unterordnung der ländlichen Wohn- und Wirtschaftsgebäude unter die „bebauten Grundstücke" im Sinne der Verordnung insoweit die von dem Gesetzgeber für das Jahr 1924 im Hinblick auf die bereits bestehende starke steuerliche Belastung beabsichtigte schonende Behandlung der Landwirtschaft nicht erreicht werden. Die gleichen Erwägungen scheinen mir auch dagegen zu sprechen, nur die ländlichen Wohngebäude den Vorschriften über die „bebauten Grundstücke" unterzuordnen, dagegen die Wirtschaftsgebäude den übrigen ländlichen Grundstücken gleichzustellen. Hierbei kommt noch in Betracht, daß in kleinbäuerlichen Verhältnissen schwer zu unterscheiden sein wird, inwieweit ein landwirtschaftliches Gebäude Wohnzwecken oder Wirtschaftszwecken dient.

XI. Antrag Dr. Düringer und Genossen (Reichstagsdrucksache, I. Wahlperiode 1920/24 Nr. 6522).

Der Reichstag wolle beschließen, nachstehendem Gesetzentwurf die verfassungsmäßige Zustimmung zu erteilen:

Entwurf eines Gesetzes zur Abänderung der Dritten Steuernotverordnung vom 14. Februar 1924.

Der Reichstag hat das folgende Gesetz beschlossen, das mit Zustimmung des Reichsrats hiermit verkündet wird:

Artikel I.

Der Artikel I der Dritten Steuernotverordnung vom 14. Februar 1924 (Reichsgesetzbl. Teil I S. 74) wird wie folgt geändert:

§ 1.

Höhe des Aufwertungssatzes. Nur Normalsatz, kein Höchstbetragssatz.

1. Der § 2 Abs. 1 erhält folgende Fassung:

„Ansprüche und Vermögensanlagen der in § 1 Abs. 2 Ziffer 1, 2 und 3 bezeichneten Art werden auf ...*) vom

---

*) Im Hinblick auf § 29 der Dritten Steuernotverordnung werden 40 vom Hundert für angemessen erachtet.

Hundert des Goldmarkbetrages aufgewertet. Von dem Gläubiger oder dem Schuldner kann eine Erhöhung oder eine Herabsetzung der Aufwertung verlangt werden, wenn dies nach den besonderen Umständen des Falles zur Abwendung einer groben Unbilligkeit geboten erscheint. Die Erhöhung oder Herabsetzung ist nur zulässig, wenn eine gütliche Vereinbarung versucht, aber nicht zustande gekommen ist und das Verlangen bis zum 30. September 1924 bei der Aufwertungsstelle (§ 9) gestellt wird."

2. Im § 2 Abs. 2 wird der Satz 4 gestrichen, Satz 1 und Satz 2 erster Halbsatz erhalten folgende Fassung:

„Als Goldmarkbetrag gilt bei Rechten, die vor dem 1. Januar 1918 entstanden sind, der Nennbetrag; bei später entstandenen Rechten ist für die Berechnung des Goldmarkbetrages der Tag der Entstehung maßgebend."

3. Im § 2 Abs. 3 treten an die Stelle des Satzes 3 folgende Vorschriften:

„Ist die Erhöhung oder Herabsetzung rechtzeitig bei der Aufwertungsstelle beantragt, so ist auf Antrag ein Widerspruch einzutragen. Nach dem 30. September 1924 gilt, solange nicht ein anderes eingetragen ist, eine Aufwertung nach Maßgabe des Abs. 1 Satz 1 als Inhalt des Grundbuchs."

§ 2.

Der § 4 Abs. 1 erhält folgenden Zusatz:

„Eine Erhöhung des Aufwertungssatzes kann nicht verlangt werden."

§ 3.

Regelung der Aufwertung der Pfandbriefe und der ihnen zugrunde liegenden Deckung.

1. Dem § 5 wird als Abs. 4 hinzugefügt:

„Die Vorschriften der Abs. 1, 2, bleiben für die persönliche Forderung außer Anwendung, wenn nur der Höchstbetrag der Haftung bestimmt und im übrigen die Feststellung der Forderung vorbehalten ist."

2. Als § 5 a wird folgende Vorschrift eingestellt:

„Steht eine Hypothek einer Grundkreditanstalt zu, oder wird sie ihr bis zum 30. Juni 1924 übertragen, so kann die Anstalt verlangen, daß die aufgewertete Hypothek in eine zu 8 vom Hundert verzinsliche, durch einen Tilgungsbetrag von ½ vom Hundert zu tilgende Amortisationshypothek umgewandelt wird; diese Hypothek ist seitens des Gläubigers bei pünktlicher Entrichtung der Jahreszahlungen unkündbar und kann vom Schuldner nach Ablauf von 10 Jahren mit einer Kündigungsfrist von 6 Monaten gekündigt werden. Die zur Durchführung dieser Bestimmung erforderlichen Anordnungen werden durch eine von der Reichsregierung mit Zustimmung des Reichsrats zu erlassende Verordnung getroffen. Diese Verordnung hat insbesondere zu bestimmen, mit welchem Zeitpunkt die Entrichtung der Tilgungsbeträge beginnt und in welchem Umfange für die ersten Jahre eine Herabsetzung des Zinssatzes einzutreten hat. Die Verordnung bestimmt ferner, inwieweit die Vorschriften des Satzes 1 auf eine nicht in Hypotheken bestehende Deckung von Pfandbriefen oder anderen Schuldverschreibungen der im § 1 Abs. 2 Ziffer 5 bezeichneten Art entsprechend anzuwenden sind."

§ 4.

An die Stelle des § 6 treten folgende Vorschriften:

„Ansprüche aus Pfandbriefen und anderen Schuldverschreibungen der im § 1 Abs. 2 Ziffer 5 bezeichneten Art werden in der Weise aufgewertet, daß aus den zur Ablösung der Deckung auf Grund einer Vereinbarung gezahlten Barbeträgen und aus der verbliebenen aufgewerteten Deckung zur Befriedigung der Gläubiger eine Teilungsmasse gebildet wird. Die Barbeträge haben zunächst zur Deckung der Verwaltungskosten zu dienen, welche 10 vom Hundert der Teilungsmasse nicht übersteigen dürfen. Ein Überschuß ist zur Einziehung von Pfandbriefen und anderen Schuldverschreibungen im Wege der Auslosung oder zum Erwerbe von wertbeständigen Hypotheken oder anderen zur Deckung geeigneten Rechten zu verwenden. Auf Grund der aus der Teilungsmasse gebildeten Deckung können zu 4 vom Hundert verzinsliche wertbeständige Pfandbriefe oder andere Schuldverschreibungen ausgegeben werden; diese Pfandbriefe oder anderen Schuldverschreibungen werden an Stelle der einzuliefernden bisherigen Urkunden den Gläubigern ausgehändigt.

Die Verteilung der Teilungsmasse erfolgt gleichmäßig unter die Gläubiger im Verhältnis des nach Maßgabe des

§ 4 Abs. 2 festzustellenden Goldmarkbetrages ihrer Ansprüche. Gläubiger, die nicht glaubhaft machen können, daß sie oder ihre Erblasser den Besitz der Schuldurkunde spätestens bis Ende des Jahres 1922 erworben haben, können auf den nach dem Erwerbspreis zu berechnenden Goldmarkbetrag beschränkt werden. Gläubiger, deren Ansprüche im Jahre 1923 eingelöst worden sind, nehmen an der Verteilung unter Anrechnung des Goldwertes des ihnen gezahlten Betrages teil.

Die Reichsregierung trifft mit Zustimmung des Reichsrats die näheren Bestimmungen über die Bildung und Verteilung der Teilungsmasse; sie kann insbesondere Vorschriften über die Kraftloserklärung der nicht zum Umtausch oder Abstempelung eingereichten Pfandbriefe und anderen Schuldverschreibungen erlassen. Die Reichsregierung oder die von ihr bestimmte Stelle gibt Grundsätze für die Bemessung des Verwaltungskostenbeitrags."

§ 5.

Im § 7 wird zwischen Abs. 3 und Abs. 4 folgender neuer Absatz eingestellt:

„Der Vorrang der in Abs. 3 Ziffer 1 bezeichneten Guthaben beschränkt sich auf die im § 2 Abs. 1 bezeichneten Aufwertungsbeträge."

§ 6.

Förderung der Vereinbarung der Aufwertung.

Im § 9 erhält der Abs. 1 folgenden Zusatz:

„Anträge auf eine von der Aufwertungsstelle zu treffende Entscheidung dürfen nicht vor dem 1. Juni 1924 gestellt werden. Wird bis zu diesem Zeitpunkte die Aufwertung durch Vereinbarung geregelt und der Antrag auf eine dieser Vereinbarung entsprechende Eintragung im Grundbuch, Schiffsregister oder Bahngrundbuch gestellt, so erfolgt die Eintragung gebühren- und stempelfrei."

§ 7.

Regelung der Bereicherungsansprüche, insbesondere bei bereits getilgten Ansprüchen.

1. Im § 11 Satz 1 werden hinter dem Worte „Gläubiger" die Worte eingeschaltet „vor dem 1. Oktober 1922".

2. Als Abs. 2 bis 4 werden folgende Vorschriften hinzugefügt:

„Ist nach dem 30. September 1922 die Löschung bewilligt oder die Zahlung angenommen, so findet die Vorschrift des Abs. 1 Satz 1 entsprechende Anwendung, wenn der vom Schuldner gezahlte Betrag 10 vom Hundert des Goldmarkbetrages (§ 2 Abs. 2) erreicht oder übersteigt, oder wenn das Aufwertungsverlangen nicht bis zum 30. September 1924 bei der Aufwertungsstelle (§ 9) gestellt wird.

Auf die Entscheidung über die sich aus einem Vorbehalt ergebenden Ansprüche oder ein nach Abs. 2 oder 3 gestelltes Aufwertungsverlangen finden die Vorschriften des § 9 und des § 11 Abs. 1 Satz 2, 3 entsprechende Anwendung. Die für eine Grundkreditanstalt aufgewerteten Beträge bilden einen Bestandteil der nach § 6 zu bildenden Teilungsmasse."

§ 8.

Im § 13 Abs. 2 werden die Worte „Der Satz von 15 vom Hundert des Goldmarkbetrages" durch die Worte „Der im § 2 Abs. 1 Satz 1 bezeichnete Aufwertungssatz" ersetzt.

§ 9.

Steuerliche Bestimmungen.

§ 21 erhält folgende Fassung:

1. Die Steuer beträgt 2 vom Hundert des Goldmarkbetrages der Schuldverschreibungen.
2. Soweit die Schuldverschreibungen bereits am Tage des Inkrafttretens dieser Verordnung getilgt sind, erhöht sich die Steuer um den Betrag, um den der Goldwert des für die Tilgung aufgewendeten Betrages zuzüglich der nach § 11 zu zahlenden Beträge hinter dem Aufwertungsbetrage (§ 2 Abs. 1 Satz 1) zurückbleibt."

§ 10.

Im § 33 erhalten die Abs. 2 und 3 folgende Fassung:

„Abs. 2. Die Höhe der Abgabe darf 2 vom Hundert und, wenn der Aufwertungsbetrag nicht bis zum 1. Juni 1924 durch Vereinbarung festgestellt ist, 5 vom Hundert des Goldmarkbetrages der dinglichen Lasten nicht übersteigen."

„Abs. 3. Soweit die dinglichen Lasten beim Inkrafttreten dieser Verordnung nicht mehr bestehen, kann die Steuer um den Betrag erhöht werden, um den der Goldwert des für die Tilgung aufgewendeten Betrages zuzüglich der nach § 11 zu zahlenden Beträge hinter dem Aufwertungsbetrage (§ 2 Abs. 1 Satz 1) zurückbleibt."

Artikel II.

§ 11.

Dieses Gesetz tritt mit Wirkung vom 14. Februar 1924 in Kraft.

Berlin, den 25. Februar 1924.

Dr. Düringer. Adams. Beuermann. Frau Fritsch. D. Dr. Kahl. Dr. Luther. Frau Dr. Matz. Frau Mende. Morath. Oertel. Rippler. Dr. Runkel. v. Schoch. Seibert. Streiter.

XII. Antrag Müller (Franken) und Genossen (Reichstagsdrucksache, I. Wahlperiode 1920/24 Nr. 6470).

Der Reichstag wolle folgendem Gesetzentwurf die verfassungsmäßige Zustimmung erteilen:

Entwurf eines Gesetzes zur Abänderung der Dritten Steuernotverordnung vom 14. Februar 1924.

Der Reichstag hat das folgende Gesetz beschlossen, das mit Zustimmung des Reichsrats hiermit verkündet wird:

Artikel I.

Die Dritte Steuernotverordnung vom 14. Februar 1924 (Reichsgesetzbl. I S. 74) wird wie folgt geändert:

1. Im Artikel I § 2 wird
   a) nach dem zweiten Satz folgender Satz eingefügt:
      „Gestattet die Vermögenslage des Schuldners offensichtlich eine höhere Aufwertung, so kann der Gläubiger sie verlangen; der erhöhte Aufwertungsbetrag darf 20 v. H. des Goldwertbetrages nicht übersteigen."
   b) nach den Worten „die Herabsetzung" eingefügt „oder Heraufsetzung".
2. Im § 5 Abs. 1 wird statt „1. Januar 1932" gesetzt „1. Januar 1927".

3. Im § 5 Abs. 2 wird der dritte Satz wie folgt gefaßt:
„Vom 1. Januar 1925 ab beträgt der Zinssatz 2 v. H.; er erhöht sich am 1. Januar 1926 auf 5 v. H."
4. Im § 9 Abs. 1 wird nach dem Wort „Herabsetzung" eingefügt „oder Heraufsetzung".
5. § 11 erhält folgenden Wortlaut:
„Die Aufwertung kann auch verlangt werden für Forderungen, die nach dem 1. Juli 1922 zurückgezahlt worden sind."
6. Im Artikel II § 16 Abs. 1 werden die Worte „Erledigung sämtlicher" ersetzt durch die Worte „Regelung der".
7. Im Artikel III § 21 Abs. 1 wird die Zahl „2" ersetzt durch die Zahl „10".
8. Der § 23 Abs. 1 erhält folgenden Wortlaut:
„Die Steuer des § 21 Abs. 1 und die Erhöhung des § 21 Abs. 2 ist mit je 2 v. H. in Vierteljahrsraten zu entrichten. Die erste Rate ist am 1. März 1924 fällig."
9. § 23 Abs. 2 wird gestrichen.
10. Die §§ 26 bis 32 und die mit 1. bezeichnete Überschrift werden gestrichen.
11. Die Überschriften 2. und 3. über den §§ 33 und 37 werden mit 1. und 2. bezeichnet.
12. Im § 33 Abs. 1 wird das Wort „berechtigt" ersetzt durch das Wort „verpflichtet".
13. Im § 33 Abs. 2 wird die Zahl „2" ersetzt durch die Zahl „10".
14. § 33 Abs. 4 erhält folgenden Wortlaut:
„Bei der Bemessung der Steuer ist auf die Leistungsfähigkeit der kleinen und mittleren landwirtschaftlichen Betriebe Rücksicht zu nehmen."
15. Im § 36 Abs. 1 wird statt „1. November 1925" gesetzt „1. November 1924".
16. Im § 37 Abs. 1 Zeile 1 wird das Wort „berechtigt" ersetzt durch das Wort „verpflichtet".
17. Im Artikel V wird nach der Überschrift „Finanzausgleich" folgender § 38a eingefügt:
Die Reichsregierung hat § 38 a dem Reichstage bis zum 1. März 1924
1. zur Deckung des allgemeinen Finanzbedarfs der Länder und Gemeinden (Gemeindeverbände) den Entwurf

eines Gesetzes vorzulegen, durch den die Länder ermächtigt werden, für eine befristete Zeit einen Zuschlag bis zu 200 v. H. zur Vermögenssteuer einzuführen. Dabei können zwischen immobilem und mobilem Vermögen, zwischen landwirtschaftlichen und anderen Grundstücken, zwischen Effektenbesitz und anderen Vermögenswerten und zwischen den Vermögen, die sich seit 1913 vermehrt haben, die gleichgeblieben sind, und die sich verringert haben, Unterschiede gemacht werden;

2. zur Förderung des Wohnungsbaues den Entwurf eines Gesetzes vorzulegen, der die Erhebung einer Abgabe bis zu 10 v. H. der Friedensmiete vorsieht.

18. § 42 wird gestrichen.

Artikel II.

Dies Gesetz tritt mit dem Tage der Verkündung in Kraft.

Berlin, den 20. Februar 1924.

Müller (Franken). Albrecht (Magdeburg). Dr. Breitscheid. Brühl. Dittmann. Düwell. Frohme. Dr. Hertz. Hildenbrand. Frau Juchacz. Keil. Kotzke. Krüger (Merseburg). Laufkötter. Lipinski. Ludwig. Raute. Schulz (Bremen). Schumann. Seger. Simon (Schwaben). Stampfer. Unterleitner. Frau Wackwitz. Zubeil.

XIII. Urteil des Reichsgerichts, 5. Zivilsenat, vom 1. März 1924 — V 129/1923 — in Sachen Schultze, Eheleute (Kläger und Revisionskläger) gegen die Basler Versicherungsgesellschaft gegen Feuerschaden (Versäumnisurteil gegen die Revisionsbeklagte, soweit die Aufhebung erfolgt).

Unter teilweiser Aufhebung des Urteils des 6. Zivilsenats des Oberlandesgerichts zu Celle vom 21. Dezember 1922 wird auf die Revision der Kläger festgestellt,

1. daß sie aus der für die Beklagte im Grundbuche von Hannover-List Bd. 30 Blatt Nr. 987 in Abt. III unter Nr. 8 eingetragenen Hypothek höchstens verpflichtet sind, der Beklagten aus dem

Grundstück einen Goldmarkbetrag von 9300 (neuntausenddreihundert) Mark nach Maßgabe des § 5 Abs. 1 der 3. Steuernotverordnung vom 14. Februar 1924 (RGBl. I S. 74) zu zahlen und nach Maßgabe des Abs. 2 daselbst zu verzinsen,

2. daß der Beklagten kein Anspruch gegen die Kläger auf Entrichtung weiterer Zinsenzahlungen für die Zeit vom 1. Januar 1921 ab bis 14. Februar 1924 aus dem Grundstück zusteht.

Im übrigen wird die Revision gegen das vorbezeichnete Urteil zurückgewiesen.

Die Kosten des Rechtsstreits werden den Klägern zu einem Sechstel, der Beklagten zu fünf Sechsteln auferlegt.

Von Rechts wegen.

Tatbestand.

Auf dem im Grundbuch von Hannover-List Bd. 30 Blatt Nr. 987 verzeichneten Grundstück steht für die Beklagte seit dem November 1915 eine Darlehnshypothek von 62 000 M, eingetragen unter Bezugnahme auf die Eintragungsbewilligung der damaligen Grundstückseigentümer vom 6. November 1915. In dieser ist u. a. bestimmt, daß die Kündigung seitens der Gläubigerin bei pünktlicher Zinszahlung frühestens auf den 1. April 1926 erfolgen dürfe sowie daß alle Zahlungen an Kapital und Zinsen in deutscher Reichswährung in Gold an der Kasse der Gläubigerin in Basel oder nach deren Anordnung zu leisten seien. Seit dem 7. Februar 1921 sind die Kläger Eigentümer dieses Grundstücks. Sie haben der Beklagten die Zinsen seit dem 1. Januar 1921 regelmäßig in Papiermark gezahlt.

Mit der Ausführung, daß Reichsgoldmünzen schon bei der Eintragung der Hypothek nicht mehr vorhanden, ihre Ausfuhr in das Ausland auch verboten sei, also die eingetragene Forderung auf eine von Anfang an unmöglich gewesene oder doch nachträglich unmöglich gewordene, auch gesetzlich verbotene Leistung gerichtet gewesen sei, daher die Hypothek ihnen oder doch den Grundstückseigentümern aus dem Jahre 1915 als Eigentümergrundschuld zustehe, haben sie geklagt auf Bewilligung einer entsprechenden Berichtigung des Grundbuchs, auf Rückzahlung gewisser Zinsbeträge, auf Feststellung, daß die Beklagte gegen sie aus der Eintragung der Hypothek weder einen persönlichen noch einen dinglichen Anspruch habe, hilfsweise, daß sie lediglich zur Zahlung von 62 000 M nebst Zinsen in Papiergeld verpflichtet seien. Das Landgericht hat die Klage abgewiesen. Soweit sie mit dem hilfsweise erhobenen Feststellungsantrage abgewiesen waren, legten die Kläger Berufung ein mit dem Antrage auf Feststellung, daß der Beklagten kein Anspruch auf Zahlung weiterer, als der bereits entrichteten, Zinsen für die Zeit vom 1. Januar 1921 ab aus dem Grundstück zustehe, sowie daß sie selbst lediglich verpflichtet seien, 62 000 ℳ nebst den eingetragenen Zinsen in Papiergeld aus dem Grundstück an die Beklagten zu zahlen. Ihre Berufung blieb ohne Erfolg.

Aus den Gründen:

(Es wird zunächst ausgeführt, daß nicht eine Goldwertklausel, sondern eine Goldklausel vereinbart ist, daß die Reichsgoldmünzen in Deutschland nicht mehr im Umlaufe sind und deshalb auf eine Verpflichtung zur Leistung in solchen § 245 BGB. anzuwenden ist. Dann heißt es weiter:)

Daraus folgt jedoch noch nicht die Befugnis der Kläger, die Darlehnsforderung der Beklagten mit Papiergeld zum Nennbetrage von 62 000 ℳ abzufinden. Vielmehr treffen für den Umfang dieser Verpflichtung dieselben Grundsätze zu, welche der jetzt erkennende Senat in einem zum Abdrucke bestimmten Urteile vom 16. Januar 1924 — V 750/23 — für den Fall einer vor dem 31. Juli 1914 vereinbarten Goldklausel dargelegt hat, bei der also gemäß der Bundesratsverordnung vom 28. September 1914 (RGBl. S. 417) der Anspruch des Gläubigers gleichfalls auf diejenige Leistung beschränkt ist, die er in Ermangelung der Klausel zu beanspruchen hätte. Dort ist ausgeführt, daß seit dem Erlasse des Urteils RGZ. Bd. 101 S. 141, 146 mit dem immer stärker zutage tretenden Verfalle der deutschen Währung sich auch immer mehr die Notwendigkeit und Richtigkeit derjenigen Rechtsauffassung herausgestellt hat, welche die Aufwertung der persönlichen Forderung zuläßt, infolge deren der Schuldner also nicht mehr berechtigt ist, die Hypothek in Papiergeld zum Nennbetrage abzudecken, der Gläubiger vielmehr nach § 242 BGB. Entrichtung eines nach den in RGZ. Bd. 107 S. 78 ff. erörterten Grundsätzen aufgewerteten Geldbetrages in Papiergeld fordern darf. Daselbst ist weiter dargelegt, daß die Vereinbarung einer Gold-(münz)klausel, mindestens in einer großen Anzahl von Fällen, wirtschaftlich dem Zwecke dienen sollte, den Gläubiger gegen eine mögliche Entwertung des sonstigen Währungsgeldes zu schützen, sowie daß dieser Umstand jedenfalls bei der tatsächlichen Bemessung der Aufwertung nicht außer Betracht bleiben darf, daß er es vielmehr rechtfertigen kann und in vielen Fällen rechtfertigen wird, dem Schuldner gegenüber einem Gläubiger, der sich Zahlung in Gold ausbedungen hat, beim billigen Ausgleich der beiderseitigen Interessen eine höhere Zahlung zuzumuten, als sie ihm einem anderen Gläubiger gegenüber obliegen würde.

Diese Grundsätze sind in den vorerwähnten Entscheidungen allerdings nur für die persönliche Schuldverbindlichkeit entwickelt worden, während hier lediglich die dingliche Haftung der Kläger mit dem Grundstücke in Frage steht; die Beklagte hat in ihrer Klagebeantwortung selbst erklärt, daß eine Übernahme der persönlichen Schuldverbindlichkeit durch die Kläger nicht stattgefunden habe. Es wäre daher beim Erlasse des Berufungsurteils zu untersuchen gewesen, ob nicht in gleicher oder in entsprechender Weise eine Aufwertung auch des dinglichen Anspruchs der Beklagten zu erfolgen hatte. Da das Oberlandesgericht den Sachverhalt nach dieser Richtung nicht geprüft hat, so könnte in Betracht kommen, sein Urteil aus diesem Grunde aufzuheben und zur Nachholung dieser Prüfung sowie zur Untersuchung, ob auch die tatsächlichen Voraussetzungen einer Aufwertung nach dem zur Zeit seines Erlasses geltenden Rechte (RGZ. Bd. 107 S. 87 ff.) als vorhanden anzusehen waren, die Sache an die Vorinstanz zurückzuverweisen. Eine solche Aufhebung und Zurückverweisung hat sich indessen dadurch erledigt, daß inzwischen die Dritte Steuernotverordnung vom 14. Februar 1924 (RGBl. I S. 74) ergangen und mit dem Tage ihrer Verkündung in Kraft getreten ist. Diese hat sich, wie z. B. die Regelung hinsichtlich der rückständigen Zinsen in § 5 Abs. 2, die Bestimmungen über die bereits früher erfolgten Löschungsbewilligungen und Zahlungsannahmen in § 11 und besonders die Vorschrift des § 14, wonach die Verordnung auf Aufwertungen, die durch ein bei ihrem Inkrafttreten rechtskräftiges Urteil geregelt sind, keine Anwendung findet (also auf noch schwebende Prozesse in Anwendung zu bringen ist), unbedenklich ergeben, bezüglich der Aufwertungsvorschriften grundsätzlich rückwirkende Kraft beigelegt; ihr Inhalt muß daher aus den gleichen Erwägungen, wie sie in RGZ. Bd. 101 S. 141, 147, 148 hinsichtlich des deutsch-schweizerischen Goldhypothekenabkommens für maßgebend erachtet sind, auch noch in der Revisionsinstanz Beachtung finden.

Die Rechtsgültigkeit der Dritten Steuernotverordnung ist allerdings von mehreren Seiten bestritten und insbesondere angeführt worden, daß sie mit grundlegenden Bestimmungen der

Reichsverfassung nicht vereinbar sei. Diese Bedenken gegen ihre Gültigkeit können jedoch grundsätzlich nicht als berechtigt anerkannt werden, jedenfalls nicht hinsichtlich der hier allein in Frage stehenden Vorschriften über die Aufwertung von Hypotheken. Die Bestimmungen hierüber gehen, wie der Reichsjustizminister in der Reichstagssitzung vom 27. Februar 1924 (Reichsanzeiger 1924 Nr. 51) ausdrücklich hervorgehoben hat, aus von dem in RGZ. Bd. 107 S. 78 ff. ausgesprochenen und dort näher entwickelten Grundgedanken, daß die Aufwertung hypothekarisch gesicherter Forderungen rechtlich, besonders gemäß § 242 und auch § 157 BGB., zulässig ist; sie wollen auf dieser Grundlage die Aufwertungsfrage „auf eine dem allgemeinen Volksempfinden, der Ethik und Sittlichkeit entsprechende Weise" gesetzgeberisch lösen. Diese Lösung weicht allerdings nicht unwesentlich von dem Ergebnisse ab, zu dem der jetzt erkennende Senat in dem vorerwähnten Urteile — für die Frage der Aufwertung der hypothekarisch gesicherten Forderungen, noch nicht für die Frage der Aufwertung der dinglichen Belastung — gelangt war. Er hatte dort aus der damaligen Gesetzeslage entnommen, daß hinsichtlich der Zulässigkeit der Aufwertung der Hypothekenforderungen maßgebend sein müsse, was Treu und Glauben mit Rücksicht auf die Verkehrssitte im einzelnen Falle fordern, und daß auf Grund der Gesetzesbestimmungen nicht schlechthin der Grundsatz aufgestellt werden könne, daß allgemein jede Hypothekenforderung ohne weiteres aufgewertet werden müsse oder daß bei allen die Aufwertung in gleichem Maße, etwa gar im Wertverhältnis der Papiermark zur Goldmark, stattzufinden habe (a. a. O. S. 87). Eine solche Prüfung in jedem einzelnen Falle, ob und in welcher Höhe eine Aufwertung geboten ist, konnte indessen, wie nicht verkannt werden kann und auch vom Senate nicht verkannt war, ohne gesetzgeberisches Eingreifen, insbesondere ohne ein vereinfachtes Verfahren vor besonderen Stellen, zu einer großen Zahl von Rechtsstreitigkeiten führen, die nicht nur einen erheblichen Kostenaufwand verursachen, deren Durchführung vielmehr auch eine geraume Zeit in Anspruch nehmen würde. Diese Schwierigkeiten mußten bei der Frage der dinglichen Seite der Aufwertung noch wachsen. Die Reichsregierung hatte das Bedenken, daß eine kaum zu bewältigende Menge von Rechtsstreitigkeiten entstehen würde, die auf lange Zeit hinaus Unsicherheit mit sich bringen und, auch abgesehen von den Kosten, den Realkredit wegen des zweifelhaften Bestands der Grundstücksbelastung gefährden würden.

Sie hat weiter (vergl. die Reichstagsverhandlungen vom 26. und 27. Februar 1924; Reichsanzeiger 1924 Nr. 49 und 51) erwogen, daß das deutsche Wirtschaftsleben zu seiner Gesundung vor allem ruhiger und gesicherter wirtschaftlicher Verhältnisse bedürfe, daß solche die erste Voraussetzung für ausreichenden Kredit, der ein Lebensbedürfnis unseres Volkes sei, darstelle, sowie daß die Beschaffung dieses Kredits nicht nur für die Industrie, sondern auch für den Hausbesitz und die Landwirtschaft ohne baldige Klarheit über die Aufwertung und damit über die Höhe der Belastung der Grundstücke nicht möglich sei; die Erhaltung der deutschen Wirtschaft verlange daher eine rasche und somit eine möglichst einfache, eine Durchschnittslösung. Infolgedessen sei es keine unzulässige Entrechtung, vielmehr eine der Gerechtigkeit und wirtschaftlichen Notwendigkeit entsprechende Maßnahme, wenn darauf verzichtet werde, in jedem einzelnen Falle zu prüfen, was billig sei, sondern wenn durch Festsetzung von Durchschnittssätzen der Aufwertung eine schädliche Ungewißheit in praktischer Weise beseitigt werde.

Demnach handelt es sich bei der in der Dritten Steuernotverordnung getroffenen Regelung der Hypothekenaufwertung um eine Maßnahme, welche die Reichsregierung „im Hinblick auf die Not von Volk und Reich für erforderlich und dringend erachtet" hat. Zu einer solchen Maßnahme war sie nach § 1 Satz 1 des Ermächtigungsgesetzes vom 8. Dezember 1923 (RGBl. I S. 1179) befugt. Ob die getroffene Regelung zweckentsprechend und zur Erreichung des erstrebten Zieles tatsächlich geeignet ist, kann vom Gericht bei der Prüfung ihrer Rechtsgültigkeit nicht untersucht werden.

Nach Satz 2 a. a. O. war eine Abweichung von den Vorschriften der Reichsverfassung nicht zulässig. Seitens der Gegner der Rechtsgültigkeit der Verordnung wird behauptet, daß sie gegen Verfassungsvorschriften verstoße. Einer der hauptsächlichsten Angriffe geht dahin, daß sie eine unzulässige Enteignung enthalte, also mit Art. 153 der Reichsverfassung in Widerspruch stehe. Dem kann nicht beigetreten werden. Es kann schon zweifelhaft sein, ob die Regelung der Hypothekenaufwertung überhaupt eine Enteignung, d. h. eine zwangsweise Entziehung von Rechten darstellt oder nicht vielmehr auf die gesetzliche Normierung des streitig gewordenen zivilrechtlichen Rechtsverhältnisses zwischen Hypothekengläubiger und Hypothekenschuldner sich beschränkt. Doch kann dieser Zweifel dahinstehen, da in keinem Falle eine verfassungsmäßig unzulässige Entziehung von Gläubigerrechten in Frage steht. Art. 153 Abs. 1 der Reichsverfassung stellt allerdings den Grundsatz auf, daß das Eigentum von der Verfassung gewährleistet werde, und es mag zutreffen, daß der Begriff „Eigentum" im Sinne dieses Artikels auch dingliche wie persönliche Ansprüche mitumfaßt. In Satz 2 daselbst wird aber sogleich hinzugefügt, daß sich der Inhalt und die Schranken des Eigentums „aus den Gesetzen" ergeben, und im Abs. 2 wird dann eine Enteignung für zulässig erklärt, die somit durch den Schutz, den die Verfassung dem Eigentum zusichert, nich ausgeschlossen wird. Die im Abs. 2 aufgestellten Voraussetzungen für die Zulässigkeit einer Enteignung sind hier erfüllt. Die Regelung der Hypothekenaufwertung in der Dritten Steuernotverordnung soll, wie die oben mitgeteilten Ausführungen des Reichskanzlers und des Reichsjustizministers ergeben, zur Erhaltung und baldigen Gesundung der deutschen Volkswirtschaft dienen, also „zum Wohle der Allgemeinheit" erfolgen. Auch hierbei muß es genügen, daß die Maßnahme dem Wohle der Allgemeinheit zu dienen bestimmt ist; nicht dagegen kann ihre Gültigkeit davon abhängen, inwieweit dieses Ergebnis tatsächlich erreicht wird. Die Anordnung erfolgte weiter „auf gesetzlicher Grundlage", nämlich durch die Dritte Steuernotverordnung, die wieder auf dem Ermächtigungsgesetze vom 8. Dezember 1923 beruht. Ihrer Zulässigkeit steht auch nicht entgegen, daß eine angemessene Entschädigung der Hypothekengläubiger dabei nicht vorgesehen ist, da „ein Reichsgesetz etwas anderes bestimmt". Als ein solches Reichsgesetz hat auch eine reichsrechtliche Rechtsverordnung, als welche Art. I der Dritten Steuernotverordnung sich darstellt, zu gelten (RGSt. Bd. 55 S. 88, 91; RGZ. Bd. 102 S. 161, 165 und ein zum Abdruck bestimmtes Urteil des jetzt erkennenden Senats vom 8. Dezember 1923, V. 110. 23). In Art. 153 Abs. 2 Satz 2 der Reichsverfassung wird nicht vorgeschrieben, daß die „andere Bestimmung" nur durch ein verfassungänderndes Gesetz (Art. 76 das.) erfolgen dürfe; es genügt hiernach auch ein einfaches Reichsgesetz, dem eine reichsrechtliche Rechtsverordnung gleichsteht. Daß das Ermächtigungsgesetz vom 8. Dezember 1923 in § 1 Abs. 1 Satz 2 in dieser Hinsicht etwas Abweichendes hätte anordnen wollen, ist nicht ersichtlich.

Im Zusammenhang damit ist weiter der Zweifel angeregt worden, ob nicht die Art der Beschränkung der Rechte der Hypothekengläubiger durch die Dritte Steuernotverordnung als Verstoß gegen Treu und Glauben oder, weil sie zu Ergebnissen führe, die dem Anstandsgefühl aller billig und gerecht Denkenden widersprächen, als Verstoß gegen die guten Sitten rechtsunwirksam wäre. Zur Widerlegung dieses Angriffs bedarf es keiner Erörterung der strittigen Frage, ob und wieweit überhaupt Fälle denkbar sind, in denen ein Gesetz wegen eines solchen Verstoßes einer den Richter bindenden Kraft entbehren könnte. Denn bei der Regelung der Hypothekenaufwertung in der Dritten Steuernotverordnung kann von einem solchen Verstoße füglich nicht die Rede sein. Es handelt sich um die Lösung einer schwierigen rechtlichen und wirtschaftlichen Aufgabe, die, gleichviel wie der einzelne sie beurteilen mag, keinesfalls den Gerichten einen Anlaß bieten kann, sie aus allgemeinen Erwägungen für rechtsunwirksam zu erklären.

Die Regelung der Hypothekenaufwertung enthält weiter keinen Verstoß gegen Art. 105 der Reichsverfassung, nach welchem niemand seinem gesetzlichen Richter entzogen werden darf. Wenn nach Maßgabe von §§ 9, 10 der Verordnung über die Höhe der Aufwertung ausschließlich die Aufwertungsstelle zu entscheiden hat und in bürgerlichen Rechtsstreitigkeiten auf Antrag das Verfahren auszusetzen ist, soweit die Entscheidung von der Höhe der Aufwertung abhängt, so wird damit allerdings ein einzelner Streitpunkt zur schnelleren Erledigung einem besonderen Verfahren vor einer besonderen Stelle zugewiesen. Das kann aber ohne verfassungsänderndes Gesetz, also auch durch eine reichsrechtlich zugelassene Verordnung geschehen. Denn die Abgrenzung der ordentlichen Gerichtsbarkeit und der Tätigkeit anderer Behörden ist nicht in der Verfassung selbst erfolgt, sondern Aufgabe der Gesetzgebung.

Endlich muß auch die Behauptung zurückgewiesen werden, daß die Bestimmungen über die Hypothekenaufwertung eine nach Art. 134 der Reichsverfassung unzulässige Sonderbesteuerung darstellen. Der Art. I der Dritten Steuernotverordnung, der die rechtlichen Beziehungen zwischen Gläubiger und Schuldner hinsichtlich der Aufwertung regelt, enthält überhaupt keine Bestimmung über Besteuerung. Steuervorschriften finden sich erst in den späteren Artikeln III ff. Aber auch dort wird den Hypothekengläubigern als solchen keine Abgabe auferlegt; die Steuer ist insbesondere in Art. III B dem Eigentümer bezw. dem Mieter auferlegt. Und selbst wenn man aus dem Zusammenhange der Vorschriften den Schluß ziehen wollte, daß es sich bei der Begrenzung der Aufwertung im Ergebnisse teilweise um eine Heranziehung der Hypothekengläubiger zur Tragung öffentlicher Lasten handele, so bedeutet doch „ohne Unterschied" in Art. 134 der Reichsverfassung nur, daß die bisherigen Ausnahmen von der Beitragspflicht zu den allgemeinen Lasten (z. B. die Steuerprivilegien der fürstlichen Häuser) beseitigt sind und neue Unterschiede dieser Art nicht eingeführt werden dürfen; keinesfalls folgt daraus, daß alle Staatsbürger notwendig in gleichem Maße zu allen Steuern heranzuziehen sind. Ihre Beitragspflicht bestimmt sich vielmehr „im Verhältnis ihrer Mittel" und „nach Maßgabe der Gesetze". Der Gesetzgeber ist somit befugt (wie er es auch schon vorher getan hat), bestimmte Vermögensteile mit besonderen Abgaben zu belegen.

Nach der somit rechtsgültigen Dritten Steuernotverordnung erweist sich das Verlangen der Kläger auf Feststellung, daß sie lediglich zur Entrichtung von 62 000 *M* nebst den eingetragenen Zinsen in Papiergeld aus dem Grundstücke verpflichtet seien, als unbegründet. Ihr Antrag muß aber dahin verstanden werden, daß sie eine Feststellung darüber fordern, in welchem Umfange das von der Beklagten beanspruchte Recht auf Entrichtung des Hypothekenkapitals nebst Zinsen überhaupt begründet ist (RGZ. Bd. 77 S. 132, 136, 137; Warneyer, Ergänzungsband 1913 Nr. 70). Er kann sonach nicht gänzlich abgewiesen werden. Vielmehr war auszusprechen, daß sie (vorbehaltlich ihrer Befugnis, nach § 2 Abs. 1 Satz 2 der Dritten Steuernotverordnung eine Herabsetzung der Aufwertung zu verlangen) höchstens verpflichtet sind, aus dem Grundstück einen Goldmarkbetrag von 15 v. H. des eingetragenen Kapitals, also in Höhe von 9300 *M* (die nach § 2 Abs. 3 das. den dinglichen Rang des aufgewerteten Rechts haben), nach Maßgabe des § 5 Abs. 1 a. a. O. zu zahlen und gemäß § 5 Abs. 2 das. zu verzinsen. Im übrigen war ihre Revision hinsichtlich dieses Feststellungsantrags zurückzuweisen. Denn die Erwägungen des Oberlandesgerichts, daß sich die künftige Rechtslage für die Zeit der Fälligkeit der Hypothek noch nicht übersehen lasse, sind durch die Neuregelung in der Dritten Steuernotverordnung überholt und damit die gegen sie gerichteten Angriffe der Revision gegenstandslos geworden.

Das weitere Feststellungsverlangen der Kläger hinsichtlich der von ihnen seit dem 1. Februar 1921 gezahlten Zinsen ist gleichfalls gerechtfertigt. Denn nach § 5 Abs. 2 Satz 2 der Dritten Steuernotverordnung gelten rückständige Zinsen als mit dem Inkrafttreten dieser Verordnung erlassen. Ein Anspruch auf Zahlung weiterer Zinsen für die Zeit vom 1. Januar 1921 bis zum 14. Februar 1924 steht demnach der Beklagten nicht zu....

XIV. Verzeichnis der hauptsächlichsten Literatur zur Aufwertungsfrage

1. Vor dem Urteile des Reichsgerichts vom 28. November 1923.

Nipperdey, Vertragstreue und Nichtzumutbarkeit der Leistung. 1921.
Oertmann, Die Geschäftsgrundlage. 1921.
Titze, Richtermacht und Vertragsinhalt. 1921.
Stampe, Richtlinien für die Clausula-Praxis (Iherings Jahrb. Bd. 72 S. 348). 1922.
Rosenfelder, Die zivilrechtliche Behandlung der Geldentwertung (Iherings Jahrb. Bd. 71 S. 237). 1921.
Böckel, Die Veränderung der Vertragsgrundlagen. 1922.
Geiler, Die Geldentwertung als Gesetzgebungsproblem des Privatrechts. 1922.
Warneyer, Geldentwertung und Vertragserfüllung. 1922.
Bielschowsky, Die Geldentwertung als Gesetzgebungsproblem des Privatrechts. 1923.
Die Geldentwertung in der Praxis des deutschen Rechtslebens. Abhandlungen von Roth, Geiler, Sontag, Abraham, von der Trenck, Griesheimer, Marcuse.
Dessauer, Die Geldentwertung als Gesetzgebungsproblem des Privatrechts. 1923.
Henle, Mark gleich Mark? 1923.

Aus Zeitschriften:

v. Dungern, Das Währungsrecht (JurWoch. 1923 S. 97).
Kretzschmar, Jurisprudenz und Gläubigernot (Leipz. Zeitschr. 1923 Sp. 185).
Sokolowski, Lieferungsverträge und Markkatastrophe (Leipz. Zeitschr. 1923 Sp. 247).
Herzfeld, Der Irrtum über die Mark (Arch. f. d. ziv. Pr. 1922 S. 203).
Nipperdey, Vertragstreue und Geldentwertung (DJZ. 1922 Sp. 659).
Kann bei Bemessung des Verzugsschadens die Geldentwertung Berücksichtigung finden? Aufsätze von Rosenthal, Geiler, Krückmann, Hagens, Zeiler (JurWoch. 1923 S. 101).

von der Trenck, Verzug und Geldentwertung (Leipz. Zeitschr. 1923 Sp. 79).
Lohe, Darlehenshingabe in Goldmark, Rückzahlung in Papiermark? (JurWoch. 1923 S. 451).
Gesetzentwurf nebst Begründung, betr. die Ausgleichung der Folgen wirtschaftlicher Änderungen, insbesondere der Änderungen des Geldwerts. Ausgearbeitet vom Richterverein beim Reichsgericht.
Mügel, Geldentwertung und Gesetzgebung (Wirtschaftsrecht und Wirtschaftspflege Heft 7). 1923.
Sobernheim, Die Geldentwertung als Gesetzgebungsproblem des Privatrechts (Gruchots Beiträge, N. F. Jahrg. 3 Heft 3/4). 1923.
Sontag, Der Rechtsschutz der Hypothekengläubiger und Obligationäre gegen die Geldentwertung. 1923.
Best, Richter und Schuldnerwucher (JurWoch. 1923 S. 111).
Düringer, Schutz der Hypotheken (JurWoch. 1923 S. 433).
Geiler, Schutz der Hypotheken (JurWoch. 1923 S. 434).
Best, Geldentwertung; die Inkonsequenz der Rechtsprechung (JurWoch. 1923 S. 451).
Springmann, Mark ist nicht gleich Mark (JurWoch. 1923 S. 802).
Denkschrift zur Unterstützung des Antrags Düringer und Gen., betr. die Sperre der Hypothekenrückzahlung (JurWoch. 1923 S. 873).
Mügel, Die Frage der Aufwertung der Hypothekenforderungen vom Standpunkte des geltenden Rechts aus (JurWoch. 1923 S. 485).
Oswalt, Die Mark als Wertmesser (JurWoch. 1923 S. 877).
Best, Zur Aufwertung von Hypotheken, Industrieobligationen und sonstigen langfristigen Geldforderungen (JurWoch. 1923 S. 980).
Lehmann, Zur Aufwertungsfrage (Bankarchiv 1924 S. 66).

2. Nach dem Urteile des Reichsgerichts vom 28. November 1923 und vor der Dritten Steuernotverordnung.

Stampe, Das Aufwertungsurteil des Reichsgerichts vom 28. November 1923 und mein eigner Kampf für das Recht der Darlehensgläubiger. 1924.
Oertmann, Die Aufwertungsfrage bei Geldforderungen, Hypotheken und Anleihen. 1924.

Magnus, Zur Aufwertung der Hypotheken (JurWoch. 1923 S. 1015).
Zacharias, Die Aufwertung von Hypotheken nach geltendem Recht (JurWoch. 1924 S. 85).

3. Nach der Dritten Steuernotverordnung.

Stampe, Nachtrag zu der unter 2 genannten Schrift.
Schlegelberger, Die Aufwertung nach den Vorschriften der Dritten Steuernotverordnung. 1924.
Wolfsohn, Die Aufwertung der Hypotheken und Wertpapiere nach der Dritten Steuernotverordnung. 1924.
Wagemann, Aufwertung und Geldentwertungsausgleich nach der Dritten Steuernotverordnung. 1924.
Lehmann, Die Aufwertung der Markforderungen und die Besteuerung der Inflationsgewinne. 1924.

Nachtrag.

Fast gleichzeitig mit der Beendigung des Druckes der vorstehenden Arbeit wird im Reichsgesetzblatt vom 9. Mai (also nach der Reichstagswahl!) eine vom 1. Mai datierte Verordnung veröffentlicht, die sich als „Erste Verordnung zur Durchführung der Dritten Steuernotverordnung" bezeichnet. Sie ist nachstehend abgedruckt. Das, was man zunächst erwarten konnte, die Bezeichnung der Aufwertungsstellen, von der das Inslebentreten der Aufwertungsvorschriften abhängt, enthält sie nicht. Dagegen bringt sie in § 7 überraschenderweise Vorschriften, die sich als eine authentische Interpretation der Aufwertungsvorschriften der Dritten Steuernotverordnung, insbesondere des § 3, darstellen, aber zu der Auslegung, welche diese Vorschriften in der vorstehenden Arbeit und auch sonst in den bisher erschienenen Kommentaren und Besprechungen überwiegend gefunden haben, in schroffem Widerspruche stehen. In Wirklichkeit bedeuten sie Abänderungen der Aufwertungsvorschriften der Dritten Steuernotverordnung in der Richtung einer weiteren erheblichen Einschränkung der Aufwertung. Der bescheidene Sieg, welchen die Rechtsgedanken der reichsgerichtlichen Rechtsprechung, die Grundsätze von Treu und Glauben, in § 3 durch die Bezugnahme auf die „allgemeinen Vorschriften" als Grundlage der Aufwertung errungen zu haben schienen (vergl. Anm. 1 zu § 3), wird dadurch völlig in Frage gestellt. Es wird durch diese Bestimmungen versucht, in Widerspruch zu dem Wortlaute wie zu dem Sinne des § 3 VO. die danach bei dinglich gesicherten Forderungen aller Art vorgeschriebene Anwendung der „allgemeinen Vorschriften", sofern sie zu einer Erhöhung des Aufwertungsbetrags über den „normalen Höchstsatz" von 15 v. H. führen könnte, auf wenige einzeln aufgeführte Arten derartiger Forderungen, insbesondere auf Restkaufpreisforderungen für Grundstücke, die nach dem 31. Dezember 1918 begründet sind (also merkwürdigerweise unter Ausschluß der vor Beginn der Geldentwertung durch Hingabe des vollen Goldmarkwertes begründeten!), einzuschränken und für Darlehensforderungen, die nicht aus Grundstücksverkäufen entstanden sind, also namentlich für hypothekarisch gesicherte Industrieobligationen, jede Aufwertung über 15 v. H. auszuschließen. Vgl. darüber, was unter Aufwertung nach allgemeinen Vorschriften zu verstehen ist, Anm. 2 zu § 3 S. 104. Nach der in der vorstehenden Arbeit vertretenen Auffassung des § 64 (vgl. Anm. 1 S. 272) sind diese Vorschriften rechtsunwirksam. Es wird nun Sache der zur Entscheidung über die Höhe des Aufwertungsbetrages berufenen Stellen, insbesondere auch der Oberlandesgerichte und des Reichsgerichts im Beschwerdeverfahren — vgl. Anm. 7 bis 9 zu § 9 —, sein, zu der Frage der Rechtswirksamkeit dieser Vorschriften Stellung zu nehmen, sofern nicht der Reichstag durch Aufhebungsverlangen oder im Wege der ordentlichen Gesetzgebung eingreift. Einstweilen ist durch die damit geschaffene Sachlage bedauerlicherweise die Rechtsunsicherheit noch weiter erhöht.

Erste Verordnung zur Durchführung des Artikel I der Dritten Steuernotverordnung.

Vom 1. Mai 1924 (RGBl. I S. 430).

Auf Grund des § 2 Abs. 2, des § 4 Abs. 2 und des § 64 der Dritten Steuernotverordnung vom 14. Februar 1924 (Reichsgesetzbl. I S. 74) verordnet die Reichsregierung:

§ 1.

(1) Als letzter Mittelkurs im Sinne des § 2 Abs. 2 Satz 2 und des § 4 Abs. 2 Satz 3 der Dritten Steuernotverordnung gilt der Mittelkurs des letzten vor dem für die Berechnung des Goldmarkbetrags maßgebenden Ereignis liegenden Börsentags.

(2) Soweit gemäß § 2 Abs. 1, § 4 Abs. 2 der Dritten Steuernotverordnung der Goldmarkbetrag für eine Zeit zu berechnen ist, in der der nordamerikanische Dollar an der Berliner Börse amtlich nicht notiert wurde, sind der Berechnung die nachstehenden Börsenkurse für 1 Dollar zugrunde zu legen:

für die Monate

Januar bis Juni	1918 =	5,25	Mark
Juli	1918 =	5,88	"
August	1918 =	6,09	"
September/Oktober	1918 =	6,51	"
November	1918 =	7,35	"
Dezember	1918 =	8,40	"
Januar	1919 =	8,19	"
Februar	1919 =	9,03	"
März	1919 =	10,50	"
April	1919 =	12,60	"
Mai	1919 =	12,81	"
Juni	1919 =	14,07	"
Juli	1919 =	15,12	"
August	1919 =	18,90	"
September	1919 =	23,94	"
Oktober	1919 =	26,88	"
November	1919 =	38,22	"
Dezember	1919 =	46,83	"
Januar	1920 =	64,89	"

§ 2.

Die Höhe der Geldsumme, die auf Grund eines nach den Vorschriften der Dritten Steuernotverordnung aufgewerteten Rechtes zu zahlen ist, wird in der Weise bestimmt, daß eine Goldmark des Aufwertungsbetrags dem jeweiligen Preise von $^1/_{2790}$ Kilogramm Feingold gleichgesetzt wird; maßgebend ist der für den Tag der Fälligkeit amtlich festgestellte Preis; § 2 der Verordnung zur Durchführung des Gesetzes über wertbeständige Hypotheken vom 29. Juni 1923 (Reichsgesetzbl. I S. 482) findet Anwendung.

§ 3.

(1) Bei der Eintragung der Aufwertung im Grundbuch, Schiffsregister oder Bahngrundbuch ist der gemäß § 2 Abs. 2 der Dritten Steuernotverordnung errechnete Goldmarkbetrag einzutragen; eine Goldmark ist die Bezeichnung für den amtlich festgestellten Preis von $^1/_{2790}$ Kilogramm Feingold.

(2) Der Nachweis des Erwerbstags und des Erwerbspreises bedarf nicht der im § 29 der Grundbuchordnung und der im § 107 Abs. 2 des Reichsgesetzes über die Angelegenheiten der freiwilligen Gerichtsbarkeit vorgeschriebenen Form.

§ 4.

(1) Änderungen des Inhalts eines Rechtes der im § 1 Abs. 2 Ziffer 1 bis 4 der Dritten Steuernotverordnung bezeichneten Art, insbesondere die Hinausschiebung der Fälligkeit (Prolongation), bleiben für die Feststellung des Erwerbstags außer Betracht.

(2) Ist im Falle der Gewährung eines Zusatzdarlehns unter Aufhebung des bisherigen Rechtes ein neues einheitliches Recht begründet worden, so gilt für den bisherigen Betrag der Abs. 1 entsprechend.

§ 5.

Die Kosten der Eintragung der Aufwertung trägt der Eigentümer.

§ 6.

Soweit eine Aufwertung bereits abweichend von den Vorschriften der §§ 2 bis 4 eingetragen ist, ist die Eintragung von Amts wegen zu berichtigen; die Berichtigung erfolgt gebührenfrei.

§ 7.

(1) Durch Hypothek, Schiffspfandrecht oder Bahnpfandrecht gesicherte Forderungen werden nach Maßgabe der Vorschriften des § 2 Abs. 1 Satz 1, Abs. 2 der Dritten Steuernotverordnung auf 15 vom Hundert des Goldmarkbetrags aufgewertet (normaler Höchstsatz). Nach allgemeinen Vorschriften (§ 3 der Dritten Steuernotverordnung) ist eine Abweichung von diesem normalen Höchstsatz, unbeschadet der Herabsetzung nach § 2 Abs. 1 Satz 2, 3 der Dritten Steuernotverordnung, nur zulässig,

1. wenn die Forderung auf den Beziehungen zwischen unterhaltsberechtigten und unterhaltsverpflichteten Personen beruht;
2. wenn die Forderung auf den Beziehungen aus der Auseinandersetzung unter Miterben, zwischen Erben und Pflichtteilsberechtigten, unter geschiedenen Ehegatten oder unter Eltern und Kindern beruht, sofern der Gläubiger zum Kreise der Auseinandersetzungsbeteiligten oder ihrer Erben gehört;
3. wenn es sich um eine Restkaufgeldforderung (Restkaufgeld für den Erwerb des mit der Hypothek belasteten Grundstücks) handelt, die nach dem 31. Dezember 1918 begründet worden ist; dies gilt auch dann, wenn die Restkaufgeldforderung bei

ihrer Begründung in eine Darlehnsforderung umgewandelt worden ist.

(2) Bei Darlehnsforderungen anderer als der im Abs. 1 Nr. 3 Halbsatz 2 bezeichneten Art sowie bei sonstigen Forderungen, die nicht unter die Vorschriften des Abs. 1 Nr. 1 bis 3 fallen, ist unbeschadet der Vorschrift des § 2 Abs. 1 Satz 2, 3 der Dritten Steuernotverordnung eine Abweichung von dem normalen Höchstsatz ausgeschlossen.

(3) Eine von den Vorschriften des § 2 Abs. 1 der Dritten Steuernotverordnung abweichende Aufwertung ist nur zulässig, wenn die Abweichung vor dem 1. Januar 1925 bei der Aufwertungsstelle beantragt ist.

(4) Forderungen der im Abs. 1 Satz 1 bezeichneten Art sind, unbeschadet der Vorschriften des § 38 der Dritten Steuernotverordnung, mit Beträgen, die unter Zugrundelegung des Aufwertungssatzes von 15 vom Hundert des Goldmarkbetrags errechnet werden, in die Bilanzen als Aktiven und Passiven einzustellen, solange nicht durch abweichende Vereinbarung oder durch rechtskräftige Entscheidung der Aufwertungsstelle eine höhere oder geringere Aufwertung bestimmt ist.

Berlin, den 1. Mai 1924.

Der Reichskanzler.
Marx.

Der Reichsminister der Justiz.
In Vertretung: Dr. Joël.

Sachregister.

(Die Zahlen bezeichnen die Seitenziffern.)

A.

B.

L.

M.

N.

O.

P.

S.

T.

V.

Druck von Otto Walter in Berlin S 14.

IV. 24. — 15000.

Nr. **13.** **Konkursordnung und Anfechtungsgesetz.** Von R. Sydow. Fortgeführt von L. Busch und O. Krieg. 13. Auflage. — 1923. Mit Nachtrag 1924. Gm 4,—

Nr. **14.** **Gerichtsverfassungsgesetz.** Von R. Sydow. Fortgeführt von L. Busch. 11. Auflage. In Bearbeitung.

Nr. **15.** **Das deutsche Gerichtskostengesetz.** Von R. Sydow. Fortgeführt von L. Busch und F. Koehler. 10. Auflage. — 1920. (Nachtrag, enth. die Änderungen von 1924, im Druck.) Gm 3,—

Nr. **16.** **Rechtsanwaltordnung.** Von R. Sydow. 5. Auflage von M. Jacobsohn. Mit Nachtrag von 1910. — 1907. Gm 1,20

Nr. **17.** **Gebührenordnung für Rechtsanwälte und das Preußische Gebührengesetz.** Von R. Sydow. Fortgeführt von L. Busch und O. Krieg. 12. Auflage. — 1922. (Nachtrag, enth. die Änderungen von 1924, im Druck.) Gm 4,—

Nr. **18.** **Reichsstempelgesetz.** Von P. Loeck. Vergriffen. Wird durch Kapitalverkehrssteuergesetz ersetzt. Erläuterte Ausgabe in Bearbeitung. Siehe auch Nr. **131 b.**

Nr. **19.** **Die Seegesetzgebung.** Von W. E. Knitschky. 5. Auflage von O. Rudorff. — 1913. Gm 8,—

Nr. **20.** **Krankenversicherungsgesetz** siehe Nr. **107.**

Nr. **21.** **Die Konsulargesetzgebung.** Von Ph. Zorn. 8. Auflage von K. Zorn. — 1911. Gm 4,50

Nr. **22.** **Patentgesetz.** Von R. Lutter. 8. Aufl. — 1920. Gm 4,—

Nr. **23.** **Gewerbe-Unfallversicherungsgesetz** siehe Nr. **108.**

Nr. **24.** **Aktiengesellschaft u. Kommanditgesellschaften auf Aktien.** Von H. Keyßner und H. Veit Simon. 7. Aufl In Bearbeitung.

Nr. **25.** **Brausteuergesetz.** Von A. Düffe. 2. Aufl. — 1910. Gm 2,—

Nr. **26.** **Münz- und Notenbankwesen.** Von R. Koch. 7. Aufl. In Bearbeitung.

Nr. **27.** **Gesundheitswesen im Deutschen Reich.** Von E. Goesch und J. Karsten. — 1888. Gm 1,50

Nr. **28.** **Bau-Unfallversicherungsgesetz** siehe Nr. **108.**

Nr. **29.** **Erwerbs- und Wirtschaftsgenossenschaften.** Von L. Parisius und H. Crüger. 17. Auflage — 1924. Im Druck.

Nr. **30.** **Invalidenversicherungsgesetz** siehe Nr. **109.**

Nr. **31.** **Gewerbegerichtsgesetz.** Von L. Mugdan. 7. Auflage von W. Cuno. Vergriffen, neue Auflage in Bearbeitung.

Nr. **32.** **Gesellschaften mit beschränkter Haftung.** Von L. Parisius und H. Crüger. 15. Aufl. — 1921. Gm 1,70

Nr. **33.** **Vereins- und Versammlungsrecht.** Von E. Ball. 2. Auflage von F. Friedenthal. — 1907. Gm 2,—

Reichs-Vereinsgesetz vom 19. April 1908 siehe Nr. **88.**

Nr. **34.** **Die Abzahlungsgeschäfte.** 3. Auflage von E. Wilke. — 1910. Gm 1,20

Nr. 35. **Die Reichs-Eisenbahngesetzgebung.** Von W. Coermann. — 1895. (Siehe auch Nr. **66.**) Gm 2,—

Nr. **36. Privatrechtliche Verhältnisse der Binnenschiffahrt und Flößerei.** Von E. Löwe. 6. Auflage. — 1923. Gm 4,—

Nr. **37. Unlauterer Wettbewerb.** Von A. Pinner. 7. Auflage von A. Elster. — 1921. Gm 1,40

Nr. **38/39. Bürgerliches Gesetzbuch nebst Einführungsgesetz.** Von A. Achilles. In Verbindung mit F. André, O. Meyer, O. Strecker, K. v. Unzner herausgegeben von M. Greiff. 11. Aufl. — 1923. Mit Nachtrag 1924. Gm 13,—

Nr. **40.** Gesetz, betr. die **Pflichten der Kaufleute bei Aufbewahrung fremder Wertpapiere [Depotgesetz].** Von F. Lusensky. 3. Auflage. — 1916. Mit Nachtrag 1924. Gm 1,—

Nr. **41. Börsengesetz.** Von Th. Hemptenmacher. 8. Auflage von O. Meyer. — 1915. Gm 3,50

Nr. **42. Grundbuchordnung.** Von O. Fischer. 8. Auflage. — 1924. Gm 3,—

Nr. **43. Zwangsvollstreckung.** Von J. Krech und O. Fischer. 9. Auflage von O. Fischer. — 1922. Gm 3,50

Nr. **44. Auswanderungswesen.** Von F. Stoerk. — 1899. Gm 2,—

Nr. **45. Das Entmündigungsrecht.** Von P. Koll. — 1900. Gm 1,20

Nr. **46. Freiwillige Gerichtsbarkeit.** Von H. Jastrow. 6. Auflage von Herm. Günther. — 1921. Gm 4,50

Nr. **47. Das deutsche Vormundschaftsrecht.** Von M. Schultzenstein und P. Köhne. 2. Auflage. — 1901. Gm 2,50

Nr. **48.** Gesetze, betr. den **Drogen-, Gift- und Farbenhandel** außerhalb der Apotheken. Von J. Broh. — 1899. Gm 1,20

Nr. **49. Deutsche Kolonialgesetzgebung.** Von Ph. Zorn. 2. Auflage von Sassen. — 1913. Gm 5,—

Nr. **50. Der Viehkauf [Viehgewährschaft].** Von H. Stölzle und H. Weiskopf. 5. Auflage. — 1913. Gm 5,50

Nr. **51. Hypothekenbankgesetz.** Von H. Göppert. 2. Auflage von Seidel. — 1911. Gm 2,20

Nr. **52. Rechte der Besitzer von Schuldverschreibungen.** Von H. Göppert. 2. Auflage von E. Trendelenburg. — 1915. Gm 1,50

Nr. **53. Reichspreßgesetz.** Von A. Born. 2. Auflage. — 1911. Gm 1,80

Nr. **54.** Verkehr mit **Nahrungsmitteln, Genußmitteln und Gebrauchsgegenständen.** Von G. Lebbin. — 1900. Gm 2,—

Nr. 55. **Beschlagnahme von Lohn- und Gehaltsforderungen.** Von G. Meyer. 5. Auflage. — 1914. Durch Nachträge bis Ende 1921 ergänzt. (Nachträge allein. Gm 0,70) Gm 2,30

Nr. 56. **Bekämpfung gemeingefährlicher Krankheiten.** Von B. Burkhardt. — 1900. Gm 1,20

Nr. 57. **See-Unfallversicherungsgesetz** siehe Nr. **108.**

Nr. 58. **Recht der unehelichen Kinder.** Von H. Jastrow. — 1901. Gm 1,60

Nr. 59. **Beurkundung des Personenstandes und die Eheschließung.** Von F. Fidler. 2. Auflage. — 1912. Gm 2,30

Nr. 60. **Das Urheberrecht an Werken der Literatur und der Tonkunst.** Von O. Lindemann. 4. Auflage. — 1921. Gm 1,80

Nr. 61. **Verlagsrecht.** Von B. Marwitz. 3. Auflage. — 1922. Gm 1,60

Nr. 62. **Private Versicherungsunternehmungen.** Von H. Könige. 3. Auflage. — 1922. Im Druck.

Nr. 63. **Gesetzestafel des deutschen Reichsrechts.** Von H. Bruhns. 2. Auflage. — 1913. Gm 3,—

Nr. 64. Gesetzsammlung, betr. den **Handel mit Drogen und Giften.** Von H. Sonnenfeld. 2. Auflage. — 1912. Gm 3,—

Nr. 65. **Weingesetz.** Von G. Lebbin. 2. Aufl — 1909. Gm 2,—

Nr. 66. **Die Eisenbahn-Gesetzgebung.** Von W. Pietsch. 2. Auflage. — 1913. (Siehe auch Nr. 91.) Gm 3, -

Nr. 67. **Militär-Strafgesetzbuch.** Von A Romen und C. Rissom. 3. Auflage. — 1918. Gm 5, -

Nr. 68. **Fleischbeschaugesetz.** Von G. Lebbin und G. Baum. — 1903. Gm 2,80

Nr. 69. Reichsgesetz über die **Naturalleistungen der bewaffneten Macht im Frieden.** Von W. v. Hippel. — 1903. Gm 1,—

Nr. 70. **Das Reichs-Haftpflichtgesetz.** Von G. Eger. — 1903. Vergriffen. — (Kommentar von Seligsohn. — 1920. Gm 6,50)

Nr. 71. **Kinderarbeit in gewerblichen Betrieben.** Von H. Spangenberg. 2 Auflage. — 1904. Gm 1,20

Nr. 72. **Unfallversicherungsgesetz** siehe Nr. **108.**

Nr. 73. **Entschädigung für unschuldig erlittene Verhaftung und Bestrafung.** Von A. Romen. — 1904. Gm 1,70

Nr. 74. **Die Kaufmannsgerichte.** Von M. Apt. 3. Auflage. — 1904. (Siehe auch Nr. **112.**) Gm 1,60

Nr. 75. **Konsulargerichtsbarkeit.** Von A. F. Vorwerk. 2. Ausgabe, mit den Schutzgebietsgesetzen. — 1908. Gm 1,60

Nr. 76. **Die Rechtshilfe im Verkehr mit den ordentlichen Gerichten.** Von A. Friedländer. — 1906. Gm 1,50

Nr. 77. **Das Erbschaftssteuergesetz.** Von B. Hendel. — 1920. Gm 5,—
— Neue Fassung 1924 von H Schachian. — 1924. Gm 1,80

Nr. 78. **Zigarettensteuergesetz.** Von Cuno. In Vorbereitung.

Nr. 79. **Die Militärpensionsgesetze.** Von A. Romen.
a) I. Teil: **Offizierpensionsgesetz. — 1907.** Gm 2,—
b) II. Teil: **Mannschaftsversorgungsgesetz.** Mit **Kapitalabfindungsgesetz.** — 1908. Gm 2,—
Militärversorgungsgesetze siehe auch Nr. **136.**

Nr. 80. **Gerichtliche Registerführung.** Von O. Lindemann. — 1906. Gm 2,40

Nr. 81. **Urheberrecht an Werken der bildenden Künste und der Photographie.** Von L. Fuld. 2. Auflage im Druck.

Nr. 82. **Reichsbeamtengesetz.** Von A. Arndt. 3. Auflage. — 1923. Mit Nachtrag enth. die Änderungen bis April 1924 Gm 3,50

Nr. 83. **Versicherungsvertrag.** Von P. Hager und E. Bruck. 4. Auflage. — 1920. Gm 6,—

Nr. 84. **Sammlung kleinerer privatrechtlicher Reichsgesetze.** Von G. Müller. — 1908. Gm 5,50

Nr. 85. **Scheckgesetz.** Neue Auflage im Druck.

Nr. 86. **Die Auslieferungsverträge des Deutschen Reiches.** Von A. Cohn. — 1908. Gm 4,—

Nr. 87. **Schutz der Warenbezeichnungen.** Von Freund und Magnus. 6. Auflage. — 1923. In Bearbeitung.

Nr. 88. **Vereinsgesetz.** Von A. Romen. 4. Aufl. — 1916 Gm 2,—

Nr. 89. **Vogelschutzgesetz.** Von L. v. Boxberger. — 1909 Gm 1,—

Nr. 90. Die Haager Abkommen über das **Internationale Privatrecht.** Von G. Bogeng. — 1908. Gm 2,—

Nr. 91. **Eisenbahn-Verkehrsordnung.** Von E. Blume. 2. Auflage von Weirauch. — 1922. Gm 4,—

Nr. 92. **Verkehr mit Kraftfahrzeugen.** Von R. Kirchner. 3. Auflage. Mit Nachtrag 1922. — 1915. Gm 4,—

Nr. 93. **Sicherung der Bauforderungen.** Von E. Harnier. 3. Auflage. — 1912. Gm 1,50

Nr. 94. **Die Beamtenhaftpflichtgesetze des Reiches und der Länder.** Von H. Delius. 3. Auflage. — 1921. Gm 3,20

Nr. 95. Die Berner Übereinkunft über **Internationales Urheberrecht.** Von H. Dungs. — 1910. Gm 1,—

Nr. 96. **Branntweinsteuergesetz.** 3. Auflage von K. Kniebe in Vorbereitung. **Branntweinmonopolgesetz** siehe Nr. **131 a.**

Nr. 97. **Schutzgebietsgesetz.** Von J. Gerstmeyer. — 1910. Gm 2,50

Nr. 98. **Sechs Haager Abkommen über Internationales Privatrecht.** Von H. Dungs. — 1910. Gm 1,50

Nr. 99. **Die Abkommen der Haager Friedenskonferenz.** Vergriffen. Jetzt: Wehberg, **Völkerbundakte.** Gm 1,— (Außerhalb der Sammlung.)

Nr. 100. **Kaligesetz.** Von B. Boelkel. — 1910. Gm 2,40

Nr. 101. **Zuwachssteuergesetz.** Von W. Cuno. — 1911. Gm 3,50

Nr. 102. **Urheberrecht an Mustern und Modellen** und Schutz von **Gebrauchsmustern.** Von J. Neuberg. — 1911. Gm 2,40

Nr. 103. **Reichs-Viehseuchengesetz.** Von W. v. Hippel. 2. Auflage. — 1912. Gm 4,—

Nr. 104. **Versicherungsgesetz für Angestellte** siehe Nr. **144.**

Nr. 105. **Das Geldwesen in den deutschen Schutzgebieten.** Von W. Hintze. — 1912. Gm 1,80

Nr. 106—109. **Reichs-Versicherungsordnung.** Von F. Caspar und A. Spielhagen. 4 Bände. Kplt Gm 18,—

Nr. 106. I., V. und VI. Buch. **Gemeinsame Vorschriften. — Beziehungen der Versicherungsträger zu einander und zu anderen Verpflichteten. — Verfahren.** Von K. Lippmann, L. Laß und H. Siefart. — 1913. Mit Nachtrag. Von K. Lippmann. 1920. (Nachtrag einzeln. Gm 0,40) Gm 5,-

Nr. 107. II. Buch. **Krankenversicherung.** Von H. Siefart und F. Sitzler. — 1916. Mit Nachtrag. Von K. Lippmann. — 1920. (Nachtrag einzeln. Gm 1,20.) Gm 5,50

Nr. 108. III. Buch. **Unfallversicherung.** Von A. Radtke. — 1913. Mit Nachtrag. Von A. Radtke. — 1921. (Nachtrag einzeln. Gm 1,60) Gm 6 50

Nr. 109. IV. Buch. **Invaliden- und Hinterbliebenenversicherung.** Von B. Jaup und H. Follmann. — Neudruck 1922. Mit Nachtrag, enthaltend die Ergänzungen 1914—1921. (Nachtrag einzeln. Gm 1,—.) Gm 3,50

Nr. 110. **Wehrbeitragsgesetz.** Von A. Fernow. 2. Auflage. — 1913. Gm 1,60

Nr. 111. **Reichs- und Staatsangehörigkeitsgesetz.** Von A. Romen. — 1913. Gm 2,—

Nr. 112. **Kaufmannsgerichtsgesetz.** Von H. Depène. — 1914. Gm 2,60

Nr. 113. **Postscheckgesetz.** Von J. Weiland. — 1914. Mit Nachtrag 1918. Gm 1,50

Nr. 113 a. **Postscheckordnung.** Von J. Weiland. — 1914. Mit Nachtrag 1918. Gm 1,50

Nr. 114. **Waffengebrauch und Festnahmerecht des Militärs.** Von A. Romen und C. Rissom. — 1914. Gm 1,80

Nr. 115. **Das vertragliche Wettbewerbsverbot [Konkurrenzklausel].** Von G. Baum. — 1914. Gm 3,—

Nr. 116. **Kriegs-Zivil- u. Finanzgesetze.** 3. Aufl. — 1915. Gm 1,50

Nr. 138b. **Betriebsrätegesetz.** Von A. Günther. — 1920. Gm 2,—

Nr. 139. **Grunderwerbsteuergesetz.** Von Otto Lindemann. — 1919. Gm 1,80

Nr. 140. **Die Siedelungsgesetzgebung im Reich und in Preußen.** Von W. Holzapfel. — 1920. Gm 3,—

Nr. 141. **Sozialisierungsgesetze.** Von Otto Meier. — 1920. Gm 2,20

Nr. 142. **Wirtschaftliche Demobilmachung.** Von Gg. Fischbach. — 1920. Gm 1,—

Nr. 143. **Reichsabgabenordnung.** Von Nieberl. — 1923. Mit Nachtrag, enth. die Änderungen von 1924. Gm 4,—

Nr. 144. **Versicherungsgesetz für Angestellte.** Von Lippmann. — 1920. Gm 3,50

Nr. 145. **Steuer- und Kapitalflucht.** Von E. H. Meyer. 2. Auflage. — 1921. Gm 1,60

Nr. 146. **Tabaksteuergesetz.** Von Wündisch. Mit Nachtrag, enthaltend alle Neuerungen. — 1920. Gm 3,—

Nr. 147. **Filmzensur.** Von Szczesny. — 1920. Gm 1,50

Nr. 148. **Reichsausgleichsgesetz.** Von Decke. — 1920. Gm 1,50

Nr. 149. **Reichsnotopfergesetz.** Von Friedmann und Wrzeszinsky. — 1921. Gm 4,—

Nr. 150. **Reichsschädengesetze.** Von Adolf Hohenstein und Wenzel Goldbaum. — 1922. Gm 4,—

Nr. 151. **Reichseinkommensteuergesetz.** Von A. Hirschburger. 1923. Gm 6,50

Nr 152 **Wohlfahrtsgesetze.** Von Behrend und Stranz-Hurwitz. 1923. Gm 5,—

Nr. 153. **Zwangsanleihegesetz.** Von Simon und Beutner. 1923. Gm 8,—

Nr. 154. **Jugendwohlfahrtsgesetz und Jugendgerichtsgesetz.** Von Drewes und Landré. — 1923. Mit Nachtrag, enth. die Ergänzungen bis April 1924. Gm 6,—

Nr. 155. **Reichsknappschaftsgesetz.** Von Max Reuß und Fritz Hense. — 1923. Gm 7,—

Nr. 156. **Mietrecht und Wohnungsmangelgesetz.** — 1923. Mit Nachtrag, enth. die Ergänzungen bis April 1924. Gm 4,—

Nr. 157. **Dritte Steuernotverordnung vom 14. Februar 1924** unter besonderer Berücksichtigung der Vorschriften über **Aufwertung und öffentliche Anleihen.** Von Reichsgerichtsrat Michaelis. **Im Druck.**

Nr. 158. **Strafprozeßordnung.** Alte und neue Fassung synoptisch gegenübergestellt. Von Reichsanwalt Feisenberger. — 1924. Gm 4,50

B. Preußische Gesetze.

Nr. 1. **Die Verfassung des Freistaats Preußen.** Von A. Arndt. — 1921. Gm 2,—
Ausführlicher Kommentar von Stier-Somlo. — 1921. Gm 5,—

Nr. 2. **Preußische Beamten-Gesetzgebung.** Von K. Pfafferoth. 5. Auflage. — 1916. Gm 2,40

Nr. 3. **Notteſtamente.** Von E. Kurtz. — 1904. Gm 1,50

Nr. 4. **Gebührenordnung für Notare.** Von Rausnitz. 5. Aufla e — 1917. (Neue Aufl in Bearbeitung) Gm 2,20

Nr. 5. **Gesetz vom 24. April 1854 [betr. die außereheliche Schwängerung].** Von Schulze. — 1873. Gm 0,70
Reichsrecht siehe Reichsgesetze Nr. 58.

Nr. 6—9 vergriffen.

Nr. 10. **Einkommensteuergesetz** siehe Reichsgesetze Nr. 151.

Nr. 11. **Gewerbesteuergesetz.** Von A. Fernow. Vergriffen.

Nr. 12. **Allgemeines Berggesetz.** Von Schlüter und Hense. 4. Auflage — In Vorbereitung.

Nr. 13. **Ergänzungssteuergesetz.** Von A. Fernow. 5. Aufl. Gm 3,—

Nr. 14. **Kommunalabgabengesetz.** Von F Adickes. 6. Auflage von Falk. — 1922. Gm 2,50

Nr. 15. **Die Kreisordnungen.** Von O. Kolisch. — 1894 Gm 4,—

Nr. 16. **Konzessionierung gewerblicher Anlagen.** Von W. v. Rüdiger. 2. Auflage. — 1901. Vergriffen.

Nr. 17. **Preußisches Gerichtskostengesetz.** Von P. Siméon. 7. Auflage. — 1913. Mit Nachtrag von 1919 und 1920. Gm 4,—

Nr. 18. **Preußisches Stempelsteuergesetz.** Von P Loeck und W. Seyffarth. 9. Auflage mit Nachtrag von Eiffler. — 1922. Gm 7,50

Nr. 19. **Jagdscheingesetz.** Von F. Kunze 2. Aufl — 1899. Gm 2,—

Nr. 20. **Die preußischen Erbschaftssteuergesetze.** Von U. Hoffmann. — 1905. Gm 3,—
(**Reichs-**Erbschaftssteuergesetz siehe Reichsgesetze Nr. 77.)

Nr. 21. **Handelskammern.** Von F. Lusensky. 2. Auflage. — 1909. Gm 3,—

Nr. 22. **Anstellung und Versorgung der Kommunalbeamten.** Von W. Ledermann. 2. Auflage von L. Brühl. — 1914. Gm 2,—

Nr. 23. **Ausführungsgesetze zum Bürgerlichen Gesetzbuche.** Von P. Siméon. 3. Auflage. — 1914. Gm 2,20

Nr. 24. **Die Hinterlegungsordnung (1879).** Von G. Bartels. 2. Auflage. — 1908. Gm 2,—

Abänderungsgesetz vom 21. April 1913 siehe Nr. 53.

Nr. 25. **Preußische Kommunalbeamtengesetzgebung.** Von F. Kremski. — 1901. Gm 3,—

Nr. 26. **Diensteinkommen der Lehrer und Lehrerinnen.** Von E. Cremer. — 1900. Gm 2,20

Nr. 27. **Warenhaussteuer.** Von G. Strutz. — 1900 Gm 1,20

Nr. 28. **Die Fürsorgeerziehung Minderjähriger.** Von P. F. Aschrott. 3 Auflage. — 1917. Gm 2,80

Nr. 29. **Ärztliche Ehrengerichte, das Umlagerecht und die Kassen der Ärztekammern.** Von F. Fibler. — 1901. Gm 1,50

Nr. 30. **Preußisches Staatsschuldbuch** und **Reichsschuldbuch.** Von J. Mücke. — 1902. Gm 2,—

Nr. 31. **Die preußischen Gesindeordnungen.** Zwei Bände. Von St. Gerhard.

31 a. Altpreußische Provinzen und Rheinland. 2. Auflage. — 1914. Gm 3,

31 b. Hannover, Schleswig-Holstein, Hessen-Nassau und Hohenzollern. — 1902. Gm 2,50

Nr. 32. **Städteordnung.** Von W. Ledermann und L. Brühl. 2. Auflage. — 1913. Gm 6,—

Nr. 33. **Rentenguts- und Anerbenrechts-Gesetzgebung.** Von M. Peltasohn und B. Peltasohn. — 1903. Gm 2,80

Nr. 34. Sammlung der wichtigsten **preußischen Strafgesetze.** Von Lindemann. 2. Auflage. — 1912. Gm 3,50

Nr. 35. **Geschäftsordnung für Gerichtsvollzieher.** Von E. Exner. — 1904. Gm 3,—

Nr. 36. **Polizeiverordnungen in Preußen.** Von O. Lindemann. — 2. Auflage. 1912. Gm 2,50

Nr. 37. **Enteignung von Grundeigentum.** Von O. Meyer. 2. Auflage. — 1911. Gm 2,20

Nr. 38. **Kreis- und Provinzial-Abgabengesetz.** Von F. Schmidt. — 1906. Gm 1,20

Nr. 39. **Unterhaltung der öffentlichen Volksschulen.** Von A. Marcks. — 1906. Gm 1,80

Nr. 40. **Verwaltungsstrafverfahren.** Von R. Katzenstein. — 1907. Gm 3,50

Nr. 41. **Die preußischen Jagdpolizeigesetze.** Von F. Kunze und R. Kühnemann. 2. Auflage. — 1907. Gm 3,50

Nr. 42. **Allgemeine Landesverwaltung** und **Zuständigkeit der Verwaltungs- und Verwaltungsgerichtsbehörden.** Von K. Friedrichs. 2. Auflage. — 1921. Gm 3,—
Nr. 43. **Verschuldungsgrenze** für land- und forstwirtschaftlich benutzte Grundstücke. Von R. Leweck. — 1908. Gm 2,40
Nr. 44. **Quellenschutzgesetz.** Von E. Voelkel. — 1909 Gm 1,
Nr. 45. **Rechtsverhältnisse der Juden in Preußen.** Von M. Kollenscher. — 1910. Gm 2,40
Nr. 46. **Austritt aus der Landeskirche.** Von H. Caro. — 1911. Gm 2,40
Nr. 47. **Feuerbestattung.** Von W. Lohmann. — 1912 Gm 1,50
Nr. 48. **Zweckverbandsgesetz für Groß-Berlin.** Von L. Brühl, K. Gordan und W. Ledermann. — 1912 Gm 4 —
Nr. 49. **Gesetze gegen die Verunstaltung landschaftlich hervorragender Gegenden.** Von O. Goldschmidt. — 1912. Gm 2,40
Nr. 50. **Gesetz, betr. die Anlegung und Veränderung von Straßen und Plätzen in Städten und ländlichen Ortschaften.** Von O. Meyer. — 1913. Gm 3,—
Nr. 51. **Das preußische Disziplinargesetz für die nichtrichterlichen Beamten.** Von E. v. Dulzig. — 1914. Gm 4,20
Nr. 52. **Preußisches Wassergesetz.** Von G. Wulff und F. Herold. — 1913. Gm 4,50
Nr. 53. **Hinterlegungsordnung** von 1913. Von Hagemann. — 1914. Gm 2,20
Nr. 54. **Anlegung von Sparkassenbeständen in Inhaberpapieren.** Von H. Döhring. — 1914. Gm 2,80
Nr. 55. **Preußisches Wohnungsgesetz.** Von B. Schmittmann. — 1918. Gm 2,60
Nr. 56. **Das preußische Tumultschadengesetz.** Von Bruno Friedländer. — 1919. Gm 0,80
Nr. 57. Gesetz über **Landeskulturbehörden.** Von W. Holzapfel. — 1920. Gm 2,—
Nr. 58. **Arbeitsnachweis.** Von P. Wölbling. — 1920. Gm 1,—
Nr. 59. **Bildung der neuen Stadtgemeinde Berlin.** Von P. Wölbling. 2. Auflage. — 1920. Gm 1,40
Nr. 60. **Umlegungsordnung.** Von W. Holzapfel. — 1921. Gm 1,80

C. Textausgaben

ohne Anmerkungen mit Sachregister.

Betriebsrätegesetz. Gm 0,50
Bürgerliches Gesetzbuch. 14. Auflage. Gm 4,—
Erbschaftssteuergesetz m. Ausführungsanweis. 2. Auflage. Gm 0,70
Neue Fassung von H. Schachian. Gm 1,80
Freiwillige Gerichtsbarkeit. — 1920. Gm 1,—
Handelsgesetzbuch mit **Seerecht.** 10. Auflage — 1921. Gm 2,60
Konkursordnung. 2. Auflage. — 1915. Gm 0,70
Kriegsgewinnsteuer. — 1916. Gm 0,40
Die Kriegssteuergesetze. 2. Auflage. — 1917. Gm 0,80
Militärstrafgerichtsordnung m **Einführungsges.** — 1901. Gm 1,80
Militär-Strafgesetzbuch. 2. Auflage. — 1916. Gm 0,50
Reichseinkommensteuer — **Körperschaftssteuer** — **Kapitalertragssteuer** — **Landessteuer.** Gm 1,—
Einkommensteuergesetz in der Fassung v. 24. März 1921 mit **Ausführungsbestimmungen,** durch Nachträge ergänzt. Gm 1,40
Reichsfinanz- und Steuergesetze. 1922. Gm 2,-
Reichsfinanzgesetze von 1909. — 1909. Gm 2,60
Reichsmietengesetz. — 1922. Gm 0,50
Reichsnotopfergesetz. Gm 0,50
Reichsversicherungsordnung. Vergriffen.
Strafgesetzbuch. — 1921. Gm 1,20
Strafprozeßordnung. 4. Auflage. — 1922. Gm 3,—
Umsatzsteuergesetz. — 1920. Gm 0,60
Verkehrs- u. Kohlensteuer u. Kriegssteuerzuschlag. 1917. Gm 0,60
Verfassung des Deutschen Reiches v. 11.8.1919. 2. Aufl. Gm 0,60
Verfassung des Freistaates Preußen. Gm 0,60
Versicherungsgesetz für Angestellte. — 1911. S.R.144. Vergriffen.
Wechselordnung. — 1908. Gm 0,50
Wehrbeitrag und **Besitzsteuer.** — 1913 Gm 0,50
Zivilprozeßordnung mit **Gerichtsverfassungsgesetz** und **Einführungsgesetzen.** — 1921. Gm 2,60
Zuwachssteuergesetz. — 1911. Gm 0,50
— **Ausführungsbestimmungen.** — 1911. Gm 0,40
Preuß. Ausf.-Anweis. zur **Gewerbeordnung.** — 1904. Gm 1,—

Schlagwort-Register

R. = Nummer der Sammlung Deutscher Reichsgesetze.
P. = Nummer der Sammlung Preußischer Gesetze
S. = Seite.

Schlagwort-Register. (R. = Reichsgesetz. P. = preuß. Gesetz.)

Schlagwort-Register. (R. = Reichsgesetz, P. = preuß. Gesetz.)

Schlagwort-Register. (R. = Reichsgesetz, P. = preuß. Gesetz.)

Nachtrag
zum
Aufwertungsgesetz

Berlin und Leipzig 1927.

Walter de Gruyter & Co.

vormals G. J. Göschen'sche Verlagshandlung — J. Guttentag, Verlagsbuchhandlung — Georg Reimer — Karl J. Trübner — Veit & Comp.

Gesetz über die Verzinsung aufgewerteter Hypotheken und ihre Umwandlung in Grundschulden sowie über Vorzugsrenten. Vom 9. Juli 1927 (RGBl. I S. 171).

Der Reichstag hat das folgende Gesetz beschlossen, das mit Zustimmung des Reichsrats hiermit verkündet wird:

Artikel I.

§ 1.

(1) Im Falle der Aufwertung einer gelöschten Hypothek ist der Aufwertungsbetrag des dinglichen Rechtes wie der persönlichen Forderung ohne Rücksicht darauf, ob und wann die Hypothek wieder eingetragen wird, spätestens für die Zeit vom 1. April 1926 ab zu verzinsen. Dies gilt auch für die Verzinsung des Aufwertungsbetrags eines früheren Gläubigers.

(2) Zinsen, die für einen früheren Zeitraum gezahlt sind, können auch dann nicht zurückgefordert werden, wenn die Leistung unter Vorbehalt bewirkt ist.

§ 2.

(1) Soweit die nach § 1 geschuldeten Zinsen noch nicht gezahlt sind, ist der Eigentümer oder der Schuldner berechtigt, sie je zur Hälfte an den beiden nächsten auf das Inkrafttreten dieses Gesetzes folgenden Zinsterminen mit den an diesen Terminen fälligen Zinsen zu entrichten.

(2) Vorschriften in Gesetzen, Satzungen oder Verträgen, nach denen im Falle der Nichtleistung oder

nicht rechtzeitigen Leistung von Zinsbeträgen der ganze Kapitalbetrag der Hypothek oder der persönlichen Forderung fällig wird, gelten nicht hinsichtlich der gemäß Abs. 1 für die Zeit vom 1. April 1926 bis zum 1. April 1927 zu zahlenden Zinsen.

§ 3.

Die Vorschriften der §§ 1, 2 finden auf Grundschulden entsprechende Anwendung.

Artikel II.

§ 4.

(1) Auf Antrag des Gläubigers einer aufgewerteten Hypothek ist die Hypothek bei der Eintragung des Aufwertungsbetrags in eine Grundschuld umzuwandeln. Der Antrag ist bei dem Grundbuchamte zu stellen. Die Zustimmung des Eigentümers oder der im Range gleich- oder nachstehenden Berechtigten ist nicht erforderlich.

(2) Mit der Eintragung der Grundschuld erlischt in Höhe des eingetragenen Aufwertungsbetrags die persönliche Forderung. Einreden, die der Eigentümer zur Zeit der Eintragung der Umwandlung gegen die Hypothek geltend machen kann, bleiben gegenüber der Grundschuld erhalten. Die Vorschriften der §§ 891 bis 899, 1140 des Bürgerlichen Gesetzbuchs gelten auch für diese Einreden.

(3) Hat der persönliche Schuldner beantragt, die Aufwertung der persönlichen Forderung auf weniger als 25 vom Hundert des Goldmarkbetrags zu bestimmen, so ist das Verfahren auf Antrag des Gläubigers bis zur

Entscheidung über den Antrag auf Eintragung der Grundschuld auszusetzen.

§ 5.

Ist der Aufwertungsbetrag der Hypothek bereits eingetragen, so kann der Gläubiger die nachträgliche Umwandlung der Hypothek in eine Grundschuld beantragen, wenn ein Verfahren zur Festsetzung einer geringeren Aufwertung der persönlichen Forderung anhängig ist oder wird; § 4 gilt entsprechend. Im übrigen bestimmen sich nach Eintragung des Aufwertungsbetrags die Voraussetzungen und die Wirkungen der Umwandlung der Hypothek in eine Grundschuld vorbehaltlich der Vorschriften des § 6 ausschließlich nach den Vorschriften des Bürgerlichen Gesetzbuchs.

§ 6.

(1) Ist infolge geringerer Aufwertung der persönlichen Forderung die Hypothek auf weniger als 25 vom Hundert des Goldmarkbetrags aufgewertet, so gilt folgendes:

1. Ist der Aufwertungsbetrag noch nicht eingetragen, so ist auf Antrag des Gläubigers unter Umwandlung der Hypothek mit deren bisherigem Range eine Grundschuld in Höhe von 25 vom Hundert des Goldmarkbetrags des aufgewerteten Rechtes einzutragen; die Zustimmung des Eigentümers und der im Range gleich- oder nachstehenden Berechtigten ist nicht erforderlich.

   Handelt es sich um die Umwandlung einer wiedereinzutragenden Hypothek, so ist die Grundschuld mit dem aus §§ 20 bis 22 des Aufwertungsgesetzes sich ergebenden Range einzutragen.

2. Ist der Aufwertungsbetrag bereits eingetragen, so gilt die Vorschrift der Ziffer 1 Abs. 1 gleichfalls, soweit nicht entweder vor dem 15. März 1927 oder nach einem Zeitpunkt, den die Reichsregierung bestimmen wird, ein Recht an dem Grundstück oder ein Recht an einem solchen Rechte durch Rechtsgeschäft erworben oder vorgemerkt ist. Ist zu dem Erwerbe des Rechtes die Eintragung erforderlich, so gilt als Zeitpunkt des Erwerbes im Sinne dieser Vorschrift der Zeitpunkt der Stellung des Eintragungsantrags, sofern nicht die nach § 873 des Bürgerlichen Gesetzbuchs erforderliche Einigung erst später zustande kommt.
3. Sind nach der Eintragung des Aufwertungsbetrags in den nach Ziffer 2 maßgebenden Zeitabschnitten Rechte am Grundstück oder Rechte an einem solchen Rechte durch Rechtsgeschäft erworben oder vorgemerkt, ohne daß das Grundstück in diesen Zeitabschnitten den Eigentümer durch rechtsgeschäftlichen Erwerb gewechselt hat, so ist auf Antrag des Gläubigers unter Umwandlung der Hypothek mit deren bisherigem Range eine Grundschuld in Höhe von 25 vom Hundert des Goldmarkbetrags des aufgewerteten Rechtes einzutragen, wenn die Gläubiger der geschützten Rechte zustimmen. Wird diese Zustimmung nicht nachgewiesen, so ist auf Antrag des Gläubigers die Hypothek in eine Grundschuld gleicher Höhe umzuwandeln und außerdem an der nächstfreien Stelle mit dem sich aus diesem Gesetze ergebenden Range für ihn eine Zusatzgrundschuld in Höhe des Betrags einzutragen, um den der eingetragene Aufwertungs-

betrag hinter 25 vom Hundert des Goldmarkbetrags des aufgewerteten Rechtes zurückbleibt.

4. Kann nach den Vorschriften der Ziffer 2 die Grundschuld mit dem auf 25 vom Hundert des Goldmarkbetrags erhöhten Aufwertungsbetrage nicht eingetragen werden, weil das Grundstück in den nach Ziffer 2 maßgebenden Zeitabschnitten den Eigentümer durch rechtsgeschäftlichen Erwerb gewechselt hat, so ist die Umwandlung der Hypothek auch in eine Grundschuld gleicher Höhe nur nach Maßgabe der Vorschriften des Bürgerlichen Gesetzbuchs zulässig. Dasselbe gilt für den Fall der Eintragung einer Vormerkung zur Sicherung des Anspruchs auf Auflassung auf Grund einer Bewilligung des Eigentümers.

(2) Dem rechtsgeschäftlichen Erwerbe steht ein Erwerb im Wege der Zwangsversteigerung gleich.

(3) Soweit in den Fällen des Abs. 1 Ziffer 1, 2, 3 der Aufwertungsbetrag der Grundschuld gegenüber dem Aufwertungsbetrage der Hypothek erhöht ist, beginnt die Verzinsung der Grundschuld mit dem 1. April 1927; dasselbe gilt im Falle der Eintragung einer Zusatzgrundschuld auf Grund der Vorschrift des Abs. 1 Ziffer 3.

(4) Mit der Eintragung der Grundschuld, im Falle der Ziffer 3 mit der Eintragung der Grundschuld und der Zusatzgrundschuld, erlischt die persönliche Forderung in Höhe des eingetragenen Aufwertungsbetrags; hierbei ist im Falle des Abs. 1 Ziffer 3 dem Aufwertungsbetrage der Grundschuld der Betrag der Zusatzgrundschuld hinzuzurechnen. Einreden, die der Eigentümer zur Zeit der Eintragung der Umwandlung gegen

die Hypothek geltend machen kann, bleiben gegenüber der Grundschuld erhalten. Die Vorschriften der §§ 891 bis 899, 1140 des Bürgerlichen Gesetzbuchs gelten auch für diese Einreden.

§ 7.

(1) Die Befugnis des Eigentümers, sich auf die für ihn gegebenen Härtevorschriften des Aufwertungsgesetzes zu berufen, bleibt unberührt.

(2) Soweit eine solche Berufung Erfolg hat, findet eine Heraufsetzung des Aufwertungsbetrags und eine Eintragung einer Zusatzgrundschuld (§ 6) nicht statt.

§ 8.

(1) Ist der persönliche Schuldner dem Eigentümer gegenüber verpflichtet, die aufgewertete Hypothek zu beseitigen, so wird er von dieser Verpflichtung nicht dadurch befreit, daß die Hypothek auf Grund der §§ 4 bis 6 in eine Grundschuld umgewandelt wird; die Verpflichtung zur Beseitigung gilt auch für die Zusatzgrundschuld.

(2) Bei der Beurteilung der Frage, inwieweit der Schuldner im Einzelfalle nach Treu und Glauben von der Verpflichtung zur Beseitigung des dinglichen Rechtes befreit ist, sind auch die Umstände zu berücksichtigen, die der Schuldner mangels einer Umwandlung der Hypothek in eine Grundschuld zur Begründung eines Antrags auf Festsetzung einer geringeren Aufwertung der persönlichen Forderung hätte geltend machen können.

§ 9.

Für die Eintragung der Umwandlung einer Hypothek in eine Grundschuld (§§ 4 bis 6) sowie für die

Eintragung einer Zusatzgrundschuld (§ 6 Abs. 1 Ziffer 3) werden Gebühren und Kosten nicht erhoben.

Artikel III.

§ 10.

Mehrere im Range unmittelbar aufeinanderfolgende aufgewertete Hypotheken eines Gläubigers sind auf dessen Antrag als einheitliches Recht einzutragen, wenn der Eigentümer zustimmt. Der Zustimmung des Eigentümers bedarf es nicht, wenn das Recht des Eigentümers zur selbständigen Rückzahlung der einzelnen Hypotheken ausgeschlossen ist und auf Grund der Zahlung von Tilgungsbeträgen eine Eigentümergrundschuld nicht oder erst hinter den Kapitalbeträgen der mehreren Hypotheken zur Entstehung gelangt. Entsprechendes gilt für Grundschulden, Rentenschulden und Reallasten.

§ 11.

Der unmittelbare Zusammenhang zwischen mehreren für denselben Gläubiger eingetragenen Rechten im Sinne des § 7 Abs. 1 Satz 3 des Aufwertungsgesetzes wird nicht dadurch unterbrochen, daß eines oder mehrere der Rechte ganz oder teilweise als Eigentümergrundschuld auf den Eigentümer übergegangen sind.

§ 12.

(1) Ist hinter einer Gesamthypothek oder Gesamtgrundschuld dem Eigentümer eine Rangstelle vorbehalten, so ist dieser Rangvorbehalt auf Antrag auf den Teilbetrag zu beschränken, der dem Verhältnis des Wertes des belasteten Grundstücks zu dem Werte sämtlicher Grundstücke entspricht; dabei bleibt ein Grundstück, für

das der Rangvorbehalt nicht besteht oder weggefallen ist, außer Betracht. Der Betrag wird auf Antrag von der Aufwertungsstelle festgesetzt.

(2) Antragsberechtigt sind der Eigentümer, der Gläubiger eines die vorbehaltene Rangstelle gemäß § 7 Abs. 4 des Aufwertungsgesetzes einnehmenden Rechtes sowie der Gläubiger eines dem Rangvorbehalte gleich- oder nachstehenden Rechtes. Die Anträge können nur bis zum 31. Dezember 1927 gestellt werden; in den Fällen der §§ 203, 204, 206, 207 des Bürgerlichen Gesetzbuchs ist der Antrag noch bis zum Ablauf von drei Monaten nach Fortfall des Hindernisses zulässig.

§ 13.

Geht nach § 6 Abs. 2 des Aufwertungsgesetzes eine Hypothek, Grundschuld, Rentenschuld oder Reallast mit einem Teile des Aufwertungsbetrags einer Gesamthypothek oder Gesamtgrundschuld im Range nach, so ist auf Antrag des Gläubigers des aufgewerteten Rechtes der Vorrang der Gesamthypothek oder Gesamtgrundschuld auf den Betrag zu beschränken, der dem Verhältnis des Wertes des belasteten Grundstücks zu dem Werte sämtlicher Grundstücke entspricht. Der Betrag wird auf Antrag von der Aufwertungsstelle festgesetzt. Die Anträge können nur bis zum 31. Dezember 1927 gestellt werden; in den Fällen der §§ 203, 204, 206, 207 des Bürgerlichen Gesetzbuchs ist der Antrag noch bis zum Ablauf von drei Monaten nach Fortfall des Hindernisses zulässig.

§ 14.

Ist eine Hypothek, Grundschuld, Rentenschuld oder Reallast von dem Erwerber eines Grundstücks oder für seine Rechnung abgelöst worden, so kann er sich gegenüber dem Antrag auf Wiedereintragung des Rechtes nicht darauf berufen, daß in dem im § 892 des Bürgerlichen Gesetzbuchs bestimmten Zeitpunkt das Recht im Grundbuch gelöscht war, oder daß in diesem Zeitpunkt eine dem § 29 der Grundbuchordnung entsprechende Löschungsbewilligung oder löschungsfähige Quittung bereits erteilt war oder gleichzeitig erteilt wurde.

§ 15.

In den Fällen des § 10 Abs. 1 Ziffer 5 des Aufwertungsgesetzes und bei Gutsüberlassungsverträgen (§ 10 Abs. 1 Ziffer 2 des Aufwertungsgesetzes) kann die Aufwertungsstelle auf Antrag den Aufwertungsbetrag im Jahre 1921 begründeter Forderungen auf über 100 vom Hundert des Goldmarkbetrags festsetzen, wenn dieses zur Vermeidung einer groben Unbilligkeit erforderlich ist. Hierbei darf der Satz von 400 vom Hundert des Goldmarkbetrags und, wenn die Forderung nach dem 30. September 1921 begründet ist, der Satz von 600 vom Hundert des Goldmarkbetrags nicht überschritten werden. Der Antrag kann bei der Aufwertungsstelle nur bis zum 1. Oktober 1927 gestellt werden. In den Fällen der §§ 203, 204, 206, 207 des Bürgerlichen Gesetzbuchs kann der Antrag noch bis zum Ablauf eines Monats nach Fortfall des Hindernisses gestellt werden.

§ 16.

(1) Weist der Gläubiger nach, daß ohne sein Verschulden die Anmeldung des Anspruchs auf Aufwertung der durch Hypothek gesicherten Forderung gemäß § 16

des Aufwertungsgesetzes bis zum 1. Januar 1926 bei der Aufwertungsstelle unterblieben ist, so ist auf Antrag von der Aufwertungsstelle die Wiedereinsetzung in den vorigen Stand zu erteilen, wenn der Gläubiger die Anmeldung der Forderung bis zum 1. Oktober 1927 nachholt. Die Vorschriften der §§ 74, 75 des Aufwertungsgesetzes finden Anwendung.

(2) Eine Aufwertung der Hypothek findet in diesem Falle nicht statt.

(3) Wird die Wiedereinsetzung in den vorigen Stand erteilt, so kann eine Abweichung von dem normalen Höchstsatz (§ 12 des Aufwertungsgesetzes) noch innerhalb eines Monats seit Rechtskraft des Beschlusses beantragt werden. In den Fällen der §§ 203, 204, 206, 207 des Bürgerlichen Gesetzbuchs kann der Antrag noch bis zum Ablauf eines Monats nach Fortfall des Hindernisses gestellt werden.

Artikel IV.

§ 17.

Vergleiche aus der Zeit nach dem 14. Juli 1925, die lediglich den Streit oder die Ungewißheit über den Beginn der Verzinsung oder über eines der im Artikel II und III bezeichneten Rechtsverhältnisse betreffen, stehen der Anwendung dieses Gesetzes nicht entgegen. Dasselbe gilt für rechtskräftige Entscheidungen, die auf Grund des Aufwertungsgesetzes ergangen sind.

§ 18.

Findet infolge der Vorschriften dieses Gesetzes ein anhängiger Rechtsstreit seine Erledigung, so trägt jede Partei die ihr entstandenen außergerichtlichen Kosten. Die Gerichtskosten werden niedergeschlagen.

Artikel V.

§ 19.

Im § 19 Abs. 1 des Gesetzes über die Ablösung öffentlicher Anleihen vom 16. Juli 1925 (Reichsgesetzbl. I S. 137) wird die Zahl „800" durch die Zahl „1000" ersetzt.

Artikel VI.

§ 20.

(1) Dieses Gesetz tritt mit dem auf die Verkündung folgenden Tage in Kraft.

(2) Die Reichsregierung wird ermächtigt, zur Durchführung dieses Gesetzes und zur Anpassung seiner Bestimmungen an die Vorschriften des Bürgerlichen Gesetzbuchs und des Aufwertungsgesetzes die erforderlichen Rechtsverordnungen und allgemeinen Verwaltungsvorschriften zu erlassen; sie kann mit Zustimmung des Reichsrats und eines Ausschusses des Reichstags Rechtsverordnungen und allgemeine Verwaltungsvorschriften erlassen, soweit sie es zur Vereinfachung und Beschleunigung der Aufwertung oder zur Verhütung unvorhergesehener Härten für notwendig erachtet.

Berlin, den 9. Juli 1927.

Der Reichspräsident.
von Hindenburg.

Der Reichsminister der Justiz.
Hergt.

Der Reichsminister der Finanzen.
Dr. Köhler.

Gedruckt bei A. W. Hayn's Erben, Potsdam.

FSC
www.fsc.org
MIX
Papier | Fördert gute Waldnutzung
FSC® C083411

Kolibri 360 GmbH
Ferdinand-Jühlke-Straße 7
99095 Erfurt, Deutschland
produktsicherheit@kolibri360.de